变局与应对

全球经济金融趋势
与中国未来

朱民　张礼卿　主编

图书在版编目（CIP）数据

变局与应对：全球经济金融趋势与中国未来 / 朱民，张礼卿主编 . -- 北京：中信出版社，2024.1（2024.4重印）
ISBN 978-7-5217-6217-4

Ⅰ . ①变… Ⅱ . ①朱… ②张… Ⅲ . ①中国经济－经济发展－研究 Ⅳ . ① F124

中国国家版本馆 CIP 数据核字（2023）第 232459 号

变局与应对：全球经济金融趋势与中国未来
主编： 朱民　张礼卿
出版发行：中信出版集团股份有限公司
　　　　　（北京市朝阳区东三环北路 27 号嘉铭中心　邮编　100020）
承印者： 嘉业印刷（天津）有限公司

开本：787mm×1092mm　1/16　　印张：30.75　　字数：500 千字
版次：2024 年 1 月第 1 版　　　　印次：2024 年 4 月第 3 次印刷
书号：ISBN 978-7-5217-6217-4
定价：88.00 元

版权所有·侵权必究
如有印刷、装订问题，本公司负责调换。
服务热线：400-600-8099
投稿邮箱：author@citicpub.com

主　编：

朱　民　　张礼卿

主要作者（按姓氏拼音顺序排序）：

陈　超	陈卫东	管　涛	霍建国
乔依德	单　一	佟家栋	屠新泉
王　遥	王　震	张礼卿	张　明
张晓燕	张燕生	赵昌文	朱　隽
朱　民			

目 录

序 言 · *001*

第一篇　变化中的全球经济金融

第一章　走向"滞胀":变化中的世界经济 · 003
朱民　巩冰　李长泰　潘柳

第二章　国际金融格局的碎片化及其演进 · 031
陈卫东　初晓　曹鸿宇

第三章　国际货币体系新动荡
——现在是布雷顿森林体系Ⅲ吗？· 059
乔依德

第四章　全球贸易发展格局和治理变革的趋势和前景 · 077
屠新泉　李建桐　宋懿达　楚涵宇

第五章　美欧跨境投资审查双向趋严及其影响分析
——从"国家安全"到"去风险"· 107
朱隽　谢静　卢爽

第六章　乌克兰危机加速全球能源格局深刻调整 · 139
　　　王震　孔盈皓　梁栋

第二篇　大变局下中国的机遇、挑战和应对

第七章　俄乌冲突下的中国对外开放：机遇、挑战和战略选择 · 169
　　　张燕生

第八章　面对新机遇，人民币国际化如何行稳致远？ · 201
　　　张礼卿

第九章　稳规模、优结构，巩固我国外向型经济发展优势 · 225
　　　霍建国

第十章　国际秩序之变与中国应对之策 · 245
　　　单一

第十一章　从对俄制裁看国家外汇储备资产安全问题 · 273
　　　管涛　魏俊杰

第十二章　应对美国新型不对称金融霸权 · 301
　　　陈超

第三篇　全球经济治理合作的未来

第十三章　数字经济发展和全球治理合作 · 319
　　　张明　王喆　陈胤默

第十四章　数据要素市场成为全球竞争新高地 · 357
　　　张晓燕　殷子涵　张艺伟

第十五章　绿色金融的国际合作机制 · 391
　　　　　王遥　赵鑫

第十六章　弥合多重危机下的全球发展赤字 · 423
　　　　　赵昌文　张友谊　李苍舒

第十七章　俄乌冲突与欧盟的独立性 · 455
　　　　　佟家栋　张千

参考文献 · 471

序　言

在2008年全球金融危机后，世界经济格局经历了许多深刻的变化。美国、欧盟和日本等主要工业化国家和发达经济体的经济增长显著放缓，陷入所谓的"长期增长停滞"状态。多轮量化宽松货币政策并没能从根本上改变这一状态，却对新兴经济体产生了巨大的政策外溢效应。2020年开始的新冠肺炎疫情一度导致全球经济陷入大萧条以来最为严重的经济衰退，无限量化宽松货币政策的实施虽使美国经济避免了持久的且更为严重的衰退和萧条，但使其在此后承受了8%以上的通货膨胀率。美国不得不在2022年3月之后启动激进加息，这成为美国国内银行危机和新兴经济体金融动荡的主要根源。

经济全球化遭遇了20世纪80年代以来最为严峻的挑战。自2008年以来，国际贸易增速在大部分年份均低于世界经济增速，跨境资本流动的总体规模也明显低于危机之前。特别值得指出的是，2016年以后，随着特朗普当选美国总统后贸易保护主义的升级，以及英国全民公投决定脱欧，经济全球化呈现出加速退潮之势。新冠肺炎疫情暴发后，全球产业链和供应链的重构出现了加速趋势。美国的制造业回归、友岸外包和近岸外包对于经济全球化时代的世界产业分工、国际投资和国际贸易格局正在产生不容忽视的负面影响。分工效率的降低，也将严重损害中长期的世界经济增长潜力。世界银行年初发布的一份研究报告显示，2023—2030年世界经济的年均潜在增长率（即不引发通胀的理论增长率）将从2011—2021年的2.6%降到2.2%，与2000—2010年的3.5%相比，降幅约1/3。

俄乌冲突加剧了世界经济增长的不确定性。大宗商品价格上涨加深了世界能源和粮食危机，推动了能源和粮食价格上涨，并使一些国家走向"滞胀"

的概率大大增加。与此同时，地缘政治和安全因素已越来越成为各国经济发展和国际合作的重要制约。美国在对俄罗斯等国进行直接经济与金融制裁的同时，还颁布并实施《通胀削减法案》和《芯片和科学法案》，通过大幅增加补贴来提升本国企业的竞争力，以期降低对外依赖，实现所谓的"去风险"。作为应对，主要新兴经济体加强了合作，金砖国家成功实现了扩容并且有望继续扩大。全球经济的碎片化和阵营化趋势可能正在形成。

当然，在面临各种挑战的同时，世界经济也面临着诸多机遇。以人工智能、量子计算、物联网、区块链、新能源和生物技术等为代表的新一轮科技革命方兴未艾。受其影响，在数字经济发展和能源绿色转型等结构性变革过程中，创新和发展的机遇不断涌现。充分利用技术进步和产业结构调整带来的机遇，将能够有效对冲各种不利因素对经济的负面影响，并提升经济增长的中长期潜力。

当前和今后一段时期，积极推动全球经济和金融治理改革具有特别重要的意义。为了防止主要经济体宏观经济政策对世界其他国家的外溢冲击，有必要进一步加强G20（二十国集团）等政策对话机制，以便更好地实现全球宏观经济政策协调。为避免经济全球化进一步退潮，应继续推进WTO（世界贸易组织）和IMF（国际货币基金组织）的改革，增强国际经济治理机构的代表性，积极维护多边主义国际经济秩序，坚决反对单边主义和保护主义等逆全球化的政策思维。积极推进国际货币体系的改革，加强和完善国际金融监管合作。在完善全球经济金融治理框架的同时，继续推进APEC（亚太经济合作组织）、RCEP（《区域全面经济伙伴关系协定》）、共建"一带一路"倡议等区域性经济合作安排的发展，加强与金砖国家的合作。加强数字经济、气候变化和零碳金融等新领域国际规则的制定，为相关方面的创新发展和国际合作创造条件。

经过40多年的快速发展，中国已经成为世界第二大经济体。2022年，全球经济增长的1/3来自中国。伴随着对全球经济增长贡献的显著提升，中国在国际经济治理中自然应该发挥更大的作用。事实上，2021年3月11日，十三届全国人大四次会议表决通过的《中华人民共和国国民经济和社会发展第十四个五年规划和2035年远景目标纲要》（以下简称《"十四五"规划》）明确提出，中国将积极参与全球治理体系的改革和建设，努力维护和完善多边经济治理机制、构建高标准自由贸易区网络和积极营造良好外部环境等。

为了更好地推动全球经济治理体系的改革与完善，有必要加强对世界经济格局及其发展趋势的研判，并及时提出中国方案。正是基于这样的背景和现实需要，2021年2月26日，在清华大学五道口金融学院的支持下，"全球经济治理50人论坛"（以下简称"GEG50论坛"）正式成立，并确定了世界经济与金融、国际贸易、国际关系、数字经济、能源与气候变化、公共卫生六个研究方向。自成立以来，围绕中国参与全球经济金融治理重点问题、第三方支付的国际监管与借鉴、零碳金融的全球治理机制、中美战略竞争背景下的全球经济治理、国际货币体系变革和人民币国际化、双循环新格局下的开放战略支点等课题进行立项研究，并形成了系列研究成果。

2023年4月27日，"GEG50论坛"在中国现代国际关系研究院召开了专题研讨会，讨论俄乌冲突下的全球经济大变局。中国国际经济交流中心副理事长、IMF原副总裁朱民先生，北京大学国家发展研究院宏观经济研究中心主任卢锋教授，中国世界贸易组织研究会副会长霍建国先生，中国国际经济交流中心首席研究员张燕生先生等先后作了专题报告。会议结束后，"GEG50论坛"学术委员会决定邀请部分论坛成员展开专题研究。本书就是这项研究的成果结集。

由于每位作者的出发点和分析逻辑并不完全相同，本着尊重作者和文责自负的原则，我们保留了每位作者的基本观点，仅进行了必要的技术性协调。在本书编辑出版的过程中，清华大学五道口金融学院的袁源院长助理和温静女士做了大量的事务性工作，中信出版社灰犀牛分社的编辑团队给予了宝贵的专业支持。在此，我们一并表示感谢。

朱民　张礼卿
2023年10月

第一篇
变化中的全球经济金融

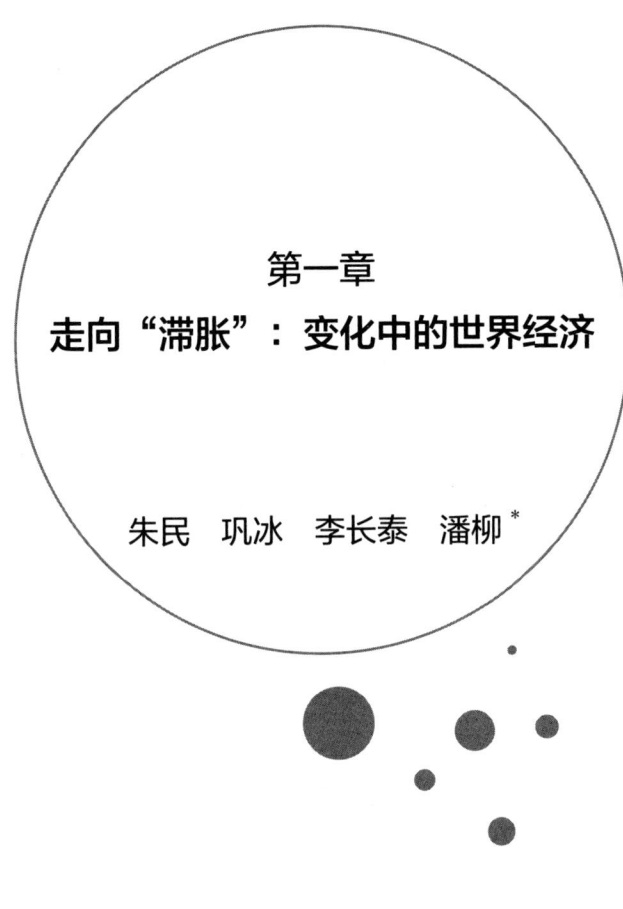

第一章
走向"滞胀":变化中的世界经济

朱民　巩冰　李长泰　潘柳*

---

*　**朱民**,中国国际经济交流中心副理事长,全球经济治理50人论坛发起人,IMF原副总裁,中国人民银行原副行长。
　巩冰,清华大学五道口金融学院博士后。
　李长泰,北京科技大学经济管理学院讲师。
　潘柳,清华大学五道口金融学院中国金融前沿研究中心副主任。
　《走向"滞胀":变化中的世界经济(上)》作者为朱民、巩冰、李长泰;《走向"滞胀":变化中的世界经济(下)》作者为朱民、李长泰、潘柳。

摘要：2022年，新冠肺炎疫情仍在持续，俄乌冲突更是打破全球地缘政治均衡，并将同时在短期和长期维度造成全球通货膨胀。短期来看，俄乌冲突将冲击全球能源、农产品、化肥和稀有金属等供应，加剧疫情后的供应链扰动，使高通胀持续；长期来看，危机将加快"去全球化"和碳中和进程，推动中长期生产成本和商品价格提升，加剧全球资源争夺。当前的全球经济形势与20世纪70年代"滞胀"时期非常相似，并很有可能再次陷入"大通胀"。通货膨胀风险不容忽视，中国应保持定力，主动应对。俄乌冲突的爆发，将全球高通胀水平推向更高，同时给缓慢复苏的世界经济再次笼罩上阴影，全球经济走向"滞胀"的趋势已经出现。对影响经济增长的长短期因素进行分析，我们发现世界经济走向"滞"的长短期因素已然存在。2022年之后，世界经济将发生趋势性的转变，由疫情后"三高一低"（高增长、高通胀、高债务和低利率）转变成"新三高一低"（高通胀、高利率、高债务和低增长）。其中，高通胀和低增长形成的"滞胀"是"新三高一低"的核心特征，高利率与高债务的组合考验各国债务的可持续性，一些发展中国家或将因此出现债务危机。在新的世界经济变局中，中国要继续推动经济高质量发展，同时要妥善化解地方政府债务风险，防范系统性金融风险。

走向"滞胀"：变化中的世界经济（上）

2022年2月24日，俄罗斯开始对乌克兰发起特别军事行动，由此爆发的乌克兰危机打破本已脆弱的全球地缘政治均衡，并对当下和未来的世界经济造成极大影响，全球经济走向"滞胀"已现端倪。本文重点讨论"滞胀"中"胀"的问题，即乌克兰危机对全球持续性通货膨胀的冲击。我们将另文讨论"滞"的问题。总体来看，乌克兰危机已使疫情后全球高企的通货膨胀"雪上加霜"，并将持续提升中长期通胀。美联储等主要发达国家央行的货币政策紧缩空间已非常狭窄，很有可能继续维持20世纪70年代的模式：暧昧、犹豫、明紧实松。全球持续高通胀或难以避免。

一、乌克兰危机前的通胀表现和驱动要素

2021年以来，主要发达国家通货膨胀快速上升，已达近40年最高水平。诸多新兴和发展中经济体通胀启动则更早，势头更猛。进入2022年后，高通胀已蔓延全球。其中，发达国家通胀表现更为趋同。除了日本，主要发达经济体通胀上升势头迅猛，美国、欧盟2022年3月CPI（消费价格指数）同比

上涨分别高达 8.5% 和 7.8%，为近 40 年最高。新兴和发展中经济体通胀表现相对分化。进入 2022 年，俄罗斯、土耳其等国通胀进一步飙升，而中国、印度尼西亚等国表现相对平稳（见图 1-1）。

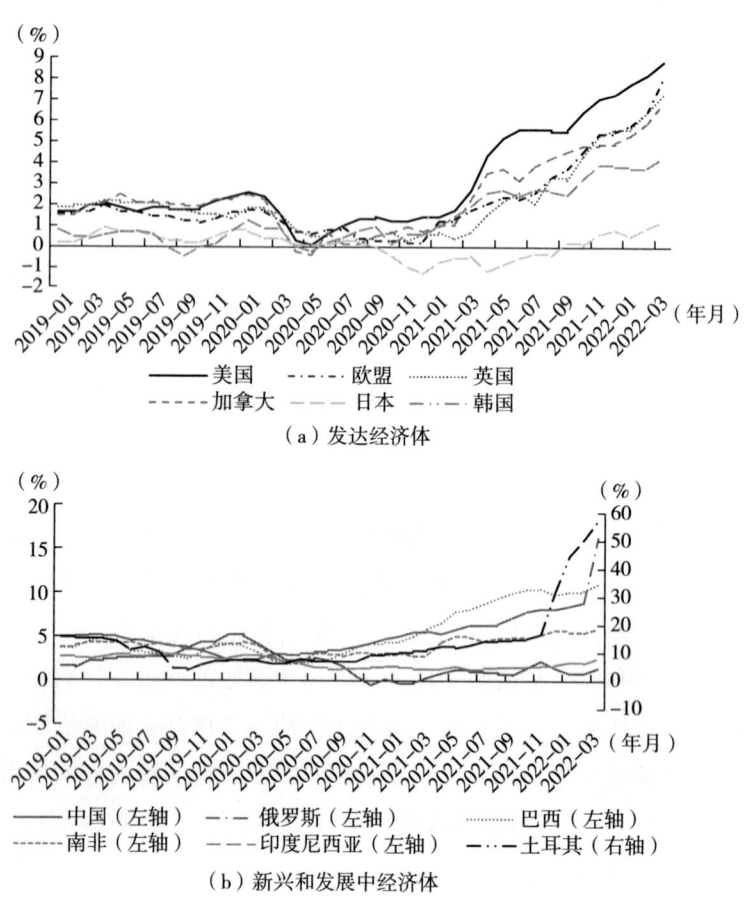

图 1-1　2019 年 1 月—2022 年 3 月主要经济体通胀演变

注：欧盟通胀用调和 CPI 同比衡量，其他国家通胀用 CPI 同比衡量。
资料来源：万得数据库。

疫情暴发以来，全球通胀呈现出鲜明的结构性特征。商品、食品、能源和住房价格持续上升，随着疫情后发达国家经济逐步开放，劳动力需求快速扩张，在多个行业引发"用工荒"问题，导致工资快速上升。同时，经济重启后服务业需求快速反弹，推高服务通胀。随着各国PPI（生产价格指数）居高不下，主要国家的PPI与CPI"剪刀差"不断扩大。欧盟PPI和CPI更是因乌克兰危机大幅攀升，2022年3月的"剪刀差"已近29%，其他国家的"剪刀差"也仍在高位运行[①]，通胀向下传导压力较大（见图1-2）。

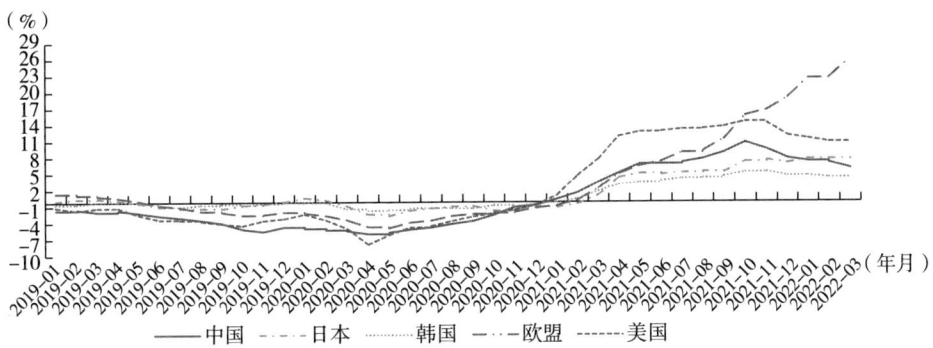

图1-2 新冠肺炎疫情前后主要经济体PPI与CPI同比"剪刀差"

资料来源：万得数据库。

自此，在本次危机前，全球尤其是发达国家已由结构性通胀转变为全面性通胀，并已初显持续趋势。以美国为例，2021年一季度后，其食品、商品、服务、住房价格全面上涨，而诸如核心CPI、16%截尾平均CPI以及黏性价格CPI等衡量通胀持续性的指标也屡创新高，并保持上升趋势。

危机前全球通胀主要由三个因素推动。第一，核心因素是疫情暴发后主要发达经济体迅速采取超大规模财政政策和货币刺激政策，提升居民财富和储蓄，使总需求快速恢复并保持扩张，疫情防控措施也使消费更集中于食品和商品领域。然而，自2008年金融危机后全球处于稳定的"三低一高"状态，即低增长、低通胀、低利率、高债务（朱民，2022a）。企业投资扩产能和增加就业低迷，居民消费意愿降低，总供给与总需求处于"低均衡"状态。疫情后强力刺激政策推动的总需求上升打破了这种均衡，居民消费行为

[①] 中国在2021年四季度对煤炭、金属等大宗商品实施了"保供限价"措施，相对降低了PPI同比增速。

的变化进一步使商品供不应求，导致食品、商品等领域高通胀。虽然大多数新兴和发展中经济体刺激力度较小，但疫情后资本大幅回流发达国家使它们汇率下跌，导致输入性通胀。这也使疫情后全球通胀呈现结构性不平衡态势（朱民等，2021）。第二，为解决商品供应不足，疫情后发达国家经济处于"过热"状态，资本投资增加，导致劳动力市场紧张。例如，美国和欧元区于2021年的资本投资占GDP（国内生产总值）比重的最高点均较疫情前高约1%，美国的职位空缺率也创21世纪以来新高，由此导致了原材料、能源、库存、工人和住房的全面短缺。但新增投资短期内难以全面转化为产能，国家间疫情严重程度和防疫政策的不均衡也进一步降低了全球供应链的协同效率，加剧了供应链扰动效应，使全球供应链压力达到近25年最高，供应"瓶颈"凸显（Benigno et al.，2022）。这些因素的叠加推动生产要素价格大幅上涨，主要国家PPI与CPI"剪刀差"不断扩大，加剧结构性通胀并增加通胀向下游传导的压力。第三，进入2021年，发达国家社会经济生活逐渐恢复，服务业需求反弹，服务价格上涨，加剧了劳动力市场紧张，推动工资上涨。与此同时，自本轮通胀形成以来，美联储态度"暧昧"且不一致，先是认定通胀仅为暂时性的（Powell，2021），又在最近改口认定通胀有持续超出预期的风险（Powell，2022a）。这种"暧昧"态度降低了市场对通胀可控的信心，使美国通胀预期2%的"锚"开始松动，短期和长期通胀预期均大幅攀升，通胀朝全面性和持续性方向发展。

二、乌克兰危机进一步加剧持续性高通胀

乌克兰危机同时加大全球短期和长期通胀压力，把疫情后全球货币财政刺激政策推动的高通胀推向持续性高通胀。

短期来看，危机将主要通过增加能源和大宗商品价格上涨压力，以及加剧供应链扰动等渠道推动全球通胀。首先，在能源层面，俄罗斯分别是全球天然气和石油第一和第二大出口国，也是欧盟能源最大的来源国。金融危机爆发后，全球能源领域产能投资不足，叠加疫情后能源需求持续上升，全球能源库存已大幅下降，即使能源供应仅出现小幅扰动，也会引发价格大幅上升（Goldman，2022）。因此，随着俄乌冲突的加剧，一旦西方国家对俄制裁

或俄反制范围扩大至能源领域，势必将推升全球能源价格。其次，俄乌也是小麦、玉米、铜、镍等大宗商品主要出口国，两国冲突的持续也将显著影响它们的供应，进而推升价格。历史数据表明，能源价格波动会进一步带动其他大宗商品价格波动（Yang et al., 2021）。危机引发的全球能源和大宗商品价格波动，叠加价格波动的正反馈效应，将可能全面推动上游生产要素通胀，扩大PPI与CPI的"剪刀差"，并大幅增加通胀向下游传导的压力。此外，俄乌也是重要稀有气体（氖气）、稀有金属（镍、钕、钯、铂等）以及化肥的主要生产国和出口国，它们分别是芯片、汽车、电子和粮食等生产的重要原料。军事冲突对这些原料供应的冲击，叠加其对亚欧陆上和海上物流效率的显著负面影响（Huld, 2022），将加剧疫情后的全球供应链扰动，使商品领域的高通胀持续。最后，俄乌冲突引发的能源和原材料价格波动已显著提升居民的通胀预期，并增加预期"脱锚"的风险（Seiler, 2022）。例如，俄乌冲突爆发后，美国2022年3月的5年和10年通胀预期分别较2月上升0.23%和0.39%，达2.28%和2.85%，[①]显著超过美联储2%的通胀目标。这也将触发"成本—预期"的正向反馈，使通胀更具有持续性。

中长期来看，乌克兰危机将加快已形成的"逆全球化"和碳中和趋势，并同人口老龄化进程一起，成为推动全球长期通胀的主要力量。首先，自2008年金融危机爆发后，世界已进入"逆全球化"周期，地缘政治和贸易冲突频发。2018年开始的中美贸易摩擦及随后的疫情使保障供应链安全成为全球经济的核心议题之一，而本次俄乌冲突对全球供应链的冲击无疑使主要国家更加重视此议题。例如，美欧已初步完成对除了传统农业、能源领域的通信电子、高端制造等供应链的评估，并开始朝着建立"降中国化"的"多边供应链"方向发展（朱民，2022b）。目前，安全和效率已成为构建供应链需要考量的同等重要的因素，而为确保供应链安全而提高的成本也将在中长期传导至消费端，推高产品价格。其次，冲突导致的能源价格暴涨，还将加快全球碳中和进程。德国已率先提出在2035年实现100%可再生能源发电，较此前计划

---

① 5年通胀预期通过5年/5年期通胀互换利率衡量，10年通胀预期通过10年期美国国债盈亏平衡通胀率衡量。

提前了 15 年。碳中和进程的加速，将同时推高传统能源以及新能源所需要的锂、铬、铜等稀有金属的价格，形成结构性通胀压力（朱民等，2021）。随着越来越多的国家加入对这些稀有金属资源的争夺并制定保护政策，这种压力也将持续增大。最后，发达国家和中国的劳动年龄人口（15～64 岁）占比持续下滑，已步入老龄化社会。人口老龄化除了直接减缓经济增速并导致通胀上升（Aksoy el al.，2019），还将提高政府医疗和社保支出，推升财政赤字，迫使政府增加税收或负债。劳动力供给降低和税收提升也将增加工资上涨压力，并可能导致工资—税收螺旋上升。上述三股趋势力量的结合，无疑将持续刺激全球中长期通胀中枢，自 2008 年金融危机爆发以来的低通胀时代或将一去不返。

三、与 20 世纪 70 年代 "大通胀" 的比较

回顾历史，如今的全球经济现状与 20 世纪 70 年代的 "大通胀" 极为相似，两个年代的通货膨胀均源于大规模的财政政策和量化宽松货币政策，能源和粮食危机造成的外生性供应冲击则进一步推动通胀持续上涨。对比两次通胀的诱因和驱动因素，有助于我们认清本轮通胀的本质，并对其走势进行判断。

首先，两次通胀诱因极为相似。几乎贯穿整个 20 世纪 70 年代的 "大通胀" 形成于美国自 20 世纪 60 年代中期开始长期实施的大规模财政和量化宽松货币政策，包括约翰逊总统通过 "财政赤字货币化" 操作所支持的 "伟大社会" 计划。本质上，量化宽松货币政策支持的福利社会计划快速推高了社会总需求，打破了此前的供需均衡，成为日后通胀的最大推手（Barsky & Kilian，2001）。彼时，美联储的政策目标聚焦在难以精确衡量的 "自然失业率" 和 "产出缺口" 上，且估算过度乐观，使其在通胀形成后仍采取过度宽松的货币政策，助推了通胀的发展（ECB，2010）。与之类似，本轮通胀也起源于疫情后美、英、欧等发达经济体拥抱 "现代货币理论"，采取超大规模的财政政策和货币宽松政策，打破了此前的经济 "低均衡"，提升总需求的同时也加剧了通胀发展。尤其是 2020 年 3 月，美国国内疫情暴发后，美国联邦储备委员会迅速将联邦基金利率从 1.75% 降至 0 附近，并大幅增加货币供应，通过购买美国国债进行 "财政赤字货币化" 操作，其持有国债总额在两个月

内增长超 60%，总规模超 4 万亿美元并持续增长，至今已达 5.76 万亿。同时，直到 2022 年 3 月，美联储政策利率仍维持在 0~0.25%。大规模刺激政策也使美国居民的储蓄和总需求迅速扩张。在疫情暴发后 1 个月内，美国居民储蓄从约 2.1 万亿美元快速涨至 6.4 万亿美元，直至 2022 年 1 月才恢复到疫情之前的水平。而 2021 年，美联储却坚定地认为通胀仅是"暂时的"，使其错过了抑制通胀发展的最佳时机，导致美国通胀水平攀升至近 40 年新高。

其次，能源危机引发的外生性供应冲击是推动 20 世纪 70 年代通胀持续发展的核心因素。美英等发达国家分别在 1973 年和 1979 年经历了两次石油危机，并在 1973 年同时遭遇粮食危机。两次石油危机均引发石油价格成倍上涨，并带动其他大宗商品价格上涨，演变为大规模供应冲击，推动通胀持续上涨（Blinder & Rudd，2013）。在此期间，1971 年 8 月布雷顿森林体系的瓦解使美元失去了通过黄金定价的"锚"，导致美元流动性泛滥，货币政策事实上进一步宽松。然而，在货币宽松和外部供应冲击的环境下，美联储迫于政治压力，仅采取不充分的"渐进式"货币政策对抗通胀，最终导致通胀预期"脱锚"，通胀失控（Weise，2012）。具体来看，自 1970 年起，美联储就开始大幅放宽货币政策，并在同年 11 月到次年 2 月连续 5 次降息，其间，M2 货币供应增速也开始迅速增长，奠定了"大通胀"的基础。此外，20 世纪 70 年代美联储货币政策变化频繁，缺乏一致性和持续性。尤其是在两次石油危机期间，利率政策方向与通胀走势高度趋同，并均在通胀高点开始降息，难以有效遏制通胀发展。反观当下，在疫情暴发后，大规模财政政策和货币宽松政策导致通胀高企的背景下，俄乌冲突再度引发全球能源和粮食危机，石油和大宗商品价格暴涨，供应链扰动加剧，大规模供应冲击已形成。冲突发生后，美联储在 2022 年 3 月仅加息 25 个基点，但美联储主席鲍威尔在政策发布会中着重强调了对抗通胀的决心，并暗示将提前开始"缩表"（Powell，2022b）。然而，目前美国通胀预期已出现"脱锚"趋势。若美联储紧缩政策不到位，此后通胀的发展很可能类似于上轮石油危机发生时期。

综上，本轮通胀无论是成因还是演变路径均与 20 世纪 70 年代的"大通胀"非常相似，且本轮通胀发展更为迅猛，外部环境更复杂，距离失控仅一步之遥。美联储政策是决定通胀走势的核心变量，一旦政策不力，重回宽松，本轮通胀最终很可能再次演变为"大通胀"。

四、美联储货币政策或将继续"外紧实松"

美联储已开启货币政策紧缩进程，目前仍处于紧缩早期阶段。然而，它在紧缩道路上将面对来自政府债务和财务支出的压力，而乌克兰危机将使这一压力急剧增大，大幅限制美联储及其他主要央行的货币紧缩空间。

具体来看，2008年，发达经济体为应对金融危机均采取了扩张性货币政策，提升了债务水平，而它们为应对疫情冲击采取的大规模财政政策和货币宽松政策进一步使债务飙升。2020年，美国政府和企业债务更是大幅攀升，其占GDP比重相较疫情前分别增长26.1%和58.8%，达138%和79%；其财政赤字率也较疫情前大增10.39%，达14.99%，远超2008年金融危机后的高点。然而，因疫情后美联储迅速降息至0附近，2020年，美国联邦政府利息支出占GDP比重反较疫情前下降0.13%（见图1-3）。

可以看出，在2008年金融危机爆发后经济增长低迷和疫情冲击下，美国只能靠低利率降低政府利息支出，使其高债务可持续。然而，若美联储急剧收紧货币政策，将打破美国目前高债务—低利息支出的均衡，并同时影响财政收入和支出。财政收入层面，美联储大幅加息将刺破金融资产和房地产泡沫，增加银行坏账，导致税收和财政收入降低（Goodhart & Pradhan，2020）。财政支出层面，美国政府债务平均期限较短，对利率变动比较敏感。大幅加息将显著提升政府利息支出，进一步推高财政赤字率，导致其难以维系并可能出现失控（Riedl，2021）。

当前的俄乌冲突将进一步增加美国的财政支出。第一，俄乌冲突中美对乌援助将直接增加其财政支出。据统计，自俄罗斯在乌克兰发动军事行动至4月中旬，美国已向乌克兰提供约34亿美元的军事援助。[①] 随着俄乌冲突持续，类似的援助还可能继续增加。第二，军事冲突及其引发的全球地缘政治失衡和安全问题将迫使美国和其他主要国家增加国防预算。美国已率先将其

---

① 资料来源：中国新闻网。

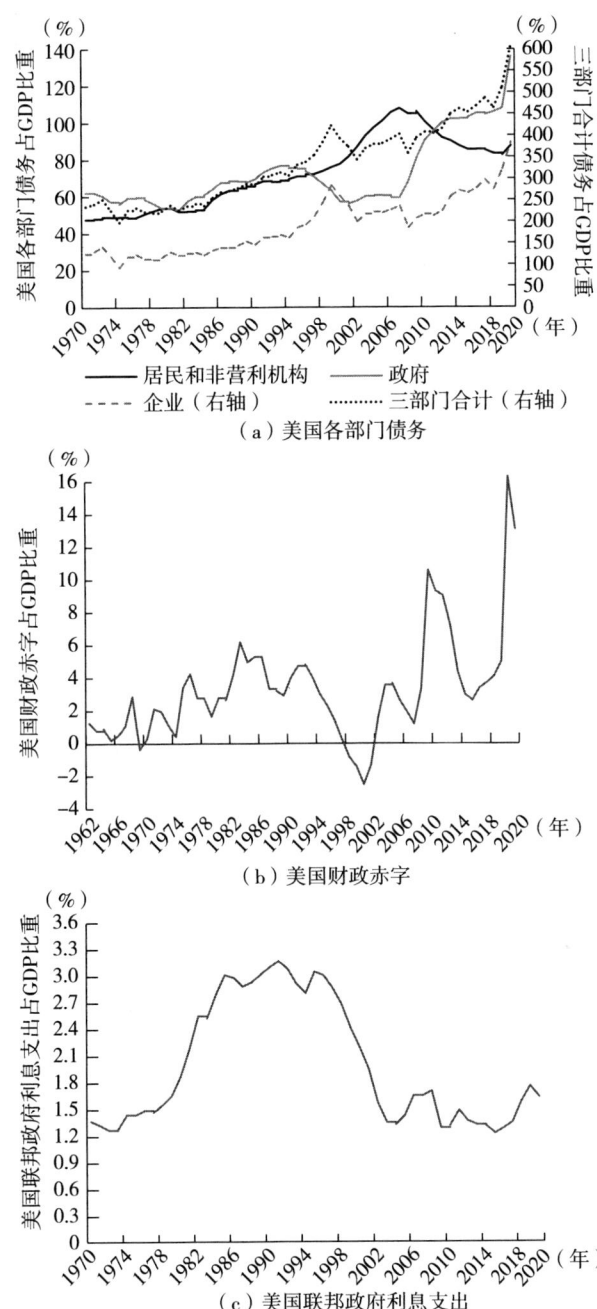

图1-3 1970—2020年美国各部门债务、1962—2020年财政赤字及 1970—2020年联邦政府利息支出占GDP比重情况

资料来源：万得数据库。

第一章 走向"滞胀"：变化中的世界经济

2023年国防预算较2022年提高4.1%，规模增至7 730亿美元，[①]而其在安全科技和经济安全等领域的支出也出现类似的增幅。第三，危机后"去全球化"进程加速也将使美国加快实施其"供应链回流"计划，或将为此提高财政补贴并增加支出。第四，疫情后的美国国内收入分配也将进一步恶化，需要政府加大社会福利相关支出力度。虽然拜登政府已在2023财年预算提案中申请增加美国高收入人群所得税，但综合其国内党派政治现状及以往加税记录来看，该计划可能难以完全实施，且难以覆盖因危机新增的财政支出。届时，美国政府将不得不通过发行国债的方式来应对财政赤字。而新增的债务融资要么来自美联储增加货币供应，要么来自美国国内私营部门，要么来自国外政府和私人投资者。第二种情况下，新增国债将在美国资本市场产生"挤出"效应，并推升实际利率，减少固定资产投资，降低经济增速（Miller，2012）。第三种情况下，疫情防控期间美国采取的超级刺激政策已大幅降低其国债对海外投资者的吸引力，俄乌地缘政治冲突加剧了这一效应，使其融资能力受限。所以，至少部分新增债务只能通过美联储融资来实现。若美联储拒绝进行"财政赤字货币化"操作，将增加美国国债违约概率，推升利率，并导致其债务在美联储激进加息这一举措下难以持续。为避免债务危机和经济衰退，美联储最终只能重回货币宽松政策。

因此，疫情后美国高企的政府债务可持续的核心原因在于美联储的超低利率政策降低了利息支出。美联储加息以及乌克兰危机导致美国在多领域财政支出的增加，将使其债务和财政赤字升至不可持续的范围，并可能引发债务危机。为避免这一危机，预估美联储只能在加息150基点左右后被迫停下，实际上仍实行量化宽松货币政策。

五、结论

新冠肺炎疫情暴发后，发达国家采取的宽松财政和货币政策是诱发本轮全球通胀的根本因素，乌克兰危机更是将这一轮高通胀坐实。乌克兰危机不

[①] 资料来源：美国国防部，2021年3月发布数据。

仅将大幅提升产业链上游成本，推动通胀短期内向下游传导，还将加快世界"逆全球化"和碳中和进程，在中长期进一步加剧结构性高通胀。上述进程的加快，叠加主要国家人口老龄化，将推动全球中长期通胀中枢抬升。全球经济现状与20世纪70年代的"大通胀"极为相似。当下的美联储正面临两难困境：大幅加息将引发债务危机和衰退，反之将使通胀失控。由于其迫不得已只能选择后者，世界将进入持续性高通胀时代。

面对走向"滞胀"的世界经济形势，对于正在全力构建新发展格局的中国来说，应保持战略定力，主动加强应对。需重点把握好以下几个关键点。第一，由于我国目前通胀水平仍然较低，应当重视全球持续的高通胀环境对我国物价波动的冲击和影响，适度超前进行货币政策"逆周期"调节，坚持审慎货币政策，综合平衡物价、汇率、资本流动和经济增长。第二，由于我国较大程度依赖进口原材料，应当充分认识到长期高通胀对大宗商品价格可能带来的冲击和对我国制造业成本可能带来的不利影响，包括提前合理安排资源储备，对冲通胀影响；统筹协调国内资源产品价格，避免价格随国际市场价格大幅波动；优先考虑PPI和CPI"剪刀差"可能扩大并向下游企业传导等。第三，加大春耕和粮食生产政策支持和协调，避免国际粮食危机和粮食价格上涨引发国内食品价格波动。第四，实施稳定金融市场政策，特别是稳定债券市场政策。第五，针对美联储在其加速收紧货币政策阶段可能引发的全球资本流动波动对我国资本市场的影响，提前做好预案部署，采取更为灵活有效的应对措施。

走向"滞胀"：变化中的世界经济（下）

乌克兰危机的爆发改变了世界经济的格局，通胀走高，经济增速走低，从而推动世界经济进一步走向"滞胀"。前文已经讨论了"滞胀"中"胀"的问题，本文将主要讨论"滞"。"滞"是指经济增长速度的放缓，我们可以将影响经济增速的因素分为长期和短期来进行分析，其中长期因素包括全要素生产率增长放缓、人口老龄化、全球贸易增长放缓以及价值链和供应链重构等；短期因素主要指新冠肺炎疫情对供需的冲击、碳中和能源转型的短期冲击以及乌克兰危机对全球经济的冲击等。2022年之后，世界经济将出现新的变局，以"滞胀"为核心特征的"新三高一低"将成为未来5~10年世界经济的新常态。

一、世界经济已存在"滞"的长短期因素

2000年以来，全球经济增长率相比之前已经出现下滑的趋势，2008年爆发的金融危机将全球经济拉入低增长轨道，发达经济体的经济增长进一步放缓，发展中经济体的经济也从增长的"快车道"开始降速。从图1-4可以看出，发达经济体的GDP平均增速自1986年开始下滑，而发展中经济体平均经济增速也从2008年金融危机之后快速下滑。危机会改变整个经济结构和潜在增长率，每次危机后经济增长的速度都比危机前平均前10年要低（朱民，2022）。2020年，突如其来的新冠肺炎疫情使全球经济增长停滞，尽管疫情后的刺激政策使经济增长暂时回到高位，但全球经济低增长的长期趋势并未改变。

针对全球经济进入长期低增长的情况，学术界已有讨论并形成了几个相关理论，如全球储蓄过剩理论（Bernanke，2005）、长期停滞理论（Summers，2014）和债务超级周期理论（Rogoff，2016）。这些理论讨论了一些导致经济低增长的长期因素，包括全球全要素和劳动生产率增长的放缓、人口老龄化和劳动力市场结构性变化、全球贸易增长放缓、贸易摩擦加剧、高债务和

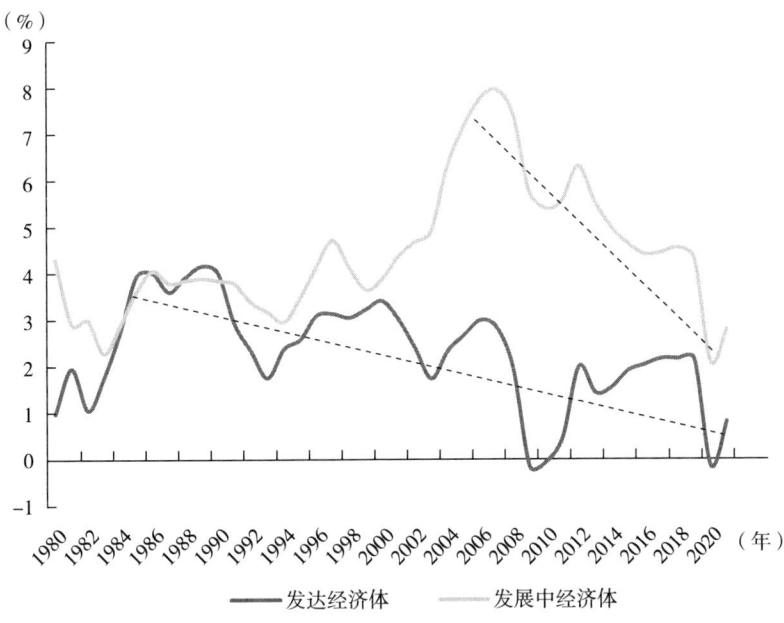

图 1-4　1980—2020 年发达经济体与发展中经济体 GDP 移动平均增速[①]

资料来源：IMF。

储蓄过剩等。当然，除了长期因素，短期的冲击也会使经济增长陷入停滞，如新冠肺炎疫情对供需的冲击、碳中和能源转型的短期冲击以及乌克兰危机对全球经济的冲击。2022 年之后，低增长的长短期因素相互叠加，推动全球经济不断走向"滞胀"。

长期来看，经济增长主要受全要素生产率和劳动生产率、人口老龄化和全球贸易的影响。从全球全要素生产率来看，其增长率长期处于下滑的趋势，由图 1-5 可知，2008 年金融危机爆发之前，全球全要素生产率增长率在 1% 左右，而危机后的 10 年间，全要素生产率几乎一直保持负增长。同时，研究发现劳动生产率增长缓慢是造成经济低增长的主要原因（Antolin-Diaz et al., 2017）。从全球劳动生产率来看，从 2008 年金融危机前 4.5% 左右降为 1.5%

---

① 为了更好地观察经济增速的变化，我们用了三年移动平均的方法来计算 GDP 平均增速。

左右，而全球劳动生产率持续下降的主要原因是全球人口增速降低、教育和人力资本投资不足、劳动力市场结构性改变导致的劳动参与率下降、技术进步的边际效应递减等（Gordon，2018）。

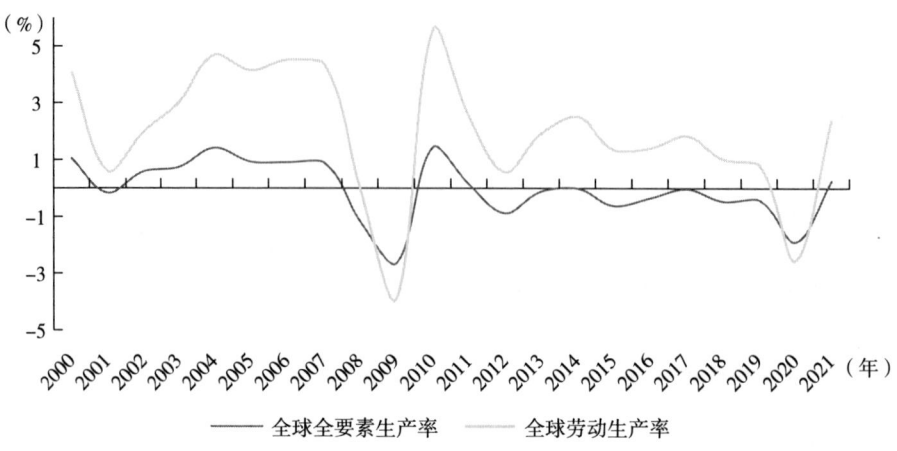

图1-5　2000—2021年全球全要素生产率和劳动生产率增长趋势

资料来源：The Conference Board。

　　人口老龄化是影响全球经济增长的另一个重要因素。人口老龄化会改变劳动力市场的结构，降低劳动生产力和劳动参与率，从而降低经济增长。通过对美国的研究发现，美国GDP年均增速将因人口老龄化问题而降低1.2%（Maestas et al.，2016）。当前全球已经进入老龄化阶段，截至2020年，全球65岁以上人口占总人口比例已接近10%，而劳动参与率已下降至60%以下（见图1-6）。目前，发达经济体人口老龄化问题较为严重，而新兴经济体如中国也面临一定的人口老龄化问题，例如，诸多研究显示中国已经越过刘易斯拐点（蔡昉，2015）。人口老龄化对经济增长的影响可以从需求—供给的角度进行分析，从需求侧来说，人口老龄化程度不断加深将导致总需求出现永久性下降，从供给侧来说则表现为劳动供给减少及劳动力成本提高。同时，全球劳动参与率不断下降，加之技术进步并未大幅提升劳动生产率，导致投资不景气，并成为制约未来全球经济增长的主要因素。

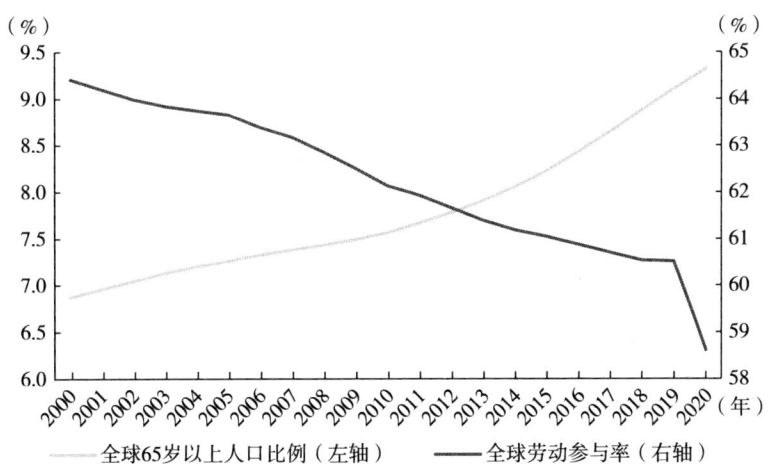

图 1-6 2000—2020 年全球 65 岁以上人口比例及全球劳动参与率

资料来源：万得数据库。

另外，全球贸易增速放缓也是经济陷入低增长的重要原因。从需求侧来看，贸易增速放缓不利于满足国内消费及出口需求；从供给侧来看，贸易增速放缓不利于技术扩散以及一国生产力的提高（Constantinescu et al., 2016）。贸易一直是推动全球经济增长的重要力量，据世界银行的数据显示，1950—2008 年，全球贸易总额增长了 7 倍，是 GDP 增速的 3 倍以上。但在全球金融危机爆发后，这一趋势发生了根本性变化，全球贸易增速开始接近甚至低于 GDP 增速（见图 1-7）。研究表明，2008 年金融危机爆发之后，全球贸易增速放缓的原因包括经济活动和投资的不足（Aslam et al., 2018）、全球供应链扩张势头放缓（Constantinescu et al., 2020）、金融与投资对贸易下行支持的递减效应（Gächter et al., 2017）等。未来很长一段时间内，全球贸易增速可能仍将维持低迷态势，原因主要有以下几个：一是新冠肺炎疫情导致全球消费结构的变化，一些领域的消费需求出现大幅下降甚至消失，对总需求造成较大负面冲击；二是供应链的中断和扰动阻碍全球贸易的正常运行；三是贸易摩擦加剧、贸易自由度下降以及全球价值链扩张势头放缓等因素进一步导致贸易增速下降。

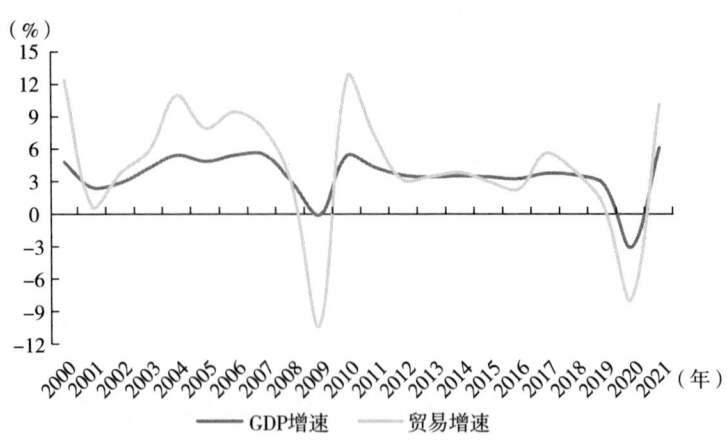

图1-7 2000—2021年全球GDP增速和贸易增速

资料来源：IMF。

短期来看，政策冲击和外部冲击，如能源转型的短期阵痛、新冠肺炎疫情对供需的冲击，以及乌克兰危机对全球经济的冲击，进一步加剧了全球经济增长"滞"的趋势。从能源转型角度来看，全球经济走向碳中和经济是大势所趋，也是实现经济可持续发展的关键。在第26届联合国气候变化大会召开之后，各国纷纷承诺在2050—2060年前后实现"碳中和"。长期来看，碳中和可以实现经济增长的范式转变，但短期内能源的转型会带来经济增长的阵痛，特别是对于发展中国家来说。大多数发展中国家的经济增长仍依赖传统的化石能源消耗，实现碳中和转型的技术、市场以及政策框架都不完备，对绿色转型的投资仍有很大的不确定性以及缺口，这些都将在短期内影响经济增长的步伐。通过CGE（可计算一般均衡）模型的模拟研究发现，如果没有合适的政策体系支持，碳中和的转型将会造成全球5%的GDP损失（相比没有进行碳中和转型的情况），并且发展中国家转型中的GDP损失要高于发达国家（Jaumotte et al., 2021）。但即使是发达国家，在碳中和转型中也面临各种问题，例如，欧洲在碳中和转型和俄乌冲突的冲击之下，天然气供给压缩，难以满足供给需求，从而引发了天然气价格大涨，在短期内推高了欧洲通胀水平并阻碍了经济复苏。

新冠肺炎疫情的冲击使世界经济增长急剧波动。2020年，全球GDP增

长率为 -3.1%；2021 年，受刺激政策影响，全球 GDP 增长率为 5.9%。[1] 全球经济因疫情遭受巨大损失，疫情对服务业的冲击尤其显著，以旅游业为例，新冠肺炎疫情使全球旅游业损失超过 4 万亿美元[2]。疫情在对经济造成负面冲击的同时，也改变了整个经济结构和潜在增长率，将经济强行拉向了更低的增长轨道。疫情对经济增长轨迹的影响主要表现在不仅使劳动力和劳动参与率大幅下降（Albanesi et al., 2021），降低了部门的生产力（Bloom et al., 2020），还使全球供应链和贸易受阻（Verschuur et al., 2021），同时在需求侧改变了消费者的习惯和模式（Sheth, 2020）。总之，疫情将对全球经济的未来增长产生长期的影响。在疫情冲击后经济缓慢复苏、全球通胀高位上行的情况下，乌克兰危机进一步加深了增长困境，世界经济加速走向"滞胀"。

二、乌克兰危机加速世界经济走向"滞胀"

俄乌冲突于 2022 年 2 月 24 日爆发以来，其未来的走势如何仍有较大的不确定性。但是，俄乌冲突以及对俄制裁对全球经济和物价水平的负面影响已经开始显现，人们对于全球经济走向"滞胀"的担忧不断增加。从短期来看，俄乌冲突使俄罗斯和乌克兰的生产停滞，供需错配；对俄罗斯的制裁导致汇率贬值、出口受限和外商投资减少，最终造成俄乌两国 2022 年的 GDP 大幅下滑，通货膨胀率大幅升高。根据俄罗斯央行 3 月份的宏观经济调查显示，2022 年，俄罗斯通胀率为 20%，GDP 降低 8%。从长期来看，冲突导致的生产要素破坏以及营商环境恶化，会使俄乌两国长期经济增长率进一步降低。

俄乌冲突除对参与国产生影响，还将通过大宗商品、贸易和金融渠道产生溢出效应，对全球经济和金融产生影响，其中最大的影响是全球能源和原材料价格的上涨以及通胀的蔓延。能源方面，俄乌冲突引起的能源和粮食价格的上涨将直接抬升石油进口国和发展中国家的通胀水平，其中对欧洲的影

---

[1] 资料来源：IMF。

[2] 资料来源：UNCTAD: COVID-19 and tourism-An update。

响最大。在贸易方面，俄罗斯和乌克兰作为全球贸易重要的参与国，冲突导致两国与其他国家的贸易大幅下降，扰乱了全球供应链，加剧了全球供需错配，使脆弱的全球贸易复苏面临风险。受此影响，WTO将2023年全球商品贸易额增长预期调低1.7%，降至3%，从而也将进一步阻碍全球经济的复苏，使全球经济更快进入低增长阶段。从经济增长角度来看，俄乌冲突对世界各经济体将产生不同程度的影响。IMF在2022年4月份发布的《世界经济展望报告》基于俄乌冲突及其引发的通货膨胀和各国政策调整，重新对2022年全球经济增长预测进行调整。IMF调低全球143个经济体的经济增速预测，并将2022年全球经济增长预期调低至3.6%（见图1-8）。从IMF 1月份报告与4月份报告对各国GDP增速预测的差值可以看出俄乌冲突对各国经济增速直接或间接的影响。首先，俄乌冲突对俄罗斯的经济增速产生巨大的负面影响，俄罗斯在2022年的经济增速预计为-8.5%。其次，俄乌冲突也会影响欧洲主

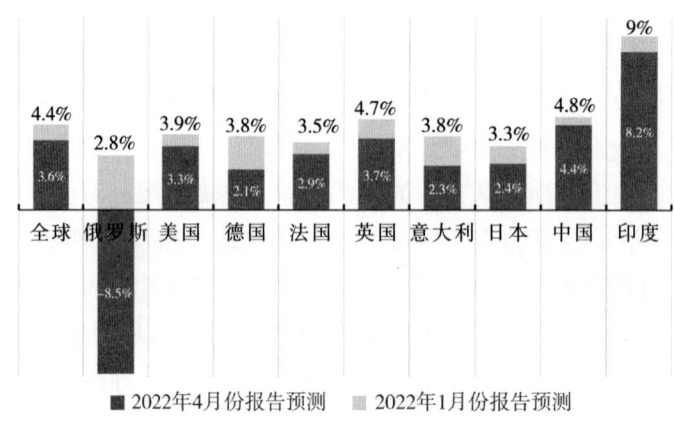

图1-8 俄乌冲突对全球主要经济体经济增速的影响预测[①]

资料来源：IMF。

---

① 资料来自IMF在2022年1月份和4月份发布的《世界经济展望报告》，IMF对各国经济增长的预测调整主要是基于俄乌冲突的直接影响，以及由此引发的能源价格上涨、大宗商品价格上涨和各国财政货币政策的可能调整。

要发达国家的经济增速，受影响最大的是德国，其GDP增速在2022年比之前的预测再下降1.7%。最后，作为石油净进口国家之一的日本以及作为新兴市场国家的中国和印度也受到俄乌冲突的影响，经济增长会有不同程度的放缓。总体来看，乌克兰危机继续推高全球通胀水平，同时叠加降低经济增速的长短期因素，将全球经济拉向更低增长的轨道，坐实2022年全球经济"滞胀"的局面。

三、以"滞胀"为核心特征的世界经济与"三高一低"新变局

为理解世界经济如何一步步走向"滞胀"，我们将从"增长""利率""通胀""债务"四个维度来剖析21世纪以来世界经济格局的演变历程。

（一）增长

如图1-9所示，从全球经济增长的阶段性趋势来看，2000—2007年的全球经济仍处于较高增长时期，中国加入WTO之后成为带动全球增长的新引擎，全球GDP年均增长率达4.4%。2008年，由次贷危机引发的全球金融危机导致全球经济陷入衰退。2009年，全球经济出现负增长，此后全球经济就进入了一个低增长阶段。2010—2019年，全球GDP年均增长率降至3.5%。这10年里，全球经济经历了欧债危机、英国脱欧、美国逆全球化政策造成贸易冲突、全球贸易增速放缓、投资不足、失业率上升导致经济增速下滑等。新冠肺炎疫情的冲击，更使全球经济增速骤降至−3.1%。在货币财政刺激和低基期效应下，2020—2022年，全球GDP年均增长率上升至5.1%，处于短暂的高增长阶段。根据IMF的预测，2023—2026年，全球GDP年均增长率预计为3.3%，未来仍将处于不断收缩的低速增长期。

（二）利率

全球利率水平在20多年的演变中逐渐由高利率变为低利率，甚至负利率。

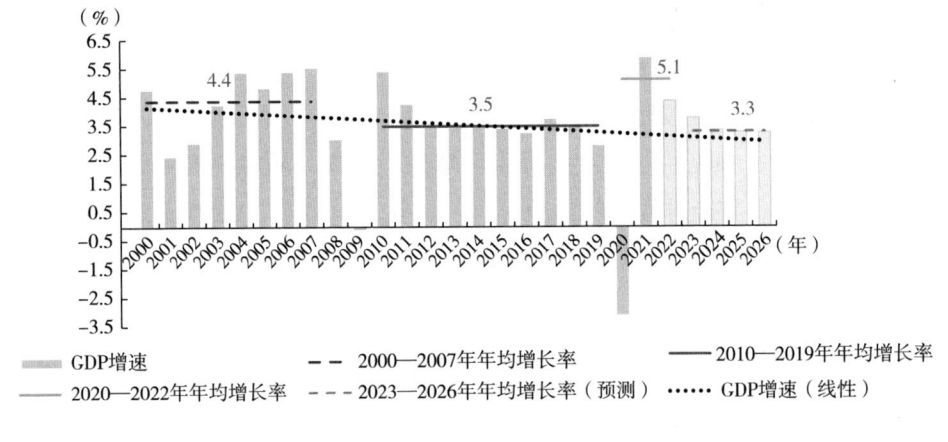

图1-9 2000—2026年全球GDP年均增速

注：2023—2026年为预测数据。

资料来源：IMF，作者计算。

2008年之前，全球大部分国家的利率保持高位波动。自2008年金融危机爆发之后，主要经济体开始采取空前的联合救市行动，包括大幅降低基准利率，甚至实施"零利率"的政策。全球实际利率从金融危机前的8%跌落至金融危机后的-1.5%，全球实际利率已经为负（朱民，2017）。在长期零利率和量化宽松货币政策下，经济和劳动力市场逐渐复苏，美国从2015年底开始货币政策正常化过程，至2018年12月共加息9次，联邦基金利率升至2.5%左右。2020年新冠肺炎疫情暴发，各经济体央行纷纷通过降息来向市场提供流动性，以对抗疫情的负面冲击。据不完全统计，2020年全球央行降息多达207次，多数发达经济体利率水平再次回归到接近于零（见图1-10）。随着2022年全球经济从疫情中缓慢复苏，通胀持续高企，美联储重启加息政策。2022年3月，美联储市场预期加息0.25%，在俄乌冲突对通胀持续高位冲击的情况下，美联储主席释放继续加息和缩减资产负债的信号。但本轮加息周期复杂性较高，由于俄乌冲突及其外溢效应给全球经济复苏带来了很大的不确定性，"保增长"和"控通胀"再次成为各经济体央行要面临的难题。同时，随着全球高债务的持续，利率作为关键的政策变量将成为未来宏观经济的随机变量。自2008年爆发金融危机以来，长期的低利率环境保证了公共债务可持续增长和逆周期财政政策的有效组合，形成了低利率、高债务的"恐怖平衡"。一旦利率上升，这种平衡状态将难以维持。

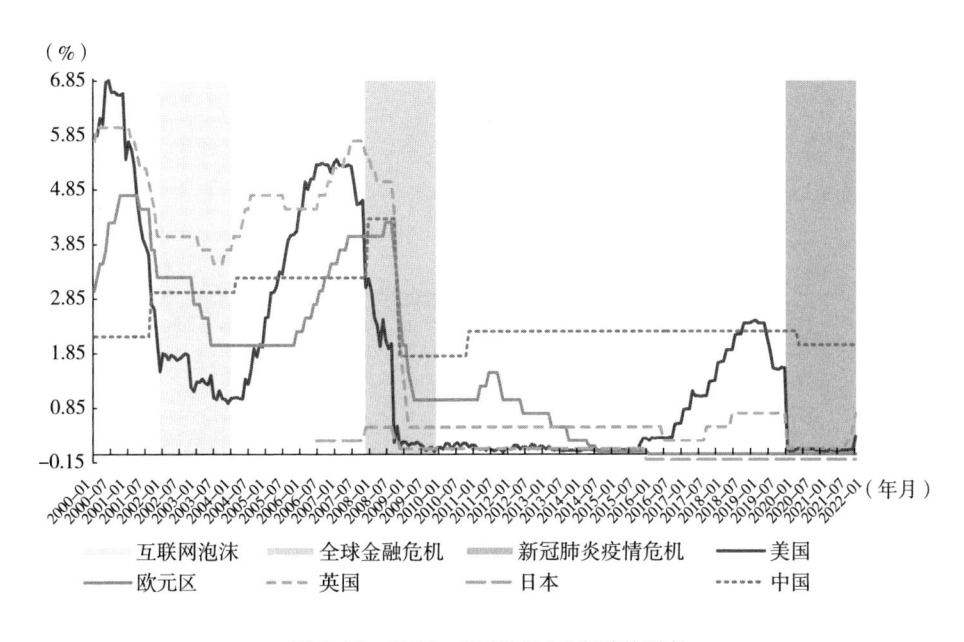

图 1-10　2000—2022 年主要经济体利率

资料来源：CEIC。

（三）通胀

全球通胀在新冠肺炎疫情之前一直处于可控的低水平。自 2000 年以来，由于各经济体央行实行基于"通货膨胀目标制"的货币政策框架，通胀水平一直维持在 2% 的目标水平上下浮动。欧元区和美国在 2008 年金融危机后实行超宽松货币政策的背景下，甚至长时期保持在 2% 目标以下的低通胀水平。通胀在宽松货币政策下维持低水平是由于货币超发和流动性供给主要流向了金融部门，而企业和家庭等实体部门受益有限，全球 CPI 持续低迷，因此温和的需求未能持续抬高通胀。2020 年新冠肺炎疫情的暴发导致全球经济萎缩和总需求下降，使各国核心 CPI 增速进一步下滑。自 2021 年以来，全球的超强财政或货币政策的作用开始显现，伴随着居民需求的快速上涨，经济缓慢复苏。与此同时，因疫情而产生的供应链瓶颈问题尚未得到解决。2022年，乌克兰危机造成能源价格和大宗商品价格持续上涨，薪资上涨导致劳动力成本上升，供给和需求的严重错配使通胀急剧上升，全球主要经济体的核心CPI增速呈现超预期增长并逐渐失控的势头（见图1-11）。

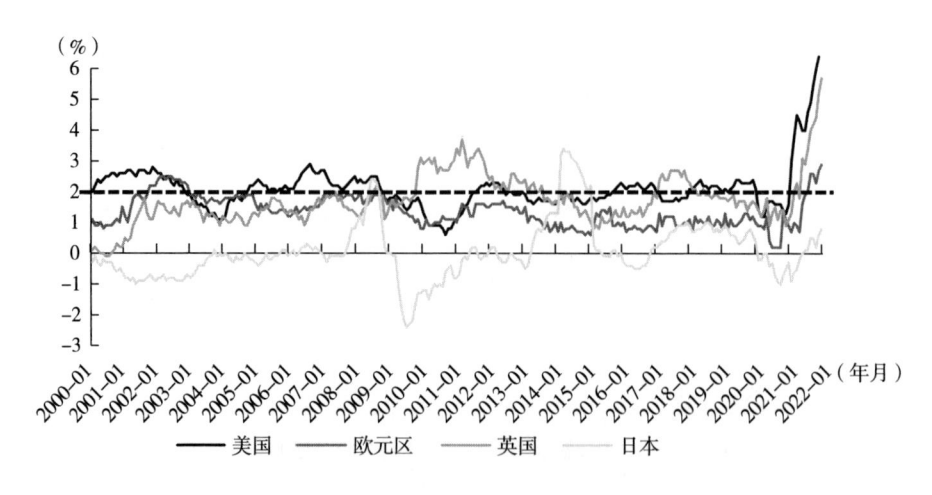

图1-11 2000—2022年主要经济体核心CPI同比增速

资料来源：CEIC。

（四）债务

全球债务在过去的20年里一直处于上升的趋势，债务占GDP的比重也在不断升高。债务高企的一部分原因是政府应对各个危机的刺激政策。根据IMF的数据计算，2008年和2009年的全球债务总额占全球GDP比重的增幅分别为10%和15%。2010—2019年，各国利用低利率的货币宽松环境，继续依靠大幅举债来发展经济，全球债务处于持续增长的高水平。疫情前，全球债务的增速已高于同阶段GDP增速（朱民，2022）。2020年，新冠肺炎疫情导致全球债务飙升至210万亿美元，与全球GDP之比上升了25%，至270%（见图1-12）。其中，政府部门债务占全球债务的比重最高、增长最快，2020年，占全球债务的比重达38%，比2019年增长13.5%。

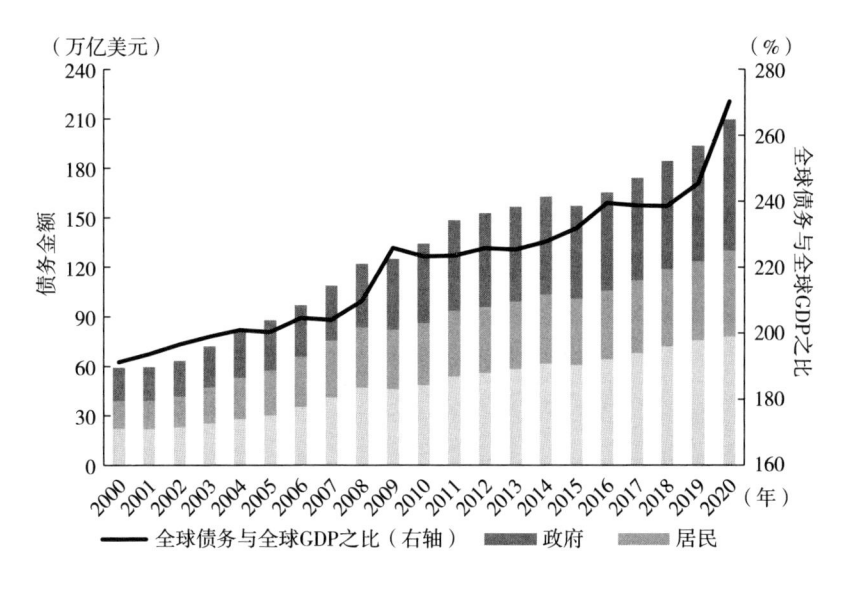

图1-12 2000—2020年全球债务规模

资料来源：IMF。

高债务的长期存在引发了人们对政府债务可持续性的争议和探讨，从表1-1中可以看出，美国政府部门的债务在10年间几乎翻了2倍，但利息支出的增加并不多，其原因主要是量化宽松货币政策导致超低利率，利息支出没有明显增加。日本的情况更为明显，2020年，在258.7%的高债务水平下，利息负担仅为1.7%，低于发达经济体的平均水平，从而实现债务可持续的良好均衡。低利率是目前主要发达经济体维持债务可持续的关键变量。但新兴经济体如巴西等，在全球贸易缩减和外需不强的背景下，其国内储蓄只能转化为国内投资，这一过程必然会引起国内债务的攀升，利率一旦升高，新兴经济体的利息负担和违约风险将大幅增加。自2022年以来，黎巴嫩和斯里兰卡已经爆发债务危机和严重的通胀问题，全球利率的持续升高将进一步加重新兴经济体的债务负担，债务危机爆发的风险将不断升高。

从"增长""利率""通胀""债务"四个维度来看世界经济金融格局的演变和发展，整体呈现出阶段性的特征。自2008年金融危机爆发以后，世界经济走向低增长、低利率、低通胀、高债务的"三低一高"，需求不足导致的低增长和低通胀情况持续数年，即使各经济体央行将利率水平维持在零

表1-1 政府债务和利息支出占GDP比重

	2008年	2010年	2012年	2014年	2016年	2018年	2020年
	政府债务占GDP比重（%）						
发达经济体	84.9	108.1	117.9	115.2	116.6	113.6	135.2
日本	180.9	205.9	226.1	233.3	232.4	232.4	258.7
英国	50.8	75.7	84.5	87.1	87.5	86.1	105.6
美国	73.4	95.1	103.0	104.5	107.2	107.4	133.5
欧盟	69.7	85.8	90.7	92.8	90.1	85.7	97.5
新兴经济体	35.7	40.8	39.6	43.3	51.7	55.7	69.4
巴西	61.4	62.4	61.6	61.6	77.4	84.8	96.0
中国	27.2	33.9	34.4	40.0	50.7	56.7	70.1
印度	72.8	66.4	68.0	67.1	68.9	70.4	88.5
俄罗斯	7.4	10.1	11.2	15.1	14.8	13.6	19.2
	政府利息支出占GDP比重（%）						
发达经济体	2.9	2.9	3.0	2.6	2.3	2.3	2.1
日本	2.0	2.0	2.1	1.8	2.2	1.8	1.7
英国	2.2	2.9	2.9	2.8	2.4	2.4	1.9
美国	2.8	2.7	2.8	2.7	2.4	2.6	2.7
欧盟	2.9	2.7	3.0	2.7	2.1	1.8	1.5
新兴经济体	2.2	2.2	2.0	1.9	1.8	1.9	1.6
巴西	7.2	6.6	6.5	6.4	7.6	8.8	5.8
中国	0.4	0.5	0.5	0.5	0.4	0.5	0.5
印度	5.0	4.5	4.6	4.7	4.7	4.8	5.5
俄罗斯	0.5	0.6	0.6	0.7	0.7	0.8	0.7

资料来源：IMF、Wind、CEIC。

利率甚至负利率依旧无法刺激经济的增长，我们也将这种经济形态称为"日本式衰退"。2020年疫情之后，各国纷纷推出极度宽松的财政和货币政策，世界经济格局进入暂时性的高增长、高通胀、高债务和低利率的"三高一低"。在这一阶段，以美联储为代表的各经济体央行在"保增长"和"控通胀"的两难抉择中更倾向于前者，天量的流动性以及供应链扰动等因素造成通胀爆表，全球通胀逐渐由"暂时性""单一性"向"持续性""全面性"转变。2022年是动荡和过渡之年，疫情的冲击持续蔓延，通货膨胀已在高位，叠加长期劳动生产力下降、人口老龄化、地缘政治导致的供应链扰动、能源危机等要素，乌克兰危机更是"推波助澜"，加速世界经济进入以"滞胀"为核心特征的高通胀、高利率、高债务、低增长的"新三高一低"的局面。

四、结论

总体来看，全球经济走向"滞胀"已然初现端倪。"滞胀"将引起世界经济格局的深刻变化。从"滞"的角度来看，影响经济增长的长短期因素叠加，已经使全球经济进入低轨道增长。乌克兰危机进一步推高了全球的通胀并拉低了世界经济增长，从而"坐实"了"滞胀"的产生。2022年之后，世界经济将进入以"滞胀"为核心特征的"新三高一低"局面。以美联储为代表的各经济体央行将面临解决"滞"或"胀"问题的两难选择，政策的不确定性或将带来世界经济和金融的更大波动。同时，美联储加息、债务高企也增加了债务危机或金融危机爆发的概率。

面对通胀不断走高、经济复苏态势十分不明确的世界经济新形势，中国应当坚持推动经济高质量发展，防范国内外需求锐减风险、输入性通胀风险以及系统性金融风险。具体建议如下：第一，财政政策和货币政策协同推进，通过减税、转移支付和居民消费再贷款等增量政策工具，提高居民收入水平，刺激消费增长。第二，稳定基建、出口和房地产等传统经济支柱，培育消费、绿色投资和科技创新等新经济增长点。碳中和与数字化的转型已是未来国际竞争的新赛道，必将引起经济增长的范式转变。中国应大力推进以绿色和数字技术为核心的新基建和新消费，使之成为经济高质量发展的新引擎。第三，要积极防范和应对房地产及地方隐性债务风险、输入性通胀风险和资本流动带来的金融市场波动风险，避免金融风险的负面冲击波及实体经济，为中国经济的复苏和发展提供安全稳定的环境。

第二章
国际金融格局的碎片化及其演进

陈卫东　初晓　曹鸿宇 *

---

* **陈卫东**，经济学博士，中国银行研究院院长，全球经济治理 50 人论坛成员。
初晓，中国银行博士后科研工作站博士后。
曹鸿宇，中国银行研究院研究员。

摘要：当前，全球地缘政治版图深度重塑，加速国际金融格局陷入碎片化困局，美元主导的国际货币体系脆弱性加大。国际分工体系趋于区域化、同盟化，国际技术壁垒、门槛快速抬升。全球亟须探寻国际货币体系改革的新支点。全球经贸与发展模式的转变推动货币格局的变化。在全球贸易版图出现区域化趋势的背景下，中国与东盟、中东、非洲、拉美区域经贸合作迎来新契机。中国应依托区域经贸合作基础，搭建零碳目标下的新能源金融体系，推动货币区域化合作发展。中国要坚持总体国家安全观，全面评估产业安全性与竞争力，做好长期规划安排，备足应对困难与自救的"工具箱"。同时，中国须研判全球经济金融格局发展之势，在关键领域与节点把握"进"与"退"，平衡"取"与"舍"，以系统性新战略、新思维应对新变局。

近年来，地缘冲突加剧，金融博弈更加激烈，全球治理失衡，百年变局加速演进。美国凭借货币霸权，滥用金融制裁，将加速国际货币体系演进，促使各国重新审视金融安全问题，加快推进全球金融资产结构调整、区域金融合作布局以及提升国际金融领域话语权。

一、国际变局：地缘冲突成为历史转折点，加速国际格局碎片化

2022年，地缘冲突深刻地改变了国际关系格局，这在一定程度上标志着后冷战秩序的终结。未来，大国对抗将走向全面化、长期化、复杂化，制裁的余波可能持续十年甚至数十年，地缘政治风险将成为全球前行发展的最大阻碍之一。西方国家对特定国家进行全方位制裁及围堵，损害了美元信誉，导致国际金融市场剧烈动荡，国际货币体系面临前所未有的挑战。为应对变局，发展中国家开始探讨外汇储备结构及境外资产组合结构的调整，国际货币体系正由单一货币主导向多元化格局转变。

(一)全球地缘政治版图深度重塑

近年来,国际地缘政治环境的复杂性、不确定性和严峻性明显上升,给国际格局演变带来深远影响。

1. 以规则为核心的国际多边治理体系遭受严重损害

地缘冲突正在全面动摇和伤害二战后建立起来的以规则为基础的国际多边治理体系。这一体系对于维持战后世界和平稳定发展发挥了积极作用,帮助缓和了国际紧张局势,遏制了大规模战争的爆发,协调了国际经贸关系,推动了商品、资本和人员的跨境流动,深化了不同国家之间的相互依存度。然而,俄乌冲突的爆发以及各国随之采取的制裁措施,严重伤害了国际多边治理体系。个别西方国家把规则当作武器,把美元当作制裁工具,随意采取冻结和没收"敌对国家"资产等手段,使得部分全球公共物品丧失了公平性,国际多边规则和秩序被践踏。

2. 大国关系面临深刻调整,大国间摩擦与对抗增加

冷战结束后,在国际关系基本准则和框架下,主要大国之间的关系整体稳定,彼此之间虽有分歧,但基本处于可控状态。然而,随着美国挑起对中国的贸易摩擦并不断升级对中国的遏制政策,特别是在俄乌冲突爆发后,东西方在意识形态和安全领域的摩擦和分歧逐渐增大,加速了全球两极化和阵营化分裂。一方面,美国、欧盟和俄罗斯在欧洲地区博弈升级,俄欧关系跌落谷底;另一方面,亚太地区逐渐成为大国博弈焦点,中美两国博弈逐渐显性化。美国不断强化使用关税、出口管制等手段对华实施贸易制裁,在印太地区加大对中国的遏制和施压,拉拢日本、印度、澳大利亚组成四方安全对话,大力推动IPEF(印太经济框架),试图联合盟友推动产业链"去中国化"。在此背景下,大国关系面临深刻重塑,全球主要力量主体之间呈现新的"合纵连横"。

3. 大国博弈下，中间阵营"选边站队"压力增大，代理人博弈更加激烈

随着大国博弈加剧，美国不断寻求扩大它的"同盟""伙伴"，加大对中俄围堵，各国关系面临重塑。在美国压力下，部分欧盟以及亚太国家对华战略逐渐出现调整。欧盟一些国家主张与中国"脱钩断链""去风险"，对华态度趋于强硬；亚太地区的日本和韩国在半导体产业政策上跟随美国，韩国主动减少了对中国相关企业的芯片出口，日本则限制了对华高性能半导体设备出口，试图联合围堵中国科技产业发展。

4. 新兴经济体逐渐强化合作，谋求改善全球治理方式

大国博弈导致全球经贸合作面临新的困局，加剧了全球经济复苏的难度。一些国家珍视相互合作带来的好处，也愿意进一步扩大开放，因此，继续探讨深化合作的方法。中国同东盟国家积极推动RCEP落地生效，阿根廷、伊朗等国申请加入金砖国家，上海合作组织（以下简称"上合组织"）扩容，这都表明以新兴经济体为主要成员的国际组织影响力不断扩大。俄罗斯积极推动"战略东转"，加强同中国和印度等新兴经济体之间的经贸合作。

（二）全球经贸大循环受阻

基于地缘政治考虑，大国及其阵营以所谓的"去风险"之名，推动"有限脱钩"，在贸易、投资、资金等领域构筑壁垒，推动全球产业链、供应链全面重塑，逆全球化趋势加深，以所谓的"安全"取代效率，使经贸合作更趋政治化。

1. 重构小循环背景下的国际贸易运行秩序

美国同北美地区贸易往来进一步密切，同亚洲地区贸易有所"降温"。2022年，美国自北美货物进口增长20.2%，高于自全球、亚洲的货物进口增速5.3%、6.3%；自北美地区货物进口份额占比也提高了1.3%，至27.5%，自亚洲地区货物进口占比则下降了0.3%。美欧两大经济体也有意加强贸易合作。在2022年底召开的第三次北美—欧盟贸易和技术委员会部长级会议上，美欧计划通过强化数字技术应用，降低企业及政府在贸易政策和监管要求上的协调成本，促进跨大西洋贸易增长。

2. 推动国际资本合作与配置趋势改变

地缘冲突进一步推升跨国投资风险，美欧通过将一些俄罗斯金融机构踢出 SWIFT（环球同业银行金融电讯协会）国际结算系统以及冻结海外资产的方式对俄罗斯实施金融制裁，并以"国家安全"为由加大对境外直接投资的审查力度，引起国际社会对境外投资安全性的新一轮思考。在此背景下，全球跨境直接投资步伐放缓，区域和行业投资结构随之改变。据联合国贸易和发展会议（以下简称"联合国贸发会"）初步统计，2022 年，全球 FDI（外国直接投资）规模减小 3.2%，至 2.7 万亿美元，FDI 项目数量减少 0.9%。其中，发达经济体吸引外资规模显著收缩。截至 2022 年三季度，美国直接投资流入规模同比减少 16.8%，至 2 240.6 亿美元。2022 年，欧元区整体外资流出严重，有 7 个月份均为外资净流出状态，12 月单月流出规模高达 2 682.1 亿欧元，创金融危机以来的最高单月流出纪录。全年外资净流出规模累计达 1 736.4 亿欧元，比 2021 年净流出规模扩大 30.9%。发展中经济体能提供更加可预期的投资环境，备受绿地投资青睐。2022 年联合国贸发会宣布投向发展中经济体的绿地投资项目数量增长 25.7%，占全球所有已宣布绿地投资项目的 38.7%，比 2021 年提高了 6.2%。其中，南亚和北非两个地区绿地投资项目数量的增长分别高达 98.0%、76.9%，东盟获得新绿地投资项目数量增长 21%。国际资本投资更加关注项目可持续性，可再生能源领域成为投资热土。全球前十大绿地投资项目中，有 6 笔投向可再生能源领域，其中 4 笔集中于埃及，涉及金额达 448.2 亿美元，这与埃及的资源禀赋优势及政策支持带动有关。流向低收入国家的资金也呈现此趋势，同 2015—2016 年相比，2021—2022 年，低收入国家获得用于延缓气候变暖的投资数量占比提高了 14%，化石能源领域则减少了 63%。

3. 加速构建关键原材料的供应阵营

伴随着关键矿产品价格上涨及资源输出国收紧矿业政策，全球各国对于关键矿产品的需求大增。据世界银行预测，到2050年，全球对锂、铜、镍、石墨、稀土元素等关键原材料的需求将增长500%。关键原材料对新一轮高新产业竞争至关重要，以美国为首的西方国家开始缔结关键原材料供应合作联盟，力图摆脱对所谓单一国家关键原材料的依赖。2022年6月，美国、欧盟、加拿大、英国、日本、韩国等多个发达经济体建立"矿产安全伙伴关系"，目标是保障对清洁能源和其他技术至关重要的关键矿产供应。2022年12月，美国、加拿大、澳大利亚、法国、德国、日本和英国七个国家成立"可持续关键矿产联盟"，提高生产和购买"关键矿产材料"的环境和劳工标准，以降低钨、稀土等矿产资源的外部依赖。2023年3月16日，欧盟委员会正式发布《关键原材料法案》，用于提高欧洲在精炼、加工和回收关键原材料方面的能力；同期，美国与日本就锂、钴、镍、石墨和锰等电动汽车电池制造中的关键矿物达成协议，根据该协议，美日两国前述关键矿物原材料的双边出口不受限制。2023年4月17日，美国政府公布了《通胀削减法案》实施细则，要求只有新能源汽车电池中来自美国、与美国有自贸协定的国家（地区）或北美国家的价值超过一定标准，才可申请补贴。美欧日韩等发达经济体在关键原材料供应链上正在形成紧密的合作关系。

（三）国际分工体系趋于区域化、同盟化

"和平与发展"的时代主题弱化，美欧等西方国家和地区正极力向以其新定义的所谓"国家安全"为主导转型。大国及其阵营对关键技术设立特殊保护，通过"近岸外包""友岸外包"等模式引导与自身关联密切的产业部门重构分工布局，以强化对关键产业的控制权和主导权。全球产业体系的运行原则逐渐由经济效率主导转向经济安全优先。

1. 区域化成为国际分工体系的主要演变趋势

区域化体现为产业分工体系由全球化布局转向立足本地或地区市场，这种区域化既包括地理意义上的邻近区域，也包括各类自由贸易协定体系下的跨境合作。进入21世纪，特别是2008年以来，WTO框架下的多边贸易规则

谈判受阻，缔结双边或区域自贸协定成为各国参与国际经济治理和合作的主要方式，这促使国际分工体系由全球化转向区域化、本地化，而发达经济体"逆全球化"思潮、地缘政治冲突、新冠肺炎疫情等因素进一步加剧这种情况。国际分工体系的区域化发展趋势将从根本上改变以往"世界工厂型"全球发展模式，全球层面市场供给和需求的地理区位错配程度将有所弱化，跨境产业链、供应链长度将面临收缩，相互毗邻的经济体之间的经贸和产业关联有望进一步提升，各层面的自贸安排也会深刻重塑缔约方参与国际产业分工合作的方式和特征。

2. 同盟化给国际产业分工体系带来深远影响

2022年4月，美国财政部部长耶伦提出，"将供应链转移到'可信赖国家'，打造'友岸外包'，这样可以继续安全地扩大市场准入，降低美国经济以及可信赖的贸易伙伴面临的风险"。这是发达经济体首次公开提出打造同盟化的国际产业分工模式。此后，主要发达经济体将鼓励和限制性措施相结合，引导跨境产业链分布朝着盟友和自身可信赖的国家和地区转移。国际产业分工体系的同盟化发展，将给全球产业体系带来多元化影响。一方面，加强同友好国家和地区的经贸产业关联，可以在一定程度上规避地缘政治因素对自身产业发展安全的冲击，保障其对外经贸合作的稳定运行；另一方面，将意识形态、价值观等作为跨境产业合作的主要考量因素，使政治因素取代经济因素成为跨境产业活动的主导力量，不可避免地使全球层面的资源配置遭到扭曲，降低国际产业体系的运行效率，增加生产和消费成本，从长远来看不利于全球经济增长和产业发展。此外，美国等发达经济体不断强化与传统盟友和"友好地区"的跨境产业合作，名义上是为了维护自身产业安全，但实际上是为了构筑有利于自身发展的"小圈子"。如2020年生效的《美墨加协定》中引入"非市场经济国家"规则，严格限制缔约方同中国等国家之间引入新的经贸合作安排，打压后发经济体对外经贸产业合作拓展空间，使全球产业体系面临人为割裂的风险。

（四）国际技术壁垒、门槛快速抬升

1. 跨境技术合作面临更多壁垒，全球技术"脱钩"风险不断加剧

当前，发达经济体为维护关键产业技术和科技创新领域的优势，采取多方面行动措施。美国先后出台《创新和竞争法案》《通胀削减法案》《芯片和科学法案》等政策法案，加大对华出口管制、投资管制和技术限制，试图以"小院高墙"的策略构筑以美国为主导、排除中国的技术体系和产业生态。在国际层面，美国构建所谓"清洁网络"计划，与欧盟等构建贸易和技术委员会，将供应链、科技、网络安全等合作领域纳入"印太战略"等地缘政治框架，联合盟友在技术、数字等领域围堵和打压中国。美国和中国作为全球最大的两个经济体，彼此间经贸和产业关联密切，对全球经济具有举足轻重的作用。美国主导的对华技术围堵、"脱钩"措施，将加剧全球局势的不确定性，极端情况下美对华科技强行"脱钩"可能会使其他经济体被迫"站队"，最终形成两条互相封闭、互相竞争的产业链体系，导致世界经济分化。

2. 新兴产业技术加速迭代，科技创新门槛快速抬升

为抢占未来世界科技和产业发展的制高点，主要经济体围绕各种前沿技术和关键产业展开前所未有的激烈竞争，不断强化顶层设计和资金投入。美国《创新和竞争法案》将发展关键产业科技上升到美国国家战略高度，拟投资1 900亿美元于芯片、锂电池、人工智能、量子等关键技术。欧盟委员会创立欧洲创新理事会，聚焦突破性技术，利用研究新兴技术的加速器项目和专门的投资基金扩大欧盟地区创新型初创企业和中小企业的规模。其他经济体也纷纷通过补贴加大对前沿技术和关键产业的直接扶持力度，相关资金投入达百亿甚至千亿美元。与此同时，伴随着产业发展和技术创新，关键产业部门技术进步和基础研究突破所需要的资金投入大幅攀升。例如，建设3纳米制程工艺的芯片工厂前期资本投入超过200亿美元，建设1纳米制程工艺的芯片工厂投资甚至超过300亿美元。关键产业技术进步和科技创新的门槛不断提高，绝大多数经济体都无法独自承担相关资金和人力等成本，技术鸿沟将越来越大。

（五）国际能源格局深刻调整

在地缘政治冲突等多重因素的交织下，全球能源格局加速重塑：传统能源格局面临挑战，新能源转型对全球能源格局产生重要影响。

1. 国际油气供需结构变化，重塑全球能源地缘政治版图

全球石油贸易格局重塑，俄罗斯石油流向"西降东升"。从石油供应来看，全球石油供应地区高度集中。中东、北美和欧亚大陆是石油产量最高的地区，全球占比超过70%。美国、沙特阿拉伯和俄罗斯是全球三大石油生产国，全球占比近50%。从石油需求来看，亚太地区和欧洲石油供需缺口严重。2021年，亚太地区和欧洲石油消费占全球石油消费总量的比重分别为36.64%和14.26%，分别是自身石油生产量的3.93倍和3.38倍（见图2-1）。

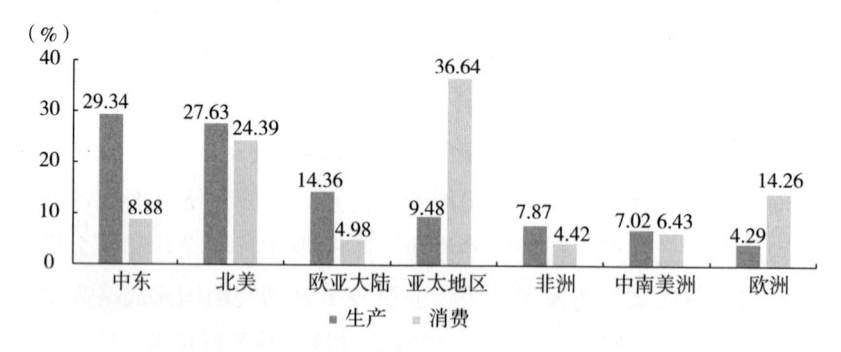

图2-1 2021年不同地区石油供需在全球的占比

资料来源：BP Statistical Review of World Energy。

在地缘政治冲突后，俄罗斯石油流向"西降东升"，欧盟—俄罗斯稳定供需格局被打破，俄罗斯出口至欧盟的石油大幅下降。2021年1月，俄罗斯石油的最大出口国是欧盟，占俄罗斯石油总出口的54.2%。俄乌冲突爆发后，俄罗斯出口至欧盟的石油占比不足10%。中国、印度成为俄罗斯最大的石油出口国。2022年，俄罗斯对中国的石油供应量为6 700万吨，约占其出口总量的1/3。

2. 全球天然气市场供需结构变化，促使欧洲对俄罗斯天然气进口依赖度下降

从供需缺口来看，2021年，欧洲天然气生产与消费的全球占比分别为4.88%和13.55%，消费量远高于自身产量。2021年，欧洲天然气进口占全球天然气总进口比重的40.97%，是全球进口天然气最多的地区。在地缘政治冲突后，全球LNG（液化天然气）流向改变。欧盟对俄罗斯天然气的进口依赖度下降。2022年，欧盟从俄罗斯进口天然气占全球天然气总进口比重为18.73%，较2021年的41.28%大幅下降22.55%。欧美能源体系深度绑定。伴随俄罗斯对欧天然气减供，美国与卡塔尔等地原计划出口至亚洲的LNG改向流入欧洲，从而改变了全球天然气的贸易流向和供需格局。2022年，美国64%的LNG销往欧洲。2023年4月，欧盟进口来自美国的LNG占比高达58.7%。

3. 零碳目标下新能源转型加速，全球能源格局正在酝酿巨变

在全球"净零排放"目标背景下，推进能源转型，实现绿色低碳发展已成为国际社会普遍共识。当前，各国新能源发展水平存在较大差异，传统能源格局下的国际分工面临重新洗牌，全球能源格局正在酝酿巨变。随着新能源转型步伐加快，新能源转型所需的稀有金属材料大幅增加，但稀有金属材料分布并不均衡。2021年，澳大利亚的锂、中国的稀土元素、刚果的钴、印度尼西亚的镍以及智利的铜在生产方面占据优势，全球产量占比分别为52%、60%、69%、33%和28%。同时，中国在原材料加工方面优势显著，锂、稀土元素以及钴加工的全球占比均超过50%。2022年，在新能源装机量与投资方面，中国可再生能源装机量占全球1/3，全球50%的风电、80%的光伏设备组件来自中国，中国用于可再生能源的投资已连续7年位居全球第一。

二、经贸支点：利用互补优势，深化四大区域经贸合作

在地缘冲突、大国博弈、世纪疫情等因素交织激荡，全球贸易版图出现区域化趋势的背景下，我国与东盟、中东、非洲、拉美区域经贸合作迎来新契机。随着全球化退潮、贸易保护主义抬头，国际贸易格局面临重构，中国与东盟及其他RCEP成员、中东、非洲、拉美的经贸合作成为促进增长的四

大支点，为新兴市场货币的崛起、跨境金融的发展提供了新的机遇。

（一）东盟：经贸合作市场潜力不断被激发

东盟是当前全球经济最具活力的区域之一，与中国毗邻，友好关系源远流长。面对复杂多变的国际环境，中国与东盟的经贸往来保持良好的增长势头，展现出强劲的发展韧性和巨大的合作潜力。

1. 中国与东盟经贸关系密切，增长潜力巨大

中国与东盟是全球重要的生产制造基地，拥有超大消费市场。过去三年多来，面对新冠肺炎疫情、国际地缘政治环境恶化等一系列不利因素的冲击，中国—东盟贸易逆势增长，双向贸易额连创新高，互为最大贸易伙伴。2022年，中国对东盟进出口额达9 753.4亿美元，同比增长11.2%，占中国对外贸易总额的15.5%，较2021年提升1个百分点。东盟作为中国第一大贸易伙伴的地位更加巩固，无论是整体增速还是进出口分项均快于中国对外贸易的总体增速。其中，对印度尼西亚、新加坡、缅甸、柬埔寨、老挝进出口增速均超过了20%。2023年前5个月，东盟继续保持中国第一大贸易伙伴地位。与此同时，中国与东盟双向投资往来日益密切，截至2022年7月底，中国与东盟累计双向投资额超过3 400亿美元，已成为相互投资最活跃的合作伙伴。

2. 双边产业分工关系密切，合作空间广阔

中国与东盟的产业链上下游合作基础良好，关联密切，双边要素禀赋存在较强的互补性。东盟经济体，特别是越南、柬埔寨等国家劳动力供给较为充裕，成本较低，具备一定条件承接中国部分下游生产产能；中国企业的研发实力和中间品生产能力较强，可为东盟提供生产技术和要素。目前，中国与东盟之间的跨境产业链相对完备、基础良好，特别是在纺织、电子产品等行业，中国与东盟经济体产业关联较深，存在明显的上下游关系。

3. 区域经济一体化进程不断推进，拓宽双边合作潜能

当前，RCEP 已经进入全面生效新阶段，RCEP 强调包容、互利的发展模式，为中国和东盟经济增长以及企业跨境合作营造了宽松自由的市场环境，提振了地区经济发展的信心。RCEP 原产地累积规则显著提高各成员出口产品享受 RCEP 优惠关税待遇的可能性，扩大成员间中间品进出口规模，有助于改善成员间资源配置效率，推动形成更加密切的区域贸易投资关系，助力 RCEP 地区跨境产业链、供应链网络进一步织密、拓宽。在此基础上，中国和东盟宣布启动中国—东盟自贸区 3.0 版谈判，双方经济一体化进程有望再度迈上新台阶。

4. 互联互通效率持续提升，为双方经贸往来和产业合作保驾护航

近年来，中国和东盟高质量共建"一带一路"倡议取得标志性成果，互联互通水平提升：柬埔寨迈入"高速时代"，金港高速公路通车；中老铁路助力老挝实现"陆联国"梦想；东盟首个高铁——雅万高铁——开启试运营；中泰铁路、马来西亚东海岸铁路建设提速；中马、中印尼"两国双园"做大做强。得益于国际陆海贸易新通道建设和区域内配套基础设施不断完善，中国与东盟贸易往来不断加深。

（二）中东地区：能源合作持续扩大

作为能源需求大国，中国已成为中东地区油气的重要输出地。自"一带一路"倡议提出以来，中国与中东地区的能源合作既在规模上取得显著成效，同时也打造了纵深发展的全新格局。

1. 中东地区油气资源丰富，原油与天然气储量均居世界首位

中东地区素有"石油海洋"之称，拥有世界上最大的海上和陆上油田。据 BP（英国石油公司）2022 年版《BP 世界能源统计年鉴》统计，截至 2020 年，中东地区石油探明储量为 8 359.4 亿桶，全球占比高达 48.25%，位居第一；其次是中南美洲，石油探明储量为 3 233.7 亿桶，但不到中东地区石油探明储量的一半，全球占比为 18.67%；排名第三位的是北美地区，石油探明储

量为 2 429.1 亿桶，全球占比为 14.02%。

中东地区天然气资源丰富，是全球最大的天然气探明储量地区。截至 2020 年，中东地区天然气探明储量为 75.81 万亿立方英尺[①]，全球占比为 40.31%；独联体次之，天然气探明储量为 56.60 万亿立方英尺，全球占比为 30.10%（见图 2-2）。

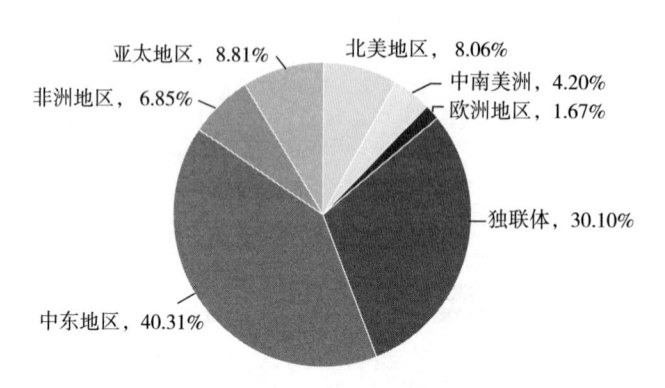

图 2-2　2020 年天然气探明储量区域分布

资料来源：BP Statistical Review of World Energy.

与石油资源相比，中东地区天然气资源分布集中，主要位于伊朗、卡塔尔、沙特阿拉伯和阿拉伯联合酋长国（以下简称"阿联酋"）的近海地区。2020 年，伊朗、卡塔尔、沙特阿拉伯和阿联酋天然气探明储量占中东地区的比重分别为 42.35%、32.54%、7.94% 和 7.83%（见表 2-1）。其中，最著名的气田是伊朗的南帕尔斯气田和卡塔尔的北方气田。

表 2-1　中东地区油气探明储量

年份	石油探明储量（亿桶）					天然气探明储量（万亿立方英尺）				
	1980	1990	2000	2010	2020	1980	1990	2000	2010	2020
伊朗	583	929	995	1 512	1 578	13.3	16.1	25.4	32.3	32.1
伊拉克	300	1 000	1 125	1 150	1 450	0.7	3.0	3.0	3.0	3.5
科威特	679	970	965	1 015	1 015	1.0	1.4	1.5	1.7	1.7

---

① 1 立方英尺约合 0.03 立方米。——编者注

续表

年份	石油探明储量（亿桶）					天然气探明储量（万亿立方英尺）				
	1980	1990	2000	2010	2020	1980	1990	2000	2010	2020
阿曼	25	44	58	55	54	0.1	0.3	0.8	0.5	0.7
卡塔尔	36	30	169	247	252	2.9	4.8	14.9	25.9	24.7
沙特阿拉伯	1 680	2 603	2 628	2 645	2 975	3.0	5.0	6.0	7.5	6.0
叙利亚	15	19	23	25	25	0.1	0.2	0.2	0.3	0.3
阿联酋	304	981	978	978	978	2.3	5.5	5.8	5.9	5.9
也门	—	20	24	30	30	—	0.2	0.3	0.3	0.3

资料来源：BP Statistical Review of World Energy。

2. 中国是中东地区主要的能源输出国，中国与中东地区油气贸易深度融合

在原油贸易合作方面，中东地区是中国原油进口的主要来源地区，超过半数的原油进口均来自中东地区。2022年，中国进口来自中东地区的原油为13 139.52亿元，占原油总进口的53.92%。其中，来自沙特阿拉伯的进口居首位，占比为17.75%，伊拉克、阿联酋、阿曼和科威特分别为第二至五名（见图2-3）。与此同时，中国基本上为上述各国的第一或第二大原油出口国。

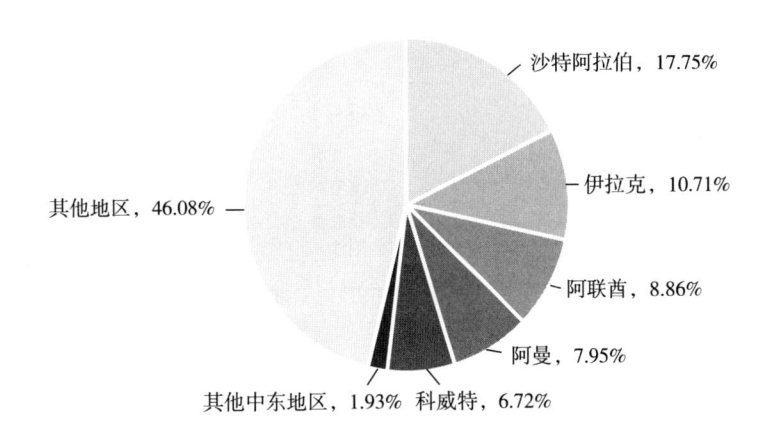

图2-3 2022年中国原油进口来源国家和地区

- 沙特阿拉伯，17.75%
- 伊拉克，10.71%
- 阿联酋，8.86%
- 阿曼，7.95%
- 科威特，6.72%
- 其他中东地区，1.93%
- 其他地区，46.08%

资料来源：中国海关总署。

在天然气贸易合作方面，卡塔尔是中国第二大 LNG 供应国。中国与中东地区的天然气贸易，主要是中国从卡塔尔进口 LNG。从进口金额来看，2022年，中国从卡塔尔进口 LNG 总额为 774.47 亿元，占液化天然气进口总额的 22.22%。从进口数量来看，2022 年，中国从卡塔尔进口液化天然气总量为 1 568.02 万吨，占 LNG 进口总量的 24.75%。同时，在地缘政治冲突、全球经贸环境不确定性增加的背景下，2022 年，中国液化天然气总进口量同比下降 19.58%，但从卡塔尔进口的 LNG 总量却大幅增长 74.66%。

3. 中国可再生能源表现亮眼，与中东地区在新能源领域的合作快速拓展

第一，亚太地区是全球能源转型的核心力量，中国可再生能源表现亮眼。2021 年，亚太地区风能、太阳能产能全球占比分别高达 41.85% 和 56.32%。其中，中国是亚太地区可再生能源的主导力量，中国风能、太阳能产能全球占比分别为 35.21% 和 31.67%，占亚太地区可再生能源产能的 84.14% 和 56.23%。

第二，中东地区能源转型相对较慢。2021 年，中东地区可再生能源产能较少，风能、太阳能产能全球占比分别为 0.16% 和 1.47%，仅高于独联体（见图 2-4）。

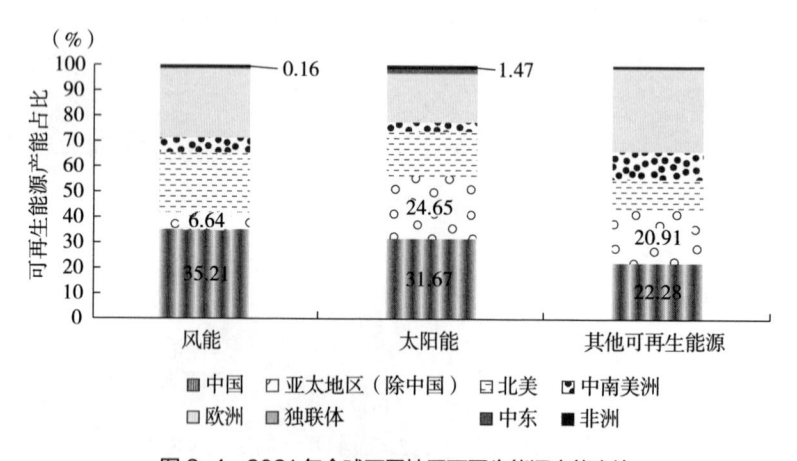

图 2-4 2021 年全球不同地区可再生能源产能占比

资料来源：BP Statistical Review of World Energy。

第三，中国与中东地区在新能源领域的合作快速拓展，能源转型为中国与中东地区合作创造新机遇。当前，中国与中东的新能源合作主要集中在太阳能领域。中资企业已作为承包商在中东地区建设和运维了多座大型太阳能电厂，包括卡塔尔阿尔卡萨 800 兆瓦光伏电站、沙特拉比格 300 兆瓦光伏电站、阿联酋艾尔达芙拉 2 100 兆瓦太阳能电站等，带动了相关设备出口。2022年，中国对阿联酋出口光伏组件 3.6 吉瓦[①]，同比增长 340%；对沙特阿拉伯出口光伏组件 1.2 吉瓦，2021 年则不足 0.1 吉瓦。

（三）非洲：拓展"一带一路"合作新领域

1. 中非贸易与投资关系稳定

目前，中国已经连续 15 年稳居非洲最大的贸易伙伴地位。2001—2022 年，中非货物贸易额年均增长 16.8%，快于同期中国对外贸易 12.7% 的整体增速。特别是 2022 年，中非贸易额约 2 825.8 亿美元，同比大幅增长 11.7%，显示出强大的韧性。中国自非洲进口的主要为矿产品和农产品，向非洲出口的主要包括纺织品和生活必需品等。服务贸易以建筑工程、交通运输和旅行服务等领域为主。自 1997 年探索"走出去"战略起，中非投资合作进入快速增长阶段，非洲成为中国实施"走出去"和"两种资源、两个市场"战略的重要地区。2021 年，中国对非直接投资流量达近 50 亿美元，增速为 18.0%，承包工程新签合同金额同比增长 14.7%。伴随非洲城镇化进程，中国对非基础设施投资和工程承包不断加快，非洲已经成为中国对外承包工程的第二大市场，规模仅次于东南亚。目前，中资企业在非基建项目涉及公路铁路、码头、机场、电力和能源等领域。截至 2021 年，中国已帮助非洲新增、升级铁路和公路分别超过 1 万千米和 10 万千米，在非洲建造了电力装机容量 1.2 亿千瓦、通信网 15 万千米，并将非洲的清洁用水处理能力提升至每年 40 万吨。

2. 非洲是"一带一路"建设重要的合作伙伴

2020 年 12 月，中国与非洲联盟签署共建"一带一路"合作规划，加强

---

① 功率单位，1 吉瓦 =100 万千瓦。——编者注

"一带一路"倡议和非盟《2063年议程》的有效对接。截至2023年1月，中国已经与52个非洲国家签署共建"一带一路"文件，为推动中非经贸往来与金融合作提供重要支撑。在"一带一路"倡议推动下，中非迎来经贸金融领域互惠互利、合作共赢的新局面，并且经贸合作不断升级，在巩固传统合作领域的同时，积极探索新经济领域合作。

第一，农业和粮食安全始终是中非合作的优先领域。中非农业合作范围日益拓展，从最初的农业生产合作，扩大到农产品加工、储运和检验检疫等。中国不仅长期向非洲农业提供大量援助，还对其输出农业技术、培训技术人才，帮助非洲国家提升农业现代化水平。

第二，产能合作逐渐成为中非合作重点领域。由于非洲缺乏工业支撑体系和物流联通网络，中非工业合作以产业园区建设为主，通过加强工业投资与基础建设联动，提高基建的效用和收益，提高生产效率，助力非洲国家工业发展。

第三，能源合作逐步从传统石油和矿产投资转向绿色能源合作。2005—2017年，中国对非洲国家油气项目的直接投资总额为206亿美元，占中国对非总投资额的近1/4。其中，尼日尔、安哥拉、莫桑比克、乌干达和尼日利亚是主要的投资目的国。中国对非洲能源、矿产和农产品的需求增长，推动中资企业对非直接投资，中石油、中石化等大型企业均是非洲能源领域的主要投资商。近年来，中国绿色能源技术输出推动非洲清洁能源发展。非洲拥有得天独厚的自然资源，太阳能、风能、地热能、潮汐能等蕴藏丰富，清洁能源发展符合非洲经济转型方向与民生实际需求。在中非合作论坛框架下，中非合作逐渐聚焦新能源和绿色发展领域。截至目前，中国已经在乌干达、肯尼亚、南非等多个非洲国家，开展水电、光伏发电、风力发电等上百个清洁能源和绿色发展项目，支持非洲国家更好地发挥太阳能、水电、风能、沼气等清洁能源优势，助推非洲可再生能源发展。

第四，跨境电商等新业态逐渐崛起，为中非服务贸易提供新的机遇。中资企业开始在海外建仓备货，将采购、物流、销售等流程与线上模式结合，辅以网络支付功能，将电商模式逐渐扩展至对非跨境贸易中。例如，2018年阿里巴巴集团在卢旺达建立首个非洲电子贸易平台，打造中资企业在非的批发分拨集散中心。

（四）拉美国家：拓宽资源要素流动渠道

1. 拉美国家资源丰富，为原材料出口提供扎实基础

第一，拉美地区拥有丰富的油气资源。据 2022 年版《BP 世界能源统计年鉴》统计，截至 2020 年末，拉美地区的石油储量占全球总量的 18.7%，仅次于中东地区，其中，区域内近 95% 的石油储量位于委内瑞拉。第二，拉美国家地质条件优越，拥有多种战略性关键矿产资源。截至 2021 年末，智利已探明的锂矿储备占全球总量的 45.4%，巴西的石墨和稀土储备占全球储备的比重分别高达 19.2% 和 17.0%，古巴的钴储备也占全球比重的 7.3%。第三，拉美国家土地肥沃，农业相对发达。据联合国粮农组织数据测算，2021 年，拉美地区生产的甘蔗、大豆和牛油果占全球总产量的比重分别高达 50.1%、53.1% 和 68.6%，大米、大麦、小麦等农作物以及多数坚果、水果的每公顷产量显著高于全球平均水平，并且拥有藜麦、腰果梨、箭叶黄体芋等多种特色农产品。

2. 中国和拉美经贸合作呈良好态势

近年来，中拉贸易规模呈跨越式增长。据中国海关总署数据显示，2017—2022 年，中国与拉美国家进出口总额年均增速高达 14.4%。截至目前，中国成为拉美地区第二大贸易伙伴，是巴西、阿根廷等拉美大国区域外的第一大贸易伙伴。根据联合国贸发会数据测算，拉美对华贸易整体保持贸易逆差，但巴西、智利和秘鲁对华贸易存在顺差，并且 2017—2022 年，三国对华顺差规模占其顺差总额的比重均在 60% 以上。中国对拉美国家的投资额不断增长，投资领域也更加多元化。自 2010 年起，中国对英属开曼群岛和英属维尔京群岛以外的其他拉美国家的投资大幅增长。中国对巴西、秘鲁和阿根廷的投资存量较高，中国对拉美国家的重点投资领域也从采矿业拓展至水利、航运、铁路等领域。

3. 未来中国与拉美国家有望进一步释放经贸合作潜能，探索互惠互利合作

第一，加强中拉农业合作，推动初级产品贸易往来。拉美国家资源丰富，粮食年产量较高，并拥有多种特色蔬果，在一定程度上可满足中国食品消费多元化的需求。鉴于拉美国家工业发展相对薄弱，中拉有望提升农产品贸易往来水平，形成食品加工与原料供应的产业链上下游关系。第二，推动中拉工程项目合作，寻找基建投资的发力点。当前，公路、铁路等基础设施落后是拉美国家面临的主要发展瓶颈之一，中国在巴西、阿根廷、哥伦比亚等国积极推动基础设施建设，并借助"一带一路"建设助力拉美国家经济发展。第三，聚焦中拉绿色低碳领域合作，探索经贸合作的新增长点。拉美国家的环保意识较强，绿色基础设施建设与可再生能源有望成为中国和拉美国家合作的重心。据BP数据显示，2011—2021年，阿根廷、智利、秘鲁和巴西的可再生能源年均增长率分别为26.0%、18.4%、15.2%和13.9%。第四，消除中拉经贸合作壁垒，提升贸易便利化程度。截至目前，中国已经与智利、秘鲁、哥斯达黎加和厄瓜多尔签署自由贸易协定，与乌拉圭的自贸协定谈判不断推进，并且巴拿马和哥伦比亚也有意与中国建立自贸关系，为中拉经贸合作提供更便利的平台。

发展程度各异及资源禀赋各具特点的四大区域，为中国从全球经济金融大变局中突围提供了经贸支柱。以产业互补为根基，优化同东盟国家贸易往来结构；以新能源为抓手，扩大同中东地区能源合作范围；从产业园区、清洁能源、跨境电商等入手，全方位拓展同非洲地区的合作领域；从初级产品贸易、绿色基建、贸易便利化程度等出发，促进同拉美地区经贸再增长。同四大区域经贸往来进一步提质增速，又为建立更为公平高效的区域货币合作机制奠定基础。

三、金融支点：构筑安全可靠的新金融合作机制，推动货币区域化合作发展

（一）俄伊等国应对西方制裁，推动"去美元化"进程

俄乌冲突爆发后，美欧等西方国家首次将俄罗斯央行纳入制裁范围，完

全冻结储备资产，阻断国际金融往来交易。全球投资者出于风险与安全考量，将逐步降低美元的使用及美元在外币资产中的占比，乃至西方阵营货币的持有比重。俄罗斯、伊朗等受制裁国家为了有效应对以美国为首的西方国家的金融制裁，更多转向黄金、人民币等其他选项，并降低欧元配置比例，加速"去美元化"进程。

1. 俄罗斯长期实施"去美元化"的财政金融政策，构建多币种金融资产结构

一是大幅度减持美元资产。2013—2020年，俄罗斯央行削减以美元计价的外汇储备50%以上，主动调整资产组合。2023年，俄罗斯财政部宣布，调整俄罗斯国家财富基金新的法定资产结构。其中，人民币占比上限提高到60%，黄金占比提高到40%，英镑和日元的比重降为0。二是改变贸易结算货币构成，大幅减少以美元结算的份额。目前，俄罗斯政府已与中国、印度、土耳其和欧亚经济联盟其他成员，包括白俄罗斯、亚美尼亚、哈萨克斯坦和吉尔吉斯斯坦等达成共识，签署协议，在双边贸易中优先考虑使用本国货币。据统计，2020年四季度，俄罗斯对金砖国家出口总额只有10%左右以美元计价，远远低于2013年的95%。三是减少对美元基础设施的依赖，开发和提升本国结算清算处理能力。为替代SWIFT，俄罗斯开始创建国际结算清算的Mir支付系统（俄罗斯自主开发的银行支付系统），50%以上的俄罗斯人已拥有本国Mir银行卡，占全国金融交易额的32%，俄罗斯还在亚美尼亚、土耳其和乌兹别克斯坦建立了Mir中心系统。同时，俄罗斯建立了SPFS系统（俄罗斯金融信息传输系统）。截至2022年6月末，约有440家金融机构加入SPFS系统，包括12个国家的70家金融机构。Mir支付系统和SPFS系统进一步扩大了俄罗斯国际金融结算清算服务规模。

2. 俄罗斯实施天然气"卢布结算令"，构建"黄金—卢布—天然气+"的储备货币体系，应对西方制裁

针对欧美能源制裁，俄罗斯以天然气"卢布结算令"进行反制裁。2022年4月1日，与"不友好"国家和地区以卢布进行天然气结算，即"卢布结算令"正式生效。根据美国的测算，俄罗斯约74%的天然气出口以此方式结算，这有助于维护俄罗斯卢布汇率和金融体系的稳定。除了天然气以卢布进行结算，未来俄罗斯还可能增加原油和小麦等大宗商品以卢布结算，考虑到俄罗斯拥有价值近 1 320 亿美元的黄金储备，俄罗斯或将构建"黄金—卢布—天然气+"储备货币体系。

3. 部分亚洲发展中国家推动构建区域金融规则，规避美元霸权影响

当前，上合组织成员经济总量占全球经济总量的 1/3。在俄罗斯、伊朗、中国等国推动下，上合组织将出台更多有利于本币跨境支付结算和投融资合作的举措。上合组织成员将在经贸和投融资等合作中推进"去美元化"进程，人民币、卢布等货币的国际地位将有所提升。2022 年 7 月，伊朗提议上合组织建立统一新货币。无论上合组织未来是否出现类似欧元的统一货币，其以多元货币为基础形成"去美元化区"的趋势将逐步增强。

（二）区域金融合作持续深化，推动区域货币合作更加紧密

RCEP 生效后，成员之间的金融开放水平进一步提高，区域内更加繁荣的经贸合作将带动跨境金融业务及相关配套产业发展，使区域金融合作更加密切，加快"去美元化"进程。

1. RCEP 经贸一体化程度加深，区域内金融合作深化发展

随着区域经济一体化的持续发展，各经济体的货币合作不断深化。2000 年 5 月，东盟与中日韩签署的《清迈倡议》为陷入危机的国家提供支持。在 2006 年美国次贷危机爆发之后，亚洲各国金融合作步伐加快。2009 年 12 月，东盟与中日韩（"10+3"）财长和央行行长签署清迈倡议多边化的框架协议。一方面，《清迈倡议》整合和扩大了东盟国家之间原有的美元互换额度和网络；另一方面，《清迈倡议》新建了东盟成员与中国、日本和韩国之间的双边货币互换网络，为成员提供国际收支的短期流动性支持。在亚洲，"清迈倡议多边机制"经过多次扩容，目前拥有 2 400 亿美元的救助能力。2021 年 3 月，由"10+3"财长和央行行长以及中国香港金融管理局共同签署的清迈倡议多边化

协议特别修订稿正式生效。其中，双边货币互换网络对区域货币合作发挥积极的推动作用。RCEP生效后，区域内经贸合作的增加促进跨境金融业务及相关配套产业快速增长。而中国经济实力和国际影响力的提升促使人民币需求增加，跨境人民币业务发展将进一步增强人民币的货币锚效应。

2. 区域金融合作机制与平台不断完善，推动区域货币合作迈入新阶段

近年来，全球范围内逐步形成一些重要的区域金融合作机制，对推动货币互换和本币结算、加速国际货币多元化、促进全球金融治理变革发挥着重要作用。亚洲开发银行、亚洲基础设施投资银行、金砖国家新开发银行等区域金融机构的设立，促进了金融合作和区域一体化进程。金砖国家的金融合作不断增强。例如，俄罗斯宣布与金砖国家联合制定可靠的国际结算替代机制，并研究基于金砖国家货币建立国际储备货币的可能性。2023年，埃及宣布加入"金砖银行"，推动"金砖+"金融合作机制深化发展。中国、印度、俄罗斯、巴西和南非成立的金砖国家应急储备安排拥有1 000亿美元救助额度。

3. 巴西、阿根廷等南美国家加快推进区域金融一体化，减少对美元的依赖

自俄乌冲突爆发以来，产业链、供应链呈区域化和本土化特征。发展中国家加快推进与贸易伙伴签订常备互换协议，逐步提高新兴市场货币支付占比，提升本币在贸易和金融中使用的比重，以增强产业链安全和维护金融市场的稳定。2023年6月，巴西和阿根廷共同通过了一项"包含近百项行动"的计划，寻求"更大程度上的金融一体化"。在此基础上，巴西与阿根廷将"采用特定货币开展地区贸易"，并研究发起共同货币，提振区域贸易，减少对美元的依赖。

（三）"石油美元"体系面临冲击，新能源金融开辟新赛道

当前，全球传统能源需求增速放缓，基于美元霸权的大宗商品交易和"东方交易、西方定价、美元计价、期货基准"的格局面临调整。同时，新能源转型对金融体系提出新的要求，推动了新能源金融体系的形成。相较于传

统能源，新能源发展的主要力量由供给方转向需求方，资金流向相应发生改变，新能源金融开辟新赛道，"新能源—货币"环流将逐步形成。

1. 传统能源需求增速放缓，"石油美元"体系面临冲击

"石油美元"体系是美国与产油国合作的产物，伴随着能源金融市场、金融衍生工具快速发展，形成了"石油美元"环流，并推动构筑稳固的"石油美元"体系。近年来，全球传统能源（石油、煤炭和天然气）消费依然占据主导地位，但其消费占比逐年下降。2021年，全球传统能源消费占一次能源消费的比重为82.28%，较1965年93.38%下降了11.89%。其中，石油消费占比从1965年的41.55%降至30.95%，下降了10.6%。传统能源需求增速放缓在一定程度上弱化了"石油美元"体系的根基。BP发布的2023年版《世界能源展望》预测，到2050年，在"净零排放"情景中全球石油供应将减少75.58%，在"快速转型"情景中全球石油供应将减少超过50%。其中，美国石油供应将大幅下降47.81%。

2. 新能源赛道切换，需求方对定价权和投资的决定机制增强

传统能源的垄断性决定供给方对定价权的主导作用。与一般竞争性行业不同，传统能源具有天然垄断性，各国不同的能源储量决定其在能源市场的垄断地位，拥有大量石油储量的国家往往在国际能源市场占据主导权。石油供给垄断方对定价与投资具有主导作用，致使需求方处于弱势地位。与传统能源不同，新能源发展的主要力量更多地转向需求方，促使需求方对定价权和投资的决定作用增强。降本增效是新能源产业发展的主题，由需求端决定的投资流向与科技创新将不断推动新能源发展，令新能源产业发展具备更清晰的前进方向和实现逻辑。例如，中东、独联体以及非洲三大产油地区，可再生能源开发利用进程缓慢，融资需求大幅增加，此时需求方对定价权和投资的决定作用增强。

3. 中东确立新的发展模式，资金流出方转变为资金流入方

长期以来，中东地区凭借石油出口成为"石油美元"输出大国。中东能

源结构中，石油产量位居全球首位，全球占比最高达35.75%。凭借石油出口，中东地区积累了大量的石油出口收入。例如，2008年，沙特阿拉伯、科威特、阿联酋和卡塔尔四个国家的主权财富基金数额总额高达12 000亿美元。中东国家利用这些资金以多种形式进行海外投资，积累了大量的海外资产。

中东地区可再生能源发展缓慢，产能较低。2021年，中东地区可再生能源产能的全球占比仅为0.49%，是全球占比最低的地区之一。2012—2021年，中东地区可再生能源装机量增长率为76%，远低于112%的世界平均水平。从全球趋势而言，能源转型是中东国家实现可持续发展的必由之路，相关领域融资需求快速增长，这将使中东地区由资金流出方转为资金流入方。例如，德国、意大利、越南、印度等国在伊朗境内投资建造太阳能电站等设施。中国风电和光伏企业凭借技术和技术装备领先优势，以产业投资、工程施工承包和境外贸易合作三种形式进入伊朗新能源行业。根据全球私募资本协会数据显示，2022年，有198亿美元的私募资本投资流入中东。中东是2022年全球唯一实现私募资本投资成交额同比正增长的地区（见表2-2）。

表2-2 全球私募资本投资成交额

（单位：亿美元）

	2018年	2019年	2020年	2021年	2022年	2022年增长率（%）	2022年全球占比（%）
亚太地区	1 438	945	1 350	2 028	1 457	-28.16	70.08
中国	832	476	790	1 046	682	-34.80	32.80
印度	178	242	309	550	383	-30.36	18.42
南亚地区	209	95	107	217	184	-15.21	8.85
拉丁美洲	134	159	181	299	282	-5.69	13.56
非洲	42	37	40	65	63	-3.08	3.03
中东欧	39	34	24	120	74	-38.33	3.56
中东地区	6	47	109	152	198	30.26	9.52

资料来源：Global Private Capital Association。

4. 加强新能源人民币跨境结算，构建"新能源—人民币"新环流

在新能源领域，中国长期处于技术领先地位，全球新能源产业重心进一步向中国转移。据国家能源局数据统计，2022年，中国生产的光伏组件、风力发电机等关键零部件占全球市场份额70%。中国可再生能源发展为全球减排做出积极贡献。2022年，中国合计减排28.3亿吨，约占全球同期可再生能源折算碳减排量的41%，已成为全球应对气候变化的积极参与者和重要贡献者。在此背景下，中国通过不断深化区域能源合作，加强新能源人民币跨境结算，助力构建"新能源—人民币"新环流。例如，"一带一路"沿线国家传统能源缺口较大。截至2023年5月，中国在"一带一路"沿线国家绿色能源的投资已经超过传统化石能源，新能源金融发展成为"一带一路"合作的潜在增长点。

四、世界分裂与中国金融安全的考量

中国要坚持总体国家安全观，全面评估产业安全性与竞争力，做好长期规划安排，备足应对制裁与自救的"工具箱"。同时，中国需要研判全球经济金融格局发展之势，在关键领域与节点把握"进"与"退"，平衡"取"与"舍"，以系统性新战略、新思维，应对新变局。

第一，在地缘冲突升级背景下共筑金融安全网。应重新审视地缘政治格局变化，避免直接对抗，争取欧盟、东盟以及中东等中间地带阵营，在不同战略场景下实现利益趋同。积极拓展"朋友圈"，与广大发展中国家、新兴经济体建立起新型国际关系。以"一带一路"沿线国家、金砖国家、上合组织以及RCEP等为切入点，共同打造和培育"制裁免疫"经贸合作联盟，构建独立于美欧"连接点"的贸易、金融区域循环体系，提高各成员间的经济金融依存度，共同编织区域金融"安全网"。

第二，提高现代产业体系安全性、自主性，备足"自救"工具箱。地缘冲突升级造成了国际供应链紧张、粮食和能源价格上涨等问题，并由此产生连锁反应。近年来，我国能源消费总量不断增长，粮食供需整体处于紧平衡态势，多领域面临技术"卡脖子"难题，应提高现代产业体系安全性、自主性，增强经济韧性。一是要"构建以国内大循环为主体、国内国际双循环相互促进"的新发展格局，提高国内经济自我循环、抵御外部冲击的能力。坚定不移贯彻总体国家安全观，在夯实安全基础上推动经济发展。二是加快转变以煤炭等传统能源为主的能源消费模式，提高太阳能、风能等可再生能源的消费比例，推动本土煤炭、油气等化石能源产能升级。充分利用国际市场资源，丰富能源供给渠道。加强能源战略储备建设，加快形成政府储备、企业社会责任储备和生产经营库存"三位一体"的储备模式。建立全能源行业的产业链和风险监控系统，对各风险环节提前布局，做到未雨绸缪。三是优化粮食储备结构和区域，构建多元化食物供给体系，降低农产品对外依存度，持续增强粮食供应链稳定性、安全性、抗逆性和协同性。

第三，调整海外资产配置，防范地缘政治风险变局。系统梳理未来地缘政治风险可能变局，调整海外资产配置，厘清风险底数。随着我国经济金融体系的发展，我国对外资产负债规模不断积累，逐渐形成了庞大的对外净资产规模。截至2022年末，我国对外资产、负债规模分别达到9.26万亿美元和6.73万亿美元。在全球地缘政治冲突发生深刻变化的背景下，我国对外资产负债面临的风险随之变化。应逐步优化调整对外资产负债结构，形成更加合理的格局，对可能的风险变局要有应对策略。

在对外资产端，我国应优化储备币种结构，减少储备中以外汇计价的资产规模，适当增持黄金储备。运用储备资产购置能源、粮食、关键资源和战略性储备。以外汇储备设立专门基金，参与中资企业开展资源供给国的资源产业投资。顺应双循环发展趋势，减少对敏感地区的直接投资，高度关注地缘政治变局下可能面临的政治风险，引导更多资金顺应新经贸合作格局以及安全保障体系。

在对外负债端，加大通过人民币计价以及国内市场的融资力度降低敏感行业企业对国际市场资金的依赖度。大力发展境内金融中心，丰富境内金融中心的外币金融产品和投资者，建立外币资产在境内的安全循环体系。针对融资渠道中断可能对资本市场产生的冲击，研究推出应对措施。不断深化我国金融市场与"一带一路"沿线国家、金砖国家、上合组织，以及RCEP地区经济主体的合作关系，形成更加稳定、可靠的资金循环体系。

国际环境的变化为中国香港国际金融中心的发展提供了新的契机，中国香港地区要以互联互通、粤港澳大湾区建设为契机，推动人民币跨境使用。

同时，中国香港通过不断完善金融基础设施体系和政策体系，推动亚洲区域内跨境信贷、股权、债券市场的融合，提升亚洲区域资金循环效率，并在"一带一路"沿线国家、金砖国家、上合组织以及 RCEP 金融深化合作中发挥中枢作用。

第三章
国际货币体系新动荡
——现在是布雷顿森林体系Ⅲ吗?

乔依德[*]

[*] **乔依德**,上海发展研究基金会副会长兼秘书长,财政部国际财经研究专家工作室专家,国际金融30人论坛执行理事,全球经济治理50人论坛成员。

摘要：2022年2月24日，俄乌冲突的爆发给全球造成了冲击，一系列连锁事件也映射到国际货币体系之上。时任瑞士信贷（以下简称"瑞信"）策略分析师佐尔坦·鲍兹发表了一篇题为《布雷顿森林体系Ⅲ》的文章，引起国际社会广泛的讨论。国际货币体系真的要进入"布雷顿森林体系Ⅲ"了吗？为此，本文对鲍兹的一系列文章进行了研究分析，认为其所谓的"布雷顿森林体系Ⅲ"并没有坚实的学理性基础，其定义存在着一系列不准确甚至错误的地方。当前国际货币体系仍以美元为主导。近来，国际上也出现了一股"去美元化"的浪潮，或将推动国际货币体系加速演变，中国对此应"静观其变、乐观其成、谨慎有为"。此外，当前全球产业链"脱钩断链"、地缘政治冲突、中美关系处于最低谷等情况交织，其演变会推动国际货币体系出现四种可能的结果，即基本维持原状、形成平行的两大集团、产生集团化倾向的碎片化和形成多元储备货币体系，其中最可能出现的结果仍是多元储备货币体系。

一、引言

俄乌冲突会对国际货币体系会产生什么影响？这是一个广受关注而又十分重要的问题。2022年2月24日，俄乌冲突正式爆发。两个星期后，时任瑞信策略分析师佐尔坦·鲍兹于3月7日发表了一篇文章，题目为《布雷顿森林体系Ⅲ》。此后，围绕该问题，佐尔坦·鲍兹又发表了一系列文章。

一石激起千层浪，佐尔坦·鲍兹提出的这样一个迅速且直接的论断引起了国际社会的高度关注。在这么短的时间里，对如此重大的问题提出这样明确的论断是很少见的。这究竟是他早有思想准备，由于战争触发了灵感？还是基于高度的历史穿透力做出的大胆预言？本文暂且不讨论这些问题，先就其提出的理论进行梳理分析。

按照佐尔坦·鲍兹的说法，布雷顿森林体系Ⅰ以黄金为支撑，布雷顿森林体系Ⅱ以内部货币（具有无法对冲的被没收风险的美国国库券）为支撑，而布雷顿森林体系Ⅲ则是以外部货币（黄金或其他商品）为支撑。从定义的角度来看，佐尔坦·鲍兹的上述定义存在着一系列不准确甚至错误的地方。从严格的意义来说，布雷顿森林体系并非传统的金本位，而是金汇兑体系，也就是人们常说的双挂钩——美元与黄金挂钩，其他货币与美元挂钩。一般认可的说法是，20世纪70年代布雷顿森林体系垮台至今的这一段时间，被称为后布雷顿森林时代。

所谓布雷顿森林体系Ⅱ和Ⅲ，其本质都是信用货币体系，这和布雷顿森林体系的本质有根本的不同，布雷顿森林体系Ⅱ和Ⅲ的区分仅是个人的主观想法，并没有充分的论据。即使是俄乌冲突的爆发也没有改变当前全球货币体系的本质，目前全球仍处于信用货币体系时代。本文首先探讨佐尔坦·鲍兹对布雷顿森林体系Ⅲ的定义。

大宗商品何以作为布雷顿森林体系Ⅲ的支撑？佐尔坦·鲍兹是这样认为的：由于俄罗斯受到制裁，俄罗斯大宗商品出口受到压制，而其他非俄罗斯的大宗商品价格就会上升，如此一来，进行大宗商品交易需要使用杠杆，就必须从银行借更多的钱来进行买卖。他做了这样一个比喻，俄罗斯的大宗商品就像2008年次级贷款的担保债务凭证，相反，非俄罗斯的大宗商品，如美国的国库券，就是一个好的资产。但是一种产品价格崩溃就会引起另外一种产品价格的上升，此时，就需要增加保证金，相应地，大宗商品的价格也会上升。他甚至还建议，中国可以用美国的国库券购买大量的石油，储存在船上，使船漂在公海上面。当然，一年多以后回看，大宗商品价格虽然在战争爆发初期大幅上升，但是随着供需的逐步平衡，大宗商品的价格已经逐步回落。以最典型的石油为例，俄乌冲突爆发以后，美国西得克萨斯中质原油价格最高达到130美元一桶，截至2023年6月5日，该价格已经下降至71.74美元一桶。

因此，佐尔坦·鲍兹认定现在进入布雷顿森林体系Ⅲ的假设条件并不成立。大宗商品价格的高涨是不能持续的，俄乌冲突的爆发在短期内的确会推动能源价格或者大宗商品价格的上涨，但是归根结底，价格取决于市场需求。当然，话说回来，如果俄乌冲突继续扩大，演变成第一次和第二次世界大战那样，将更多国家卷入，届时大宗商品价格高涨会持续较长的时间，确实有可能回到金本位状态。但是到目前为止这种情况并未发生，全球还是处于一个以信用为特征的信用货币时代。

二、如何看待和应对当前出现的"去美元化"浪潮

当前，全球出现了一股"去美元化"的浪潮，既有对美元霸权造成的负

面影响的不满，也有对"去美元化"的一些想法和措施。如何看待和应对当前这个浪潮，对后续的全球经济金融治理具有重大意义。破解这个问题，能使我们更好地把握国际货币体系今后演进的趋势。

"去美元化"这个词从概念上来说并不是非常精确，它包含了诸多含义。本文着重从"去美元化"的主体这个维度展开分析。具体而言，实施"去美元化"的主体可以分为三种类型：第一类主体是受到美国制裁的国家，如俄罗斯、伊朗、朝鲜等国；第二类主体是虽未受到美国制裁，但是出于种种原因，如为了避免受到次级制裁、为了减少跨境交易成本、为了避免美国的非常规货币政策的影响等，采取一系列措施降低对美元依赖的国家；第三类主体是不会受到美国制裁或者那些现在还没有受到制裁的经济体，这些国家为了和被制裁国家进行贸易往来而采取了一些不使用美元的措施（见表3-1）。

表3-1 当前"去美元化"的主体和措施或设想

行为主体分类	"去美元化"的措施或设想
受到美国制裁的国家	易货交易、使用本币或其他非美西方国家货币、建立货币联盟
未受制裁，但致力于减少对美元依赖的国家	建立货币联盟或构建共同货币（南美货币联盟、金砖货币）、使用本币交易、共建亚洲货币基金组织
不会被制裁（或未受制裁），但仍想与受制裁国贸易（如欧盟）的经济体	建立替代系统，与被制裁国使用本币交易

资料来源：上海发展研究基金会。

从"去美元化"的措施来看，第一类主体主要是被动地完全不使用美元，无论外贸交易还是外汇储备，都尽最大可能不使用美元。这类国家采取"去美元化"的措施，包括易货交易，或是与其他非西方国家采用本币进行交易，或是促使其他国家建立新的清算结算体系。例如，俄罗斯为应对制裁建立的SPFS系统。早在2014年的俄乌冲突发生时美国政府就威胁要断开俄罗斯与SWIFT系统的连接。为应对制裁，俄罗斯开始构建自己的SPFS系统。2022年俄乌冲突爆发之后，在美西方国家主导下，俄罗斯国家开发银行、俄罗斯外贸银行、"开放"金融公司等7家银行被禁止使用SWIFT系统，美国还冻结了俄罗斯最大的银行（即俄罗斯联邦储蓄银行）及其子公司在美国管辖范围内所持有的全部财产，并禁止美国公司和个人与其开展业务。在受到制裁之后，俄罗斯一方面基于自己的 SPFS 系统加强与往来国家的资金结算合作，如 2022 年 12 月，俄罗斯天然气工业银行开通与中国的个人汇款业务；另一方面，积极扩大本币结算规模，如俄罗斯与欧亚经济联盟内成员加强本币结算，与中国的贸易采用双边本币结算等。

  第二类主体采取的应对措施更为广泛。其一是鼓励使用本币进行贸易交易。东南亚国家是推动本币贸易的积极主体。2017 年，印度尼西亚、马来西亚及泰国三家央行宣布推出本币清算合作协议，截至目前，东盟主要国家已经加入该计划。除了和域内国家实现本币结算，东南亚国家也积极和域外国家开展本币结算合作。例如，截至 2023 年 4 月，印度尼西亚已经与中国、日本实现本币结算。随着人民币国际地位的提升，中国也已经成为本币结算的重要参与主体。2023 年 3 月，巴西宣布与中国达成协议，使用本币进行贸易结算。2023 年 3 月 28 日，中国海油与法国道达尔公司在上海石油天然气交易中心达成协议，首次以人民币结算跨境购买进口 LNG。同月，中国进出口银行与沙特阿拉伯国家银行成功落地首笔人民币贷款合作。非洲国家也在加紧推进本币结算进程，2023 年 5 月 29 日，肯尼亚总统鲁托在吉布提议会上敦促整个非洲在贸易中放弃使用美元，支持采用非洲进出口银行提供的泛非支付和结算系统进行本币结算。自"石油美元"出现以来，中东国家和美国及美元的关系密不可分，然而随着地缘政治不确定性大幅上升，沙特阿拉伯、阿联酋等国近年来也不同程度地开启了本币或类本币结算计划，以降低对美元结算的过度依赖。其二是提出建立货币联盟。2023 年 1 月，巴西总统卢拉和阿根廷总统费尔南德斯宣布两国有意创建南美洲共同货币 SUR（苏尔）。在设计上，SUR 不会像欧元一样取代巴西和阿根廷等国家的货币，其本质是为了促进巴西和阿根廷贸易而建立的双边清算体系，以减少区域内贸易对美元的依赖。2023 年 6 月，金砖五国在南非开普敦举行外长会议。南非外长潘多尔在会后表示，金砖国家新开发银行正研究用于国际贸易且可替代美元的共同货币。除此之外，马来西亚总理安瓦尔在博鳌论坛会议期间也提出了成立亚洲货币基金组织的想法，以降低亚洲国家在贸易中对美元的依赖。

第三类主体的主要措施包括建立替代系统。例如，伊朗是多次被美国制裁的国家，但是欧盟国家仍想与其保持往来，这也推动了易货贸易形式的发展。2020年3月，欧洲对伊朗投入使用INSTEX机制（贸易互换支持工具）机制，实现了货款不出境而实现货物跨境结算。目前，英国、法国、德国、比利时、丹麦、挪威、芬兰、瑞典等国家已经加入该系统。然而，INSTEX机制在实际中的作用仍非常有限，迄今为止只促成了一笔交易，即2020年3月，为欧洲向伊朗出口用于抗击新冠肺炎疫情的人道主义医疗物资。从国际贸易角度来看，INSTEX机制并未获得成功。未被制裁国家也在通过易货交易的方式与被制裁国家进行经贸往来，如2023年6月，巴基斯坦正式宣布，允许与伊朗、俄罗斯和阿富汗进行相关商品的易货贸易，包括石油和天然气。此外，本币结算计划也同样是第三类主体的重要发力点之一，如印度和俄罗斯之间的本币结算合作，尽管由于贸易不平衡问题，双方处于谈判中止状态。

由上述分析可以看出，国际社会上一个比较突出的特点是鼓励或者使用本币交换，但是对于本币交易的实现路径需要做一些具体的研究和分析。本币交易往往是由双方政府提出来的，但实际上进行双边本币交易的是贸易实体或经济实体，在这个过程中，会产生两种情景。一种情景是，双方贸易供需相差不大，货币强弱也差不多，那么具体交易主导方主要取决于两方企业市场竞争力的强弱，交易货币既可以使用自己国家的货币，也可以使用对方国家的货币。另一种情景是，两国货币和贸易供需都存在明显的差异，这时市场主体的贸易往往会采取强势方货币进行结算。最典型的例子就是俄乌冲突爆发后俄罗斯跟印度之间的石油贸易，虽然表面上说是推进两国本币结算，但实际上，因为俄罗斯有求于印度，希望对其出口石油。由于美西方抵制（直接禁止贸易或采用限价措施），俄罗斯实际上用了大量的印度卢比进行能源贸易的结算，最后出现了问题。俄罗斯握有大量卢比，但无法在国际市场上使用，由于种种原因又无法从印度增加进口。目前，两国已经暂停有关使用印度卢比结算的谈判，正在寻找新的替代方案。

当前这一轮"去美元化"浪潮的兴起，是多方面动机综合的结果。其一，这反映了国际社会，尤其是发展中国家对美元独大造成的负面影响的不满，比如美元连续加息已经对很多国家造成了负面溢出效应。其二，反映了对美元"武器化"的担忧。自俄乌冲突爆发以后，西方冻结了俄罗斯的外汇储备，对其进行金融制裁，有很多国家像中国一样，不赞成俄乌冲突，也没有加入西方对俄罗斯的制裁，但是担心受到美国的次级制裁。其三，体现了各个国家希望减少跨境贸易金融成本的愿望。其四，凸显了当前国际货币体系的根本缺陷。一个国家的主权货币充当了全球的金融货币或者储备货币，这本质上是矛盾的。因为美元是美国的主权货币，故美联储关心的是美国的通货膨胀和就业率，并根据这些国内目标制定货币政策，而不会为其货币政策对全球造成的外溢效应负责。

这场看似如火如荼的"去美元化"浪潮能否动摇美元国际货币的主导地位？甚至是否会出现如一些自媒体所说的这一轮"去美元化"是推进人民币国际化的大好机会？笔者觉得现在这些变化还只是量变，没有达到质变，在可以预见的将来，美元仍是一种主要的国际储备货币。为什么？研究国际金融的人都认为，从长远来看，今后很有可能是美元、欧元、人民币的三足鼎立。然而，占统治地位的货币具有很强的网络效应和惯性，不是那么容易就会被取代的。究其原因，主要如下。

原因一：美国的经济规模、金融市场规模、金融开放程度、科技创新能力、军事实力，在全球还是第一位的。

从规模以及开放程度来看，美国金融市场是全球最大的资本市场，股票市值43.45万亿美元，债券市场总市值53万亿美元。美国国外的人持有美国长期国债占全部国债的32%，机构债的68%，公司债的40%，股票的29%，市场差不多1/3的美国金融由国外拥有，与全球其他国家金融市场的相关程度非常紧密，这与美元占据统治地位显然是密切相关的。如果没有这样一种连接，货币就无法国际化，这个国家参与国际金融的规模和动力也将减少。

中国金融机构的国际业务很少，更关注的是中国国内业务。这是因为中国金融机构走出去的时间还较短，尚未形成广泛的国际金融业务网络。在这种情况下，人民币很难成为真正的国际货币。美国很多金融机构的国际业务很多，美国市场的他国金融机构也很多，这些对支撑美元很重要。

原因二：还没有可以抗衡美元的货币。

欧元天生有缺陷，虽有银行联盟，但无财政联盟。2020年7月，欧盟突破了成员国不可集体发债的传统财政体制约束，在"下一代欧盟"概念下发行了7 500亿欧元的抗疫复苏债券，为财政困难成员国提供信贷支持，这是小小的一步。而且从统计数据来看，虽然欧元结算量的数据很可观，但都是欧洲国家之间发生的，非欧洲国家用欧元的比例很低。从IMF发布的全球外汇储备比例来看，截至2023年二季度，人民币在全球储备货币中的占比只有2.45%，人民币距离走出去的目标还很远。反观美元，虽然其在全球外汇储备占比在近十几年间一直下降，但截至2023年二季度，占比仍为58.88%，具有绝对优势，超出人民币几十倍。另外，从国际支付角度来看，据SWIFT的数据显示，截至2023年5月，美元在国际支付领域占比提升至42.6%，同期人民币占比仅为2.54%。更进一步，在SWIFT公布的国际支付领域的"跨境贸易"领域，美元支付占比83.92%，人民币占比仅为4.49%，美元占据绝对的垄断地位。所以，没有替代货币也是美元占据统治地位的一个原因。

对于这个问题要客观看待，自媒体上有些内容比较夸张，不符合事实。比如中国和巴西达成了贸易中使用本币的协议，并没有说不能用其他货币，但自媒体的标题就变成"以后不用美元"了，这不符合事实。再进一步，使用本币意味着什么？如果企业出口产品到巴西，拿了巴西的货币有什么用？其用处很有限。就算用本币计算，有时候还是通过美元计价，因为美元使用得比较多，成本反而低。

综上，中国对这一轮"去美元化"浪潮的态度应是：静观其变、乐观其成、谨慎有为。首先，"静观其变"指要客观分析这些呼声的合理性和措施的有效性，要冷静，不要过分炒作。本轮"去美元化"的呼声虽有其合理性，但是很多措施从实践方面来看很难成功，其面临的阻力、障碍很大。例如，成立"亚洲货币基金组织"一事，这个倡议是日本在亚洲金融危机之后提出的，当时就受到了IMF和美国方面的反对，例如美国彼得森国际经济研究所的创始人费雷德·伯格斯滕认为这一倡议将削弱IMF的领导地位，并将在亚洲和北美之间制造裂痕。

2023年4月，马来西亚总理安瓦尔再次提出成立"亚洲货币基金组织"，虽然出发点有其合理性，但是实现难度依然很大。一方面，亚洲成员内部面临很大的协调问题，如何获得成员的批准以及如何让成员承诺提供资金等，都是很大的问题。另一方面，在当前的地缘政治环境下，面临着很多交织性的冲突。尤其是日本、韩国等虽然是亚洲主要的发达经济体，但其发展步伐主要跟随美国，在这种情况下，成立一个新的货币基金组织，受到外部干预的可能性很大，且是非常困难的，起码在短期内难以实现。

其次，"乐观其成"指"去美元化"的趋势有利于长期的多元储备货币体系的建立，减少对美元的依赖也是好事。"去美元化"呼声高涨，这表明在现行的国际货币体系下，美国以外的国家或承受着高成本使用美元的代价，或遭受美元货币政策的负面冲击，而在当前的地缘政治环境下，使用美元的安全性也有所动摇。这种呼声体现了改革当前美元一家独大的国际货币体系的诉求。相对而言，多元储备货币体系是今后发展的一种可能性，符合全球政治经济格局的变化特征，也有助于降低储备货币配置的安全性。

最后，"谨慎有为"指在保证中国经济合理运行的前提下，减少对美元在支付、清算、储备等方面的依赖。在对外方面，继续推动IMF机构治理份额改革，支持推动IMF将更多的SDR（特别提款权）分配给发展中国家和脆弱国家，给后者提供必要的支持。2021年末举办的中非合作论坛上，习近平主席宣布了中国向非洲国家转借100亿美元等值SDR的决定。2023年6月，李强总理在巴黎举办的新全球融资契约峰会上也表示"中方将继续以务实举措，力所能及地为其他发展中国家提供多种形式的支持"。中国可以更多地以人民币的形式提供对外支持或援助。在主权债务问题中，目前有很多发展中国家面临主权债务重组的困境，中国也是一些国家的债权人，可以有意识地在重组过程中扩大人民币的使用。

要练好内功，在有序推进人民币国际化的框架下注入更多新动能。在2023年的陆家嘴论坛上，国家金融监督管理总局与上海市正式宣布推出了再保险"国际板"，这是国内资本市场进一步国际化的重要一步。后续应该继续研究推出证券交易"国际板"，采用人民币、美元等多种货币发行模式，使境外企业能够在境内一级市场直接发行股票。此外，境内离岸金融市场建设是当前中国推动人民币国际化的重要举措。习近平主席提出要将上海自贸区作为离岸贸易和离岸金融的枢纽，海南、广东等地也都有这方面的发展定位。但是本文发现，目前上述区域各自推进、各自研究，缺乏统一的调配，这不利于尽快形成统一的、具有一定规模的境内离岸金融市场。因此本文建议应在一个基本的框架上统一考虑离岸金融问题，做一个必要的、统一的顶层设计。中国需要给海外人民币提供人民币资产，如果能够将自贸区市场的境内离岸金融市场统一起来，形成一个统一的标准，这样资产池就会比较大，能够吸引境外人民币回流，打通资金流通渠道。

三、当前国际货币体系演变的几种可能性

迄今为止国际货币体系还没有统一、精确的定义，不过大致上包含以下几个部分：货币本位、国际收支调节机制、汇率制度、跨境资本流动的规定等。其中，货币本位起主导性作用，其他各个部分受其影响，同时这些部分也有自己独立的运行机制。无论纵观历史还是回顾理论分析都可以发现，国际货币体系的变化一方面遵循一般的从量变到质变的规律；另一方面突发性事件也会导致发生变化。

量变因素主要包括全球经济金融格局的变化、主要国家国内政治制度的稳定和合理、军事力量的战略和布局等，上述因素变化会导致国际货币体系发生重大变化。此外，还有一些突发的重大事件，特别是全球性的战争可能会改变国际货币体系的特点。譬如第一次世界大战使得美国从债务国变成债权国，彼时美元已经基本被确定为主要的国际储备货币。然而，由于当时实行金本位制，所以突发性事件的作用没有凸显出来。第二次世界大战以后，美元成为无可争议的主导性的国际储备货币。

从这个角度而言，当前国际货币体系的走向主要取决于以下三个方面因素的变化。

首先，产业链断裂或受损的广度和深度。产业链最初的概念是指某种产品从原料、加工、生产到销售等各个环节的关联。在全球化正常路径中，由于技术进步以及发展中国家源源不断地吸引FDI的政策，跨国公司为了寻求更大的利润，在全球范围内进行产业链布局。但是近几年，新冠肺炎疫情冲击、逆全球化思潮叠加地缘政治紧张局势，全球产业竞争已经进入"链时代"，"卡链""断链"成为威胁产业安全的主要因素，全球各国愈加重视广义

视角下的产业链。具体来说，广义视角下的产业链是一个国家制造业的核心竞争力，是全球经济一体化的成果，但是其更强调产业链的韧性和完整性。产业链的韧性是强调开放经济条件下上下游相互关联的产业在遭受外部冲击或风险时避免断链的能力。产业链完整性则强调核心产业和影响到国家战略或安全的产业的完全自主性，尤其是产业链中的核心环节的自主性。在这种情况下，跨国公司全球产业链布局的出发点和节奏也与以往有所不同。

美国对当前全球产业链的发展具有很大的影响力。2023年4月27日，美国总统国家安全事务助理沙利文在布鲁金斯学会发表的一个演讲值得关注，其内容实际上梳理了当前拜登政府内外政策的一些关键要点。沙利文阐述了美国面临的四个挑战：第一，制造业空心化；第二，对外经济关系没有使美国得到充分的好处；第三，气候变化带来的挑战；第四，收入不平等。其中，前两个挑战直接受到产业链的影响，相应的应对措施也与产业链的调整有关。沙利文用了"产业战略"这样一个词，就是采取各种措施来支持高科技的产业。他在演讲中借用了欧盟委员会主席冯德莱恩"去风险"的说法，表面上似乎是反对"脱钩"。然而，就像有些评论所指出的，"脱钩"与"去风险"没有根本的区别，只不过是口气更缓和一点，更圆滑一点。所谓的"去风险"主要有三个方面的含义：第一，在高科技领域尽可能地拉开与中国的距离，并保持这种领先的优势；第二，减少对中国某些原材料或者重要零部件的依赖；第三，尽可能地在产品市场方面降低对中国的依赖。因此，可以看出"去风险"实际上是"美国优先"的翻版，其实质是贸易保护主义。事实上，"去风险"是非常难以定义的，并不仅仅局限于所谓"小院高墙"范围内的高科技，还会不可避免地扩散到各个方面，如此一来就会给产业链的完整造成巨大的冲击。

从政治角度而言，当前的产业链同时受到国内党派政治以及国外地缘政治的影响。如果产业链出现断裂重构，它的影响将是深远的，最明显和最直接的就是会影响全球化的效益，也会加强孤立主义的趋势，进而对地缘政治造成深刻影响。对国际货币体系来说，当前已经可以看出跨境资金流动放缓的迹象，各个国家的资本管制正在加强。从趋势上而言，当前的产业链存在三种主要的演变趋势，相应地会对国际货币体系造成不同的影响。第一种情况是产业链仍保持当前的情况，也就是说产业链虽然有部分重组发生，但总体上仍保持完整性。在这种情况下，美元仍将保持领导地位，但相对地位将逐步下降。第二种情况是产业链断裂的情况变得更为严重，这会促成国际货币体系局部的碎片化。第三种情况是当前全球资金、产业链完全割裂，这种情况非常严重，很可能会产生平行的金融集团。在第三种情况下，当前的国际货币体系将不复存在。

其次，俄乌冲突到底会如何结束。俄乌冲突爆发已有一段时间，目前还看不到尽头。俄乌冲突给全球带来了巨大的人员和财产损失，冲击了全球粮食、能源的平稳供给，也给地缘政治的格局带来了巨大的影响。中国也被波及，俄乌冲突给中国在国际上的地位和形象带来了持久的负面影响，对此我们不能低估。中国坚持《联合国宪章》，坚持主权和领土完整，不能也不应支持俄罗斯对乌克兰发动进攻，同时中国也不能支持以美国为首的一些西方国家对俄罗斯的制裁，这样可能会影响到中国和欧洲国家的关系。这是由于战争发生在欧洲的心脏地区，欧洲国家和其他地区民众的感受会有很大的不同。中国已经提出了和平解决俄乌冲突的基本立场，也派了特使进行调解，尽管不大可能在短期内解决这个问题，但这表明了中国自身的立场。俄乌冲突后续会怎么发展？北约会不会直接卷入？目前看来还不太可能，但是随着战争的升级，形势很难预料。如果北约被削弱，就有很大可能削弱更多的国家，也可能会形成世界大战，那将是一个令人恐惧的结果。还有一种担忧是俄乌冲突可能升级为核战争，令人不安的是，俄方多次拿核武器说事，这是不应该也不能容忍的。如果发生核冲突，将给全球带来难以承受的巨大灾难。

最后，中美之间紧张的关系会如何发展。中国对美国的基本政策是很明确的，就是"平等、合作、共赢"，而美方对华战略是"竞争、合作、对抗"。美国将竞争放在第一顺位，以竞争来定义中美关系，双方在理念上是难以契合的。可以预料，在今后相当长一段时间内，中美关系不会很顺利。影响中美关系未来走向的因素很多，既涉及经济方面，也涉及政治方面。其中，在经济方面，2018年7月，美国前总统特朗普正式挑起贸易摩擦，如今已经时过五年，双方之间的经贸往来受到了很大的影响，虽然双边贸易总额仍在震荡上升，但是在结构上仍有明显的影响。2022年，中国对美出口总量同比增速下降至3.98%，作为对比，2017年，中国对美出口总量同比增长率为14.2%。同期，美国从中国进口额总量同比增速从2017年的9.24%下降至2022年的7.05%。尤其是中美在高科技领域的竞争越来越白热化，美国对中国高科技企业实行严厉的打压政策。从长期趋势看，美国在经济领域的贸易保护主义政策将持续占上风，中美在高科技等局部领域的竞争会越发白热化。

当然，政治因素是影响中美关系更为重要的因素，其关键是会不会发生军事冲突，这主要聚焦在中国台湾问题上。2023年6月15日，基辛格在接受彭博社的采访时对当前的中美关系有一个很悲观的表述，他认为中美双方现在已经站在了"悬崖之上"。近几年，中美双边高层往来较少，外交几近陷入僵局，2022年底中美两国元首在巴厘岛进行了会面并达成了诸多共识，但是很多共识都没有落到实处。2023年6月，美国国务卿布林肯访华，参加了外交部举行的会谈。会谈结束之后，外交部就宣布增加中美之间的客运航班，但是在芯片等关乎美国重大利益的问题上，双方分歧还是很大，在台湾问题上也未取得明显的进展。美国虽表面上支持"一个中国"政策，但是在舆论和政策上，仍然奉行政治围堵策略。如果中美之间直接爆发军事冲突，造成的影响将难以估量。

要深入了解中美关系，还应该把它放到一个更大的全球地缘政治格局当中来考虑。近期，英格兰银行前副行长保罗·塔克出版了一本书《全球失和：一个碎片化世界中的价值观和权力》，对今后25~50年的全球政治格局做了分析，并提出了四个场景假设。第一，保持现状。美元仍将是世界上主要的储备货币，美国主导的体系仍将继续，但其领导能力在某种程度上受到不同意识形态的新兴大国崛起的制约。第二，超级大国斗争。这种场景类似于18世纪英法之间漫长的大国竞争，和平共处以某种方式得以维持，偶尔会有合作的尝试，也会有一些脱钩。在政治经贸各方面竞赛的加剧下，催生出相互竞争的储备货币。第三，新冷战。超级大国竞争加剧将导致各国退回到以集团为基础的保护主义态势，华盛顿和北京分别雄踞一方，莫斯科可能也会加快维护势力的步伐。随着国际经贸和文明利益遭到不断侵蚀，资源被转移到国防和斗争中，世界变得脆弱而危险。第四，世界秩序重塑。这种情形下，一个近乎无边的全球体系将会形成，除了已经崛起的几个大国主导全球秩序，越来越多新兴大国将寻求加入，打破现有的两极分化安全格局和国际组织中的等级制度。保罗·塔克的上述分析虽是一家之言，但是也可以给解决现在面临的问题带来一定的启发。

一直以来，都有一种低估了美元作为国际货币具有的广泛网络效应的倾向，这一网络效应使美元具备很强的使用黏性。早在2011年，世界银行就发布了一个报告《全球发展地平线2011——多极化：新的全球经济》，预测国际货币体系到2025年会有三种可能性：第一种是以美元为主导；第二种是三足鼎立，美元、欧元和某种亚洲货币，当然，当时并没有说是人民币，只说是亚洲货币之一；第三种是SDR。报告认为最有可能的是第二种可能性，即三足鼎立，最不可能的是SDR。而当前，上述三个方面的内容——产业链的断裂和重组、俄乌冲突引起的地缘政治变化以及中美关系的恶化与稳定，是影响全球政经格局的主要变量，且三者不是孤立的，而是相互交叉影响的。三者之间的融合与博弈会形成多种格局，并投射到本文关注的国际货币体系上。在此基础上，本文判断当前的国际货币体系大致会形成以下四种场景。

第一种场景，国际货币体系基本维持原状，即美元继续作为一种核心或者主导货币。IMF、世界银行继续保持原有的格局，关于跨境资本流动、汇率等规则大致不变。本文判断这种情况发生的可能性是比较大的，前提是产业链整合断裂只是局部的，俄乌冲突没有继续扩大和升级，中美关系没有重大冲突。

第二种场景，形成平行的两大集团，并采用类似于苏联领导的经济互助委员会（简称"经互会"）的模式。二战后，为了对抗美国在欧洲推行的马歇尔计划，在苏联主导下，苏联、捷克斯洛伐克、匈牙利、波兰、罗马尼亚、保加利亚发起成立了"经互会"。"经互会"成为冷战时期苏联与美国对抗的重要手段。当时的国际体系也由此被分割成两大对立体系。"经互会"使用"转账卢布"作为支付货币，闭环运行，与外部的货币体系完全隔离。但是"转账卢布"只是一个记账单位，并不是真正意义上的货币，闭环运行的效益也很差。随着苏联解体，"经互会"消失，这种货币使用举措也就随之消失了。虽然"经互会"及其相应的货币使用举措消失了，但它是当时世界冲突导致的现象，这一点仍值得警醒。目前有一点是可以明确的，如果产业链完全断裂、俄乌冲突扩大升级甚至引发世界战争、中美之间发生重大冲突这三种情况同时发生，或者后面两种情况发生，都会导致国际货币体系出现并行的两大集团，对当前全球金融治理体系和国际货币体系产生巨大的影响。是否会再次出现类似"经互会"的模式无法确定，但全球货币体系必将四分五裂，甚至可能恢复金本位。

第三种场景，上述两种情况下发生局部的冲突甚至有些地方发生重大的变化，最后会导致国际货币体系产生集团化倾向的碎片化。在这种场景下，国际货币体系将支离破碎，形成各种不同的支付清算小团体，小团体之间也可能会形成各种不同的交易方式，有的可能仍旧以美元为主要的交易货币，有的可能采用黄金进行交易，有的可能推行本币交易，有的则可能进行易货交易。

上面三种场景是从短期视角来看的，放到更长远的视角来看，如果产业链、俄乌冲突、中美关系三种情况没有发生重大的战略性变化，那么还有第四种场景——形成多元储备货币体系，即以美元、欧元、人民币为主，英镑、日元、SDR 等作为补充。世界银行的预测认为 2025 年最有可能形成三足鼎立的国际货币体系，目前看来过于乐观了。在可以预见的未来 10 年或 20 年，美元大概率仍维持其主导地位。在当前的"去美元化"潮流中，部分人由于美元在国际储备货币中的份额下降等情况，就武断地认为美元衰落了，并过分夸大美元衰落或下降的速度和严重程度，这是不可取的。近日，货币金融机构官方论坛发布了一项研究，美元将保持其作为世界储备货币的地位，预计未来 10 年后的美元在全球储备货币中的占比仍将达到 54%，而目前为 58%。不过，从更长远的视角来看，随着市场的演变，随着全球政经格局的调整，包括中国的推动，多元储备货币体系还是最可能出现的一种情况。

针对上述国际货币体系可能演变的四种场景，中国应该如何看待和应对？

对于第一个场景，本文认为中国可以接受，尽管当前的国际货币体系存在根本缺陷，但它是二战后国际经济秩序的一个重要的组成部分，也提供了有益的国际公共产品。一直以来，中国都坚持以联合国为核心的国际秩序，其中包括国际经济体系，难以想象要完全推翻这个由 IMF 和以世界银行为主要组织架构的国际货币体系会如何。同时也应该看到，中国的对外开放是建立在当前的国际经济秩序和国际货币体系基础之上的。尽管这样一个国际货币体系确实是存在问题的，中国也需要推动改革，但是完全推倒重来，并不是一个好的选项。

针对第二种场景，本文认为中国要尽可能地避免。历史已经证明，跟西方国家对立是造成苏联体系崩溃的一个重要的原因，而中国的发展建立在开放的基础上，需要与世界各国高度融合。所以，要尽最大可能避免国际货币体系演变成两个并行的、对立的体系。

关于第三种场景，出现集团化倾向的碎片化，这是一个无可奈何的结果。行动上，中国只能趋利避害，采取多种手段保护自身的核心利益，确保能够正常地开展对外经济贸易和金融交易。在可以的情况下仍应尽量利用美元，在无法利用美元的时候，可以采取本币结算或者易货交易。

对于第四种场景，即形成多元储备货币体系，对此中国要顺势而为、乘势而上。其中的关键并不在于美元如何，而在于人民币如何。当然，人民币要想真正实现国际化，资本账户就必须基本放开，资本能够进行跨境交易，这是一个巨大而困难的挑战。在做这样一个重大决策之前，可以采取谨慎推进的方法，尤其是可以首先在各个自贸区进行跨境交易的试验以及离岸金融的试验，加快形成统一的境内离岸金融市场来推进人民币的跨境使用。同时，眼下中国要主动加强与主要经济体宏观经济政策的协调，努力塑造稳定发展的内外部环境。尽快出台财政货币刺激政策，使国内经济保持至少5%的经济增速。同时，通过积极接触，使中美关系稳定下来，防止"断链""脱钩"。

2023年6月，联合国秘书长古特雷斯在巴黎举行的新全球融资契约峰会上提出了要改革当前的国际货币体系，重新审视并构建一个着眼于21世纪的全球金融架构。他指出当前的SDR分配是很不公平的，提议各国在更大范围内重新分配未使用的SDR，或者在危机时期自动发行SDR，并对其按需分配。针对古特雷斯的这一倡议，中国在道义上应该给予必要的支持，以顺应今后世界经济发展的趋势。同时也要清醒地认识到，在当前要立即实现这样一个目标是有困难的。因为在当前的全球金融架构下，任何变革都要经发达国家同意。当前，发达国家贸易保护主义倾向高涨，党派政治计划针对性也很强烈，它们很难同意自动发放和分配SDR。因此，还是要根据以往的规律或者惯例，如 IMF 第十六次份额总检查在章程里面早就应该完成，但是一直没有完成，这些是可以争取做到的，中国官方应该尽可能去做，尽全力推动。

以上是中国应对国际货币体系今后演变可能出现的场景的一些举措。但是国际货币体系并不是一个孤立的体系，而是和全球的经济、政治、外交体系和格局联系在一起的，所以还需要从根本上高屋建瓴地来应对国际货币体系今后的改革。

更多的阐述超出了本文的范围，但是本文仍然强调要抓住根本，坚持和平发展这一核心方向。尽管当前俄乌冲突持续，地缘政治环境不断恶化，但是追求和平仍旧是全球共同的目标，无论对于发达国家还是发展中国家，发展都是至关重要的。抓住和平发展的主旋律，既与中国倡议的构建人类命运共同体的理念高度一致，同时也是中国国内改革和经济发展坚实的支撑。如果没有一个和平稳定的外部环境，投资者与消费者的信心都无法得到充分的提升，经济也难以保持合理的、稳定的增长。只有在全球和平发展的大环境下，中国经济发展稳健，才能对国际货币体系产生积极的影响，使它朝着我们愿意看到的方向演变。

佐尔坦·鲍兹在一年多以前提出了惊人的预言。然而，国际货币体系虽然受到了冲击，但是并没有进入所谓的新阶段。不幸的是，佐尔坦·鲍兹所在的"老东家"瑞信在一场银行危机当中倒下了，佐尔坦·鲍兹的事业也可能进入一个新的阶段。

第四章
全球贸易发展格局和治理变革的趋势和前景

屠新泉　李建桐　宋懿达　楚涵宇[*]

[*] **屠新泉**，对外经济贸易大学中国 WTO 研究院院长，全球经济治理 50 人论坛成员。
李建桐，对外经济贸易大学中国 WTO 研究院助理研究员。
宋懿达，对外经济贸易大学中国 WTO 研究院博士研究生。
楚涵宇，北京银行总行管理培训生。

摘要：近年来，全球贸易格局发生深度调整：从贸易主体看，全球贸易从一体化逐渐走向分裂；从贸易性质看，服务贸易正在取代货物贸易成为全球贸易新的增长点。全球贸易治理变革也呈现出新趋势：从力量对比看，中国逐渐取代美国成为多边贸易体制的建设性力量；从治理方式看，多边贸易体制的作用得到加强，区域贸易协定的重要性日益凸显。在此背景下，中国应积极应对，坚持改革开放的基本国策，提升科技自主性，大力培育国内市场，积极推进多边贸易体制改革，积极参与FTA谈判，加强"一带一路"倡议合作，推动制度型开放。

一、全球贸易发展格局的演变

（一）全球化走向分裂

1. 中美竞争加剧，美对华打压升级

当前国际体系和国际秩序深度调整，国际政治、经济、科技力量对比发生深刻变化，美国的全球霸主地位开始出现相对衰落的迹象，而以中国为代表的发展中国家的国际话语权则快速上升。在此背景下，美国白宫在其发布的新版《美国国家安全战略报告》中宣称：中国是美国最大的地缘政治竞争对手，只有中国同时具备在全球范围内挑战美国领导地位的意愿与能力，并且中国的挑战将会长期存在。基于这样的战略定位，美国近年来先是对华挑起贸易争端，后又联合其盟友以亚太地区为重点展开了一系列有针对性的战略动作，试图和中国在高科技含量（半导体）以及高安全风险（供应链）领域展开全面竞争，甚至意图与中国脱钩。

（1）对华挑起贸易摩擦。在2016年底特朗普当选美国总统之后，各方普遍预期美国将对中国采取超出以往的严厉的贸易限制措施，但现实的发展仍然超出了大多数人的预期。2018年3月，美国宣布根据对华"301调查"结果，将对数百亿美元的中国进口产品加征关税后，对华贸易摩擦不断加码，加征

关税的产品从 500 亿美元增加到 2 500 亿美元，并一度扩展到 5 500 亿美元，几乎涵盖所有中国对美国出口产品。面对美国的贸易霸凌主义和单边保护主义，中国政府一贯坚持"不想打，不愿打，但也绝不怕打"的指导方针，予以有理、有力、有节的反制。美国在率先挑起贸易争端之后，又与中国开展了多轮双边磋商，然而美国在磋商中又顽固地采取极限施压的策略，要价层层加码，且多次出尔反尔，并将对华限制措施扩展到其他领域。

（2）半导体领域的贸易和投资对华设限。美国为阻碍中国半导体技术进步，并增强其自身在半导体行业的控制力和影响力，先后牵头成立"美国半导体联盟"和"芯片四方联盟"，在亚太地区广泛集结盟友，积极塑造和构建"去中国化"的半导体供应链体系；批准通过《芯片和科学法案》，该法案将为美国国内以及在美投资的国外半导体厂商提供大约 520 亿美元的政府补贴，并要求获得补贴支持的芯片企业十年内不得在中国大陆新建或扩建先进制程的半导体工厂；公然推出针对中国半导体和超级计算机项目的出口管制清单，对先进芯片、软件以及用于生产先进芯片的各种半导体制造设备的对华出口提出了前所未有的许可限制。

（3）新能源和关键矿产供应链"去中国化"。美国积极推动新能源和关键矿产供应链的"去中国化"，通过发布《保护供应链以实现清洁能源转型战略》以及《构建弹性供应链、重振美国制造业及促进广泛增长》等报告，拜登政府强调美国在新能源和关键矿产等的供应链上对中国等"竞争对手国家"存在过度依赖，这已对美国国家安全构成严重威胁，美国要在这些方面"去中国化"，并不断增强本土供应能力。美国也积极寻求与其盟友建立"供应链联盟"，通过开展美、日、印、澳"四方安全对话"和加拿大等伙伴国家确立"矿产安全伙伴关系"，在 IPEF 下打造"供应链支柱"等一系列举措，并试图以"友岸外包"的方式将其本土无法完全掌控的关键供应链环节尽可能布局在"值得信赖的国家"。

2. 新冠肺炎疫情、俄乌冲突等进一步损害了各国对全球化的共识

（1）新冠肺炎疫情对全球贸易格局的影响。新冠肺炎疫情暴发后迅速蔓延至世界各地，为防控疫情所采取的隔离措施对全球产业链、供应链造成巨大冲击，各国对全球产业链、供应链的关注重心开始从"效率"转向"安全"，这加速了全球产业链、供应链向本地化、近岸化、友岸化的调整与重构。经济全球化由高速推进期进入深刻调整期，单边主义、保护主义甚嚣尘上，各国间贸易摩擦加剧，以往全球价值链上基于成本的分工转向停滞与收缩。

（2）俄乌冲突对全球贸易格局的影响。2022年2月，俄乌冲突爆发，以美国、欧盟为代表的西方经济体对俄罗斯的贸易、投资、金融等领域实施了一系列极其严厉的制裁措施，主要包括：限制甚至禁止从俄罗斯进口石油、天然气等大宗商品，引导在俄跨国公司从俄罗斯撤资，制裁部分俄罗斯企业和个人，将众多俄罗斯银行从SWIFT中剔除，冻结俄罗斯海外资产等。俄乌冲突本身以及一些西方国家对俄力度空前的制裁，进一步加剧了新冠肺炎疫情后世界各国对于安全的焦虑。各国逐步开始在能源矿产、粮食供给以及交易货币等方面采取区域化、多元化策略，安全进一步取代效率成为各国优先考虑的事项。全球经贸议题政治化趋势更加明显，以所谓价值观或民意为理由的贸易壁垒不断增加。全球贸易格局从一体化走向分裂已不可避免。

（二）服务贸易正在取代货物贸易成为全球贸易新的增长点

1. 货物贸易占GDP比重早已见顶

如图4-1所示，过去60年来，世界商品贸易占GDP比重确实曾长期处在一个上行区间，但在2008年金融危机前后，世界商品贸易占GDP比重的拐点就已出现，在此拐点之后，世界商品贸易占GDP比重波动下降，直到2021年，再也没有回到50%以上的水平。由此可见，2008年货物贸易占全球GDP比重基本已经见顶。这一现象的出现并非偶然，而是有着以下两方面深层次的原因。第一，在2008年金融危机之后，世界主要大国经济遭受重创，以邻为壑的单边主义开始兴起，商品贸易遭受的关税和非关税壁垒呈现不断上升的趋势。第二，商品贸易对发达国家制造业就业的冲击逐渐显现，受俄乌冲突、新冠肺炎疫情等的影响，供应链安全也逐渐成为各国政府优先考虑的因素，商品贸易效率属性的重要性下降，这也抑制了商品贸易的进一步扩张。

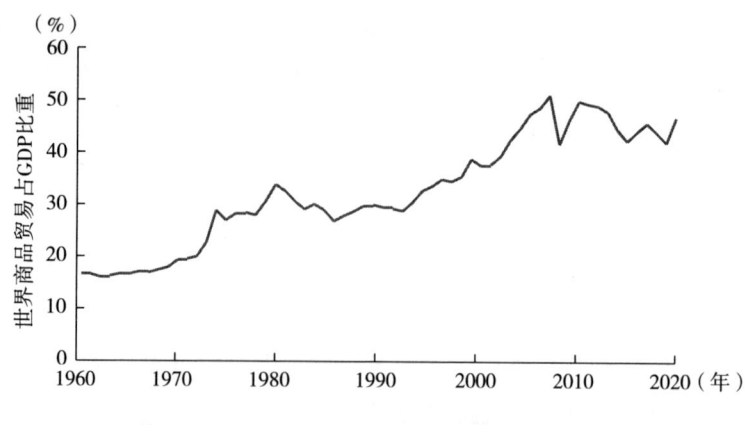

图 4-1　1960—2020 年世界商品贸易占 GDP 比重

资料来源：世界银行 WDI 数据库。

2. 服务贸易正在成为全球贸易新的增长点

如图 4-2 所示，过去 40 年来，世界商业服务贸易占 GDP 比重基本保持在上行区间，只是在 2020 年受新冠肺炎疫情影响这一比重有所下降，但在 2021 年新冠肺炎疫情趋于稳定之际，这一比重又开始出现反弹。对比图 4-1，世界商业服务贸易占 GDP 比重在 2008 年全球金融危机之际只是略有回调，在 2009 年之后又重新恢复了增长，并且增长速度几乎没有发生变化。从商业服务贸易占世界 GDP 的比重看，1979 年商业服务贸易占全球 GDP 比重仅为 7%，直到新冠肺炎疫情发生重大影响之前的 2019 年，这一比重已经达到 14%，并且随着 2023 年全球新冠肺炎疫情得到进一步控制，商业服务贸易占世界 GDP 的比重有望进一步上涨，这反映出服务贸易正在成为全球贸易新的增长点。这一现象同样并非偶然，其背后的深层原因包括以下几方面。第一，数字技术的飞速发展，将越来越多不可贸易的服务转变为可贸易的服务，并且服务贸易的成本在数字技术的赋能之下大幅降低，相比之下，货物贸易更加受到地理因素和运输成本的限制；第二，相比于货物贸易，服务贸易是以美国为代表的发达国家明显更有优势的领域，因而以美国为代表的发达国家愿意倡导服务贸易的自由化，降低对服务贸易的限制，这也会促进服务贸易的发展和繁荣。

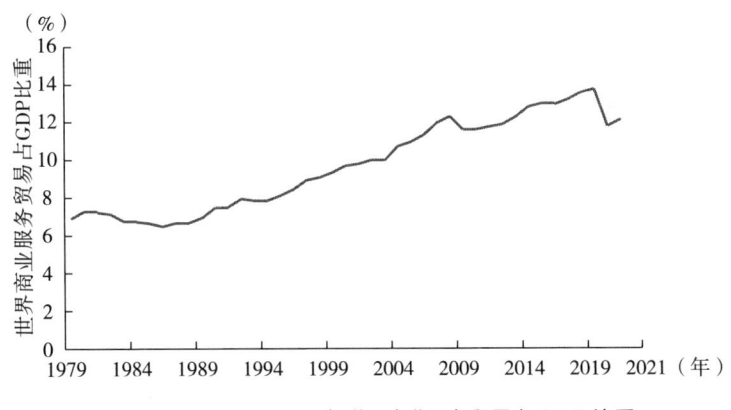

图 4-2　1979—2021 年世界商业服务贸易占 GDP 比重

资料来源：世界银行 WDI 数据库。

二、全球贸易治理变革的趋势

（一）中国逐渐取代美国成为多边贸易体制的建设性力量

1. 美国成为多边贸易体制的搅局者甚至破坏者

近年来，随着全球贸易格局发生深刻变化，美国从自身利益出发，出台了一系列违反 WTO 规则、破坏多边贸易体制的政策，并从以下四个维度质疑以 WTO 为核心的多边贸易体制的作用。

一是质疑多边谈判机制是无效的，削弱了美国的优势，导致了对美国的不公平待遇。美国政府认为，多边谈判机制要求全体成员协商一致，费时费力，多哈回合谈判持续了 20 多年仍没有取得成功已经表明了这种模式的失败。同时，多边谈判使美国的力量优势难以发挥，其他成员可以抱团共同对抗美国的要求。因此美国政府偏爱双边或区域谈判模式，利用美国的力量优势胁迫相关国家做出让步，而美国往往不需要做出任何减让。美国政府参与的大型区域谈判刻意排除中国，如 IPEF 等，其真实的目标恰恰是中国，即通过不包含中国的规则制定过程来对中国形成倒逼和压力，并最终迫使中国接受它主导制定的规则。美国抛弃多边谈判机制的根本目标之一是削弱多边主义给予中国的道德优势和谈判空间。

二是质疑争端解决机制损害了美国的主权，认为国际法优先于国内法是不利于美国的。尤其是上诉机构成为美国的眼中钉，因为其在多个涉及美国贸易救济措施的案例中对美国做出了不利裁决。美国认为，上诉机制这种独立的国际司法体制不利于发挥美国的力量优势，且对美国国内法有直接的干预。因此，美国已经通过阻挠上诉机构成员任命的方式使上诉机制瘫痪，但美国应该会主张保留正向协商一致的专家组程序，即恢复关税及贸易总协定时期的争端解决机制，从而恢复美国采取单边措施的权利。

三是质疑特殊和差别待遇原则让发展中国家占了美国的便宜。美国在多个文件中指出，现在WTO中的发展中国家自我声明的做法不符合现实变化，一些已经发达了的发展中国家仍然冒领WTO中的特殊差别待遇，尤其是正在进行的谈判以此为由拒绝做出更多的减让。因此，美国主张对发展中国家重新分类，达到其标准的发展中国家不得再主张特殊和差别待遇。虽然美国将矛头指向很多发展中国家，但其最大的目标无疑是中国。在其发布的关于发展中国家地位的备忘录中，用专门段落分析中国已经不是发展中国家，更明确威胁要取消中国等成员的发展中国家地位。但其自相矛盾的是，美国在该备忘录中又声称自中国申请加入WTO以来它从未承认过中国的发展中国家身份，如果是这样，又谈何取消对中国的发展中国家待遇？因此，美国挑战所谓发展中国家自我认定的做法，无非是通过对规则吹毛求疵，以达到迫使中国履行更多义务、实现所谓平衡和对等贸易关系的目的。

四是质疑现行WTO机制无法有效约束非市场经济国家。这一项是完全针对中国量身定做的。美国自从奥巴马政府时期就频繁指责中国的所谓"国家资本主义"，认为中国特色的经济体制给中国在国际竞争中创造了独特的不公平的优势，而现在WTO规则并没有考虑到中国这样的体制，因而无法有效约束中国的行为。因此，美国主张制定针对补贴、国有企业、强制技术转让等新议题的国际规则。目前美欧日三方一直在研究相关问题，但美国并未提出明确的路径来制定这些规则。尽管从理论上看，WTO的确是基于市场经济的，但是从法律上看，WTO从未要求成员必须实行市场经济制度，也从未定义过何为市场经济，甚至在整个WTO法律文本中根本没有"市场经济"一词。这主要是因为WTO成员都认识到本来就没有一个统一的市场经济标准，而且

WTO及其前身关税及贸易总协定以消除边境贸易限制为主要目标，而一国的国内经济体制并不直接影响边境措施的采取或取消。当然，现在经济全球化早已突破贸易一体化，而主要通过资本流动的形式来开展，资本流动则要求各国间有更加统一和协调的国内经济体制。但是这需要全体WTO成员共同努力，不断扩展和深化现有规则，努力将WTO升级和扩大为WTIO（世界贸易投资组织），而不能靠妖魔化中国的经济体制，试图为中国量身定制一套歧视性的规则。

2. 中国坚定维护以WTO为中心的多边贸易体制

（1）中国很好地履行了加入WTO时所做的承诺。第一，为了符合WTO规则，中国修订并完善了大量国内法律法规。第二，积极兑现货物贸易领域承诺，包括削减关税和降低非关税壁垒、全面开放外贸经营权、切实履行WTO补贴通报义务。第三，积极履行服务贸易领域承诺，包括按期取消服务领域的地域和数量限制，不断扩大允许外资从事服务领域的业务范围，主动引入国际先进的负面清单管理制度，持续减少对外国投资的限制措施。第四，切实履行知识产权保护承诺。知识产权保护一直是中国的核心关切，也是其他国家对中国疑虑较多的领域。但实际上，中国自1982年颁布第一部知识产权法律《中华人民共和国商标法》开始，几十年来一直积极完善和加强知识产权保护法律体系，这极大地优化了中国的营商环境。在对知识产权保护法律体系的执行方面，中国在北京、上海、广州等中心城市设立了知识产权法院，在最高法院设置了知识产权法庭，并通过行政执法、民事诉讼和刑事诉讼三种途径来保护知识产权。行政执法方面，仅2020年，国家市场监督管理总局查处商标违法案件3.13万件，案值7.9亿元，罚没金额7亿元。民事诉讼方面，2020年，依法向司法机关移送涉嫌商标侵权犯罪案件达811件。中国最高人民法院新收知识产权民事案件3 470件，审结3 260件。全国地方人民法院共新收知识产权民事一审案件443 326件，审结442 722件，同比分别上升11.10%和12.22%。全国地方人民法院新收知识产权行政二审案件6 092件，审结6 183件。刑事诉讼方面，全国检察机关共批捕涉知识产权犯罪3 930件、7 174人，起诉5 848件、12 152人。全国地方人民法院共新收侵犯知识产权罪一审案件 5 544 件，审结 5 520 件，同比分别上升 5.76% 和 8.77%。2020 年，全国地方人民法院新收涉及知识产权的刑事二审案件 869 件，审结 854 件，同比分别上升 7.55% 和 5.82%。

虽然美国一再指责中国违反 WTO 规则，但事实上美国政府也非常清楚中国执行 WTO 规则的纪录相当良好，特别是中国从未拒绝履行 WTO 争端解决中的不利裁决。美国贸易代表办公室就承认："显然 WTO 规则不足以制约中国的市场扰乱行为。尽管中国政府的某些有问题的政策和做法被 WTO 专家组或上述机构认定为违反中国的 WTO 义务，但是最麻烦的措施并不直接受到 WTO 规则或《中国加入世贸组织议定书》中的附加承诺的约束。"美国对华采取一系列违反 WTO 规则的打压措施，从根本上也绝非因为中国不能很好地履行 WTO 义务，而是由于美国清楚地意识到现有的 WTO 规则难以有效约束中国不断提升的国际竞争力。

（2）中国积极参与多边贸易谈判活动并逐步发挥建设性作用。根据 WTO 官网公布的不同国家或地区在参与 WTO 贸易谈判时贡献的谈判文件或提案数量，我们统计了 2003—2021 年参与 WTO 贸易谈判活动最为活跃的 20 个国家和地区。

由图 4-3 可知：第一，2003—2021 年，美国、欧盟、日本及瑞士在 WTO 贸易谈判活动中较为活跃，贡献的谈判文件或提案数量较多，从洲际对比来看，参与 WTO 贸易谈判活动最为活跃的国家或地区主要来自欧洲、亚洲、南美洲、北美洲和大洋洲，非洲国家没有入围榜单前 20 名；第二，2012—2021 年，所有样本国家和地区的贸易谈判活跃度均出现了明显下降，从下降的比例来看，排名相对靠前的发达国家或地区活跃度整体下降更多，排名靠后的发展中国家或地区活跃度整体下降较少，这在一定程度上说明发展中国家对于维护以 WTO 为中心的多边贸易体制的稳定做出了较大贡献。

为了进一步观测和对比主要国家和地区参与 WTO 贸易谈判活跃度的变化趋势，我们以这些国家和地区在 2003—2021 年参与 WTO 贸易谈判时贡献的谈判文件或提案数量为基础，进一步绘制了图 4-4、图 4-5 和图 4-6，其中图 4-4 对比了中国、美国和欧盟的情况；图 4-5 对比了中国、日本和韩国的情况；图 4-6 对比了中国、印度和巴西的情况。

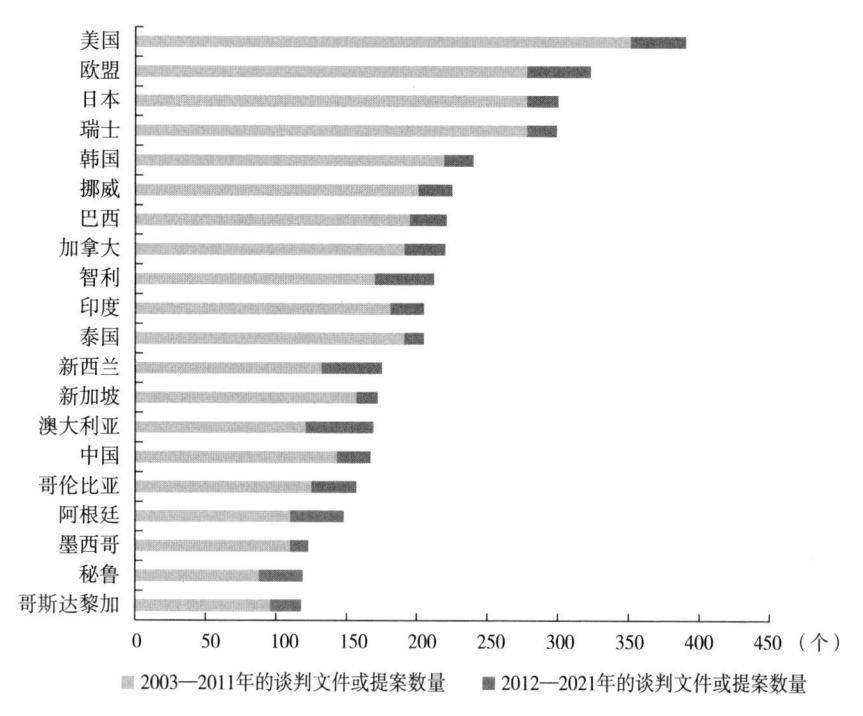

图 4-3　2003—2021 年参与 WTO 贸易谈判活跃度最高的 20 个国家和地区

注：中国数据未包含中国香港地区和中国台湾地区。
资料来源：WTO。

根据图 4-4，在 WTO 贸易谈判整体较为活跃的 2003—2011 年，美国和欧盟参与 WTO 贸易谈判的频繁程度远高于中国；在 WTO 贸易谈判整体较为低迷的 2012—2020 年，中国参与 WTO 贸易谈判的活跃程度与美欧之间仍有差距，但差距缩小十分显著；在 WTO 贸易谈判活跃度明显反弹的 2021 年，中美欧之间参与 WTO 贸易谈判的活跃程度基本持平。从整体趋势上看，2003—2021 年，就参与 WTO 贸易谈判的活跃程度而言，中国与美欧等主要发达经济体之间的差距在逐渐缩小，并且具有更大的稳定性，前者在一定程度上反映了中国在 WTO 贸易谈判活动中话语权的相对提升，后者则充分体现了中国相比于美欧能够更加坚定地维护以 WTO 为中心的多边贸易体制。

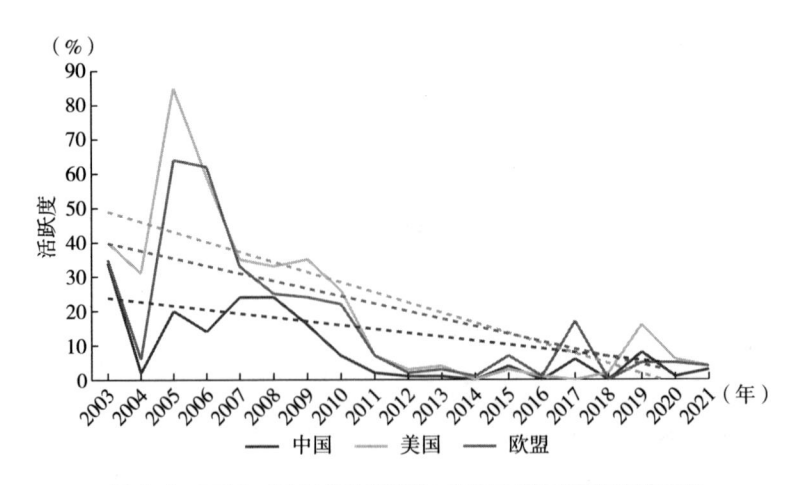

图 4-4 2003—2021 年中美欧参与 WTO 贸易谈判活跃度变化

资料来源：WTO。

图 4-5 对比了中日韩这三个经贸往来密切的东亚国家参与 WTO 贸易谈判活跃度的变化情况。根据图 4-5，在 2006 年之前，日韩两国参与 WTO 贸易谈判活动明显更为活跃，但从 2007 年开始，中国和日韩参与 WTO 贸易谈判的活跃度处于伯仲之间。这一变化趋势说明，2003—2021 年，在参与 WTO 贸易谈判活动方面，与日韩等东亚邻国相比，中国具有更大的稳定性。

图 4-6 进一步比较了同为金砖国家的中国、印度和巴西参与 WTO 贸易谈判活跃度的变化趋势。与图 4-4、图 4-5 类似，在 2006 年之前，巴西和印度参与 WTO 贸易谈判的活跃度高于中国，不过在这一时段内，中国与印度、巴西之间的差距明显要小于中国与美欧日韩之间的差距，这与中国、印度和巴西同为发展中国家、当时在 WTO 贸易谈判中话语权较低有关。2012—2016 年，中国、印度和巴西参与 WTO 贸易谈判的活跃度基本持平；从 2017 年开始，中国参与 WTO 贸易谈判的活跃程度整体上实现了对巴西和印度的反超；不过在 2021 年，印度参与 WTO 贸易谈判的活跃程度要高于中国以及巴西，这一现象产生的主要原因是印度在渔业补贴谈判方面坚持强硬立场，要求设置更长的过渡期等，并且拒不妥协。从整体趋势看，2003—2021 年，在参与 WTO 贸易谈判活动方面，中国相对于巴西和印度等发展中大国而言，同样具备更高的稳定性。

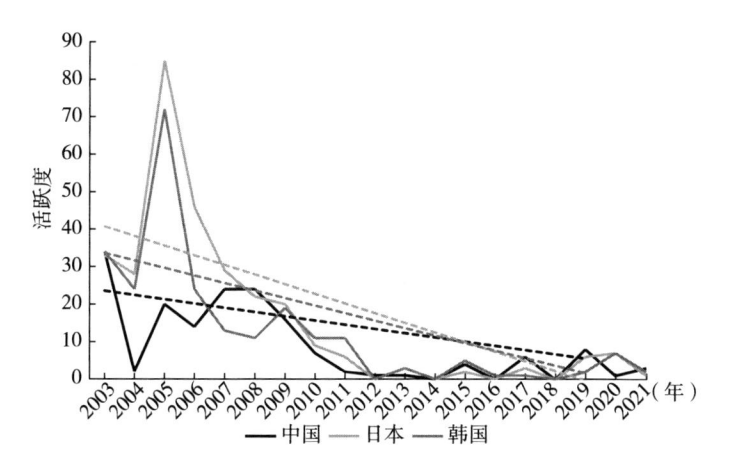

图 4-5 2003—2021 年中日韩参与 WTO 贸易谈判活跃度变化

资料来源：WTO。

综合图 4-4、图 4-5 和图 4-6 的信息可知，在中国、美国、欧盟、日本、韩国、印度以及巴西这七个经济体当中，参与 WTO 贸易谈判活跃度变化幅度从高到低依次是：美国、日本、欧盟、韩国、巴西、印度和中国。这进一步表明，相比于世界上其他主要经济体，中国在维护以 WTO 为中心的多边贸易体制的稳定方面确实发挥了更为积极的建设性作用。

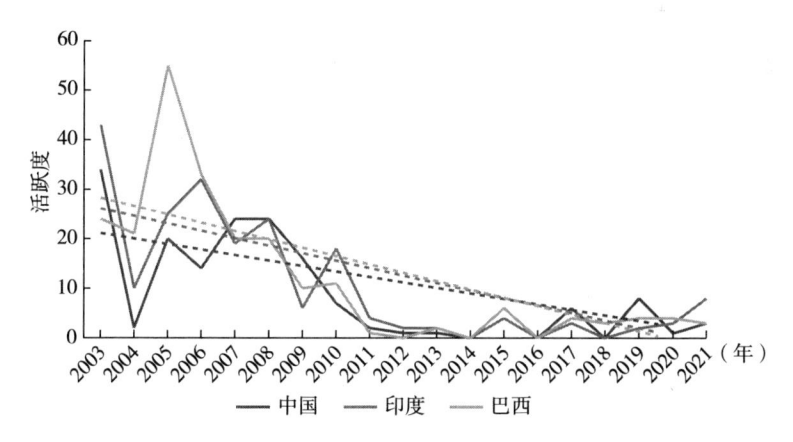

图 4-6 2003—2021 年中国、印度和巴西参与 WTO 贸易谈判活跃度变化

资料来源：WTO。

(二) 多边贸易体制的作用有所反弹，区域贸易协定日益重要

1. 以 WTO 为核心的多边贸易体制的作用有所反弹

基于 WTO 官方发布的贸易谈判活动统计数据，我们构建了 WTO 贸易谈判活跃度指数，该指数以季度为周期，刻画了自 2003 年以来 WTO 贸易谈判活动的荣枯水平，相关结果见图 4-7。该图反映出 WTO 在经历了近 10 年的贸易谈判低迷期后，于 2021 年迎来了回暖时刻。如图 4-7 所示，2003—2021 年，WTO 的贸易谈判活动大致可以分为五个阶段。2003—2005 年为高度活跃期，在这一阶段，WTO 主持开展的多边贸易谈判活动十分密集，虽然过程艰难，但最终达成了"多哈回合框架协议"，广大成员对于多边贸易体制也具有较强信心。2006—2011 年为相对活跃期，此时由于各方诉求难以达成一致，多哈回合谈判变得时断时续，并逐渐陷入僵局，WTO 贸易谈判活跃度明显下行。2012—2017 年为相对低迷期，该阶段 WTO 贸易谈判活跃度总体上进一步下降，其间签署的"巴厘一揽子协定""内罗毕一揽子协议"让国际社会对于 WTO 的作用仍抱希望。2018—2020 年为深度低迷期，当时单边主义和贸易保护主义日益盛行，经济全球化和多边贸易体制均遭受了重大挫折，美国时任总统特朗普甚至威胁要退出 WTO，WTO 在国际经贸格局中扮演的角色面临边缘化。自 2021 年开始，WTO 的贸易谈判活动重新进入相对活跃期，在这段时间内，WTO 在新一届总干事伊维拉的带领下，以第十二届部长级会议的召开为契机，积极斡旋，推动各成员在渔业补贴规则、服务贸易国内规制、投资便利化、新型冠状病毒疫苗知识产权豁免等方面取得重要进展，重新彰显了 WTO 的生命力，在一定程度上重振了国际社会对于 WTO 的信心。

2. 区域贸易协定在全球治理中的作用日益重要

（1）全球主要国家均在积极参与甚至引领区域贸易协定的谈判。第一，美国。如表 4-1 所示，美国目前正在谈判的 FTA（自由贸易协定）主要是 IPEF。该框架由美国总统拜登在 2021 年 10 月东亚峰会上首次提出，并于 2022 年 5 月正式启动。启动之初召集了 13 个创始成员，分别是美国、澳大利亚、文莱、印度、印度尼西亚、日本、韩国、马来西亚、新西兰、菲律宾、

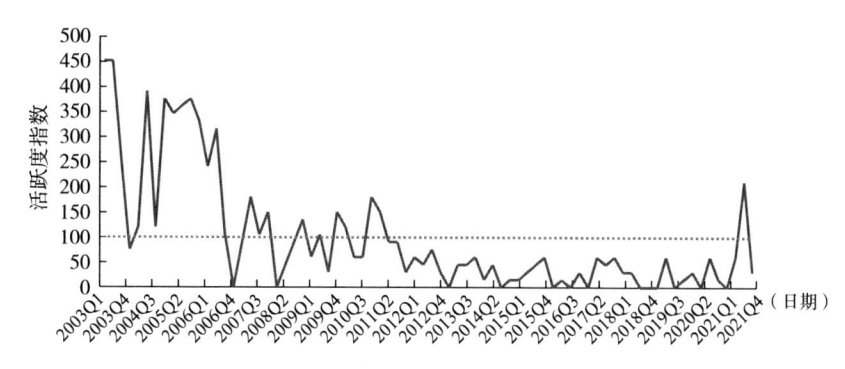

图 4-7　2003—2021 年 WTO 贸易谈判活跃度指数 [①]

资料来源：WTO。

新加坡、泰国和越南，随后斐济也宣布加入，目前成员共 14 个。IPEF 的 14 个成员占全球 GDP 的 40%，占全球商品和服务贸易的 28%，从体量来看已经超过 RCEP 成为世界上最大的自贸协定。IPEF 由四大支柱构成，分别是：贸易，供应链，清洁经济和公平经济。IPEF 允许成员只加入其中一部分支柱，例如，印度就于 2022 年 9 月宣布退出了贸易支柱。另外需要注意的是，IPEF 不涉及市场准入内容和关税削减条款，因此 IPEF 属于非典型的 FTA。

[①] 第一，图中实线为 WTO 贸易谈判活跃度指数，虚线为荣枯线，实线位于虚线上方，表示 WTO 贸易谈判活跃度高于历史平均水平，反之亦然。

第二，WTO 贸易谈判活跃度指数的计算公式如下：

$$\text{WTO 贸易谈判活跃度} = \frac{\text{negotiation}_{yq} \times 100}{\sum_{1}^{n} \text{negotiation}_{yq}}$$

其中表示给定年份（由下标 y 表示）的给定季度（由下标 q 表示）WTO 贸易谈判活动的数量；$\sum_{1}^{n} \text{negotiation}_{yq}$ 表示对样本期内所有 negotiation$_{yq}$ 进行加总后取平均（上标 n 表示样本期内的季度数，每一个季度为一期）。

第三，受感恩节、圣诞节、元旦假期等的影响，平均而言，WTO 每年第四季度的贸易谈判活动数量较少，因此要判断每年四季度 WTO 贸易谈判活跃与否，除了考虑指数本身的大小，也要适当考虑季节因素。以 2021 年第四季度为例，虽然其对应的指数相比于 2021 年二、三季度的指数明显要小，但由于不同季度之间本身可比性较差，我们在考察 2021 年四季度 WTO 贸易谈判活跃与否时，应该以其他年份第四季度的情况作为参照。据此，我们还可以得出更加一般化的结论：不同年份同一季度之间的指数大小更加具有可比性。

表 4-1 美国正在谈判的 FTA

正在谈判的自贸协定	谈判进程
IPEF	2022 年 5 月谈判启动，2022 年 12 月进行第一轮谈判

资料来源：美国贸易代表办公室官方网站。

美国贸易代表办公室官网声称，IPEF 将"促进经济体的复原力、可持续性、包容性、经济增长、公平性和竞争力。通过这一倡议，IPEF 合作伙伴旨在为该地区的合作、稳定、繁荣、发展与和平做出贡献。该框架将提供切实的好处，推动经济活动和投资，促进可持续和包容性的经济增长，并使整个地区的工人和消费者受益"。然而，如果考虑到 IPEF 成员除了美国基本环绕在中国周边，并且这些国家与 RCEP 以及"一带一路"倡议沿线国家高度重叠。IPEF 是美国印太战略的重要抓手，其所包含的美国与中国展开战略竞争的意味十分浓厚。

第二，欧盟。如表 4-2 所示，欧盟目前正在分别与印度、澳大利亚、菲律宾和印度尼西亚这四个国家展开双边 FTA 谈判，其中前两个国家位于印太地区，后两个国家位于亚太地区（且均属于东盟），由此可见，目前欧盟进行贸易谈判的重心并不在地理周边，而是转向了亚太和印太地区。考虑到亚太和印太地区拥有世界上最大的市场、最为活跃的经济，欧盟这种选择在情理之中。考虑到美国正在推动的 IPEF 成员以及 RCEP 成员也均位于亚太和印太地区，该地区已经成为目前甚至未来全球经贸格局中最为重要的区域。

表 4-2 欧盟正在谈判的 FTA

正在谈判的 FTA	谈判进程
欧盟—印度	2007 年谈判启动，2013 年暂停，2022 年 6 月重新启动谈判，2022 年 6 月—2022 年 12 月举行了 3 轮谈判
欧盟—澳大利亚	2018 年 6 月谈判启动，2018 年 2 月至 2022 年 10 月举行了 13 轮谈判
欧盟—菲律宾	2015 年 12 月谈判启动
欧盟—印度尼西亚	2016 年 7 月谈判启动，至今举行了 11 轮谈判

注：本表统计口径为狭义的自贸协定，故未包含中欧投资协定。
资料来源：欧盟官方网站。

第三，英国。英国脱欧后积极开展 FTA 谈判，并于 2023 年 3 月获准加入 CPTPP（《全面与进步跨太平洋伙伴关系协定》）。根据英国政府官网的公开信息，英国目前正在分别与印度、加拿大、墨西哥、海合会六国（沙特阿拉伯、卡塔尔、科威特、巴林、阿曼和阿拉伯联合酋长国）、以色列、乌克兰进行贸易谈判（见表 4-3）。相比于美国和欧盟，英国的自贸谈判数量明显更多，并且目前正在进行的谈判都是 2022 年新发起的，这一现象产生的主要原因是：2020 年 1 月 31 日，英国正式脱欧，在脱欧之前，欧盟与任何一个国家达成的 FTA 都自动适用于英国，但脱欧后，这些 FTA 都不再适用，英国至少需要从程序上与所有贸易伙伴重新进行贸易谈判（实际上，英国与大多数国家的 FTA 条款沿用了英国作为欧盟成员国时的条款）。

表 4-3 英国正在谈判的 FTA

正在谈判的 FTA	谈判进程
英国—印度	2022 年 1 月谈判启动，2022 年 1 月—2022 年 12 月举行了 6 轮谈判
英国—加拿大	2022 年 3 月谈判启动
英国—墨西哥	2022 年 5 月谈判启动
英国—海合会国家	2022 年 6 月谈判启动
英国—以色列	2022 年 7 月谈判启动
英国—乌克兰 DTA	2022 年 8 月谈判启动

注：DTA 是指数字贸易协定。
资料来源：英国政府官方网站。

第四，澳大利亚。如表 4-4 所示，目前澳大利亚正在谈判的 FTA 包括欧盟—澳大利亚 FTA、澳大利亚—印度 CECA（全面经济合作协定）以及 IPEF，从地域分布上看，澳大利亚目前贸易谈判的重心一是在欧洲，二是在其所在的印太地区。从谈判对象的重要性来看，欧盟市场庞大，截至 2021 年拥有近 4.5 亿人口，GDP 约为 23 万亿美元，是澳大利亚第三大双向商品和服务贸易伙伴以及第四大 FDI 来源国，与欧盟签订 FTA 将给澳大利亚带来更多的市场、就业机会，并增加消费者福利。印度同样有着庞大的市场，截至 2021 年拥有超过 14 亿人口，GDP 接近 3 万亿美元，并且从经济结构上看和澳大利亚具有很好的经济互补性；而 IPEF 成员正如上文所言，占全球 GDP 的 40%，占全球商品和服务贸易的 28%，对澳大利亚而言同样意味着巨大的经济机会。

表 4-4　澳大利亚正在谈判的 FTA

正在谈判的 FTA	谈判进程
澳大利亚—印度 CECA	2011 年 5 月谈判启动，到 2016 年暂停谈判之前已举行了 9 轮谈判，2021 年 9 月重启谈判
澳大利亚—欧盟	2018 年 6 月—2022 年 10 月举行了 13 轮谈判
IPEF	2022 年 5 月谈判启动，2022 年 12 月进行第一轮谈判

注：澳大利亚—印度 CECA 区别于 2022 年 12 月 29 日两国已经达成的澳大利亚—印度经济合作与贸易协定。

资料来源：澳大利亚外交和贸易部官方网站。

第五，日本。如表 4-5 所示，目前日本正在谈判的 FTA 包括日本—土耳其 EPA（经济伙伴关系协定）、日本—哥伦比亚 EPA、中日韩 FTA 以及 IPEF。从谈判进程看，前三个贸易协定的谈判由于各种原因均已停滞数年，因此从 2022 年 5 月开始启动的 IPEF 已经成为日本所有 FTA 谈判中唯一处于谈判活跃期的贸易协定。如果进一步考虑到日本长期以来对美国的战略追随，IPEF 无疑会成为日本下一步贸易谈判的重中之重。

表 4-5　日本正在谈判的 FTA

正在谈判的 FTA	谈判进程
日本—土耳其 EPA	2012 年 7 月谈判启动，2014 年 12 月—2015 年 12 月举行了 2 轮谈判
日本—哥伦比亚 EPA	2012 年 12 月—2015 年 9 月举行了 13 轮谈判
中日韩	2012 年 11 月谈判启动，2013 年 3 月—2019 年 11 月举行了 16 轮正式谈判
IPEF	2022 年 5 月谈判启动，2022 年 12 月进行第一轮谈判

资料来源：日本外务省官方网站。

第六，韩国。根据韩国商务部的统计，韩国目前正在谈判的 FTA 众多，包括与海合会、中国、日本、厄瓜多尔、南方共同市场（包括阿根廷、巴西、智利、巴拉圭和乌拉圭)、俄罗斯、马来西亚、乌兹别克斯坦、东盟、印度、中国、中美洲国家(包括萨尔瓦多、尼加拉瓜、哥斯达黎加、洪都拉斯、巴拿马和厄瓜多尔,其中厄瓜多尔为扩围谈判的对象),以及 IPEF 其他 13 个成员(见上文,此处不赘述)的谈判(表 4-6),这些国家在规模以及地理分布上都具有很强的多样性。此外,从贸易谈判的类型来看,除了一般性的谈判,还有多次升级或扩围谈判。这一现象的背后,与韩国政府的长期布局密切相关:早在李明博政府时期,韩国就已经致力于打造远东的 FTA 中心,截至目前,韩国已经和美国、欧盟、中国在内的主要经济体均签订了 FTA。

表 4-6 韩国正在谈判的 FTA

正在谈判的 FTA	谈判进程
韩国—海合会	2020 年 9 月进行第 3 轮谈判,2010 年 1 月暂停谈判,2021 年 1 月正式恢复,2022 年 3 月进行第 4 轮谈判,2022 年 6 月进行第 5 轮谈判
中日韩	2012 年 11 月 20 日谈判启动,2013 年 3 月—2019 年 11 月举行了 16 轮谈判
韩国—厄瓜多尔	2015 年 8 月谈判启动,2016 年 1 月—2016 年 11 月举行了 5 轮谈判,2022 年 3 月恢复谈判,2022 年 9 月进行第 7 轮谈判,2022 年 11 月进行第 8 轮谈判
韩国—南方共同市场	2018 年 5 月谈判启动,2018 年 9 月—2021 年 8 月举行了 7 轮正式谈判
韩国—俄罗斯	2019 年 6 月谈判启动,2019 年 6 月—2020 年 6 月举行了 5 轮谈判
韩国—马来西亚	2019 年 6 月谈判启动,2019 年 7 月—2019 年 9 月举行了 3 轮谈判
韩国—乌兹别克斯坦	2021 年 1 月谈判启动,2021 年 4 月—2021 年 11 月举行了 2 轮正式谈判
韩国—东盟	2010 年 10 月—2022 年 7 月执行委员会举行了 19 次会议
韩国—印度	2016 年 10 月—2022 年 11 月举行了 9 次协商
韩国—中国	2018 年 3 月—2020 年 10 月举行了 9 次协商
韩国—中美洲国家	2021 年 10 月协商启动,2021 年 11 月召开首席代表会议
IPEF	2022 年 5 月谈判启动,2022 年 12 月进行第一轮谈判

资料来源:韩国商务部官方网站。

第七,印度。如表 4-7 所示,目前印度正在开展的贸易谈判涉及的国家或地区包括:欧盟、加拿大、以色列、澳大利亚、韩国、英国以及 IPEF 涉及的其他成员方。除与韩国、英国以及 IPEF 的谈判，其他贸易谈判的启动至今已经超过了十年，并且均经历了漫长的停滞期。如今印度却一反常态，开始密集重启或新增贸易谈判，并且涉及的谈判对象有很大一部分在世界经贸格局中占有重要地位。印度的这一看似反常的举动，背后的深层原因包括：第一，经济层面，印度希望成为经济强国，经济的快速发展离不开贸易的驱动，而其他国家也需要印度的庞大市场；第二，战略层面，印度希望提升自身的国际地位，而在美国大力推动印太战略的背景下，印太地区尤其是印度已经成为战略焦点，贸易谈判涉及的各方在经济利益之外或多或少都有深层次的战略考量。

表 4-7 印度正在谈判的 FTA

正在谈判的 FTA	谈判进程
印度—欧盟	2007 年谈判启动，2013 年暂停，2022 年 6 月重新启动谈判，2022 年 6 月—2022 年 12 月举行了 3 轮谈判
印度—加拿大 CEPA	2010 年谈判启动，2022 年 3 月重启谈判，截至 2022 年 11 月举行了 5 轮谈判
印度—以色列	2010 年 5 月首轮谈判，2022 年重启谈判
印度—澳大利亚 CEPA	2011 年 5 月谈判启动，截至 2016 年暂停谈判之前举行了 9 轮谈判，2021 年 9 月重启谈判
印度—韩国升级	2016 年 10 月—2022 年 11 月举行了 9 次协商
印度—英国	2022 年 1 月谈判启动，2022 年 1 月—2022 年 12 月举行了 6 轮谈判
IPEF	2022 年 5 月谈判启动，2022 年 12 月进行第一轮谈判

注：CEPA 是指全面经济伙伴关系协定。
资料来源：India Briefing 网站。

第八，越南。如表 4-8 所示，越南目前正在谈判的 FTA 包括越南—欧洲自由贸易联盟（包括冰岛、挪威、瑞士和列支敦士登）FTA、越南—以色列 FTA 以及 IPEF。从这些 FTA 的谈判进程上看，与日本类似，IPEF 是目前越南唯一处于谈判活跃期的贸易协定，因此该框架也将成为越南下一步进行贸易谈判的重点。需要注意的是，越南同时还是 CPTPP 以及 RCEP 的成员，未来 IPEF 的进一步达成，无疑将进一步提升越南在世界经贸格局中的地位，并给越南带来更多的经济机会。从这一角度考虑，越南也有很强的动机去推动 IPEF 的达成。

表 4-8　越南正在谈判的 FTA

正在谈判的 FTA	谈判进程
越南—欧洲自由贸易联盟	2012 年 5 月—2018 年 6 月举行了 16 轮谈判
越南—以色列	2016 年 3 月—2018 年 6 月举行了 5 轮谈判
IPEF	2022 年 5 月谈判启动，2022 年 12 月进行第一轮谈判

资料来源：越南工商会 WTO 和国际贸易中心官方网站。

第九，中国。根据中国商务部的统计，中国目前正在谈判的 FTA 众多，包括与海合会、日本、韩国、斯里兰卡、以色列、挪威、摩尔多瓦、巴拿马、韩国、巴勒斯坦、秘鲁的谈判（表 4-9）。和韩国类似，这些国家或地区在经济发达程度、人口规模以及地理分布上同样具有很强的多样性。从贸易谈判的类型来看，除了一般性的谈判，还有部分升级或第二阶段谈判。从贸易谈判的活跃度来看，目前中国与海合会六国、以色列以及秘鲁的贸易谈判最为活跃。

表 4-9　中国正在谈判的 FTA

正在谈判的 FTA	谈判进程
中国—海合会	2005 年 4 月—2022 年 9 月举行了 10 轮谈判
中日韩	2012 年 11 月 20 日谈判启动，2013 年 3 月—2019 年 1 月 1 日举行了 16 轮谈判
中国—斯里兰卡	2014 年 9 月谈判启动，2014 年 9 月—2017 年 1 月举行了 5 轮谈判
中国—以色列	2016 年 3 月—2023 年 3 月举行了 8 轮谈判
中国—挪威	2008 年 9 月谈判启动，2008 年 9 月—2019 年 9 月举行了 16 轮谈判
中国—摩尔多瓦	2017 年 12 月谈判启动，2018 年 3 月—2018 年 9 月举行了 3 轮谈判
中国—巴拿马	2018 年 6 月谈判启动，2018 年 2 月—2019 年 4 月举行了 5 轮谈判
中国—韩国（第二阶段）	2018 年 3 月—2020 年 10 月举行了 9 次协商
中国—巴勒斯坦	2018 年 10 月谈判启动，2019 年 2 月举行首轮谈判
中国—秘鲁	2018 年 11 月谈判启动，2019 年 4 月—2023 年 6 月举行了 5 轮谈判

资料来源：中国自由贸易区服务网。

（2）区域贸易协定正在驱动全球治理变革。第一，边境后措施日益重要。自20世纪90年代开始，在发达国家推动下，更多涉及一国国内政策的领域，如投资、劳动、环境保护、竞争政策等开始被引入国际贸易规则讨论的范围，原因是发达国家认为一些国家的国内规则影响了外资的市场准入，进而影响了市场的公平竞争条件，虽然这些政策并不是专门针对外国竞争者来制定的。1996年，发达国家提出在WTO框架下讨论"新加坡议题"，涉及投资政策、竞争政策、政府采购透明度，但因发展中国家的反对，这些议题最终没有被纳入多边贸易谈判。从《北美自由贸易协定》开始，这些与国内政策相关的议题逐步被纳入区域一体化谈判中，经过20年来的发展，这些规则所体现的"深度区域一体化"已经成为区域贸易谈判的普遍特点，并正在驱动全球治理发生深刻变革。变革后规则的重构不仅包含经济因素，更包含了众多非经济因素；成员不仅要受贸易规则的约束，还将受政策、法律、生态环境、商业模式要求等多方面国内政策的约束。

第二，对供应链安全更加强调。以美国所主导的IPEF为例，其成员在谈判之初就明确表示要致力于提高供应链的透明度、多样性、安全性和可持续性，使其更具弹性并能更好地整合。美国计划推动建立一个供应链预警系统，确保其可持续获得关键原材料、半导体、关键矿物和清洁能源技术，提高关键领域的可溯源性，推动"多元化"方面的协调。这里所强调的可溯源性，不仅包括通过对生产和流通所有环节的完整记录，确保产品的质量和安全性，也包括由此确保产品生产过程满足环境、劳工、公司治理和责任等要求，甚至便于其进行贸易管制和经济制裁。而这里的"多元化"实际上指的就是所谓"中国加一"或者"去中国化"。

第三，数据跨境流动成为全球治理新焦点。对于数据跨境流动，目前主要有两种态度：一方以美国为代表，要求数据跨境自由流动。美国通过《美日数字贸易协定》《美墨加协定》中的数字贸易条款以及IPEF中的数字经济支柱，积极打造数字贸易规则的"美式模板"，并将数据跨境自由流动、反对数据本地化等条款扩展到美国与其他国家商签的贸易协议中，努力推动数字贸易规则的"美式模板"从诸边上升到多边层次，积极为美国大型互联网公司拓展海外市场、攫取全球利益保驾护航。另一方以欧盟、中国为代表，对数据跨境流动持保守立场，特别是在涉及国家安全、个人隐私的重要数据的跨境流动方面态度谨慎。

三、中国的应对之道

（一）坚持改革开放的基本国策

中国是本轮经济全球化的最大受益者之一，但也成为这一波全球化分裂的最主要针对对象。中国常常被美国以及许多西方国家视为一个另类的搅局者，不仅在经济层面重新构造了原有的世界产业布局，而且在制度层面带来了一种全新的模式。尽管中国入世在一定程度上拉近了中国与西方的制度距离，但其内核仍然具有相当鲜明的中国特色，而且一些部分与西方体系互不相容。中美贸易摩擦就是这种体制竞争的必然结果。多个西方国家对华为的疑虑甚至封杀不仅显现出不同制度之间的互疑，也反映出中国进入技术竞争前沿之后给西方带来的更大焦虑感。

在这种情况下，中国最重要的就是做好自己的事，尤其是要继续坚持改革开放的基本国策。当前距离中国开启改革开放已有四十多年，尽管中国所处的国情、世情已今非昔比，但是坚持改革开放的基本国策，即使置于当前美国霸凌主义的情境下也仍然适用，并且值得在今后全方位的发展过程中一以贯之。美国霸凌主义使中国在很大程度上失去了在一定保护下以市场换技术、以市场换技术培育周期的可能性。为此，中国应继续提升自主创新能力，推动产业结构优化升级，扩大产业优势幅度，从根本上强化对抗美国霸凌主义的综合国力。而对于美国诉求中符合中国长远或根本利益的部分，如扩大开放、知识产权保护等，中国可借机打击体制内垄断势力的话语权，打破国内某些利益集团的阻挠。

在当前形势下，相关部门应采取措施，加大力度，加快速度，加强可见度。对于国内企业，要注重优化民营企业的营商和发展环境。民营经济是制造业中最具活力、最具潜力、最具创造力的主体，是中国壮大实体经济、实现高质量发展以及全力推进制造业强国建设的重要支撑。民营企业发展壮大对制造业产业链升级和保持完整度具有重要作用。因而，第一，要从制度和法律层面将国企、民企平等落实下来，完善公平竞争制度，打破影响平等准入的壁垒；第二，依法保护民营企业的实物资产和知识产权，让企业敢于进取、勇于创新；第三，加大中小微企业的金融服务支持力度，由于制造业资金和技术门槛相对较高，需要大量固定资产和研发资金，因而要大力发展普惠金融，解决企业资金难题；第四，政府要积极实施优惠政策，大力推行"减税降费"，为民营企业解难题、办实事，构建亲清政商关系。同时，对于外资企业，要把优质存量外资留下来，落实WTO规则下的外资企业国民待遇原则，全面优化营商环境，鼓励现存外资企业在高端制造业领域增加投资，放宽高端制造业的外商投资条件。要虚心、开放地向国际组织、跨国公司、国际知识界求教，集思广益，力争突破国内少数利益集团的阻挠和陈旧思想的束缚，切实提高中国经济的市场化程度。加快改革开放是实现中国经济持续健康发展的内在需求，但同样可以起到争取美国国内部分利益集团的效果。

（二）增强科技自主性，大力培育国内市场

1. 努力实现高水平科技自立自强

当今世界，一国高科技以及相应的高端产业的发展程度决定了一国在全球经贸领域的地位和话语权。中国科技水平近年来虽然持续快速发展，但是中国科技基础能力难以支撑实现高水平科技自立自强的国家战略。美国为了维护其全球霸主地位，对中国进行科技封锁，特别是自2018年美国制裁中兴以来，中国所面临的"卡脖子"问题开始日益突出。以半导体产业链为例，半导体产业链长且广，半导体产业链上游的任何一种材料、一种设备甚至一个配件都可能成为制约竞争者的手段，美国虽然无法打造独立自主的半导体产业链，然而美国通过联合其他国家和地区组建"芯片四方联盟"，从而主导半导体供应链，限制中国半导体行业及其上下游产业的发展，严重危害中国产业安全。只有尽早解决"卡脖子"问题，才能保障中国的经济安全乃至国家安全。科技创新成为国际战略博弈的主要战场，围绕科技制高点的竞争空前激烈。习近平总书记指出："我们必须保持强烈的忧患意识，做好充分的思

想准备和工作准备。"为加强科技创新，实现高水平科技自立自强，推动高端产业发展，中国应该做到如下几点。第一，中国政府应该充分发挥新型举国体制优势，集中力量办大事是中国特色社会主义制度优势的突出特征，既有利于集中资源突破技术壁垒，又有利于协调各方进行产学研深度融合。第二，中国政府应该充分发挥中国超大规模市场优势。中国超大规模市场既可以帮助数字化科技快速迭代，积累数据和经验，又可以保持耐心，为处于瓶颈的高新技术企业提供研发资金。以华为公司为例，受限于5G（第五代移动通信技术）射频芯片被"卡脖子"，其自己生产的5G手机却不支持5G网络，而中国人民没有放弃购买华为手机，对华为后续发展保持了足够耐心，并提供了一定的经济支持。第三，中国政府应该进一步努力提高全社会对"知识"的尊重程度：一方面，提高科研人员的全面待遇和社会地位，在科研领域获得更大的自主权；另一方面，加大鼓励和保护创新力度，提高对知识产权的保护水平。

2. 不断扩大内需，培育国内消费市场

在当前的全球贸易发展格局下，稳定的国内市场将成为中国抵御外部风险的重要支撑。为扩大内需，需要做到以下几点：第一，收入是消费的基础，要通过鼓励创新创业、减税降费等多渠道增加居民收入，特别是要努力提高消费倾向更高的中低收入居民的收入水平。第二，鼓励释放超额储蓄。国家统计局住户调查数据和瑞银证据实验室对中国消费者的调查数据估计，2020—2022年居民储蓄率平均比新冠肺炎疫情前的2019年高出约3个百分点，对应累计居民超额储蓄4万亿~4.6万亿元，然而中国超额储蓄主要来自居民的预防性储蓄行为，以及相对新冠肺炎疫情前正常时期而言降低了的消费，并非来自"额外"的居民收入。因此，要想释放这部分超额储蓄，需要政府进一步加强社会保障，尤其是更好地解决居民在医疗、教育、养老等方面的后顾之忧。第三，合理增加消费信贷。居民使用消费信贷主要用于个人购买住房、汽车、智能家电、数码产品及家庭装修等，以上物品单价较高，对居民资金流动性要求高，因而需要通过消费信贷帮助居民将未来的收入转移到当期，进而平滑消费，同时扩大消费市场。

（三）积极推进以 WTO 为核心的多边贸易体制改革

对于全球贸易发展格局的剧变，中国应有清醒的认知。一方面，要抛弃对美国霸凌主义转变的幻想，摒弃阶段性应对的短期思维，做好长期、全面的应对准备，建立包括反制措施、主动措施在内的更为综合完备的应对政策体系。另一方面，不能回避 WTO 改革这一话题，反而应当主动出击，反客为主，抢夺全球贸易治理的话语权和正当性，积极推进 WTO 改革，维护多边主义的核心原则和框架，打破美西方孤立和妖魔化中国的企图。

从全球经贸治理的角度来看，中国仍然需要继续为巩固和发展基于规则的世界秩序努力。长期而言，中美之间终究要找到和平共处的方式。这取决于美国如何自处，也取决于中国如何确立一个处理对美关系的长期框架。从历史经验来看，世界前两个大国之间和平共处应当建立在一个以规则为基础的国际体系之上，单纯基于力量和权力的争斗很可能产生灾难性的后果。就贸易领域而言，WTO 无疑是处理国际贸易关系的基础体系，仍可能成为处理中美经贸关系长期发展的主要平台。但为此 WTO 也应当进行必要的改革，尤其是要提高其处理相关贸易议题的有效性和效率。

美国当前的主要诉求是制定新规则，以应对或规范所谓中国的非市场导向行为和政策，但同时又排斥有约束力的争端解决机制。对此，我们的态度一方面是要坚决与美国斗争，并团结其他成员，坚决维护争端解决机制的有效性，并通过适当的改革提高其效率。另一方面是 WTO 应当有一定的灵活性来处理世界贸易中的新问题，包括与中国密切相关的问题，尤其是通过诸边谈判的形式来制定适用于部分成员的新规则。WTO 在当前的国际经贸治理中仍然居于核心地位，美国违规的负面形象恰恰为中国在 WTO 中发挥更大建设性作用创造了机会。放眼世界，美国的贸易霸凌主义不仅针对中国，也涉及欧盟、加拿大、墨西哥等经济体，从而引发了国际社会的群体性不满。中国将与这些经济体一道，维护多边经贸体制，努力构建更为公平、正义、和平、稳定的国际政治经济新秩序。WTO 作为一个成员驱动的国际组织，其行为在相当程度上受美国这种关键成员的影响，但是美国并不能完全代表或左右 WTO。虽然 WTO 规则是在美国的领导下建立的，但其运作具有自身的逻辑和规律，而其他 WTO 成员更不应受到美国的错误影响。

因此，对 WTO 来说，尤其是美国以外的 WTO 成员来说，团结起来坚决反对美国的单边主义和贸易主义，维护 WTO 这一多边平台的有效性和权威性是当前最有力的应对措施。一方面，WTO 成员应当积极运用 WTO 的争端解决机制，对美国的单边保护主义行为进行法理上和道义上的批判，即使由于美国的阻挠，上诉机构无法正常运作，但 WTO 争端解决机构依然可以通过专家组报告对美国的违法行为予以有力的认定和谴责。另一方面，WTO 成员应当采取协调行动，对美国的单边措施给予有力的回应和反制，只有让美国感受到单边措施给自己的利益带来巨大的伤害，才能让美国清醒地意识到，即使最强大的国家也不能为所欲为，更不能利用强权征服全世界。客观地看，WTO 体制和规则确实存在需要改进的地方。由于中国等新兴经济体的崛起及其在经济体制上的一些不同于西方国家的特征，使得发达经济体和新兴经济体对 WTO 规则的理解和 WTO 体制的运用有相当大的分歧。这些分歧以现有的谈判模式无法得到有效弥合，进而限制了 WTO 谈判功能的发挥，削弱了发达经济体尤其是跨国公司对 WTO 体制的兴趣。对此，中国作为新兴经济体中的最大经济体和贸易体，应当结合入世以来中国取得的经济和贸易成就以及自身扩大改革开放的需求，对一些发达国家政府和企业关注的重要议题给予回应，并在谈判方式和目标上保持更大的灵活性。但同时，也要旗帜鲜明地指出发达经济体在农业补贴、农产品贸易壁垒、技术出口限制、技术性贸易壁垒等领域存在的严重问题，推动相关成员达成权利与义务更加平衡的一系列规则。改革 WTO 是为了让 WTO 更好地反映国际贸易发展的现实，也是为了让不同发展水平的成员有更加适应其发展水平的规则体系，但这一切的前提是任何成员都不得依仗其经济力量肆意破坏既有规则。中国坚决与美国单边主义斗争正是为了捍卫多边贸易体制，同时也为改革和完善多边贸易体制创造必要的条件。

为此，中国一定要高举支持多边贸易体制的大旗。美国的单边主义是不得人心的，既有损大多数国家的利益，也没有道义上的正当性，而美国试图重建发达国家的小团体也是不可行的，这不仅因为广大发展中国家已经是世界贸易中的重要力量，也是因为美国始终抱着美国优先、损人利己的宗旨，是难以形成有效联盟的。因此，事实上现在只有美国一个国家试图破坏

WTO，而其余 WTO 成员只要能够团结起来，仍然可以维护 WTO 的生存和发展。中国作为第二大经济体，更是责无旁贷。中国一定要以实际行动来支持 WTO，承担一定的领导者角色。我们要相信，一个更加完善的、更有约束力的国际贸易体制对中国这样一个拥有全球商业利益且处于产业升级过程中的大国来说是有利的，即便当前对我们的一些政策可能有一定约束。我们要用发展的眼光看待中国在世界经济贸易中的地位和利益诉求，现在制定的规则未来也可以约束我们的竞争对手。另外，我们必须以更大、更快的改革开放才能发挥引领者的作用，对于美、欧、日等国提出的 WTO 改革方案涉及中国体制机制改革的重大问题，要加快研究，明确底线和红线，以最大力度来加快改革开放，只有这样才能赢得世界的信任。

中国积极推动 WTO 改革，应当着眼于 WTO 的争端解决机制、贸易政策审议和多边贸易谈判三大核心功能，在 WTO 框架下对抗美国霸权，与他国开展更广泛的多边合作，从而搭建由中国主导的全球制造业产业链。

第一，中国应推动恢复争端解决机制，并坚持在争端解决机制下解决由美国单边主义导致的中国产业链安全问题。2022 年 12 月，中国就美国对华芯片出口管制措施在 WTO 提起诉讼，希望借此能够对冲美国的"围堵"效果。然而由于美方持续阻挠上诉机构大法官遴选，自 2019 年 12 月 11 日起，WTO 上诉机构停摆。没有上诉机构的正常运作，争端解决机制也就名存实亡，因而中国应推动争端解决机制改革并尽快使其恢复作用。同时，尽管争端解决机制受限，中国也应坚持在 WTO 体制内寻求摩擦解决之道，表明中国践行真正的多边主义、支持 WTO 作为化解全球贸易争端的重要裁决机构的立场，与单边主义和保护主义坚决斗争，从而吸引志同道合的朋友进行多边合作。

第二，中国应积极推进 TPRM（贸易政策审议机制）改革，强化 TPRM 的执行力和约束力。TPRM 旨在增进 WTO 成员了解彼此经济贸易体制和政策，使成员方的贸易行为在多边贸易环境中得到公开审视，建立更为透明稳定的多边贸易体制，在双边沟通渠道受阻和经贸关系恶化的情况下推动消除贸易政策壁垒。美国制定一系列国内政策打压中国，其中不乏违反 WTO 规则、恶意针对中国的相关法案，中国应利用 TPRM 向美方进行质询施压。2022 年 12 月 14 日和 16 日，WTO 举行了第 15 次对美国贸易政策审议，中国常驻 WTO

代表就针对导致中国高端制造业"卡脖子"的《通胀削减法案》和《芯片和科学法案》两个法案进行了审查提问,但由于 TPRM 的"软约束",相当数量的提问未得到美方的正面回复,因而应强化 TPRM 执行约束力改革,强化各成员对 WTO 规则的遵守。另外,中国历次对 TPRM 的重视和充分准备与美国的不屑和不配合形成鲜明对比,体现中国的大国担当,为中国与他国的多边合作建立基础。

第三,中国应积极参与诸边谈判,以诸边倡议为基石,与各国共同探索回归多边贸易体制的道路。WTO 多边贸易谈判踌躇不前,2001 年发起的多哈回合谈判迄今未能成功达成。区域贸易协定成为 WTO 成员的优先选择,虽然它在一定程度上推进了投资便利化,但是也破坏了多边贸易体制,使 WTO 被边缘化。多边贸易谈判之所以停滞,是因为成员数量增加导致成员间分歧难以弥合,高水平贸易自由化难以在所有成员中同步推进,众多议题捆绑式谈判很难达成最终成果。因而,中国应该推动和参与诸边谈判,并将诸边谈判更好地纳入 WTO 多边框架,推动多边谈判难以推动的议题,从而可以和各国探讨诸边合作议题,进而推动多边合作。

(四)积极参与自由贸易区谈判,在共建"一带一路"倡议下加强合作,推动制度型开放

第一,中国应积极推动双边 FTA 谈判。双边 FTA 相对来说更容易达成,因为双方可以将注意力放在自身感兴趣的议题上。特别是可以针对美国所谓的"盟友"实行"分化一批,拉拢一批,打压一批"的战略,建立双边合作,完善自身贸易和产业链布局,例如:利用 RCEP 助推中日韩自由贸易区建设(RCEP 的包容性和平等性理念为三国建设自贸区提供了智慧和方案,现有的贸易规则也有利于三国进一步谈判);而与美国在亚洲最大的两个盟友日本和韩国建立经济合作,也有利于中国周边稳定和突破美国封锁。

第二,要围绕地缘政治、经济与科技因素强化与相关国家之间的现有贸易、投资、人员、基建等合作基础。例如:尽快启动中国—东盟自贸区 3.0 的建设,进一步提高中国—东盟自贸区零关税比例;完善、巩固和扩大金砖国

家合作机制；使中国与中东欧国家和拉美国家的经贸合作关系更密切；等等。

第三，积极利用现有的区域贸易协定，并争取加入新的高水平的区域自由贸易协定。在面对美国与中国"脱钩"风险时，中国除了提升内循环，还要加大与周边国家的外循环，推动区域经济发展，并充分利用协议中的相关条款。以 RCEP 为例，中国可以利用原产地累积规则巩固和提升区域制造业产业链，原产地累积规则是 RCEP 规则创新中的特色和亮点，可以增加区域内价值成分比例，推动区域内制造企业对本区域内成员原材料和中间产品的使用，进而扩大区域内贸易规模。中国也要积极参与新的国际体系、全球贸易规则和标准的制定，尤其要主动推进加入 CPTPP 和 DEPA（《数字经济伙伴关系协定》）的工作进程，通过谈判和积极对话寻求与世界主要经济体之间达成合作。

第四，继续推进共建"一带一路"倡议。在"一带一路"沿线的基础设施建设方面，要尽快建立中国基建标准，并积极参与全球基建规则和标准的制定。在"一带一路"沿线的贸易方面，要在能源和关键矿产供应链方面多下功夫，进一步促进中国能源和关键矿产来源的多元化，保障中国新能源和关键矿产安全。在"一带一路"沿线的民间交往方面，要加强和"一带一路"共建国家的经济、社会和文化交流，促进民心相通，从而为"一带一路"沿线的贸易和投资塑造长期内生动力。

第五，要稳步扩大制度型开放，主动参与全球经济贸易框架和规则制定。党的二十大报告中明确提出，推进高水平对外开放，稳步扩大规则、规制、管理、标准等制度型开放，加快建设贸易强国。习近平总书记在主持 2023 年中共中央政治局第二次集体学习时也强调，积极参与国际经贸规则谈判，推动形成开放、多元、稳定的世界经济秩序，为实现国内国际两个市场两种资源联动循环创造条件。推动制度型开放是中国经济高质量发展的必然要求，也是应对美国对中国进行全方位围堵的有效方式。中国应主动对标高标准国际经贸规则，推动产业政策、创新政策、竞争政策等各项政策与国际通行规则的接轨，尤其要在数字经济、供应链、补贴、国有企业、劳工、环境等重点议题上进一步加强研究，积极与世界各国展开对话和谈判，不断开拓对外贸易的新空间、新局面。

第五章
美欧跨境投资审查双向趋严及其影响分析

——从"国家安全"到"去风险"

朱隽　谢静　卢爽[*]

---

[*] **朱隽**，丝路基金有限责任公司董事长，中国金融四十人论坛学术委员。
谢静，丝路基金有限责任公司研究部副总监。
卢爽，丝路基金有限责任公司研究部主管。

摘要：自2008年金融危机爆发以来，随着逆全球化蔓延，各国投资保护主义明显，主要经济体纷纷强化了外商投资审查机制，出现了泛化"国家安全"内涵与外延的趋势。尤为值得关注的是，在新冠肺炎疫情和俄乌冲突后，美国酝酿出台了限制本国对外投资特定国家敏感领域的审查机制，大力游说欧盟等其他经济体在所谓"去风险"立场导向下，也出台类似投资限制政策。全球跨境资本流动领域出现FDI和ODI（对外直接投资）双向审查趋严的新动向，中国及新兴技术行业是上述政策针对的主要目标对象。跨境投资审查已成为美西方继"关税壁垒""出口管制"等手段之外，又一打压和遏制竞争对手的工具，但这也将不可避免地造成全球产业链、供应链的割裂和分化，损害全球投资人信心，阻碍跨境资本流动与资源优化配置。中国须高度关注对华投资限制新动向，坚定不移地以"开放"应对"封堵"，以"合作"化解"风险"，大力促进对外投资自由化、便利化，增强应对主动性。

一、美欧外商投资审查机制的形成及演变

历史上看，美欧国家作为主要资本输出国，在很长时间内一直是贸易和投资自由化的积极倡导者和推动者，主张保护跨国企业投资利益，维护有利于资本流动的国际经济秩序。而发展中国家作为资本输入国，长期以来更倾向于保护本国经济利益，认为外商直接投资在带来资本、先进技术和管理经验、就业机会的同时，也可能带来包括垄断市场、破坏竞争秩序、冲击产业政策等负面影响，主张管理和限制跨国公司权利。随着20世纪70年代以来全球化进程加速，越来越多的国家对投资自由化、便利化的接受度不断提高。与此同时，跨国公司迅速发展壮大，一些大型并购交易频频出现引起了东道国对于国家安全的关注，美国因此成为世界上最早建立外资安全审查制度的国家，在其影响下，世界主要国家和地区陆续制定外商投资国家安全审查制度。

自2008年金融危机爆发以来，随着民粹主义与逆全球化的兴起，美欧发达国家逐步走向了更倾向投资保护主义的政策。联合国贸易和发展会议历年发布的《世界投资报告》以外商直接投资审查数量、审查数量对投资存量占比、监管撤销并购交易数量等指标衡量投资情况，该报告显示近年来，美欧发达国家实施了更多的限制性政策，而发展中国家采取的措施更侧重于向FDI

开放新的部门或活动，反而成为促进投资便利化的主要力量。

（一）美国外商投资审查机制的沿革

1. 外商投资审查机制的建立与早期发展

20世纪70年代，由于美元大幅贬值，阿拉伯世界石油资本和日本企业借机大量进入美国市场，引起了美国关于外商投资对国家安全影响问题的关注。1974年，美国国会通过《外国投资研究法》，授权美国商务部、财政部等部门，针对外国对美直接投资进行审查。基于该法案，1975年时任美国总统福特发布政令，创建了CFIUS（美国外商投资委员会）这一跨部门委员会，主要负责分析外国在美直接投资趋势，审查可能对美国国家利益产生重大影响的交易，为外国投资者在美投资提供指南。上述机制普遍被认为主要是针对当时日本资本大量涌入美国的情况，美国需要在外商投资与国家安全中寻求最佳平衡。

但早期美国并未明确对"国家安全"做出明显定义。1988年，美国国会通过《埃克森—费罗里奥修正案》赋予了总统及其授权人审查外国投资是否对美国国家安全产生影响的权力，但关于何种行为威胁到"国家安全"的问题，仅模糊表示如果有"可信的证据"表明"取得控制权的外国利益所采取的行动可能会威胁到国家安全"，那么总统可以做出终局性决定阻止该项交易，且不受司法审查的约束。同时，早期CFIUS的权力也只限于监督投资以及要求外国政府提交关于其投资活动的初步报告，并没有被授予实质性的权力来审查或阻止涉及国家安全的交易。

在这一阶段，CIFUS实际开展调查的案例并不多：1998—2005年，CFIUS收到超过1 500项申报，其中启动调查的交易仅25项，占比不到2%，仅有一项交易被禁止。尽管如此，伴随着经济全球化和资本大规模跨境流动，如何在利用跨国投资发展经济的同时，保证外国投资者并购本国企业不会引发国家安全风险，已经逐步成为国家对外经济政策的一个重要课题。

2. 安全审查机制的立法完善和职能强化

2005—2006年，阿联酋国有企业收购美国港口运营权、中石油收购美国大型石油公司等重大交易的发生，引起了美国政府的关注，促使美国国会于2007年通过了《外国投资与国家安全法案》。该法案明确了CFIUS负责外国投资安全审查的法律地位，并在此前模糊概念的基础上拓宽了国家安全范围，首次明确了以"控制关键基础设施"为审查重点。2008年，时任美国总统小布什签署行政令，对CFIUS组成及职能进行进一步细化与完善。

2008年11月，美国财政部公布了《关于外国人兼并、收购和接管的条例》，对外资并购国家安全审查的原则、范围、标准和程序等问题做了明确规定。该条例是《外国投资与国家安全法案》的实施细则，赋予了CIFUS较大的自由裁量权，并强调《外国投资与国家安全法案》从法律上确立了CFIUS的地位。尽管CFIUS作为负责美国外商投资与国家安全审查的主管部门，有了独立且完整的法律基础，执法程序也得到法律保障，但审查仍主要建立在交易当事人自愿申报的基础上，且"国家安全"的概念尚不明确界定。

3. 美国外商投资安全审查收紧趋严

2016年特朗普总统上台后，利用日益高涨的民粹主义情绪推行"反全球化"主张，贸易投资政策显著向保护主义方向转型，出现收紧趋严趋势。2018年美国国会出台的《外国投资风险评估现代化法案》是重要转折点，这一法案以法律的形式将近年来CFIUS在实践中加大审查的做法固定下来，并进一步扩展了CFIUS的权力。一是明确了CFIUS管辖的交易包括：可能导致外国人"控制"美国企业的兼并、收购和并购交易；外国人购买、租赁或特许持有的特定的不动产；对涉及关键基础设施、关键技术或者美国公民敏感信息（敏感信息可能被用来威胁国家安全）的其他投资。二是增加了对国家安全的考量评估因素，要求CFIUS将"涉及特别关注国家""对关键基础设施、能源、关键材料和关键技术的控制""遵守美国法律""影响美国政府的国家安全能力""泄露美国公民敏感信息""影响美国网络安全能力"等纳入审查考虑。三是增加强制申报要求，要求CFIUS规定强制申报类型，如外国政府拥有实质权益的外国主体获得美国关键技术公司、关键基础设施公司或涉及美国公民个人敏感信息公司的实质权益的交易发生时，必须向 CFIUS 申报。

2020 年 1 月，美国财政部发布《关于外国人在美国进行特定投资的规定》和《关于外国人在美国进行有关不动产特定交易的规定》，作为《外国投资风险评估现代化法案》的实施细则，进一步扩大了 CFIUS 对外商投资更为广泛的审查权力。

拜登总统上台后，延续《外国投资风险评估现代化法案》监管思路，进一步加强外资企业在美投资"国家安全"方面的审查力度。2021 年 6 月，拜登总统签署第 14032 号行政令，扩大了投资限制范围，这些限制适用于公开交易的证券或任何此类证券衍生品（或旨在为此类证券提供投资风险对冲工具）的公开交易。2022 年 9 月 15 日，拜登政府发布行政令，要求 CFIUS 审查时应考虑以下五个方面：一是特定交易对美国关键供应链韧性的影响，不局限于国防工业基础供应链；二是特定交易对美国国家安全领域技术领先地位的影响，包括但不限于微电子、人工智能、生物技术和生物制造、量子计算、先进清洁能源和气候适应技术；三是结合行业投资趋势来看，特定交易可能对美国国家安全产生影响；四是可能构成威胁美国国家安全的网络安全风险的投资。五是对美国敏感数据构成风险的投资。以上审查范围极为宽泛。

（二）欧盟及其他国家外商投资审查机制演变

1. 欧盟层面的外商投资审查机制

历史上，欧盟在很长一段时间并没有针对外商投资安全审查的专门立法。但近年来，随着国际政治经济格局发生重大变化，欧洲国家逐步加大了对外商投资的审查力度。欧盟委员会于 2019 年 3 月通过了《欧盟外商直接投资审查条例》（以下简称《条例》）。根据该条例，成员国可以从安全或公共秩序角度维持、修订或新设 FDI 审查制度。《条例》并未列举审查清单，而是建立了可供成员国选择的、相对宽泛的审查框架，并建立了与成员国之间的监管合作和信息共享机制，通过制度设计升级，固化了加强审查的趋势，以保护欧盟内部产业竞争力，为成员国经济安全建立"保护墙"。

与美国设立专门的 CFIUS 不同，欧盟没有设立专门的安全审查机构，成员国保留是否进行安全审查以及是否允许或拒绝投资的决定权，欧盟委员会无权否决交易或对交易附加条件，但可以向进行审查的成员国出具无约束力的意见。

尽管《条例》并未要求所有成员国必须建立相应的安全审查机制，但对成员国出台相关政策仍起到了明显的推动作用。新冠肺炎疫情暴发后，欧盟委员会还发布指导性文件，呼吁成员国加强 FDI 审查，将欧盟单一市场作为整体进行考虑，避免 FDI 交易对欧盟的关键资产和技术造成损失。在《条例》出台前，仅有约 1/3 的欧盟成员国建立了国家层面的安全审查机制。在 2020 年 10 月《条例》实施后，截至 2022 年 9 月，已有 25 个欧盟成员国建立了安全审查机制，欧盟委员会已审查超 740 项 FDI 交易。

2. 欧盟成员国的外商投资审查机制

欧盟主要国家以往多依据本国现有法律开展外商投资审查，但近年来，在法规政策层面普遍出现更新和修订，以收紧审查标准保障本国利益。

德国近年来多次修订相关法律，加强对外国投资的管制。在 2017 年 7 月和 2018 年底，德国政府先后两次对《德国对外贸易和支付条例》进行修订，延长了外商投资的国家安全审查时间，降低了投资审查的门槛。根据新规，德国联邦经济和能源部有权在投资协议签署后的 5 年内决定是否对交易启动审查程序，非欧盟资本收购涉及德国国防以及关键基础设施领域，审查门槛由入股 25% 下降至 10%。2020 年 4 月，德国再次修订相关法规，针对外国投资，将强制备案义务的投资范围从"关键基础设施"扩大到"关键技术"，将"可能会对公共秩序或安全造成损害"的交易纳入审查范围。

法国在新冠肺炎疫情以前即追随欧盟收紧外商投资审查，于 2019 年 1 月修订了用于管控外国投资的《法国货币与金融法典》，扩大了已有制度的管辖范围，将需申报的投资门槛从 33.33% 下调至 25%，对在战略性行业开展业务的目标公司的收购则必须进行申报。2020 年 4 月，法国财政部进一步加大对非欧盟投资者的投资限制，将"战略性行业"的范围扩大至生物技术、量子技术及能源存储、政治及新闻印刷品、新闻服务等。

意大利政府于 2012 年通过第 56/12 号法律，获得了对涉及"战略资产"有关交易的特殊否决权（即"黄金权力"），任何此类交易都需事先申报并获得批准。最初"战略资产"仅包括国防和国家安全行业。2019 年 3 月，意大利政府新增补充条款，将有关 5G 网络的设计、建设技术；维护和管理 5G 相关商品或服务归入本国战略资产范畴。2020 年和 2022 年先后出台法令，将电信、能源、运输等关键基础设施，以及农业食品、金融、媒体信息等行业都纳入审查范畴。

3. 英国对外投资审查机制

长期以来，英国并无对外国投资进行安全审查的专门立法，仅通过《英国 2006 年公司法》进行反垄断审查。但近年来，随着外国投资数量的不断增长，英国政府逐步采取了一系列措施。2019 年，英国议会宣布计划出台《国家安全和投资法案》，该法案的目的在于增强政府审查和干预商业交易（包括并购）的能力，以保护国家安全。该法案于 2022 年 1 月 4 日正式生效，这是英国首次授权政府对投资领域国家安全问题进行干预和审查从而保护英国国家安全的专门法律制度，标志着英国完成了对外国投资审查机制的全面改革。

（三）美欧外商投资审查机制演变特征

近年来，美欧各国对外商投资的审查机制立法改革措施频频推出，并呈现出活跃的监管趋势。美欧外商投资审查机制主要呈现以下特征。

一是"国家安全"概念泛化。外商投资审查涉及的行业领域从传统的国防、能源等行业转向半导体、信息技术、基础设施等行业。美国《外国投资风险评估现代化法案》正式生效时，其实质监管范围已扩大到所有"新兴技术"行业，且对"新兴技术"的定义极为模糊和宽泛。《条例》不仅适用于关键基础设施，包括能源、运输、水务、医疗卫生、通信、媒体、数据处理或存储、航空航天、国防等，还适用于关键技术和军民两用物项等，甚至包括敏感信息的获取（包括个人数据或控制该信息的能力），以及媒体的自由和多元化。英国《国家安全和投资法案》关注的关键敏感领域更为宽泛，落入该法律项下强制申报范围的关键敏感领域包括17个。德国将审查标准修改为"可能会对公共秩序或公共安全造成损害"，这意味着不必列举并证明某项风险是"具体而严重的"，政府就可以介入交易审查。5G基站通信服务因其在国家安全和经济发展中扮演重要角色，也成为意大利安全审查的重点对象。

二是被审查交易的数量明显上升。在对"国家安全"界定范围显著扩大的情况下，对美国的外商投资向CFIUS提交正式申报的交易数量、审查数量和调查比例出现大幅上升。从数据上看，2013年，有97项交易向CFIUS正式申报，2022年，正式申报的交易上升至286项。与此同时，更多的交易进入CFIUS调查阶段，2017年，申报调查率高达73%，近十年来调查率数据均接近或超过50%，即有近一半交易不会在提交审查期间得到批准（见图5-1）。欧盟方面，自2020年10月《条例》正式实施以来，欧盟委员会已审查超740项外国直接投资交易，2021年有约3%的交易触发欧盟委员会意见，主要分布在安全和公共秩序领域。

三是美欧外商投资审查政治属性凸显。美欧审查的关注点从外商投资对国家安全的潜在威胁，逐步转向遏制"战略竞争对手"的投资行为，已超出了国家安全的考量。

美国于2018年发布的《外国投资风险评估现代化法案》中并未对"特别关注国家"进行明确界定，但其强调对投资者进行"向上穿透"背景调查，特别关注外国投资者是否具有政府背景，明显指向中国。该法案还专门规定美国商务部长在2026年前每两年向美国国会和CFIUS提交一份关于中国企业赴美投资交易情况的报告。而欧盟在《条例》配套指南文件中，强调防范所谓"第三国资本"趁疫情收购"战略性资产"，也有强烈的针对中国意图。

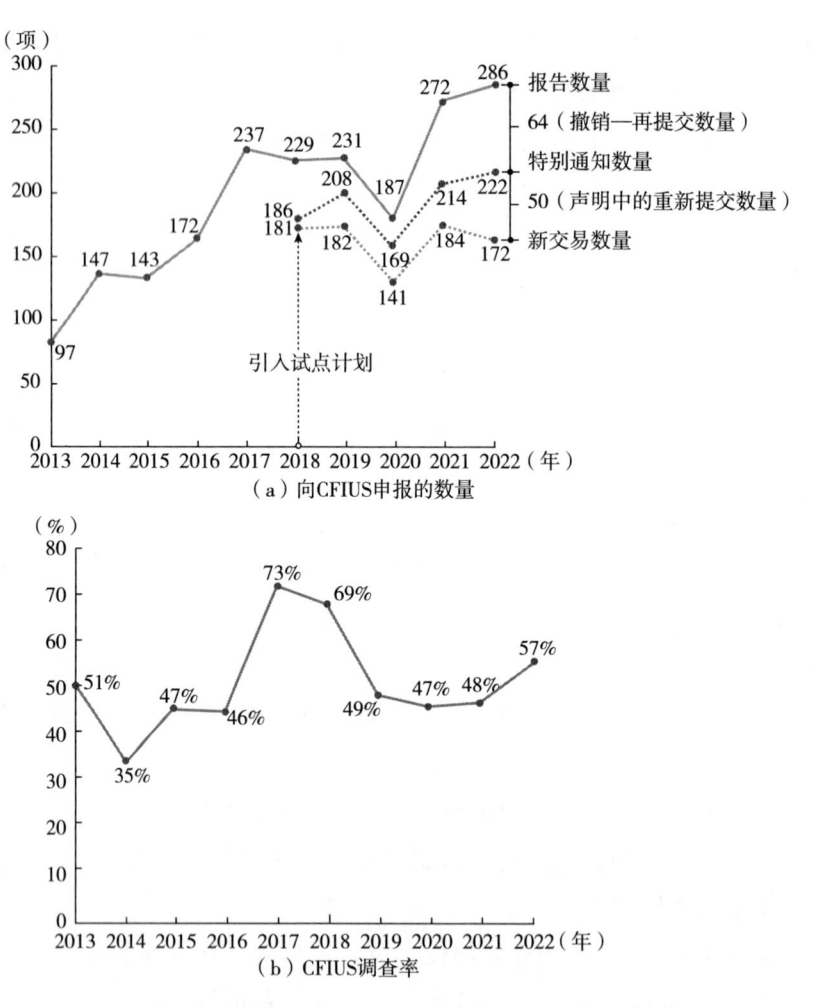

图 5-1　2013—2022 年向 CFIUS 申报的数量及 CFIUS 调查率

资料来源：Winston & Strawn LLP，2023 年 8 月。

CFIUS 历史申报数据、审查数据也反映出中国投资者的交易是 CFIUS 关注的焦点。根据 2023 年 8 月 CFIUS 递交国会的 2022 年年报，2013—2021 年，CFIUS 共审查中国企业投资交易 179 项，占全部交易审查的比例接近 20%，持续高居榜首。中国也是被 CFIUS 阻止投资并购交易的"重灾区"，据不完全统计，2005—2021 年，共计 36 项交易被否决，中国企业主动撤回申报的交易更多（见图 5-2）。

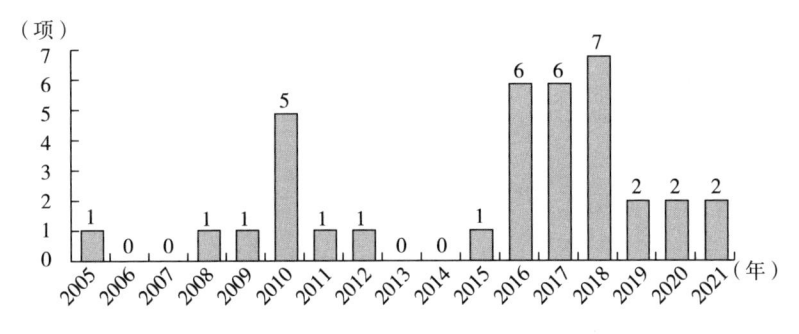

图 5-2 2005—2021 年中国被否决的投资案件数量

彼得森国际经济研究所高级研究员马永哲（Martin Chorzempa）通过统计 2016—2021 年 CFIUS 的审查数据发现，尽管仅 4% 的收并购交易来自中国，但中国面临的审查最多，在审查交易中所占份额最大（15%）（见图 5-3）。中国的审查指数是 3.7，即其在审查交易中所占份额几乎是其在并购交易中所占份额的 4 倍。而"五眼联盟"的 4 个成员国澳大利亚、加拿大、新西兰和英国的投资者基本不受部分审查新规的约束；法国、德国、加拿大和英国等西方安全盟友的平均审查指数不足 0.5；日本和韩国作为安全盟友，其审查指数处于西方安全盟友和中国之间，平均审查指数为 1.5。

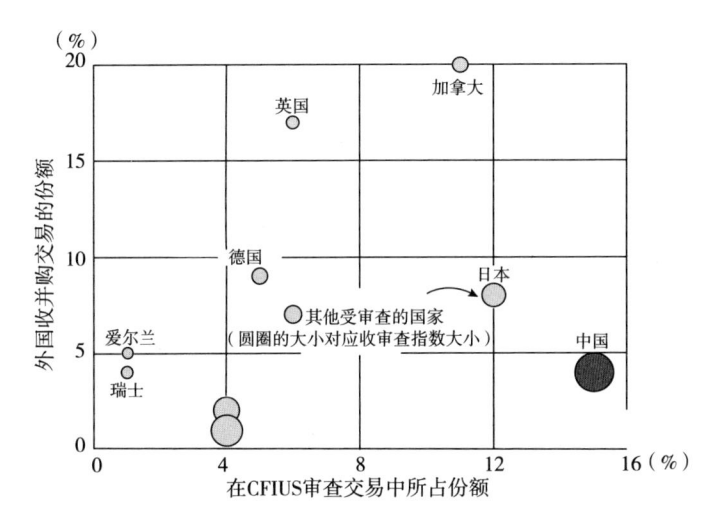

图 5-3 按国家划分的 CFIUS 审查交易中所占份额与外国收并购的份额（2016—2021 年）

资料来源：Martin Chorzempa, 2022。

根据欧盟发布的《2021年外商直接投资审查报告》及工作文件，在欧盟各成员国提交欧盟委员会的1 563个审查请求中，29%的项目被审查。报告数据显示，欧盟外商投资项目未通过率平均为10.32%，美国企业投资项目未通过率为10.37%，英国企业投资项目未通过率为4.2%，中资企业投资项目未通过率为14.95%，高于平均水平。中国国际贸易促进委员会在《欧盟营商环境2021/2022》中披露，对在欧投资中资企业的调查显示，46.15%的企业表示遭受过歧视性待遇。

二、"去风险"背景下投资安全审查新趋势

传统意义上，对外商投资的安全审查是一种防御措施，用于确保外商投资不会对本国国家安全造成威胁。但2023年8月，美国发布行政令限制本国资本投向受关注国家敏感行业和领域，标志着美国的对外投资审查由单向限制发展为双向限制，并且在监管对象和行业方面具有更强的指向性。这是美国等西方国家在"去风险"政策理念背景下投资审查领域新的发展趋势。

（一）美国对外投资审查机制的酝酿和出台

美国建立对外投资审查机制酝酿已久。早在2018年《外国投资风险评估现代化法案（草案）》国会辩论期间，建立对外投资审查机制的想法就已被提出，美国国会希望在草案中给予CFIUS额外授权以审查对外投资。美国参议员鲍勃·凯西和约翰·科宁自2021年起向国会提交并更新《国家关键能力防御法案》，提议成立一个由美国国防部和商务部共同主持的国家关键能力委员会，审查美国企业对中国、俄罗斯、伊朗、朝鲜、古巴等"关注国家"及"关注实体"的直接投资。《国家关键能力防御法案》于2022年被成功纳入众议院提出并通过的《美国竞争法案》中。

2022年10月，白宫发布《美国国家安全战略报告》，提及"审查对外投资以防止战略竞争者滥用投资和技术危及美国国家安全"，在宏观层面确认了对外投资审查制度的必要性，立法进程开始加速。2023年3月，美国商务部

与财政部分别向美国国会提交了工作报告，说明了建立美国对外投资审查机制拟采取的措施和所需资源。2023年4月，美国商务部部长吉娜·雷蒙多要求精准划定对外投资审查机制实施的范围，确保不会给美国投资者与企业带来过重的负担。2023年7月18日，该委员会正式点名4家美国风投机构，要求调查其对华数十家企业的投资行为。2023年8月9日，拜登签署14105号行政令（《关于处理美国在受关注国家投资某些国家安全相关技术和产品所涉问题的行政令》），意味着美国对外投资审查机制实质性落地。

概括来看，美国对外投资审查机制包括以下内容。

一是政策监管对象。行政令表明对某些受关注国家和地区的投资进行监管的意图，并在附件中明确中国内地与港澳为初始目标。美国财政部官员表示未来可能会增加其他国家和地区。

二是政策监管行业。行政令要求美国财政部限制美国公司在三个领域（半导体与微电子、量子信息技术、人工智能）对中国公司的投资。同时还要求美国公司向美国财政部通报对其他人工智能和半导体技术公司的投资情况。

三是建立备案制度。除了限制在三个核心领域的投资，美国财政部正在公开征求意见，计划要求美国企业在投资其他国家不太先进的半导体企业以及与某些类型的人工智能相关的企业时进行备案，即企业在投资前需要通知美国政府。

四是主要约束对象。美国财政部发布的一份拟议规则制定通知将投资定义为不只包括机械的资本流动，也包括可以带来"无形利益"的其他形式资本转移。预计包括并购、私募股权投资、风险投资、绿地投资、合资企业和某些债务融资计划。美国财政部表示这些规定不会影响现有的投资，但可能会要求披露以前的交易。同时美国财政部还表示正在考虑对公开交易证券、指数基金、共同基金等较不可能带来无形利益的投资工具设立豁免。

五是实施程序及监管机构。行政令授权美国财政部对此类对外投资活动进行监管，从公示到与相关利益方的讨论，预计将于2024年实施。

(二) 以对外投资限制配合对华出口管制与技术脱钩

与运行多年的外商投资国家安全审查机制不同，美国出台的对外投资审查机制是对本国资本流出的管控，反映出其背后的政策理念变化，即如本国资本投入敌对国家或竞争国家具有竞争优势或重要敏感的行业，将会有利于对手利用本国资本发展竞争能力，从而对本国"国家安全"产生威胁。这一政策与美国已在运行的出口管制、技术管制等措施相互配套，目的在于进一步从对外投资角度限制对华科技投资，通过打压中国科技进步，在两国日益激烈的博弈中扩大自身优势。

美国国内相当一部分观点认为，美国对外投资审查限制政策的出台，是解决敌对国家或竞争国家利用美国资本发展本土能力这一风险漏洞的有力工具。例如，美国战略与国际研究中心高级研究员艾米莉·本森和Wadhwani人工智能和先进技术中心主任格雷戈里·艾伦认为，已有的出口管制措施仅涵盖货物、技术和软件的出口，CFIUS则主要对外商投资交易进行审查，但美国此前没有对某些最终用途构成国家安全威胁的对外投资进行审查，在确保美国资本（包括资金和技术）不被用于提升其他国家军事能力方面存在明显缺失，有必要弥补投资安全监管方面的漏洞，并加强投资政策与出口管制政策、产业政策的协调配合。行政令的出台，代表着美国当局在减少风险敞口和防止可能提升外国军事能力的美国资本外流方面迈出了重要一步（见图5-4）。

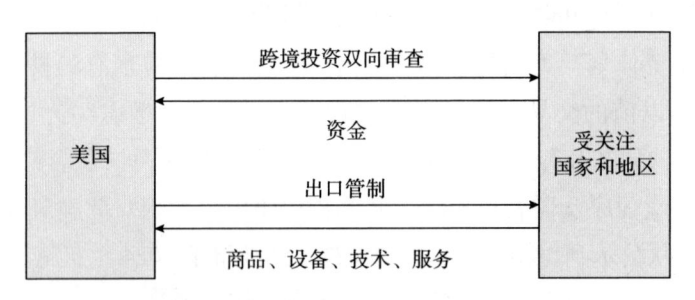

图 5-4 美国投资管制与出口管制政策的配合

但是，美国商界及高科技界的许多人士都对这种以国家安全为由干扰商业投资行为的政策表示反对。他们认为美国已经拥有健全的出口管制制度，建立新的对外投资审查机制并不能发现并解决出口管制制度无法解决的其他国家安全问题。尽管美国政府表示仅在最具战略敏感性的领域限制对中国企业投资，允许在其他非敏感领域开展安全的业务，试图通过"小院高墙"在科技尖端领域推动与中国技术脱钩，而在贸易、金融、传统技术或劳动力等其他领域保持正常经济接触，但投资限制政策的负面影响巨大，而且对该限制可能进一步扩大的担忧将极大影响投资者决策，并增加企业的经营成本。

（三）美国推动欧盟等西方国家出台类似政策

除了限制本国对华投资，在敏感技术领域，美国同时致力于在新结盟政策框架下极力推动盟友国家出台类似政策，加强美国与欧盟双方在对内对外投资和技术转移上的协作，以避免削弱本国单独推行"对外投资审查"政策的效果。2023年5月，G7峰会领导人在声明中指出，"我们认识到，旨在应对对外投资风险的适当措施，对于补充现有的、有针对性的出境和入境投资控制工具非常重要，这些工具共同保护我们的敏感技术不被用于威胁国际和平与安全"。咨询公司Agora Strategy（Agora战略）分析称，若欧洲在中国替代美国投资，美国的对外投资限制机制则无法达到预期效果，因此美国必须拉拢欧洲共同行动，尤其是高科技国家德国、荷兰、瑞典和法国等，并具体确认到底在哪些技术和供应链环节通过对外投资审查来进行管控。

随着美国推动盟国出台类似对外投资审查机制，欧盟委员会也开始考虑自己的等效审查工具。欧盟委员会已将对外投资审查列入了其2023年的工作计划。德国2023年7月发布的《德国对华战略》中，除了提出将大力减少对中国商品的依赖，还强调要加强对外投资审查。有媒体报道英国正在考虑是否效仿美国，限制对中国科技行业的投资。

但也有观点认为，无论是在关键理念、政策协调还是在对华经济联系上，欧盟在出台对华投资限制方面可能更加谨慎，因为欧盟与中国经济联系广泛，并未像美国一样将中国视为安全威胁，仍想与中国保持对话，对境外投资进行审查可能带来过度监管的风险，也将面临来自企业界较大的阻力。此外，根据欧盟宪法，基于维护国家安全的对外投资审查是成员国的权限，因此成员国接受和建立对外投资审查机制将是一个缓慢的过程，成员国也可能会持有不同的意见。

（四）对外投资限制是美欧"去风险"政策理念的具体反映

近年来，随着中国在经济体量、科技创新、国际影响力方面展现出不断上升的势头，美欧国家日益将中国作为挑战美欧主导世界经济秩序的战略竞争对手来看待。2022年出台的《美国国家安全战略报告》将中国作为美国国家安全面临的最大威胁，以及未来几十年最重要的战略竞争对手。欧盟将中国定义为"经济上的竞争者和制度性的对手"。2023年以来，美国推出"新华盛顿共识"、G7峰会发布《关于经济韧性和经济安全的声明》、欧盟出台《欧洲经济安全战略》，均在提升关键领域供应链弹性、加强技术封锁、增进盟友合作方面提出了明确的举措，其政策框架和主要内容具有相似之处，目的都是试图通过降低对中国产业链的依赖，限制对中国新兴产业和关键基础设施等领域的投资，减少技术交流和合作，从而削弱中国的国际影响力和技术实力，以维护自身的技术和经济优势地位。

2023年3月，欧盟委员会主席冯德莱恩提出对华"去风险"概念并得到了美国的响应。"去风险"概念相较此前广受争议的中美"脱钩"，政治色彩更为弱化。由于所谓"去风险"政策并未对"风险"进行明确界定，美欧在政策解释和执行中可保留较大灵活性。美国酝酿和出台对外投资限制，正是"去风险"策略在其投资领域的具体体现，反映了其在"安全优先"指导思想下，试图强化对华科技与经贸竞争优势的政策主张。

三、跨境投资双向审查趋严对中国的影响

美欧跨境投资双向审查趋严，不可避免地恶化了我国对外投资环境，降低了我国引进外资的质量和效益，同时也将连带影响我国对外贸易、产业链全球布局，阻滞我国新兴产业和技术的国际交流与发展，对我国开放发展新

格局带来严峻挑战。

（一）我国与美欧之间跨境投资出现双向放缓

一是中国对美直接投资金额降幅明显。荣鼎集团数据显示，自2017年以来，中国对美直接投资出现剧烈下降，年投资金额从2016年的460亿美元峰值降至2022年的不到50亿美元，其中收并购交易金额大幅萎缩（见图5-5）。中国对美投资增量从位居前五的经济体降至十名以外，甚至远低于韩国、澳大利亚、新加坡、卡塔尔等中小型经济体。

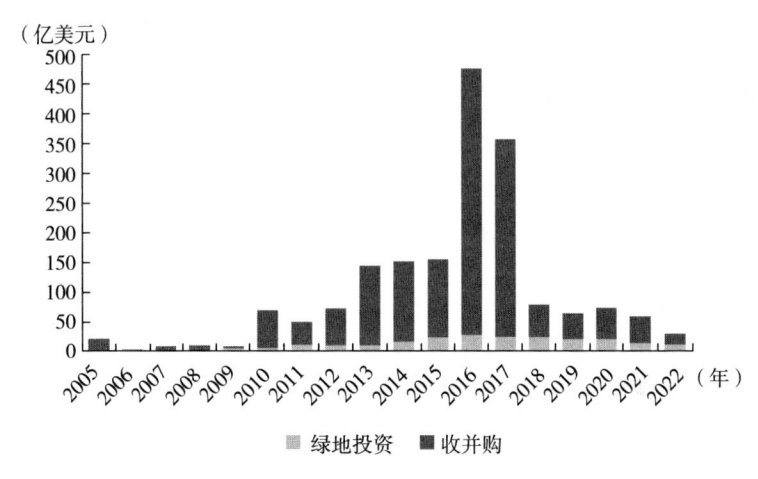

图5-5　2005—2022年中国对美直接投资交易金额

资料来源：荣鼎集团。

二是中国对欧投资出现持续下降。由于欧盟持续收紧外商投资审查政策，中国对欧洲（欧盟27国＋英国）的直接投资金额近年来也出现持续下降，从2016年的474亿欧元峰值降至2022年的79亿欧元。从结构上看，收并购交易从2016年的高峰期下滑，但绿地投资反而出现了一定幅度的增长，反映出尽管受到欧洲收紧投资审查影响，中欧双方在新能源等新兴产业的绿地投资方面仍存在空间（见图5-6）。

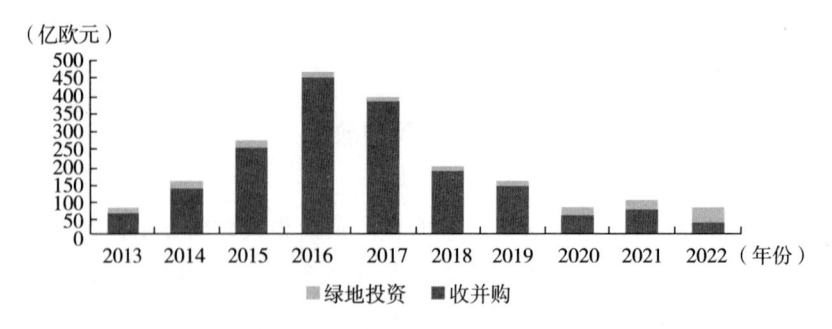

图 5-6　2013—2022 年中国在欧完成的外商直接投资交易金额

资料来源：荣鼎集团、墨卡托中国研究所。

三是美欧对华投资相应出现下滑。2010—2018 年，美国在中国的外商直接投资年均达 140 亿美元。2018 年在中美贸易摩擦的影响下，降至 120 亿美元左右，2022 年更是降至 82 亿美元，为近 20 年来低点（见图 5-7）。

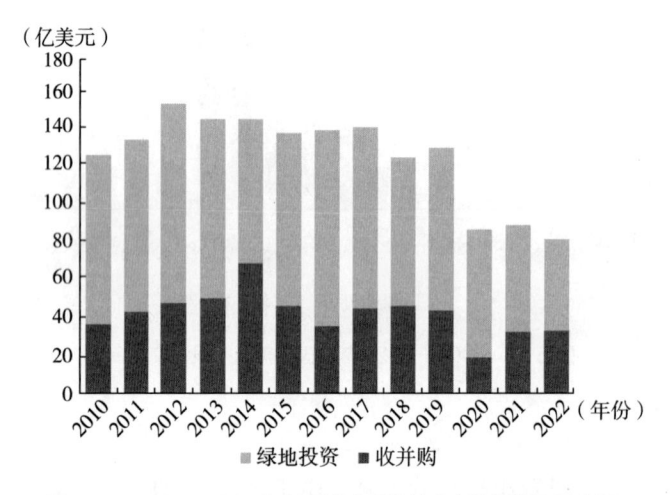

图 5-7　2010—2022 年美国在中国的外商直接投资交易金额

资料来源：荣鼎集团。

欧洲在中国的外商直接投资金额自 2008 年金融危机爆发后呈现稳定增长趋势，到 2018 年达 97.62 亿欧元的峰值。之后不断降至 2021 年的 62.59 亿欧元，低于 2015 年的水平（见图 5-8）。

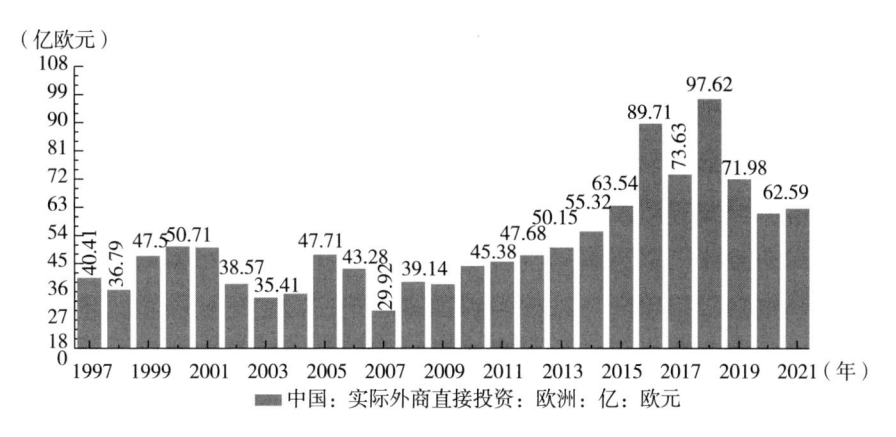

图 5-8 1997—2021 年欧洲在中国的外商直接投资交易金额

资料来源：万得数据库。

四是由于美欧政府对华强硬态度形成"寒蝉效应"，各国跨国公司对投资中国顾虑重重。荣鼎集团报告指出，受地缘政治因素影响，许多跨国公司开始通过本地化策略将中国业务与其他跨国业务隔离开。尽管短期内跨国公司可能由于供应链、研发等因素在中国境内增加了资本支出，但这实际上是跨国公司为抵御中国同美欧"脱钩断链"风险的防御性本地化经营策略，未来对华投资可能出现大幅下降。如 2023 年 7 月，淡马锡表示不会在中国投资可能受中美紧张关系影响的行业，这可能使新加坡对华新增投资减少，并可能导致对已有存量投资的撤回。日本、韩国跨国公司也出现从中国撤资的现象。

（二）影响我国进出口贸易与产业链格局

跨境投资的改变将影响和带动国际贸易及产业链布局调整。受跨境投资审查趋严等不利影响，美西方跨国公司减少了在中国的增资扩产，中国对外出口特别是对美出口受连带影响。2018—2022 年，中国对美出口的年度复合增长率已经从 6.3% 降至 5%，而同期其他国家对美出口仍然保持较快增长。中国自美进口方面，跨境投资的下降进一步减少双方经济依赖，在华运营的跨国公司相应减少从美国进口产品，尤其半导体产品对华出口下降更多。根据彼得森国际经济研究所的报告估测，在中美不发生脱钩情况下，美国对华出口应该呈稳步增长趋势，但目前2021、2022年估测值与实际值的缺口分别为16%、23%，并且估测值与实际值的差距会随着时间的推移而不断扩大（见图5-9）。

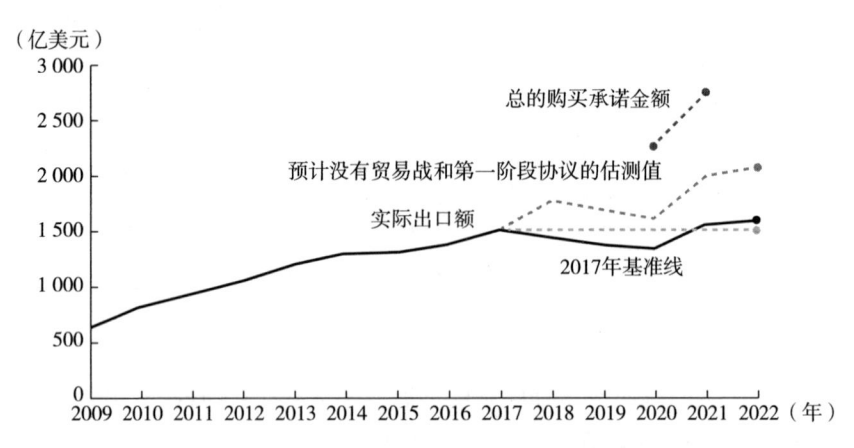

图5-9　2009—2022年美国对中国出口金额状况

资料来源：彼得森国际经济研究所。

从中国产业链全球布局方面来看，在全球化时代，许多跨国公司在中美两国之间已经建立起复杂、立体的供应链网络，这些供应链涉及零部件和组装等环节。尽管美欧跨境投资审查趋严政策并不溯及已有投资，但在"去风险"理念指导下，跨国公司出于对地缘政治导致经济分化的担忧，普遍减少在中国的投资和正常运营活动，同时在美国政府"近岸化""友岸化"产业政策的驱使下，重新评估他们的供应链策略，寻找替代供应商和市场，将产业链搬迁至拉丁美洲、东南亚、非洲的所谓"友岸"国家。美国同"友岸"国家达成贸易协议和美国对外直接投资存量状况，如表5-1所示。

表5-1　美国同"友岸"国家达成贸易协议和美国对外直接投资存量状况

国家	贸易协议	2022年美国对外直接投资存量（亿美元）	2021年营商环境排名	2021—2022年"透明国际"排名	2021—2022年出口总额（亿美元）	国家分类
多米尼加	中美洲自由贸易协定	26	115	137	110	中上收入

续表

国家	贸易协议	2022年美国对外直接投资存量（亿美元）	2021年营商环境排名	2021—2022年"透明国际"排名	2021—2022年出口总额（亿美元）	国家分类
哥伦比亚	双边自由贸易协定	82	67	92	405	中上收入
菲律宾	无	52	95	117	1 153	中下收入
越南	无	28	70	87	3 715	中下收入
南非	经济合作与发展组织公约	78	84	69	1 080	中上收入
尼日利亚	贸易和投资框架协议	54	131	149	424	中下收入

资料来源：美国战略与国际问题研究中心。

对中国而言，所谓的"军民两用"产业链将受到美欧跨境投资审查的重点关注，全球供应链调整及其产生的震荡将更为剧烈。从这些行业的产出和贸易方面来看，中国对G7国家的出口增值为2 250亿美元，市场份额为43%，在跨境投资审查趋严的情况下可能降低。

（三）对中国科技进步与高科技产业发展的影响

一方面，美欧试图限制对中国高科技产业的投资，或将影响中国经济向高附加值产业升级、削弱中国独立自主长期稳定发展的基础。2018年，美国对华科技风险投资达144亿美元峰值，此后随着中美技术摩擦和监管审查的加剧，该投资额迅速下降，2022年的投资额降至12.7亿美元的低点。Dealogic数据显示，2022年，美国公司对中国公司的风险投资交易额已降至10亿美元（见图5-10），而科技行业的投资交易额已从61亿美元下跌至815万美元。

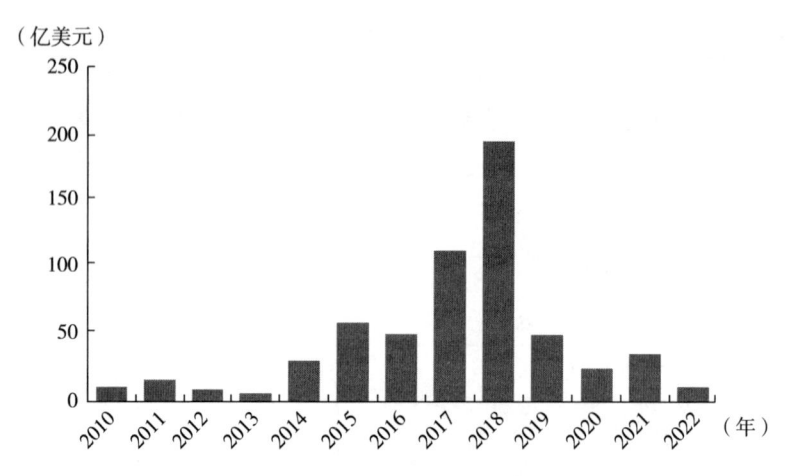

图 5-10　2010—2022 年美国在华风险投资交易额

资料来源：Dealogic 数据。

除了"小院高墙"，美国也试图在科技供应链不太高端、不太敏感的领域限制中国产业升级和技术进步，如禁止向中国出口那些没有技术门槛的集成电路电子设计自动化软件、制造设备等；阻止美国投资促进中国在传统芯片制造领域的产能建设的项目；遏制中国在先进半导体领域的发展。此外，中国在其他重要技术领域，如生物技术、先进传感器、大容量电池、无人航空器等，均受到一定程度的封锁和管制。

但另一方面，辩证来看，美国限制对华高科技投资，也促进了中国在相关领域加速研发投入。2021 年，我国仅有 15% 的芯片是自主生产的，2023 年，这一比例有望提高到 25%。我国已设立了共三期、超过 5 000 亿元的集成电路产业基金，从全产业链加速了各环节国产替代。《纽约时报》评论认为，如果中国每年用于芯片进口的 4 000 亿美元有很大一部分转而用于国内采购的话，中国国内芯片企业将获得迎头赶上的手段和动力。美方的管制措施不可能一劳永逸地遏制中国。即便是在最理想的情况下，也只是一种拖延战术，只能起到为美国及其盟友扩大关键技术领先地位的作用。2023 年 9 月，华为经过 4 年来的不断探索和同中国国内供应链的合作研究开发，设计并生产出了全环节国产 7 纳米工艺的麒麟 9000S 处理器、5G 基带芯片模块、嵌入式神经网络处理器和卫星通话模块等，并开发了鸿蒙 4.0 手机操作系统用于新款

Mate60系列和X5折叠屏手机,标志中国半导体行业初步实现对美国封锁的重大突破。

四、收紧跨境投资审查,加剧全球保护主义与资本流动分化

美欧收紧跨境投资双向审查,不仅单方面影响了中国的对外经贸联系,也给跨国公司全球运营、资本流动和产业链、供应链带来了阻碍,给世界经济带来了一系列溢出效应。

(一)收紧跨境投资审查给全球经济稳定运行带来冲击

一是使跨国公司的生存环境恶化。跨国公司是跨境投资的市场主体,对跨境投资的审查趋严干扰了跨国公司正常的投资决策过程,安全优先而非效率优先的决策逻辑导致跨国公司在加强科技研发、响应市场需求、优化生产流程等多个产业链环节被迫增加成本,降低市场竞争力。2023年8月,英特尔、高通、英伟达三家芯片巨头的首席执行官与美国政府高级官员会面,反对进一步采取对华限制措施。这些企业担心,对外投资审查新的限制措施将切断它们与中国这个最大市场的联系,损害它们的研发投入能力,最终削弱美国在芯片行业的支配地位。台湾积体电路制造股份有限公司(简称"台积电")在美国亚利桑那州投资400亿美元设厂,却因为在当地无法招聘到符合资质、足够数量的工程师和工人而迟迟无法开工,陷入停滞。为了应付美西方政府同中国"断链""脱钩""去风险"的要求,跨国公司不得不大量提高资本开支,重复投资建设冗余产能。

二是各国投资政策更加内顾化,不利于全球资本流动。美欧对跨境资本流动的限制可能引发其他国家的警惕和跟随,一些国家可能会采取类似的限制措施,以保护自己的国内产业和利益。全球投资和产业链配置以及国际贸易格局日益分裂成亚洲、美洲、欧洲三大区域,使得跨国企业面临更加艰难的国际环境,本地化和区域化经营成为不得已的选择,严重损害全球化经济利益。美国金融数据软件公司估计,自2018年以来,跨国公司销售额和利润

均出现大幅下降，美国跨国公司海外销售收入下降了约9%～14%。据统计，在受影响最大的半导体行业，2022年美国跨国公司收入下降50%，荷兰跨国公司收入下降44%，日本跨国公司收入下降16%。2023年上半年，韩国三星电子财报显示三星电子利润首次转负。

三是增加全球供应链协作成本。有观点认为，在全球化时代，由于商品进口和生产外包的增加，美国的商品价格和工资压力之间的相关性已经减弱，表现为高增长和低通胀并存。然而现在产业链重组改变了美国进口模式。同时，美国鼓励产业链回流、进口商品国产替代、限制中国贸易和投资等行为极大地增加了全球供应链和跨国公司运作的成本，预计美国在越南和墨西哥的供应链成本将比中国供应链分别增加10%和3%，在一定程度上导致美国稳定供应链成本、控制通货膨胀水平方面面临较大压力。

四是国际资本流动出现分化。IMF报告显示，近年来，全球FDI流向政治立场相近国家的比例显著升高。如加拿大、韩国、日本等在地缘政治方面和美国联系更加密切的国家获得了美国更多的对外投资，而中国、俄罗斯等和美国在地缘政治方面上较疏远的国家获得的美国投资则大幅下降。2021年，地缘政治关系密切国家之间的FDI流量占总FDI流量占比上升到了52%，已经远高于地理距离较近国家之间的FDI流量占比（见图5-11）。

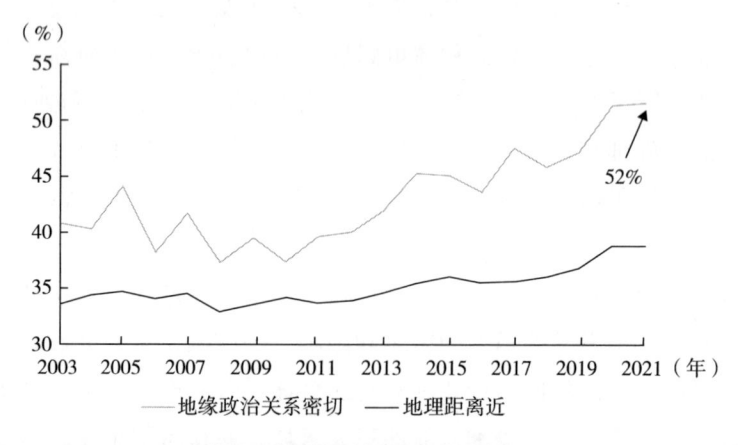

图5-11　2003—2021年地理距离较近和地缘政治关系密切的国家之间的FDI流量对比

资料来源：IMF2023年工作论文。

根据OECD的数据，2023年一季度，中国FDI流入总量虽然仍居全球第三位，但同比下降80%，较全球FDI平均流入总量同比降幅多出45%，同期美国、日本、土耳其、智利的FDI流入同比分别上涨35%、14%、38%和7%（见图5-12）。2023年以来，中国市场同高科技行业投资关系最密切的PE/VC投资大幅下降，而日本、印度、新加坡市场则出现显著的上升。

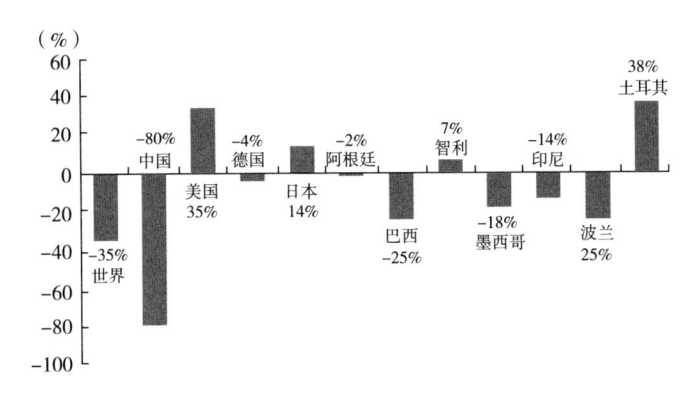

图5-12 部分OECD国家2023年一季度FDI流入

来源：OECD。

（二）收紧跨境投资审查影响相关行业全球化发展

一是影响半导体、人工智能等高科技行业生态与健康发展。目前，美国对华投资限制主要聚焦在半导体、量子技术、人工智能等高科技新兴产业，不利于全球高科技公司合作交流和相互启发，影响行业生态与健康发展。美国提出《芯片和科学法案》《通胀削减法案》等，以政府补贴等产业政策吸引新兴产业回流的同时，限制接受美国政府补贴的企业对华投资，不利于中美企业在高科技行业开展合作。自2018年以来，美国在华风险投资迅速下降，与之而来的后果是，美国专利申请数量增速也呈下降趋势。特别是2023年一季度美国提交了17 570份PCT专利申请，较上年同期减少了6.8%，在世界范围内所占比例也下滑到了20.7%。

二是投资限制可能会逐步蔓延至新兴工业制造或基础设施行业。不少观点认为，虽然美国当前发布的对外投资限制主要聚焦在半导体、人工智能等高科技新兴领域，但考虑到美欧外商投资审查范围逐步扩大的情况，未来对 ODI 的限制领域有可能也会进一步扩大。新能源发电、生物科技、医疗器械制造、新材料、储能技术、航天器、航空器制造等工业制造业，未来也可能被纳入投资限制范畴。近期，美国对光伏产业对外投资已开始出现收紧动向，同时，美国通过对外投资审查长臂管辖，限制中国光伏企业在美国甚至其他国家投资光伏电站或使用中国光伏组件。

此外，交通运输、港口码头、电站电网、通信信息网络、数据计算和存储中心、水务等基础设施行业投资也可能受到限制。基础设施行业投资规模大、运营周期长、涉及的上下游行业众多，具有较高的社会属性，在跨境投资审查收紧后将面临更严峻的局势。根据咨询机构 Inframation 估计，随着美西方跨境投资双向审查趋严，大量基础设施领域的外商投资项目以涉及国家安全、国计民生等理由受到更严格的审查，导致全球基础设施缺口进一步加大，将从 2014 年的 1 万亿美元上升到 1.5 万亿美元甚至更多。

三是可能会逐步蔓延至关键矿产原材料大宗商品行业。俄乌冲突后，出于能源安全考虑，美欧开始大力开展油气合作，油气能源领域出现"阵营化"趋势。在新能源及对新兴产业领域有重要影响的关键矿产原材料领域，如镍、钴、锂、稀土等，也出现"结盟"和"反投资"的倾向。2023 年，以美国为首的七国（其余六国为加拿大、澳大利亚、法国、德国、日本和英国）宣布成立"可持续关键矿产联盟"，对生产和购买"关键矿产材料"制定更高的环境和劳工标准。同时美国通过向部分发展中国家提供援助，促进其采取负责任和可持续的采矿方式，将其纳入西方标准体系，意欲将中国排除在外。新兴产业技术进步和升级需要全球合作推动，在关键原材料等大宗商品行业出现的"阵营化"趋势，将给全球范围的产业合作和升级带来不利影响。

五、收紧跨境投资双向审查影响国际治理体系

当前，全球投资治理规则碎片化严重，众多双边、区域、多边投资协定相互重叠管辖，缺乏全球范围内公认的跨境投资组织协调体系或制度设计。新冠肺炎疫情和俄乌冲突后全球产业链加速重构，进一步改变了跨境资本流

向，而美欧收紧跨境投资双向审查的政策措施，将使得全球投资治理面临更大的复杂性与不确定性。

一是引发越来越多的国家更加关注国家对外资的管制能力，全球投资治理规则更加难以协调。印度、越南等发展中国家近年来也建立或收紧了外资安全审查机制，中欧、东欧国家在投资规则方面日趋以欧盟政策为立足点，拉美等国提高外商投资关税和准入门槛，收紧投资审查，加强出口管制，这些措施带来全球范围内投资争端日益增多，国际投资仲裁案例数量连年增长。WTO投资治理协调几乎陷于瘫痪，贸易争议争端仲裁和解决机制形同虚设。

各国加强投资管制的措施导致在多边框架下加强投资治理进程受阻，双边投资限制加强，投资争端解决机制难以发挥作用，国际治理机制面临进一步失衡。根据联合国贸易和发展会议发布的《2023年世界投资报告》，全球范围内双边、诸边国际投资条约终止数量连续三年超过新签署协定的数量。中美、中欧双边投资保护协定谈判基本陷入停滞，投资争端保护机制逐渐过期失效，难以获得续签，这反映了主要经济体在议题范围、管辖范围、权利义务、利益分配冲突等方面存在较大分歧。各国频繁针对外资及外企出台包括企业注册、劳务许可、控股权、税收、企业采购、环境保护、高管本地化等限制性措施，全球投资治理领域的"碎片化"则更为突出。截至2022年底，我国已经与104个国家签订了双边投资协定，其中70多个已经较为过时无法适应当前解决投资争议的需要，但难以得到续签或者修订，相关谈判陷入困境。

二是加剧投资规则竞争，抬高对外投资门槛。在传统的关于"竞争中性""国有企业补贴"等话题之外，近年来，欧美发达国家积极推动在全球投资治理中设置环境保护、劳工标准、良好治理等新规则标准。以基础设施投资领域为例，美国先后推出"蓝点网络计划""非洲繁荣倡议""重建美好世界""全球基础设施和投资伙伴关系倡议""印度—中东—欧洲经济走廊"等，这些倡议和计划特别强调基础设施项目投资的透明度、融资连续性和对环境的保护，强调在全球供应链中消除所谓的"强迫劳动"，遵守发达国家普遍认同的环境与劳工标准。其他国家的对外经济政策也可能进一步走向紧缩，对贸易、投资、融资、企业收并购、运营等审查机制也可能进一步加码，例如反倾销反补贴审查、ESG（环境、社会和公司治理）标准及审查等，如对本国关键资源投资限制、禁投领域的进一步扩大，可能使跨境投资的门槛和壁垒进一步提升。

三是导致地缘政治经济分化日益加剧。政治因素日益超越经济因素成为各国出台政策的首要考量，美欧在公开的政策文件表述上将中国列为"系统性竞争对手"，在国际上加强对华政策一致性，对外投资审查成为大国博弈与对抗的经济武器。美国以意识形态为旗，构建"价值观联盟""民主国家联盟""技术联盟""半导体联盟""供应链联盟"等，在极端情况下不排除未来以价值观和意识形态划线导致对外投资集团化、阵营化的可能性。

六、启示与应对

应对美欧跨境投资双向审查趋严的挑战，需要与应对美欧在全球经济中"去中国化"的系列阻华、遏华举措相结合，从发展理念、政策手段和开放改革等多个方面入手，坚定不移地促进对外投资自由化、便利化，促进资本双向流动，以更加积极进取的方式推动国际投资治理改革。为此，在发展理念方面要做到六个转变。

一是从大国到强国的转变。发展理念、心态、方法和路径不仅要着眼于简单的经济金融投资等规模的增长，更要注重各方面发展质量的提升，大而全、大而不强将导致处处受制于人。要尽快推动高质量发展，完成从大国到强国的转变。

二是从国际规则的接受者到参与者和制定者的转变。跨境投资审查依托于一系列国际规则，随着我国成为世界第二大经济体和全球经济增长的重要推动力量，应积极参与对国际规则的参与和修改完善，进一步优化全球资源配置。

三是从科技创新追赶者到引领者的转变。美欧跨境投资审查、科技封锁的核心在于美欧对于科技领先地位的滥用。为应对美欧跨境投资审查、突破科技封锁，归根到底需要我国加大科技创新力度，争取科技进步的主动权和话语权。

四是从以政府为主导的产业发展模式到以市场为主导的产业发展模式的转变。在产业赶超期，政府主导制定产业政策发挥了重要的历史作用，但这从长远来看会不利于市场规则的建立和市场优化资源配置作用的发挥，也会招致美西方在跨境投资审查领域不断的质疑、封锁、报复和打压。应加快以市场为主导的产业发展模式建立和转变，坚持以市场化的方式优化资源配置，助力我国各产业实现长期健康稳定发展。

五是从国内国外相分隔的两个市场到国内国外相融合的统一大市场的转变。改革开放40多年来，我国外贸部门已获得了巨大的发展，目前是全球第一大贸易国、第二大对外投资国和外资流入国。然而，目前国内市场和国际市场在市场规则、监管、准入、适用法律法规等均有较大的差别，无法发挥国内外市场的合力，在受到美西方跨境投资审查时缺乏还手之力。

六是从制造业大国向服务业大国的转变。从各国发展的历史规律来看，在人均收入突破一万美元大关之后，制造业所能够提供的GDP增长将会放缓，突破中等收入陷阱需要依赖科研、法律、会计、商务、咨询、金融、教育、文化等高端、高技术含量服务业拉动。这些服务行业对于拉动外商投资和应对跨境投资封锁有着非常重大的作用。

具体而言，中国应未雨绸缪，做好应对美国及其他国家双向投资审查趋严的准备，坚定不移地促进对外投资自由化、便利化，促进资本双向流动，以更加积极进取的方式推动国际投资治理改革。

（一）投资领域改革

一是继续做好对FDI的招商引资工作。吸引和利用外资是我国对外开放的长期方针。应避免受到美欧跨境投资审查双向趋严的干扰，以开放对抗封闭，从国民待遇、知识产权保护、企业运营便利化、财税支持等方面发力，始终坚持为外商投资创造更有吸引力的营商环境，保障外商投资企业的合法权益，坚定外商投资的信心，从根源上破除美欧对我国跨境投资的封锁。在投融资、支付结算、资金清算、市场准入和建设、监管、配套服务、基础设施建设等方面不断进行完善，提升高水平、大规模、多元化的跨境投融资便利化，吸引更多外资流入中国市场，打造全球投资的"高地"。

二是统筹安全与发展，进一步完善我国外商投资国家安全审查制度。我国在不断扩大开放、推进投资自由化的同时，借鉴发达国家安全审查机制的经验，建立和逐步完善外商投资管理体制，但目前尚未制定并形成专门法律，关于审查的核心概念、审查主体和组成方式等具体问题，还是模糊不清。下一步可以逐步完善外商投资的"负面清单"治理模式，加快外商投资审查立法和机制建设，制定相应的反制措施，通过"对等原则"纠正美西方对我国的无理打压。

三是大力做好 ODI 工作。随着我国经济规模上升，深度融入世界是进一步发展的需要。对外投资是控制关键原材料战略供应安全、产业链全球布局、减少贸易壁垒阻碍的重要手段。应根据国民经济需要继续大力开展对外投资，同时注意将投资合作重点放在共建"一带一路"国家及中间地带国家。中国已成为部分新兴市场主要投资来源地和技术输出国。一些位于中美战略竞争中间地带的部分新兴市场国家更注重自身发展，不愿意被安全议程裹挟，参与阵营对抗，应成为我国拓展第三方市场合作的争取力量。如中东的沙特阿拉伯、阿联酋，东南亚的新加坡、印度尼西亚，中亚的哈萨克斯坦、乌兹别克斯坦，等等。我国可抓住机遇在这些国家区域开展第三方市场合作，依靠共建"一带一路"拓宽对外投资格局，以平衡美欧对我国跨境投资方面的限制和打压。

（二）科技创新改革

一是科技创新、自主可控是破解美欧跨境投资审查趋严的根本。加大对关键核心科学技术领域的投入，加快关键核心技术的突破，"补短板"、解决"卡脖子"技术难题。在石油天然气勘探开采、基础原材料开发、高端芯片、工业软件、农作物种子、科学试验用仪器设备、化学制剂等关键核心技术领域尽快取得突破，从根本上掌握产业链主动权，破解美欧对我国跨境投资的封锁。

二是从追赶者思维转变为引领者思维，在"补短板"的同时更加注重"锻长板"，打造独特优势，获取主动权。在我国具有一定优势的高新技术产业，如新能源汽车、电池、风电、光伏发电、储能、量子技术、可控核聚变、人工智能、无人机、工业化 3D 打印、特高压输配电、稀土开采和提炼、高容量互联网、航空航天、高速轨道交通、高难度基础设施建设、煤化工和新能源化工等领域进一步发挥优势，在全球进行投资，引领科技进步和行业发展。

三是加强国际科学技术合作。以开放对抗封闭，利用全球智力资源，加强国际科技合作为全球科技发展注入动力，推进创新成果"走出去"，为全球发展作出积极贡献，共享科技成果为全球民生福祉提供有力保障，坚持包容普惠，让科技成果惠及更多国家和人民，坚持科技向善，确保科技成为增进人类福祉的利器。在科技创新国际合作中，争取全球产业竞争的优势地位。

（三）积极参与国际治理体系制度改革

一是积极参与完善国际投资制度建设。加大多边、双边和诸边投资规则和保护协议的协调，积极倡导投资自由化、便利化和以共商共建共享为基础的合作模式，旗帜鲜明地反对投资保护主义，推动国际投资治理向着维护投资相关利益攸关方的互利共赢方向发展。加强与其他国家的合作，在国际组织和多边框架内发，争取中国的正当权益。

二是主动参与和对接国际投资规则。加快推进国企改革，转变国有企业管理模式与经营方式，增强竞争中性，完善国际化经营企业的内部合规，对国有企业、私有企业和外资企业实行非歧视原则。在 ESG 治理与转型发展等问题上积极加强与国际规则的对接，积极发挥中国新能源行业产业与技术优势，在加强 ESG 投资合作中增强塑造行业规则的主动性和话语权，积极参与并推动构建公平、开放和包容的国际经济秩序。

三是坚持多边和诸边框架下的规则协调与争端解决机制。以自由贸易协定为承载的多边投资规则在一定程度上可以被视作双边投资协定的升级。在双边投资协定谈判受阻、中国与美西方经济协调与对话困难的情况下，可更重视多边和诸边平台的协调作用，如在区域贸易协定以及未来可能加入的 CPTPP 等区域性多边 FTA 谈判中，加强投资规则谈判，降低与美欧单独讨论投资规则的制度成本。

（四）做好国内国际双循环改革

中国是全球规模和发展速度均名列前茅的经济体，高质量、大规模的国内消费市场将是吸引和带动外商投资的重要抓手。"十四五"期间，中国将成为全球最大的商品消费市场、服务业市场和服务型消费新增市场以及全球最大规模的服务贸易国。中国消费潜力的释放与市场的开放，对世界经济增长具有重大利好作用。

一是提高消费能力。应稳步从多方面提高居民收入水平（在初次分配端不断优化激励约束机制；在再分配端通过转移支付等减少贫富分化；大力促进三次分配发展扩大社会保障、改善教育医疗等基本公共服务），提高我国消费市场活力，促进消费升级，通过大市场稳步吸引外商投资和进口，发挥好中国大市场优势。

二是做好国内国际双循环。应打通国内消费和国外消费的物理分割，吸引更多的外资市场主体提供国内外商品和服务，在有序竞争中不断提高消费效率和消费者剩余。通过消费带动国际贸易，通过国际贸易进一步拉动跨境投资，打通国内国际双循环。

三是加大对服务贸易的关注。在建立起基本的制造业体系之后，对高科技和具备专业知识含量的生产性服务（如科研、专利、商务、法务、检验检测、金融、仓储运输、信息技术、管理提升、人力资源管理与培训等的服务）的消费将大幅增长。在满足了基本的衣食住行等商品消费需求之后，对教育、医疗、养老、金融服务、休闲娱乐、文化旅游等服务性消费需求将大幅增长。服务性消费将是下一阶段跨境投资发展的重要领域。

第六章
乌克兰危机加速全球能源格局深刻调整

王震　孔盈皓　梁栋[*]

[*] **王震**，中国海油集团能源经济研究院党委书记、院长，中国石油大学（北京）教授、博士生导师，全球经济治理50人论坛成员。
孔盈皓，中国海油集团能源经济研究院研究员，中国石油大学（北京）博士研究生。
梁栋，中国海油集团能源经济研究院研究员。

摘要：近年来，全球能源行业低碳化、电气化、智能化趋势加速演进，俄乌冲突重塑全球能源贸易格局，成为能源行业加速变革的催化剂。究其原因，一是欧美对俄罗斯能源行业的深度制裁将不可避免地削弱俄罗斯的能源生产与出口能力，并极大地降低全球化石能源市场供应韧性，增加能源市场供需失衡与价格剧烈波动的风险。二是欧洲与美国之间的能源贸易不断加深，俄罗斯被迫推动能源出口转西向东，能源市场阵营式分化雏形显现。三是欧洲国家在短期内应对能源供应危机的同时，更加坚定地推动本土可再生能源的发展，关键矿产资源日益受到关注。四是随着全球能源转型的不断深入，石油美元在金融体系中的作用有望被削弱，碳市场与关键矿产或将成为全球金融市场的重要锚定力量。面对新形势、新格局，我国应以能源科技创新为支撑、以提升自身能源供应为基础、以能源合作为抓手，不断强化自身能源供应韧性，规划建设新型能源体系，积极稳妥地推进碳达峰、碳中和目标。

进入21世纪以来，全球科技创新空前活跃，一场以新科技革命和新产业变革为主要特征的新工业革命正在全球范围蓬勃兴起。特别是《巴黎协定》实施以来，能源转型进程明显加快。突如其来的新冠肺炎疫情和俄乌冲突深刻影响了全球能源格局，能源安全成为各国政府的首要议题。同时俄乌冲突也坚定了欧盟"去俄罗斯化""去化石能源"的决心。可以说，应对气候变化、加快发展新能源已成为全球共识。

一、已在路上的能源转型趋势不可逆转

百年未有之大变局加速演进，新一轮工业革命已经成为我国千载难逢的历史机遇。在历次工业革命中，能源转型与工业革命往往相伴而生，拥抱并引领能源转型大势，将有助于在新一轮工业革命中占得先机。随着科技的进步，"新"能源对"旧"能源的替代也在不断加快。分别以1776年第一次工业革命、1859年美国人德雷克打出第一口具有商业性质的油井、1916年美国发现门罗气田为起点，煤炭、石油、天然气均用了约100年才在全球一次能源消费结构中的占比达20%。而经过十几年的快速发展，2022年，非化石能源在全球一次能源消费结构中的占比达18%，化石能源占比达82%，化石能源仍旧维持着主体能源地位。然而能源转型已在路上，未来能源低碳化、电

气化、智能化成为必然趋势。

（一）能源结构低碳化转型成果显著

实现碳中和目标，能源领域是关键。当前人类面对的气候问题正是化石能源造成的。工业革命推动了全人类文明的进步，同时也大幅提升了能源资源的消耗。在前两次工业革命中诞生的蒸汽机、内燃机和电动机的广泛应用增加了煤炭、石油等化石能源消费，导致大气中的二氧化碳浓度显著上升。2022年，全球平均温度比1850—1900年的平均值高出了约1.15℃，2015—2022年是自1850年有记录以来最热的8年。相比2021年，2022年全球与能源使用相关的二氧化碳排放量增长了0.9%，达344亿吨。

2022年二氧化碳排放量0.9%的增长率远低于全球GDP 3.42%的增长率。由于过去十多年依赖中低端制造业的新兴经济体快速发展，全球范围内的能源强度下降幅度并不大。21世纪以来，全球范围能源强度年均降低1.5%左右。因此，碳排放和经济增长的脱钩，很大程度上得益于过去十多年能源结构低碳化转型的加速推进。2010年，可再生能源（包括水力、太阳能、风能、地热、生物质、潮汐能等，不包括核能）在全球一次能源消费中的占比为8.81%，到了2022年，这一数字上涨至14.21%。如果将天然气与核能加上可再生能源都算作清洁能源，那么2022年清洁能源的占比已达41.69%，接近石油占比的历史峰值。因此，清洁能源和可再生能源对传统化石能源的替代是人类最终能够实现碳中和目标的重要途径。

（二）终端用能电气化发展潜力巨大

提高终端用能电气化占比是扩大可再生能源消纳市场空间、减少碳排放的有效途径。目前，电力已经成为仅次于石油的第二大终端能源。2022年，电力占全球终端用能的20.1%。工业、住房等领域电气化率不断提升，在2022年全球电力终端用能中，工业占比达42.5%。

交通是终端电气化发展极为迅速的领域之一。在"双碳"目标的要求下，各国纷纷推出政策鼓励新能源汽车发展。欧洲是全球最早提出禁售燃油车的地区。挪威计划在2025年全面禁售燃油车,英国、法国、西班牙则将时间点定在2040年。据欧洲汽车工业协会发布的统计数据显示,新冠肺炎疫情暴发前的2019年,欧盟和欧洲自由贸易联盟新注册的电动乘用车(包括纯电动、插混、氢燃料车型)达55.86万辆,同比增长45%,远超整个乘用车市场1.2%的增幅。

目前,电气化仍有极大的发展潜力。2022年,在全部终端用能中,石油占比高达38%。如果电能可以进一步替代化石能源在终端的使用,则可有效降低碳排放。一般来说电能的终端利用效率通常在90%以上,远高于其他能源:燃煤的终端利用效率一般不高于40%,散烧煤效率普遍低于20%,燃油终端利用效率在30%~40%。在目前的技术水平下,预计到2030年电气化水平每上升1%,能源强度可下降3.2%。这将进一步助力全球实现碳中和目标。

然而,终端用能电气化在技术、投资、资源配置等方面仍存在一定挑战,如电能替代项目的经济性不高、消费者用能习惯短时间内难以改变、储能技术仍存在瓶颈等,未来电气化进程的进一步深入仍任重道远。

(三)能源产业智能化升级进程加快

《巴黎协定》实施之后,世界各国均加大了对能源技术的投资力度。以国际能源署成员为例,2020年,各成员对可再生能源技术的投资在能源技术总投资中的占比已达20%,而化石燃料相关技术的投资占比仅为7%。智慧能源、新型储能、氢能等新能源技术是投资的重点。依托新一轮科技革命,能源产业智能化升级成为推动能源供需两侧系统发力,实现能源绿色转型和高质量发展的重要抓手。

"大云物移智链"等新技术与能源生产、能源运输、能源贸易等深度融合创新,能源系统灵活性与可靠性将显著提升。随着数字化、智能化产业的规模化发展,能源设施无人化、自动化的特点将更加凸显。以海上油气作业平台为例,截至2019年,全球共有海上油气作业平台近7 000个,无人驻守平台占比约为23%。依托先进信息通信技术和软件系统的虚拟电厂,可以在可再生能源发电占比持续提升的时代,发挥对电力市场和电网运行的电源协调管理作用。

企业成为能源产业智能化升级的重要参与者。一方面，科技企业纷纷入局能源领域。谷歌在 2009 年成立了自己在能源领域的子公司谷歌能源，苹果则在 2016 年成立了自己在能源领域的公司苹果能源，二者均参与可再生能源发电、智能电网等项目，并向美国联邦能源管理委员会申请获得电力交易许可。国内公司，如腾讯成立碳中和实验室等部门、平台，依托自身技术、资源优势积极布局新能源领域。另一方面，传统能源公司也在加快智能化升级，如油田技术服务巨头斯伦贝谢由 "Schlumberger" 更名为 "SLB"，转型为全球科技公司，致力于能源创新驱动等。

二、俄乌冲突加速全球能源格局调整

俄罗斯是全球重要的能源供应国，欧洲是全球三大能源消费中心之一，长期以来，俄欧间能源贸易活跃。自俄乌冲突以来，欧美与俄罗斯之间展开了多轮制裁与反制裁，能源贸易逐渐"脱钩解绑"。这一举动不仅对欧洲、美国以及俄罗斯的能源行业发展产生重要影响，也不可避免地产生波及效应与溢出效应，短期内将导致全球能源市场供需失衡，中长期推动能源市场格局重构。

（一）全球能源供需版图深度调整

目前，全球能源市场形成了欧洲、亚太以及北美三大能源消费中心。2022 年这三大中心的一次能源消费分别占全球的 13.2%、46% 以及 19.7%，形成了北美、中东、俄罗斯等多元化的能源供应中心。欧美对俄罗斯的制裁削弱了俄罗斯的能源生产能力，降低了全球能源市场的供应韧性，增加了能源供需失衡风险。

1. 俄欧处于全球能源产销中心

俄罗斯是全球重要的能源供应国，资源丰富。2022 年版《BP 世界能源统计年鉴》数据显示，2021 年，俄罗斯石油探明储量为 148 亿吨，约占世界储量的 6.2%，居世界第六位，仅次于委内瑞拉、沙特阿拉伯、加拿大、伊朗和伊拉克；天然气探明储量为 37.4 万亿立方米，约占世界储量的 19.9%，为全球第一；煤炭探明储量为 1 621.7 亿吨，约占世界储量的 15.1%，仅次于美国，高于澳大利亚和中国。由于坐拥丰富的资源，俄罗斯早在 19 世纪就开始大力推动能源开发，目前已成为全球第二大原油生产国、第二大天然气生产国和重要的煤炭生产国。2021 年，俄罗斯原油产量 5.36 亿吨，占全球原油产量的 12.7%，仅次于美国；天然气产量 7 017 亿立方米，占全球天然气产量的 17.4%，几乎是第三名伊朗的三倍；煤炭产量 4.33 亿吨，占全球煤炭产量的 5.4%，仅次于中国、印度、印度尼西亚、澳大利亚以及美国。俄罗斯横跨欧亚大陆，地理位置优越，与全球能源消费中心亚洲、欧洲临近，大大便利了其能源出口。2021 年，俄罗斯原油出口 5.29 亿吨，为全球第二大原油出口国，出口量略低于沙特阿拉伯；管道气出口 2 017 亿立方米，世界排名第一；LNG 出口 396 亿立方米，世界排名第四；煤炭出口总量达 2.23 亿吨，占俄罗斯煤炭产量的一半以上。

欧洲是全球重要的能源消费中心之一，能源消费严重依赖进口。根据 2022 年版《BP 世界能源统计年鉴》，2021 年，欧洲一次能源消费总量 82.38 艾焦耳①，占全球消费总量的 13.8%，其中油气占一次能源消费的一半以上。2021 年，欧洲一次能源消费构成包括石油 27.57 艾焦耳，占比为 33.4%；天然气 20.56 艾焦耳，占比约为 25%；煤炭 10.01 艾焦耳，占比约为 12.2%；核能 7.98 艾焦耳，占比约为 9.7%；可再生能源 16.26 艾焦耳，占比为 19.7%。

从能源供应来源看，欧洲自产能源不足其能源消费总量的一半，消费的一半以上来自进口。分国别看，自 2013 年以来，欧盟成员国均为能源净进口国。其中马耳他、塞浦路斯和卢森堡的能源消费几乎完全依赖进口，进口依存度介于 92.5% ~ 97.6%。

2. 全球能源消费中心加速东移

随着能源消费重心东移，亚太地区能源消费在全球的比重不断提高。由

---

① 能量单位，1 艾焦耳等于 10 万亿焦。——编者注

于人口与经济分布特点，全球能源市场形成了亚太、欧洲和北美三大消费区，2000年，三大消费区分别消费了全球27.4%、21.2%、30.8%的一次能源。其中，原油消费占比分别为27%、21%以及32%，天然气消费占比分别为12%、23%以及31%。过去20年间，由于中国、印度油气消费的快速增长，亚太地区的能源占比稳步提升，而欧洲地区由于经济增速放缓、低碳转型步伐加快，能源消费占比快速下降。2022年，亚太、欧洲和北美能源消费占比分别为46%、13.2%、19.7%。在净零情景下，世界各国能源行业低碳转型步伐将明显加快，但由于亚太地区人口基数大、经济发展程度落后于欧美，预计亚太地区能源消费占比仍将稳步提升，2050年有望达到50%；欧洲地区油气消费已进入下降阶段，占比继续回落，2050年约为10%；北美则下降至15%（见图6-1）。

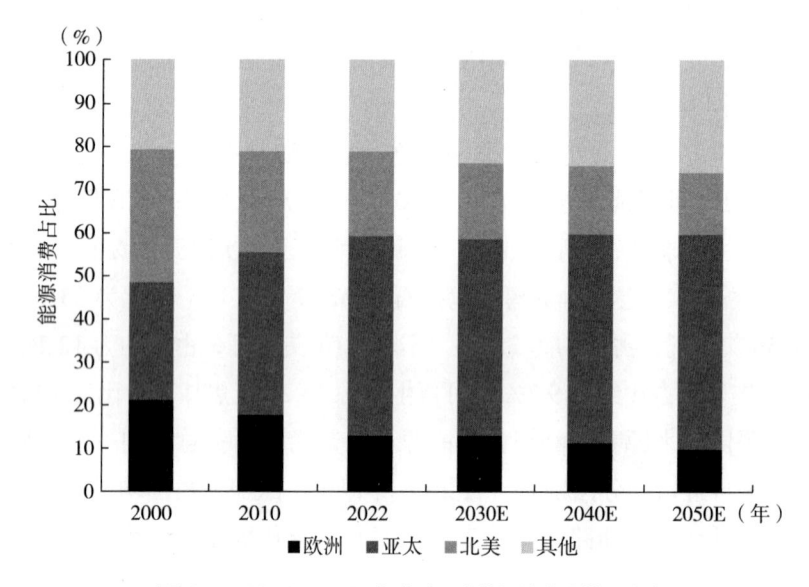

图6-1 2000—2050年全球一次能源消费分地区占比

资料来源：2023年版《BP世界能源展望》。

消费中心东移带动世界炼油工业重心继续东移，同时消费中心的变化也刺激了油品贸易增速加快。亚太是世界炼油能力提升速度最快的地区，也是目前世界上炼油能力最强的地区。2020年，亚太炼油能力约为全球的36%，比 2000 年提高了 10 个百分点。北美与欧洲的炼油能力大幅削减，份额持续下降。未来印度经济的快速发展将带动卡车、轿车和摩托车的使用率上升，刺激炼油能力增长，预计 2025 年将达 4.2 亿吨/年，与 2020 年相比增幅约 50%。中国炼油能力继续较快增长，2021 年达 9.1 亿吨/年，成为全球第一大炼油国，未来有望突破 10 亿吨。从 2005 到 2022 年，世界油品贸易量由 6 亿吨提高到 12.4 亿吨，年均增速 4.4%，世界原油贸易量由 18.9 亿吨提高到 21.3 亿吨，年均增速不及 1%。世界原油贸易量与油品贸易量的比例也由 2005 年的 3.1 倍降至 2022 年的 1.7 倍。

3. 全球能源供应中心加速西移

由于长井段水平钻井、水力压裂技术等的发展，美国大规模开采页岩资源，产量快速增长，全球能源供应中心西移。2000 年，美国原油、天然气产量分别为 3.48 亿吨、5 110 亿立方米。2022 年，美国原油、天然气产量分别增长至 7.60 亿吨、9 780 亿立方米，与 2000 年相比近乎翻番。"页岩气革命"后，美国逐渐由油气净进口国转变为油气净出口国。石油方面，2022 年美国原油出口超过 1.7 亿吨，石油产品出口超过 2.5 亿吨；原油进口 3.1 亿吨，石油产品进口约 1 亿吨。天然气方面，2017 年，美国成为天然气净出口国，2022 年，美国管道气进口量与出口量基本持平，但 LNG 进口几乎降为零，LNG 出口突破 1 000 亿立方米，成为全球第三大 LNG 出口国。综合考虑美国产量潜力、消费以及加拿大的管道出口，预计从 2024 年起美国具备向北美以外市场供应超过 2 000 亿立方米天然气的潜力；2050 年，美国出口潜力将达 2 660 亿立方米，成为全球天然气市场不可或缺的供应方之一。

从近期来看，俄乌冲突爆发后，俄罗斯能源产量下降的主要原因是欧美的制裁降低了其能源出口。2022 年，俄罗斯天然气产量下降了近 1 000 亿立方米，约为 6 000 亿立方米。从远期来看，欧美能源公司纷纷宣布从俄罗斯撤资或中断项目合作，给相应的油气资源基础设施建设按下了暂停键，俄罗斯在能源领域失去了大量外国投资和必要的技术支持，极大削弱了俄罗斯能源产量的长期增长潜力。2021 年，在俄油气领域投资排名前六的跨国企业中，五家都为欧美能源巨头。2022 年，受俄乌冲突影响，埃克森美孚、BP、壳牌、道达尔能源、Equinor 等大型国际石油公司陆续宣布退出俄罗斯，中止在俄的油气田勘探开发、管道运行、油品销售等业务。例如，BP 退出俄罗斯石油公司 19.75% 的股份，在财务业绩和油气生产经营两方面造成了严重损失，据该公司公告，2022 年，因 BP 退出俄罗斯造成的损失共计 255.3 亿美元；道达尔能源因退出俄罗斯导致其油气产量有所减少，该公司全年资产减值损失约 157 亿美元，因退出俄罗斯导致的资产损失规模高达 148 亿美元；埃克森美孚与 Equinor 相继退出俄罗斯油气项目，相应的油气损失分别为 1.5 亿桶油当量和 0.86 亿桶油当量。同时，欧美多家油气技术服务公司（如 SLB、贝克休斯等）也宣布退出俄罗斯市场。由于俄罗斯在海上油气田开发、LNG 生产运输等方面缺乏自有技术支撑，高度依赖西方装备和服务，因此在西方公司退出后，俄罗斯油气产能的维持和增长将面临较大阻碍。据 2023 年版《BP 世界能源展望》预测，由于欧美资金、技术的撤出，俄罗斯 2035 年石油产量将比 2022 年下降 25%。俄罗斯能源产量的下降与美国能源产量的增加，将进一步加速全球能源供应中心西移（见表 6–1）。

表 6–1　国际石油公司对俄策略

公司名称	主要策略	对公司影响	相关损失（亿美元）
埃克森美孚	退出 Sakhalin–1 油气项目 30% 作业者权益，不再开展新投资	储量为 1.5 亿桶油当量，占比不足 1%	46
BP	退出俄罗斯石油 19.75% 股份，独立董事撤离俄罗斯石油	俄罗斯石油权益油气产量为 75 万桶/天，占比约为 25%	255.3
壳牌	退出 Sakhalin–2 LNG 项目 27.5% 非作业者权益，出售合资公司剩余股权及润滑油分销业务	LNG 产能及在俄罗斯石油品分销业务受影响较大，整体可控	45
道达尔能源	退出诺瓦泰克 19.4% 股份及其他项目，相关人员撤离诺瓦泰克董事会	与卡塔尔签署 LNG 项目协议，弥补在俄损失	148
Equinor	退出合资油气项目权益	储量减少 8 600 万桶油当量，占比约为 1.6%	10.8
埃尼	退出蓝溪天然气管道权益	无	无

资料来源：各公司年报。

4. 全球能源供需失衡风险增加

OPEC（石油输出国组织）闲置产能的作用主要是为应对市场需求波动和供应不确定性提供灵活性和稳定性，有助于维护全球石油市场的平衡和可持续发展。当全球石油市场需求增加或供应受到不确定因素影响时，OPEC 成员可以通过释放闲置产能来增加石油供应，以满足市场需求。相反，当市场需求下降或供应过剩时，OPEC 成员可以通过减少产能利用率来调整供应量，以避免石油价格的大幅波动。此外，闲置产能还可以用作应对突发事件和供应中断的储备。当发生突发事件或供应中断时，OPEC 成员可以通过释放闲置产能来弥补供应缺口。

欧美对俄罗斯采取的一系列制裁将导致俄罗斯原油产量持续下降，OPEC 或不得不利用自身闲置产能弥补供应缺口，这将降低原油市场供应韧性。据 EIA 统计，到 2022 年底，OPEC 闲置产能约为 500 万桶/天，与 2021 年一季度的 900 万桶/天相比明显减少。随着俄乌冲突长期化，俄罗斯原油生产、出口受到压制，全球原油供应能力被削弱，OPEC 的闲置产能或进一步降低，将显著增加全球原油市场供需失衡风险。

对天然气而言，由于大规模储存难度大且缺乏类似 OPEC 的"市场调节"组织，市场剧烈波动风险显著大于原油。俄乌冲突在削弱俄罗斯天然气生产能力的同时，也极大地改变了欧洲天然气供应结构。欧洲缺少了流量充足稳定且价格相对低廉的俄罗斯管道气，由全球 LNG 市场的调节者变为资源的抢夺者，对 LNG 现货需求更为刚性、迫切，其天然气消费的季节性波动将向全球天然气市场充分释放，进一步加剧了全球天然气市场的波动。

（二）全球能源贸易格局迎来巨变

近 20 年来，能源市场形成了供应重心"西移"、需求重心"东进"、贸易"自西向东"的市场特征。在俄乌冲突后，亚太与欧洲供应来源转换，欧洲能源进口"去俄向美"，俄罗斯油气出口"转东向南"，能源市场出现阵营式分化。

1. 俄罗斯积极寻求新出口方向

俄罗斯经济高度依赖能源生产和出口，油气产业是俄罗斯经济的支柱产业，其总收入占俄罗斯年度财政收入的40%，俄罗斯出口收入的一半以上源于油气出口。俄乌冲突和欧美的制裁对俄罗斯能源行业构成了前所未有的冲击。俄乌冲突爆发后，俄罗斯失去了其最重要的欧洲能源出口市场，特别是天然气出口方面，俄欧管道气贸易量受俄乌冲突影响持续下降，2022年下降近1 000亿立方米，且未来恢复困难重重。2022年5月，乌克兰以"不可抗力"为由停止了卢甘斯克北部的索赫拉尼夫卡计量站运行，通过"兄弟管道""联盟管道"的天然气流量降至6 000万立方米/天，降幅约为3 000万立方米/天；2022年6月，因西门子能源公司在加拿大维修的涡轮机延迟归还，俄罗斯将"北溪–1"管道的流量削减至正常输气量40%，约6 700万立方米/天；2022年7月，俄罗斯天然气工业股份公司宣布，按照行业监管机构的指示，停止压气站一台西门子燃气轮机的运行，通过"北溪–1"管道向德国供应的天然气流量降至每天3 300万立方米，即输气量的20%；2022年9月3日，俄罗斯天然气工业股份公司宣布"无限期"关闭向欧洲输气的"北溪–1"天然气管道。2022年9月26日，"北溪–1"和"北溪–2"管道发生泄漏，短期内难以恢复管道气运输。石油方面，欧洲近年来从俄罗斯进口的石油基本稳定在大约2亿吨/年，2022年底起进口俄罗斯石油量减少90%。可以预见，油气出口收入的下降，将给俄财政稳定、民生保障以及宏观经济发展带来不小的冲击（见图6-2）。

作为应对，俄罗斯积极寻找欧洲之外的油气出口地区，全力加紧对亚洲输气管线的完善，大力推动"东方石油"项目，满足东南亚、印度和中国油气市场的需求。在管道天然气出口上，俄罗斯政府希望尽快开辟新的出口渠道：一是向土耳其提出建设"国际天然气枢纽"的倡议，力求把新黑海航道建成向欧洲出口天然气的主要路线；二是向哈萨克斯坦、乌兹别克斯坦提出组建"天然气联盟"的建议，希望能够填补这两国在天然气供应上的季节性缺口；三是积极推动"西伯利亚力量" 2号天然气管道项目。目前供应欧洲的天然气主要来自西伯利亚西部的气田，规划中的"西伯利亚力量" 2号管道将连接东西伯利亚（输往远东）和俄罗斯–欧洲输气管网，原计划该管道投运至少要到 2030 年（"西伯利亚力量"1 号建设期为 5 年），俄罗斯有可能加快推进该管道建设，并大力推动过境蒙古国的东方联盟号天然气管道项目建设。

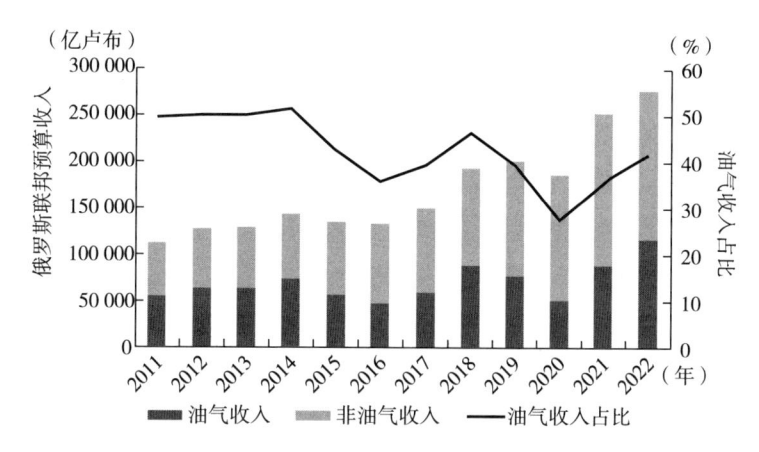

图 6-2　2011—2022 年俄罗斯联邦预算收入构成

资料来源：俄罗斯财政部。

2. 欧洲大力拓展新的进口通道

2022 年 5 月，欧盟委员会在官网公布了 REPowerEU（欧盟能源重塑）能源计划细节，计划到 2027 年增加 2 100 亿欧元投资，支持绿色能源发展，以期把对俄罗斯化石燃料的依赖度逐步降低至零，主要措施包括进一步加快能源转型速度，2030 年可再生能源占比的总体目标由 40% 提高到 45%，并加速氢能产业布局；拓展俄罗斯之外的能源进口来源；提升能效，将 2030 年的能效改善目标由 9% 提升至 13%。

欧洲大规模进口美国的 LNG 代替俄罗斯的管道气。2022 年 3 月，美国和欧盟宣布了一项关于 LNG 的重大协议，协议内容包括：美国将努力确保在 2022 年为欧盟市场增加至少 150 亿立方米 LNG，预计未来还会增加。为推进这项天然气领域的合作，美国和欧盟共同成立了一个"能源安全特别工作组"。2022 年，欧盟 LNG 进口量增加超过 50% 达到 1 400 亿立方米，约占其天然气供应总量的 35%，成为主要的供应来源，其中超 40% 的增量来自美国。

此外，欧洲积极推动与其他国家/地区的能源合作，从更多地区获取油气资源，以实现油气供应的多元化。欧洲为替代俄罗斯天然气的进口，对非洲地区的天然气产生了浓厚的兴趣。2022年，欧洲已经获得了非洲出口的大部分天然气，但欧洲各国政府仍希望进一步提高天然气的进口份额。如加强与阿塞拜疆在南部天然气走廊的合作，与以色列和埃及天然气供应商签署增供协议，重启与阿尔及利亚的能源对话，探索撒哈拉以南非洲国家的出口潜力，等等。非洲计划未来继续向欧洲增供天然气，新天然气项目投资也将在今年和未来几年获得批准。例如，2023年2月BP公司宣布，毛里塔尼亚和塞内加尔的大托尔特·艾哈迈因LNG项目二期进入前端工程设计阶段。

3. 全球能源市场出现阵营式分化

随着俄乌冲突和欧美对俄罗斯能源制裁措施的长期化，全球能源体系或将逐渐走向分裂。俄罗斯与欧洲之间的能源贸易关系不断弱化，欧美间的能源贸易进一步强化，俄罗斯的能源出口重心向亚洲倾斜，最终可能逐步形成以中印为主的"用俄罗斯能源"和欧美为主的"去俄罗斯能源"两个相对平行的能源体系。

OPEC是一个以沙特阿拉伯为首的石油供应国组织，其成员主要是石油生产国，以确定和协调产油政策为核心工作。IEA（国际能源署）则是一个以美国为首的能源消费国组织，其成员主要是石油消费国，以保障能源安全和调节能源市场为核心工作。OPEC和IEA在一些方面存在共同目标，因此在历史上长期保持着战略合作，如彼此间的数据分享、信息沟通和合作交流等，共同维护原油市场稳定。近年来，OPEC与IEA间的平衡被打破。

美国"页岩气革命"成功后，美国抢走了中东能源国对国际原油供给侧秩序的主导权，"美国增产"和"OPEC减产"形成了完全相悖的利益取向。2014年，由于美国"页岩气革命"的爆发，美国产量快速增长，国际油价在2014年下半年遭到重创，不到半年跌幅便超过50%。面对油价暴跌，沙特阿拉伯力排众议，认为OPEC成员应该增产，扩大市场份额，从而拉开了价格战的大幕。沙特阿拉伯此次一反常态不减产的主要原因是希望通过低油价打击成本高昂的美国页岩油，迫使页岩油和其他高成本生产者大幅减产。

自俄乌冲突爆发以来，OPEC 与 IEA 之间的分歧进一步加深。在 2022 年 4 月 OPEC 的第 183 次特别会议上，OPEC 决定用伍德麦肯兹和睿咨得能源数据取代 IEA 数据，以处理 OPEC 成员原油产量评估的数据。OPEC 强调，该决定获得批准并立即生效。对此，时任 OPEC 秘书长穆罕默德·巴尔金多表示，OPEC 的目标是提高数据的准确性和方便时间安排。为缓解俄乌冲突引发的油价飙升，IEA 在 2022 年集中实施了第四次和第五次两轮释放，两轮计划累计释放 18 170 万桶石油战略储备，但 OPEC 对油价的态度发生了很大变化。2022 年 7 月，美国总统拜登访问沙特阿拉伯，希望说服沙特阿拉伯增产原油、降低油价，以缓解国内居高不下的通货膨胀。2022 年 9 月，沙特阿拉伯彻底拒绝了拜登的增产要求。2023 年 4 月，OPEC+（石油输出国组织及其盟友）突然宣布自愿减产计划，减产总量超过 160 万桶/天，以稳定原油市场的价格稳定。

（三）全球能源价格体系面临重塑

近十年来，传统化石能源行业面临的环保压力日益增加，加之 2014 年后的能源价格急剧下跌，传统能源投资持续处于低位，全球能源化石供应增长潜力不足，供需矛盾潜藏。俄乌冲突爆发后，俄罗斯能源出口与生产受到极大限制，潜藏矛盾被迅速激化，成为本轮全球性能源危机的催化剂。俄乌冲突及其引发的能源危机、货币信用危机等，将不可避免地使能源交易方式、计价结算信用体系等方面发生质的变化，买卖双方的交易成本将显著提升，围绕能源短期、长期交易形成的金融衍生产品将更趋复杂。

1. 全球化石能源价格波动加剧

能源价格波动更加频繁，全球能源市场供应紧张。激进的能源转型政策造成各国对化石能源投资不足，叠加俄乌冲突引发的贸易格局变化等多重因素，国际能源供需失衡、化石能源价格连续上涨、全球能源供应的稳定性明显降低。2022 年，欧美对俄制裁极大限制了俄罗斯化石能源出口，引发了全球能源紧张，石油、天然气、煤炭等化石能源价格快速走高。天然气现货价格创下了历史新高，亚洲LNG基准价格突破80美元/百万英热[①]，折合原油价格超过400美元/桶；原油市场也波动不断，WTI价格最高突破了100美元/桶，就在两年前，全球原油市场还出现了史诗级过剩，WTI期货价格一度跌破–30美元/桶；纽卡斯尔煤炭价格飙升140%，创下2008年以来的最大涨幅。未来数年内，俄罗斯油气生产和出口的受限将导致全球油气供应持续处于紧平衡状态，加之低碳转型引发的化石能源投资意愿低迷，全球化石能源供应的稳定性将明显降低，甚至会频繁出现轻度供应短缺危机与价格大幅波动。

不同能源品种正常比价关系发生改变，其中油气最为明显。天然气作为气体化石能源，较原油等液体能源，在存储、运输、使用等方面成本偏高，因此同等热值条件下，天然气往往较原油等液体燃料存在一定的折价，但2022年却罕见地出现长时间的天然气溢价。2022年，亚洲LNG基准均价超过30美元/百万英热，折合原油价格超过150美元/桶，显著高于原油均价。为了应对天然气价格上涨，2022年12月，欧盟委员会通过了市场价格修正机制方案，批准了欧洲有史以来第一个天然气价格上限。该方案将价格上限设置为180欧元/兆瓦时，并于2023年2月开始实施。

20世纪，日本和韩国为了降低对原油的依赖、改善城市空气而开始大规模进口LNG。买卖双方在面对价格分歧时，选择与原油价格挂钩，这种模式逐渐成为目前主流的LNG长协定价模式之一。2000年后，LNG现货交易逐渐增加，亚洲市场出现了不同的LNG现货价格指数，如阿格斯的ANEA（港船上交割现货价格）、普氏能源资讯的JKM（日韩标杆天然气价格指数）。但由于亚洲地区LNG现货交易量小，流通性差，经常有数个交易日没有一笔成交，这样容易产生单边操纵行为，不确定性极大。如2021年初，个别贸易商利用亚洲寒潮天气和巴拿马运河拥塞等事件大幅提高购买竞价，亚洲LNG现货价格快速突破30美元/百万英热。俄乌冲突爆发后，LNG价格大幅上涨且波动性进一步加剧，LNG现货定价机制的短板进一步凸显。

面对LNG价格波动，欧盟做了有益尝试。欧盟能源监管机构合作署从3月8日起公布欧盟统一LNG评估价格，价格评估基于在欧盟达成和报告交付

---

① 英国热力单位，1英热约合1 055焦耳。——编者注

的交易，计算每日 LNG 现货交易的加权平均价格。

对中国而言，国内液态槽批市场已经发育到相当规模。2021 年，通过槽批从接收站运输的 LNG 总量超过 2 000 万吨，且没有价格管制，液态槽批市场的 LNG 出厂价格指数可以较充分地反映出国内液态市场的供需情况。依托国内液态市场，加快推动 LNG 期货上市，能够有效减少贸易商对 LNG 价格的操纵，有利于打造公开、透明的亚太地区 LNG 定价基准。

2. 美国市场影响力进一步提升

目前，国际石油市场主要有三大基准原油，分别是 ICE（洲际交易所）的布伦特原油、NYMEX（纽约商品交易所）的 WTI 原油和中东的 Dubai/Oman（迪拜/阿曼）原油。天然气市场形成了 TTF（虚拟买卖中心）、Henry Hub（亨利枢纽）两大具有影响力的区域性价格。"页岩气革命"后，美国在全球能源供应中的地位不断上升。美国作为当前全球第一大石油生产国和第一大天然气生产国，即将成为全球第二或者第三大天然气出口国，在全球能源格局中的影响力也将持续上升。美国原油与天然气出口有利于提升其国内 WTI、Henry Hub 等油气定价基准在全球油气贸易中的影响，预计将有更多油气交易者和更广泛的市场直接或间接根据其基准进行定价，美国油气因而将在全球范围内拥有更大的影响力。

更重要的是，ICE、阿格斯、普氏能源资讯联合宣布，自 2023 年 5 月起布伦特原油定价体系将加入美国 WTI 米德兰原油（以下简称"米德兰原油"）。由于欧洲北海油田不断减少，2021 年底，布伦特一揽子原油产量合计仅为 83 万桶/天，其流动性问题凸显。ICE 和价格评估机构经研究最终同意并实施了米德兰原油加入布伦特体系方案。从短期运行看，国际原油市场较为稳定，布伦特期货持仓量及实货交易量明显增加，布伦特与 WTI 两大原油期货的联动性有所加强。长期看，由于米德兰原油产自美国，美国对国际原油定价的影响能力将进一步增强。

3. 化石能源成本结构性上涨

逆全球化、低碳转型等将推动全球化石能源成本结构性上涨。一方面，逆全球化导致安全成本提高。各国对于传统分工体系，即以垂直分工为主体的供应链、价值链的构建都有所反思，认为世界必须更加注重安全而非单纯的效率，因此各国已不再将成本控制作为全球供应链布局的首要考虑因素。能源消费国将更加重视能源安全，加大油气储备、本国油气生产，增加安全成本。另一方面，绿色转型推高能源开发、运输以及使用成本。随着碳税等环境成本的不断提升，化石能源开采、运输以及使用成本也不断增加。国际石油公司的上游温室气体排放强度集中在30千克二氧化碳/桶油当量。若碳价按照100美元/吨计算，桶油开采成本将上涨3美元。若考虑化石能源使用过程的碳排放，化石能源成本将进一步增加。同时地缘政治风险也降低了能源市场资源配置效率。地缘政治格局的日益复杂，导致能源市场出现阵营式分化，油气贸易资源流向由"市场"主导转为"政治"主导，资源配置效率下降，欧洲不得不逐渐舍弃价格较低的俄罗斯管道气转而购买价格较高的LNG。发达经济体纷纷进入货币政策紧缩状态已经成为一种趋势，通胀"高烧难退"，主要发达国家央行接连释放"强鹰"信号。作为传统的资金密集型产业，能源行业的债务偿还成本也将随之提高。

4. 天然气价格全球化正在形成

天然气贸易推动着天然气市场从区域走向全球。为实现经济低碳化发展、降低污染物的排放，天然气贸易由2016年的11 000亿立方米增加至2021年的13 115亿立方米，其中，LNG贸易量由2016年的3 583亿立方米快速提升至2021年的5 140亿立方米，贡献了增量的70%以上。全球LNG贸易量占天然气贸易量的比例由2012年的32.4%增加到2021年的39.2%，IEA预测2030年LNG可能超过管道气，成为最主要的贸易方式。19世纪，LNG技术的发展使天然气跨洋贸易成为可能，并开启了天然气市场全球化进程的第一步。近些年，现短货LNG以及灵活性更强的离岸交付资源比例的增加，极大地增强了全球LNG贸易的灵活性，跨区套利愈加频繁。不同区域的价格相关性增强，进一步推动了天然气市场的全球化进程。从数据上看，自2016年美国LNG大规模出口以来，东北亚LNG现货、荷兰产权转让设施指数与美国亨利中心的价格相关性显著增强。为保证能源供应多元化和能源消费结构改善，加快低碳转型步伐，越来越多的能源消费国开始重视 LNG 的进口。截至 2021 年 2 月，全球 39 个市场的液化天然气再气化能力为 8.501 亿吨 / 年。根据对再气化项目的梳理，2021—2026 年，全球再气化能力年均增量约为 8 200 万吨，预计 2026 年总能力接近 14 亿吨。届时具有接收能力的国家或地区将达到 64 个，与 2020 年相比增加超过 40%。随着越来越多的国家参与 LNG 贸易，天然气市场全球化进程或将进一步加速。

（四）能源安全成为各国关注的焦点

"三元悖论"的概念最早被用来解释一个国家的金融政策。"三元悖论"是指在货币政策的独立性、汇率的稳定性和资本的完全流动性这三者中，一个国家只能三选二，不可能三者兼得。这一概念进一步延伸至能源层面，即为能源不可能三角（也称"能源三元悖论"）。它指的是在当前的技术和经济条件下，无法找到一个能源系统同时满足能源环境友好（即清洁能源）、能源供给稳定安全和能源价格低廉这三个条件。

在大国博弈中，能源的武器属性不断增强，成为左右地缘政治走向的利器，并在世界格局演变过程中扮演着重要角色。俄乌冲突放大了欧洲能源转型过程中固有的结构性矛盾，引发了欧洲能源危机，能源安全和韧性成为关注的焦点。这一危机也引发了其他国家的反思，能源政策将更多向安全聚焦，成为能源转型的重要驱动力。

1. 在能源转型中平衡短期能源波动

在俄乌冲突前，尽管欧盟化石能源对外依存度较高，但相对稳定的地缘政治保障了能源的供应，因此欧盟更加注重能源的可持续发展，将长期的能源绿色低碳转型作为建立独立自主能源体系的重要途径，对短期能源供应的波动考虑相对较少。自俄乌冲突发生以来，欧盟能源发展开始在安全与转型、短期与长期之间寻求建立新的平衡。全球能源系统面临着近 50 年来最严峻的挑战和不确定性，当前恶化的国际形势导致的供应短缺和价格飙升使得如何解决"安全""经济""低碳"的能源"三难问题"变得越发重要。

俄欧之间能源贸易受阻，欧洲国家出现能源供应紧张的局面，能源安全成为关注焦点，短期内欧洲各国将加大化石能源产业的投资力度。一是过去具有争议甚至呼吁淘汰的能源被视作短期"备胎"而加以启用，德国、意大利、英国、西班牙、法国等先后宣布重启煤电来应对能源危机；二是荷兰、德国以及英国加快北海地区的油气开发进程，帮助增加国内燃料供应。

2. 可再生能源提升本土保障能力

各国在积极推动本土化石能源开发的同时，更加坚定了本土可再生能源的发展。地缘政治混乱与化石能源价格高涨，凸显了可再生能源技术的经济性和立足本土绿色资源开发的可靠性，俄乌冲突在很大程度上加速了全球能源转型。

面对日益增加的气候压力，全球油气领域的投资持续处于较低水平。据睿咨得能源公司统计，2016—2022年，全球油气上游投资约为5 000亿美元/年，显著低于2011—2015年年均约7 000亿美元的投资。更重要的是，作为过去几十年油气领域投资、技术的重要来源地之一，欧洲已经开始并不断强化针对化石能源投资的限制，以加速推进向非化石能源的转型。

与此同时，全球能源转型投资首次超过了1万亿美元，同比增长31%，总体规模首次与全球化石能源领域的投资规模相当。其中，风能、太阳能、生物燃料等可再生能源投资占据了最高份额，达4 950亿美元（同比增长17%）。交通运输电气化投资紧随其后，达4 660亿美元（同比增长54%）。除了投资规模近年来持平的核电产业，其他产业的投资也创新高，电制热投资达640亿美元，储能飙升至157亿美元，碳捕获与封存达64亿美元，氢能投资最少，只有11亿美元，但增速最快，是2021年投资的三倍。不断增加的政策扶持和清洁能源技术日益增强的竞争力是能源转型加速的重要支撑。虽然2022年的供应链中断和通货膨胀为全球投资带来了挑战，但并未影响能源转型的实际进展。基于目前的趋势，IEA预测，2022—2027年，全球可再生能源新增装机容量将达2 400吉瓦，相当于全球第一大电力国——中国当前的全部装机容量，这比五年前的预测增长了85%，也是该机构有史以来对预测数据的最大幅度上调。

俄乌冲突爆发后，欧美积极推动国内可再生能源的发展。欧盟快速通过 REPowerEU 能源计划，加速发展可再生能源。无独有偶，2022 年 8 月 16 日，美国史上最大气候投资法案《通胀削减法案》在历经 18 个月的两党激辩后，以 51 : 50 的微弱优势获得通过。该法案涉及医疗、气候和税改等多个领域，包括投资 3 690 亿美元以应对能源安全和气候变化，是美国有史以来最大的一笔气候投资。新法案已于 2023 年 1 月 1 日开始实施。法案将为清洁能源领域提供多项补贴，包括太阳能、风力发电、电动汽车等多个产业，延续了奥巴马时期购买电动汽车新车 7 500 美元 / 辆的补贴，取消了针对车企的补贴销量限制，并将 2023 年 1 月当期的补贴期限延长到了 2032 年底。

3. 关键矿产资源战略地位越发突出

清洁能源技术的发展将促进对钢、铁、塑料等大宗材料以及对锂、镍、铜等关键矿产资源的需求。大宗材料由于分布广泛，产能充足，不会成为清洁能源技术的制约因素，但关键矿产资源取决于各国资源禀赋，且在地理分布上比石油、天然气和煤炭更为集中，正在一定程度上改变全球能源安全范式。据 IEA 预测，2030 年前全球对关键矿产资源需求持续大增，除铁以外的所有矿物的预期供应量都无法满足 2030 年的预测需求，对五种关键材料（铜、锂、钴、镍和钕）的需求将比 2021 年高出 3 ~ 14 倍，2030 年以后将逐步趋缓。估计到 2022—2030 年，关键矿物开采需要 3 600 亿 ~ 4 500 亿美元投资，其中 2/3 是铜矿，其余大部分是镍矿，预期投资最多的是在非洲、中美洲和南美洲以及亚太地区，且资金最迟需在 2025 年到位，以便实现 2030 年的减排目标。从供应来看，目前，刚果民主共和国生产了全世界 70% 的钴，五大锂生产公司在 2021 年几乎控制了全球 80% 的采矿能力。全球矿物开采集中在非洲、南美洲、澳大利亚和印度尼西亚，而加工则集中在中国，在全球镍加工的占比为 30%，锂和钴加工的占比在 60% ~ 70%，稀土加工的占比为 90%。

俄乌冲突背景下的欧美能源转型正在衍生新的清洁能源政治。2022 年美国出台的《通胀削减法案》将加速建立美国关键矿物生产体系，以获取对关键金属供应链的控制权。2023 年 3 月，欧盟正式发布《关键原材料法案》，为欧洲制定本土生产、加工和回收稀土、锂、镁等关键原材料的目标，以摆脱未来发展碳中和、数字经济等所需战略原材料对第三方国家的依赖，强化欧洲在稀土、锂、钴、镍等关键矿产上的供应安全。2023年6月，韩国、美国和蒙古国建立了"韩国、美国和蒙古国重要矿产资源三方讨论制度"，致力于稳定世界重要矿产资源供应链的管理。一些资源富集的国家则加强了对本国资源的控制。如"锂三角"（阿根廷、玻利维亚和智利）之一的智利加速推进锂资源国有化。有消息显示，阿根廷、玻利维亚和智利正在草拟一份文件，以推动建立一个锂矿行业的OPEC，在锂矿价格波动的情况下达成价格协议，从而像OPEC设定生产水平以影响每桶原油的价格那样影响锂价。

（五）能源转型动摇石油美元基础

"页岩气革命"后，美国从油气净进口国逐渐转变为油气净出口国，石油美元的重要根基之一不复存在。与此同时，随着全球能源转型的不断深入，石油在能源结构中的占比随之下降，将进一步动摇石油美元的基础。

碳中和愿景下，传统的以化石能源为基础的国际能源格局正在加快转变。未来的能源体系将朝着清洁、低碳、高效的方向发展，各国普遍降低化石能源发电占比、减少煤炭消费，不断提高风电、水电、光伏、氢能、生物质能等清洁能源的占比。能源转型在刺激关键矿产贸易、碳交易、碳金融繁荣发展的同时，也将对全球金融市场产生影响。

1. 削弱石油美元在金融体系中的地位

石油美元是指石油出口国以美元作为计价单位和结算货币，并利用盈余美元购买美国债券、股票等形成的美元循环体系。自20世纪70年代以来，国际石油交易主要以美元计价和结算。这种做法源于1973年石油危机后美国与沙特阿拉伯等石油出口国达成的协议，该协议确定把美元作为石油计价货币，并将所得美元大部分用于购买美国国债。这一协议使得美元成为国际石油交易的主要货币，并为美国提供了巨大的经济和政治影响力。

石油美元的存在对全球经济和金融体系产生了深远影响。一是石油美元的存在使得美国能够以较低的成本获得石油资源。由于国际石油交易主要以美元计价和结算，美国可以直接使用本国货币支付石油进口，不需要支付其他国家货币的汇率差价和手续费。这在一定程度上降低了美国的能源进口成本，支持了美国的经济增长，提升了美国的国际竞争力。二是石油美元的存在巩固了美元的国际地位。由于其他国家需要持有大量美元储备来进行石油进口，推高了世界对美元的需求量，使得美元成为全球储备货币和国际贸易的主要结算货币，为美国提供了巨大的经济和政治影响力。美国可以通过控制货币政策和利率来影响全球金融市场，维护自身的经济利益和国际地位。

近年来，美国频繁利用金融霸权对其他国家进行金融霸凌，石油美元体系越发受到质疑和挑战。各国认为石油美元体系给美国带来了经济和政治优势，却使其他国家处于不利地位。尤其是近年来美国在油气市场的身份由重要的进口国转变为出口国，一些国家在呼吁减少对石油美元的依赖的同时，开始积极寻求结算货币的多元化。

在全球能源加速转型背景下，俄乌冲突可能加速削弱石油美元在全球金融市场中的作用。根据2023年版《BP世界能源展望》，在净零情景下，全球原油消费将会在2030年前后达峰，2035年将下降至2022年的75%左右，2050年则进一步降至2022年的20%。在未来，石油消费的快速下降极有可能导致石油美元体系的崩塌。而自俄乌冲突爆发以来，美国再次利用金融手段制裁全球重要的油气生产国——俄罗斯，导致俄罗斯、沙特阿拉伯、阿联酋、伊拉克、委内瑞拉以及伊朗等油气出口国主动减少在油气贸易中对美元的使用，此举或将加速石油美元体系的崩塌。

2. 碳市场正在成为金融市场的重要力量

自1992年《联合国气候变化框架公约》达成以来，全球对气候变化问题的认识已从科学层面上升到政治层面。截至2023年2月，全球已有132个国家和地区提出净零排放目标，覆盖全球88%的碳排放、92%的GDP和85%的人口。对气候变化和温室气体排放的关注促进了全球碳市场的发展。碳市场的核心机制是碳排放权交易，即将温室气体排放的权利进行交易。在碳市场中，企业和国家可以通过购买和出售碳排放配额来实现碳排放的控制和减少，以此激励企业和国家采取更多的减排措施，促进低碳技术的发展和应用，最终实现控制全球碳排放的目的。

碳市场作为一种新兴的金融产品，正在逐渐成为改变全球金融市场体量、结构和治理规则的重要力量。一是碳市场的出现为金融市场带来了新的投资机会。据金融信息公司路孚特的报告，全球碳市场交易额连续第六年增长（见图6-3）。2021年，全球碳市场总交易金额超过8 000亿美元，是2017年总交易额的五倍以上。2022年全球碳市场共交易125亿吨碳配额，交易金额达创纪录的9 090亿美元。据BP估算，2022年全球与能源相关的二氧化碳排放量就超过340亿吨。2022年碳市场交易量不足全球总排放量的一半，未来仍有一定的增长空间。投资者可以通过参与碳市场来获取碳排放配额的收益，同时也可以投资低碳技术和清洁能源等相关产业，从中获得经济回报。二是碳市场的发展有望推动金融市场的创新和多元化。随着碳市场的不断扩大和深化，衍生品市场、碳金融产品和碳资产管理等新兴金融工具和服务也将得到发展。这些创新和多元化的金融产品及服务不仅为投资者提供了更多的选择和风险管理工具，也促进了金融市场的发展和壮大。三是碳市场的发展还将对金融市场的治理规则产生重要影响。碳市场的运作需要建立健全的监管机制和市场规则以确保市场的公平、透明和有效运行，这对金融市场的治理和监管体系提出了新的要求，将促使各国加强对碳市场的监管和监督，最终保护投资者的权益并维护市场的稳定。

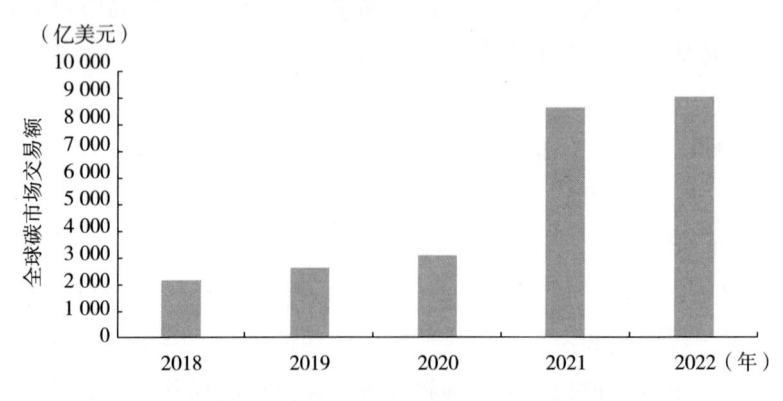

图6-3　2018—2022年全球碳市场交易额变化

资料来源：路孚特公司。

3.关键矿产金融属性进一步增强

当前，全球关键矿产的金融属性正在逐步增强。清洁能源技术的发展极大地扩大了关键矿产的使用范围，增加了消费量，因而成为国家矿业关注的焦点，部分小宗矿产还因此成为第四次工业革命时代下的矿产新贵和时代宠儿。供给方面，在过去几十年里，少数几个国家垄断了大部分关键矿产的产出和出口。然而，如今越来越多的国家开始重视和发展自身的矿产资源，不断引入新技术和投资，以增强其在全球供应链中的地位。此外，为应对新冠肺炎疫情给经济带来的负面影响，欧美各国普遍采用宽松的货币政策与积极的财政政策，流动资金的增加进一步刺激国际资本将关键矿产作为核心资产加以配置。

未来，全球关键矿产的金融属性将进一步增强。新兴技术的推动将进一步加大对关键矿产的需求，如电动汽车、可再生能源等领域对稀土元素和锂等关键矿产的需求将大幅增加，这将进一步推动关键矿产价格的波动，使其成为未来金融市场的重要投资标的。而关键矿产资源价格波动加剧，也将进一步增加产业链相关公司或个人利用金融衍生品管理相关风险的需求，为金融衍生品发展奠定基础。更重要的是，与关键矿产相关的金融衍生品，如期货、期权以及指数基金，为其他投资者提供了一种更多样化和灵活的投资方式，有望吸引更多的市场参与者，对关键矿产的金融属性起到正向促进作用。

三、启示与建议

俄乌冲突爆发一年多以来，全球能源格局发生了深刻调整，全球范围的能源危机给各国带来了深远影响。在俄乌冲突未来趋势尚不明朗的情况下，各国深刻认识到：一是全球能源系统的韧性远不及预期，难以承受疫情溢出效应、逆全球化浪潮、地缘政治危机等诸多因素叠加的冲击；二是从长期来看，可再生能源将是各国实现本土能源独立的关键，如何统筹能源转型和能源安全将成为决策者和能源行业的首要议题；三是对于发展中国家和新兴经济体，俄乌冲突进一步暴露了南北不平衡，南方国家必须平衡经济发展和能源转型，能源行业要站在全球视角，系统、客观地看待能源转型问题；四是气候变化已成为全人类共同面对的问题，能源转型背景下的能源格局调整也将成为促进各国合作、弥合全球化裂痕的重要窗口。

百年未有之大变局加速演进，俄乌冲突不仅带来了困难和挑战，也为中国能源行业带来了机遇。在这一重要窗口期，深入推进能源革命、加快建设能源强国将是中国能源行业助力实现中国式现代化、全面推进中华民族伟大复兴的重要手段。

（一）坚定不移推进"双碳"目标和能源转型

中国现有的能源体系建立在化石能源工业基础上。在"双碳"目标的指导下，该体系将发生翻天覆地的变化。这一过程中，虽然存在很多不确定因素，但能源行业必须深刻认识到，当前的经济发展和生态环境都进入了瓶颈阶段，"双碳"既是约束，也是改变的动力。只有如此，中国才能在新一轮科技革命和产业变革中发挥引领作用并占据主导权。在"双碳"目标下实现能源转型，是中国能源行业弯道超车的新赛道，也是中国构建全球竞争力的"国运之战"。

在保障能源安全的前提下，大力实施可再生能源替代，加快构建清洁低碳、安全高效的能源体系，成为实现"双碳"目标的关键，也是中国能源行业高质量发展的新目标和新任务。俄乌冲突爆发后，欧洲遭遇的能源危机很大程度上源于前期过于激进的能源转型战略，因此中国能源行业必须坚持"循序渐进""先立后破"，才能平衡好能源安全和能源转型，在保障民生发展的基础上实现"双碳"目标。一方面，要加快清洁能源发展。中短期内，加大对核能、天然气等清洁能源的发展和利用，以减少对传统煤炭的依赖。从中长期来看，通过大力推动可再生能源如风能、太阳能和水力等的利用，实现能源结构中的化石能源替代，最终实现碳中和目标和绿色发展转型。另一方面，要注重能源消费方式的转型，通过提高能源利用效率，推动能源消费端的优化和升级，实现能源消费的低碳化。同时鼓励推广高效节能技术，促进能源管理和智能化控制，降低能源浪费，提升能源利用效率。

(二) 持续提升能源供应韧性

能源是人类文明进步的重要物质基础和动力。建设能源强国，是全面建设社会主义现代化国家、全面推进中华民族伟大复兴的坚强保障。俄乌冲突后全球范围的能源危机也在提醒我们，能源生产供应能力是提升能源系统韧性的关键。党的十八大以来，中国能源自主保障能力始终保持在80%以上，由煤、油、气、核、新能源和可再生能源多轮驱动的能源生产体系基本形成，为建设具有韧性的能源体系打下了坚实基础。形成能源供应韧性的前提是能源供应不会被巨大的冲击"击穿"，立足资源禀赋，煤炭将对中国能源安全起到兜底作用。目前中国石油对外依存度长期保持在70%左右，天然气对外依存度在40%左右。尽管2022年中国油气对外依存度首次出现双下降，但仍维持在相对较高水平，给中国能源安全带来了较大的风险敞口。长期来看，除了航空燃料和舰船燃料在中短期内难以替代，石油作为工业原料被煤炭和天然气替代的空间也不大，而天然气发电的特性将在未来成为可再生能源发电的重要补充，在实现碳达峰、碳中和之后，中国油气需求仍将保持较高水平。另外，受资源禀赋限制，在迈向碳中和目标的阶段，中国石油产量将长期保持在2亿吨左右，在不同情境下，中国对石油的进口量都将保持在2亿吨以上。同时，关键矿产资源也容易成为中国可再生能源行业发展的掣肘。因此，在百年未有之大变局加速演进、全球政治经济形式复杂多变的情况下，进一步加强应急保障和能源资源战略储备能力建设是提升能源供应韧性的重要方向。

(三) 大力实施能源科技创新战略

在碳中和愿景下，能源科技创新成为各能源强国竞争的主战场，同时也是确保能源产业链，特别是绿色低碳产业链自主可控的关键。本次俄乌冲突中，欧美通过能源技术制裁打压俄罗斯油气生产和出口能力取得了不错的效果。俄罗斯主动切断"北溪-1"管道，这举措的背后是缺少国产设备的无奈。俄罗斯北极地区的开发也因为欧美的技术制裁而严重滞后。

目前中国新能源产业已经形成一定的差异化优势，但在部分链条上，如风电设备、氢能等，仍然面临一些技术瓶颈，需要加快突破。中国已拥有全球最大的风电装机量，但在海上风电，特别是深远海领域，与世界先进水平仍有差距，制造风电设备所需的轴承等零部件，高度依赖进口。中国是世界第一大产氢国，在氢能生产、存储和利用方面已经有一定的进展，但氢能相关技术专利数量明显落后于欧美日韩等国。中国能源行业需要在新能源产业的起步阶段打好基础，避免"卡脖子"技术对产业未来发展造成根源性损伤。

突破能源领域"卡脖子"技术需要全新的能源科技创新战略。"双碳"目标将进一步促进能源科技创新体系的完善。要坚持以系统观念来推进能源科技创新发展，重点关注各能源产业链互补融合的技术需求和方式，将基础研究、核心技术与产业链有机结合起来。要特别重视企业在能源科技创新中的重要作用，不断提高中国能源产业的国际竞争力。

（四）共赢打造能源开放合作范式

二战后，全球逐渐形成围绕化石能源的能源治理体系，包括原则、规则、规范、机制等在内的制度性约束。第一次石油危机之后，能源金融治理成为全球能源治理体系的代表性特征。石油美元的影响力从能源领域扩展到整个经济社会领域，成为世界治理的重要组成部分。国际格局东升西降、可再生能源占比不断上升、能源科技高速发展、世界能源产出国和消费国实力此消彼长，这些新变化要求中国更为积极主动地参与全球能源治理体系变革。能源独立不是闭关锁国，能源合作也不是加深依赖。既要立足国内资源禀赋走中国式的能源发展道路，也要让技术和资源同步走出去、引进来，将能源资源紧紧嵌入全球产业链、供应链中，让能源成为深化全球化、构建人类命运共同体的重要助力。

在美西方国家鼓吹"脱钩"、全球化式微的背景下，中国更要依托"一带一路"倡议等多边机制，持续推动与各国的能源合作，统筹国际能源合作顶层设计，推进与周边国家能源基础设施互联互通，以能源合作为抓手，助力新发展格局，推进经济全球化健康发展。

第二篇
大变局下中国的机遇、挑战和应对

＃ 第七章
俄乌冲突下的中国对外开放：
机遇、挑战和战略选择

张燕生*

＊张燕生，中国国际经济交流中心首席研究员，全球经济治理50人论坛成员。

摘要：俄乌冲突，无论其结局是什么，都将改变国际格局、世界秩序和未来全球治理架构。目前面临的最大挑战就是俄乌冲突式代理人战争是否会发生在东亚地区。除此之外，还需考虑中美如何建立硬约束机制避免负反馈作用，合作共存，以及如何维护和平的国际环境和稳定的国际秩序。目前来看，就是要吃"一堑长一智"，必须坚持发展要安全、斗争要艺术、开放要自主的基本原则，继续推动中国高标准制度型开放、高水平流动型开放、高层次创新型开放，在开放条件下努力探索中国式现代化、高质量发展、构建人类命运共同体的未来路径和战略。

一、俄乌冲突未来的结局及影响

(一) 俄乌冲突的三种可能性结局

俄乌冲突的未来结局有三种可能性：第一，俄罗斯在战场上失败，但由于俄罗斯以动用核武器相威胁，美俄达成协议：俄罗斯和乌克兰各自退回初始边界线；美国向俄罗斯承诺安全边界；俄罗斯承担这场战争的重建和赔偿。北约以及盟国重新划分势力范围，把战略触角伸向亚太地区，锋芒直指中国，将使中国所处的地缘政治、军事、经济环境恶化，进而使这场战争成为不选边站队的新兴市场国家和发展中国家的负资产。第二，俄罗斯顶住了北约施加的强大压力，最终停火止战，启动和谈，各自退回底线。这场战争成为发展中国家和新兴市场的中性资产。第三，俄罗斯失败。西方盟国肢解俄罗斯国土和战略资源，将俄罗斯国内外公共资产及特殊定义的私有资产用于乌克兰战后重建。[1]

---

[1] 中国外交部在俄乌冲突一周年当天发布了"关于政治解决乌克兰危机的中国立场"，一共有十二个要点：第一，尊重各国主权。不应采取双重标准；第二，摒弃冷战思维，反对把本国安全建立在他国不安全的基础之上，防止形成阵营对抗，共同维护亚欧大陆和平稳定；第三，停火止战。冲突战争没有赢家；第四，启动和谈。对话谈判是解决乌克兰危机的唯一可行出路；第五，解决人道危机，切实保护平民安全；第六，保护平民和战俘；第七，维护核电站安全；第八，减少战略风险。核武器用不得，核战争打不得。反对任何国家在任何情况下研发、使用生化武器；第九，保障粮食外运；第十，停止单边制裁；第十一，确保产业链供应链稳定；第十二，推动战后重建。

俄乌冲突后的全球战略格局将发生重大调整。1990年以来，国际格局已从"一超多强"逐步转向了多极化。一方面，国际金融危机爆发严重削弱了美国综合实力和全球霸权作用，欧债危机、英国脱欧、日本长达30年的停滞等削弱了发达国家的全球地位和影响力。另一方面，中印经济快速崛起，金砖国家和新兴大国的世界影响力日益上升，出现了"东升西降"的国际格局变化。然而，俄乌冲突将重组西方政治、军事、经济阵营，为西方扭转乾坤提供了一个重要机会，所以发达国家试图重新振作起来以扭转国际格局，从"东升西降"转向"西升东降"。在可以预见的未来，中美战略竞争及第三方分化趋势正成为大国博弈的战略焦点。美国开始从亚太转向印太，在南亚次大陆扶持印度的快速崛起①，同时用"中国威胁论"胁迫日韩加入北约相关活动，试图说服日韩倒向美国军事安全战车。美国在亚太地区推动IPEF，迫使东南亚国家面对政治、经济、军事等重大抉择时不得不选边站和分化。中亚和南高加索地区也面临着俄乌冲突后的地区格局动荡和分化②，将面对未来向何处去的新抉择。我国的地缘政治环境和安全形势正在发生新变化。

（二）俄乌冲突下的国际环境还是中国发展的重要战略机遇期吗

中共十六大报告中提出："纵观全局，21世纪头20年，对我国来说，是

---

① 2023年6月达成的《美印联合声明》第47条提出改善双边教育伙伴关系。印度学生有望很快成为美国最大的外国学生群体。在美国高校工作的一位朋友说，2023年他们学校只新招了5名中国留学生，却新招了500名印度留学生。

② 2023年9月28日，哈萨克斯坦总统托卡耶夫在同德国总理朔尔茨会谈后举行的新闻发布会上表示：哈萨克斯坦将继续坚定不移地对俄罗斯实施制裁。表明哈萨克斯坦已加入西方对俄罗斯的单方面制裁。原因之一，俄乌冲突爆发后不久，俄罗斯单方面切断了哈萨克斯坦通向欧洲的能源管道，促使哈萨克斯坦寻求石油出口路线多元化。当前哈萨克斯坦80%以上的石油都出口到欧洲。原因之二，哈萨克斯坦很担心自己会沦为下一个乌克兰，托卡耶夫公开反对并拒绝承认乌东四州并入俄罗斯。原因之三，哈萨克斯坦在东西方站队时选择了西方，避免被连带制裁。俄罗斯对此表态："我们尊重哈萨克斯坦的决定，也希望跟哈萨克斯坦保持友好往来。"中亚和南高加索地区国家，如亚美尼亚、吉尔吉斯斯坦、塔吉克斯坦也在疏离俄罗斯。俄乌冲突正在瓦解俄罗斯的同盟体系和势力范围。

一个必须紧紧抓住并且可以大有作为的重要战略机遇期"。其基本依据之一是，我们所处的国际环境正是一个经济全球化、新科技革命、大国合作蓬勃发展的时期。在世界经济史上，这样的时期往往是世界经济贸易增长的黄金时期[1]，也是改变大国实力对比的重要时期。谁能够把握住参与全球化融入世界的机遇，谁就能够进入经济发展的快车道。俄乌冲突进一步延续了国际金融危机、新冠肺炎疫情的冲击，使地缘政治形势恶化、地缘经济冲突加剧，改变了国际格局；进一步推动了基于规则的经济全球化走向终结，进入地缘冲突、大国竞争和世界失序的新阶段。这个阶段被称为"世界百年未有之大变局"。俄乌冲突对我国所处的国际环境以及对外开放战略和政策，包括共建"一带一路"倡议、发展倡议、安全倡议、文明倡议等造成极大的不确定性冲击。未来，我国是继续推动高水平对外开放，还是采取开放收缩的对策？"大变局中危和机同生并存"，关键是如何化危为机、转危为安、做好自己的事情，如把双循环战略的主战场聚焦在东亚、东南亚等周边地区、聚焦在共建"一带一路"国家，聚焦在与美欧日韩第三方合作等。在俄乌冲突的新形势下要始终坚持发展要安全、斗争要艺术、开放要自主的原则，继续推动经济全球化前行。

（三）俄乌冲突背景下，"和平与发展"还是当今世界的时代主题吗

从全球治理角度看，原来人们期待世界能够从单极化走向中美欧三足鼎立的新格局，然而，随着俄乌冲突不断演进，这个希望正在走向破灭。无论俄乌冲突最后的结局是什么，都会导致欧盟进一步偏离欧洲自主战略，更全面、深度地倒向美国，导致俄罗斯的大国地位急剧下降。如果北约把势力范围扩大到亚洲，再在东亚挑起另一场俄乌冲突式的代理人战争，也将会导致

---

[1] 在世界经济史上，1870—1913年曾是一个自由贸易蓬勃发展的时期，也是第二次工业革命蓬勃兴起、人类进入电气化时代、资本主义世界体系最终确立的时期。这个时期，曾经的霸权国家英国、法国由盛而衰，新兴大国美国、德国由弱而强，是大国实力对比变化改变国际格局和世界秩序的重要时期。

日韩进一步偏离亚太区域合作而更全面、深度地倒向美国，由此将严重动摇中国的大国地位。而美国为此付出的代价仅仅是几百亿美元的援助和一些过时的军火。当今世界面临的一个不确定性风险是全球治理架构正进一步走向单极化而不是多极化；另一个不确定性风险是中美战略竞争正出现一个负反馈机制。无论是否出于中美双方的主观意愿，二者事实上都在快速滑向冲突对抗的陷阱。如果大国没有战略自觉，不能构建危机管控的硬约束机制，那么世界走向直接冲突对抗的风险将急剧上升。党的十九大报告提出需维护"和平的国际环境和稳定的国际秩序"，这既是新形势下继续推动高水平对外开放的基本前提，也是冲突各方亟须合作构建的危机管控制度和协议架构。因此，目前大国之间缺少沟通对话机制是一个迫切需要解决的问题。

（四）俄乌冲突下世界形成两大平行的贸易和产业体系难以避免

从国际贸易领域看，俄乌冲突后，"发展要安全"已经上升到大国战略全局的高度。美国总统国家安全事务助理沙利文于 2023 年 4 月发表讲话，认为要用地缘政治和安全竞争定义新的国际环境。当下美国仅生产全球 10% 的半导体、4% 的锂、13% 的钴、镍和石墨的产量为 0。超过 80% 的关键矿物是由中国加工生产的。因此美国要消除安全隐患，加快降低对中国产业链、供应链的依赖程度。未来 10 年，美国将动员 3.5 万亿美元的公共投资和私人资本来加强半导体等关键领域。[1]当前的一个基本趋势是与安全相关的领域与中国"脱钩断链"的可能性在显著增加，与安全不相关的领域则动员产业外迁，希望把关键技术、设备和人才撤离中国，把中国变成一个普通商品销售地。在第三方领域，如"一带一路"倡议正面对 G7 集团推动的 PGII（全球基础设施和投资伙伴关系）的竞争；RCEP 正面对 IPEF 的竞争。[2]

在双向投资领域，由于担心亚太地区发生另一场俄乌冲突式的代理人战

---

[1] 沙利文在布鲁金斯学会上发表的讲话，2023 年 4 月。
[2] 美国把 RCEP 与 IPEF 之间、"一带一路"倡议与 PGII 之间的竞争定义为低成本与高标准区域化的竞争。

争，台商正在离开中国大陆和台湾地区，外商投资企业开始在中国建立不依赖美国技术的本地销售的产业链、供应链体系。美国政府则计划出台措施限制美企对中国的私募投资、风险投资与直接投资，涉及芯片、AI和量子投资等关键领域。目前的招商引资形势是，成本驱动型资本正在持续离开中国，其中包括内资和外资。市场驱动型外资则出现分化，多数外商投资企业会选择继续留在中国发展，但少数外企正在离开中国。效率驱动型外资选择轻资产进入，不做重资产投入。因此，近年来制造业外资占比已经下降到20%左右，服务业外资占比达到75%左右。从"走出去"对外投资的形势看，无论是传统制造业企业，还是跨境电商等新业态企业，抑或是高新技术产业都在加快"走出去"步伐。受地缘政治的严重影响，中国企业产业链、供应链如果不迁往墨西哥、越南、印度、中东欧等美国近岸制造的主要区域，美国采购商或产业链、供应链主导企业就会取消订单。因此，新形势下需要从战略全局重新审视我国对外经贸联系的新路径和未来前景。

（五）俄乌冲突将进一步改变我国主要贸易伙伴关系

俄乌冲突爆发后，我国与美国、欧盟、日韩、金砖国家以及其他发展中国家之间的经贸关系日趋复杂化。我国与美国、欧盟、日韩等国的对外贸易受地缘政治冲突的影响越来越大。从表7-1的数据可以看到，在2008年金融危机前，我国主要贸易伙伴排序分别是欧盟、美国、日本、东盟、韩国，2022年则变为东盟、欧盟、美国、韩国、日本。2023年前5个月，我国对东盟出口1.56万亿元，占比16.21%；对欧盟出口1.48万亿元，占比15.38%；对美国出口1.38万亿元，占比14.34%；对日本出口4612.7亿元，占比4.79%。从2023年上半年数据来看，中国对东盟进出口同比增长5.4%，对欧盟增长1.9%，对美国则下降8.4%。可见，俄乌冲突、大国竞争、地缘政治等因素已经严重影响中美贸易关系。美国是开放程度高、规模大、利润丰厚的市场，稳住中美贸易关系至关重要。同时，要进一步深化中欧贸易合作关系网络，拓展RCEP的三个经济合作圈贸易关系，如中国与东盟、中国与日韩、中国与澳大利亚和新西兰区域一体化经贸关系，高质量共建"一带一路"贸易联系，推动对外贸易高质量发展。

表 7-1 中国主要出口和贸易伙伴变化

	第一位	第二位	第三位	第四位	第五位
2007 年主要贸易伙伴	欧盟	美国	日本	东盟	韩国
2022 年主要贸易伙伴	东盟	欧盟	美国	韩国	日本
2007 年主要出口伙伴	欧盟	美国	日本	东盟	韩国
2022 年主要出口伙伴	美国	东盟	欧盟	日本	韩国

资料来源：相关年份的海关贸易统计数据。

二、俄乌冲突下中国对外开放所面对的机遇和挑战

（一）"发展要安全、斗争要艺术、开放要自主"的战略转变

俄乌冲突是能够改变国际格局、大国关系和世界秩序的重大事件。北约及西方主要大国绝不会放过这个千载难逢的重大机会对俄罗斯及伙伴国家落井下石，并谋划北约下一步转场亚太地区，系统性地搅动南海、东海、台海、朝鲜半岛、南亚次大陆、中东和西亚、中亚和南高加索等地区的地缘政治、军事、经济布局，锋芒直指中国。对此，新形势下中国将面对大国百年博弈的另一场硬仗。[1]

俄乌冲突将激发中国高水平对外开放。首先，俄乌冲突以代理人战争方式激化军事对抗，西方同盟体系以多轮次、宽领域、无所不包的"群殴"式制裁排除异己，美国根据价值观建立新型国际伙伴关系。探索发展要安全、斗争要艺术、开放要自主的战略就变得十分重要。其次，把科技、产业、金融高水平自立自强摆在重要的位置上。中国在持续提升科技、产业、金融国

---

[1] 虽然根据 IMF 等国际组织按购买力评价预测，2014 年中国经济规模就超过美国。但按汇率计算，国内外经济学家普遍预测中国经济规模超过美国的时间可能在 2030—2035 年。当中国经济规模超过美国的那一天真的到来，中美百年战略博弈才真正拉开序幕。在这之前，仍处于中美战略竞争的试探期。因此，真正的大国竞争的考验还没有到来。

际竞争力的同时，要辩证认识和统筹协调好高水平自立自强与全方位国际合作之间的关系；要辩证认识和统筹协调好发展与安全、斗争与艺术、开放与自主之间的关系；要辩证认识和统筹协调好科技、产业、金融的关键核心环节攻坚克难与放开搞活，发挥市场在资源配置中的决定性作用以及政府在基础研究、应用研究、关键平台建设中的重要作用。最后，在中美科技、产业、金融能力竞争、选择性"脱钩"和"去风险"的条件下仍要坚持推动科技、产业、金融的全方位国际合作。从美苏战略竞争的"斯普特尼克时刻"看，1957年苏联斯普特尼克人造卫星上天，激发了美国尖端科技领域的全方位追赶和对苏联尖端科技的全面脱钩封锁，最终因苏联科技战略竞争失败而产生"红旗落地"的悲惨结局。因此，基于高水平自立自强的全方位国际合作，是中国科技、产业、金融转型升级的重要途径。中美战略竞争的重点是科技、产业、金融能力之间的较量。这既需要外交、安全、军事、发展改革、科技、商务等部门形成合力，也需要央地分工合作，还需要建立最广泛的国际统一战线，培育国际竞争与合作的新优势。

（二）大变局中危和机同生并存，在化危为机的过程中做好自己的事情

俄乌冲突引发北约及欧盟的空前团结，他们不仅采取了一系列针对能源、军事、科技、金融等领域的对俄制裁行动，而且竞相升级了对乌克兰的经济、军事、民生等大量援助。2023年7月，七国集团发表声明将继续推进对乌克兰防空系统、弹药和坦克的支持；将向乌克兰提供总计390亿美元的援助，以支持乌克兰重建；将继续协调加强对俄制裁。在俄乌冲突爆发500天时，美国宣布了一项对乌克兰的新军事援助计划，其中首次包括155毫米的集束弹药。美国国防部副部长科林·卡尔表示，提供集束弹药将缓解美国当前弹药库存的压力。这个计划引发国际社会广泛关注，许多欧洲国家都禁止使用集束弹药以避免对平民造成伤害。截至2023年6月下旬，欧盟已针对俄罗斯发起了10轮制裁，目前已就第11轮制裁达成一致。

俄乌冲突引发的制裁与反制裁、援助与升级、冲突与失控，给中国上了如何应对西方制裁和冲突的现实一课。一方面，要辩证认识"我国发展仍处

于并将长期处于重要战略机遇期。世界面临百年未有之大变局，变局中危和机同生并存，这给中华民族伟大复兴带来重大机遇。要紧扣重要战略机遇新内涵"。另一方面，要丢掉幻想、化危为机、转危为安、做好自己的事，同时要为发生最坏情况做好准备，如科技、产业、金融等领域都已在开放合作环境中形成你中有我、我中有你、相互依存的合作关系。产业链、供应链中的关键核心技术、材料、零部件、软件主要是由西方供货商供货。是否要在关键核心领域做进口替代、自主创新、国内备胎的准备？是否需要做难以替代的反制准备？如何培育关键核心领域产业链、供应链自主开发能力等问题，都需要做系统性的应对准备。面对全球市场竞争，不仅要解决"有没有"的问题，更要解决"好不好"的问题，这必然是一个长期的准备工作和转型升级进程。

（三）新形势下重新审视货物、服务、资源、要素等流动型开放

俄乌冲突加剧了中国与主要发达国家之间的价值观分歧和地缘政治矛盾，这将直接影响双方经贸关系、双向投资及市场准入限制。在这样的国际环境中，推动货物、服务、资源、要素等跨境流动和交换，进一步扩大流动型开放，需要加强市场开放的微观基础建设。改革开放45年以来，中国商品市场已达到了一个较高的开放水平。表7-2提供的数据说明，2021年15个成员全面生效进入实施RCEP的阶段，这是一个人口最多、经济贸易规模最大、最有经济活力和发展潜力的自贸区。表7-3提供的数据说明，RCEP成员货物贸易关税减让承诺大部分在90%左右。服务贸易负面清单管理在6年内分两批实施，是一个包容性很强的高质量自贸协定，其也是中日两国之间第一个自由贸易协议，货物贸易零关税比重将从8%提高到86%以上。此外，中国于2021年分别正式申请加入CPTPP[①]和DEPA，本地区还有一个包括中美两国在

---

① 国际上一些国家的官员和学者对中国正式申请加入CPTPP持怀疑态度，他们想知道中国是动真格的还是仅展现外交姿态，以及中国是否能够接受CPTPP的经济安保条款并做出相应经济主权的让渡。

内的 APEC 框架下的、正在推进中的 FTAAP（亚太自贸区）。这些协定将加快推进亚太地区市场开放进程。

2023 年上半年，在全球货物贸易量增长减速、外需萎缩、产业外迁、地缘政治干扰明显上升的形势下，我国对东盟进出口占对 RCEP 其他成员进出口总值的比重已提高到 50.5%。西部陆海新通道铁海联运班列累计运输货物 42.4 万标箱，增长了 10.5%。同期，海关共监管验放中老铁路进出口货物 214.6 万吨，同比增加 194.4%。两大跨境通道持续拓展我国对东盟贸易往来辐射范围，带动新通道沿线地区对东盟进出口快速增长。上半年，沿线地区对东盟进出口 4 386.5 亿元，增长 21.4%。我国自东盟进口农产品 1 250.8 亿元，增长 7.5%，高于我国自东盟进口整体增速 6.4%。部分特色农产品进口呈现亮点，其中水果进口 405.4 亿元，增长 24.1%，鲜榴梿、菠萝分别增长 65% 和 24.1%；棕榈油进口 109.1 亿元，增长 120.5%。同期，我国对东盟、拉美、非洲、中亚等进出口规模同比分别增长 5.4%、7%、10.5%、35.6%，均高于同期整体进出口增速。

然而，基于自由贸易的 RCEP 将面对基于地缘政治的 IPEF 的竞争。RCEP 是一个开放、包容、有弹性和韧性的自由贸易区框架。它有三个经济合作圈：中国与东盟、中日韩、中国与澳大利亚和新西兰。目前，东盟已成为中国最大的贸易伙伴和出口伙伴；中日韩是东亚生产网络的轴心，将决定东亚生产方式转型方向；澳大利亚和新西兰为初级产品供应地，中国经济与澳大利亚和新西兰经济互补性强。而美国主导的 IPEF，是一个带有地缘政治色彩的框架。IPEF 四大支柱是贸易，供应链，清洁经济和公平经济。我们希望这两个协定之间能够做到挂钩不脱钩、合作不对抗、开放不封闭，这样将更有利于推动地区经济一体化发展。即使是两者之间发生竞争，也应当是互补性的、错位性的、差异化的，而不是制裁、打压和阻遏。IPEF 和 RCEP 有 7 个成员是重合的，亚太地区经济体是否能够在继续分享 RCEP 贸易投资自由便利和开放地区主义好处的同时，又能够分享 IPEF 的四大支柱的好处，取决于地缘政治干预的程度与两个协议未来的发展方向。

表7-2 2021年全球主要区域贸易协定

	RCEP	CPTPP	EU	USMCA
成员数	15	11	27	3
人口（亿，%）	22.64, 28.7	5.11, 6.5	4.47, 5.7	4.97, 6.3
GDP（10亿美元，%）	27 833, 28.8	11 695, 12.1	17 088, 17.7	26 576, 27.5
出口（同上）	6 484, 28.9	3 405, 15.2	6 630, 29.5	2 756, 12.3
进口（同上）	5 693, 25.1	3 234, 14.3	6 469, 28.5	3 962, 17.5
区内贸易（同上）	12 177, 27	6 639, 14.7	13 099, 29	6 718, 14.9
外商直接投资（同上）	579, 26.8	323, 14.9	377, 17.5	546, 25.3
对外直接投资（同上）	504, 29.5	318, 18.6	599, 35.1	474, 27.7

资料来源：世界银行。

表7-3 RCEP成员货物贸易关税减让承诺

单位：%

	东盟	中国	日本	韩国	澳大利亚	新西兰
中国	90.5	—	86	86	90	90
日本	88	88	—	81	88	88
韩国	90.7	86	83	—	90.5	90.6
澳大利亚	98.3	98.3	98.3	98.3	—	98.3
新西兰	91.8	91.8	91.8	91.8	91.8	—
新加坡	—	100	100	100	100	100
文莱	—	98.2	98.2	98.2	98.2	98.2
菲律宾	—	91.3	91.1	90	91.1	91.1
马来西亚	—	90.2	90.2	90.2	90.2	90.2
印度尼西亚	—	89.5	89.5	89.5	90.8	91.5
泰国	—	85.2	89.8	90.3	91.3	91.3
越南	—	86.4	86.7	86.7	89.6	89.6
柬埔寨	—	87.1	87.1	87.1	87.1	87.1
缅甸	—	86	86	86	86	86
老挝	—	86	86	86	86	86

资料来源：中国自由贸易区服务网。

（四）新形势下重新审视规则、规制、管理、标准等制度型开放

俄乌冲突扩大了发达国家与发展中国家之间制度和价值观的分歧和差异，其内部也在进一步分化，在规则、规制、管理、标准等方面正形成新的制度

壁垒。从对俄乌冲突的表态就可以看出，即使是积极参与美国印太战略的印度，也没有站在西方一边谴责俄罗斯，多数发展中国家都没有参与对俄罗斯的制裁并武装乌克兰。这就引申出一个复杂的问题，即规则、规制、管理、标准等制度型开放与国际高标准制度规则衔接机制对接，是否指与美国领导下的西方世界和国际组织的制度规则对接？其中的制度规则是否受到地缘政治、意识形态和价值观的影响？是否能够另搞一套与发展阶段相一致的，基于适宜的制度规则、规制、管理、标准的体系？目前，中国与美日欧在WTO等多边经贸规则体系改革方面存在着巨大分歧和对立。分歧主要集中在对完全市场经济规则和地位的界定问题上。美日欧贸易部长已经连续多次发表联合声明，"美日欧应共同采取行动，包括共同应对非市场导向政策，促进构建公平互惠的全球贸易体系；加快制定有关产业补贴和国有企业新规则，为工人和企业营造更公平的竞争环境；寻求有效手段解决第三国贸易扭曲政策，反对任何国家要求或迫使外国公司向本国公司转让技术；在WTO框架下深化合作以促进WTO规则全面实施"。[①] 这一声明就是要把"非市场经济导向"的帽子扣在中国头上，WTO是市场经济组织，如果中国是非市场经济导向的国家，是否会要求中国出局或另搞一套体系？

中国新一轮制度型开放的另一项重要内容是优化营商环境。目前要做好三项重要工作：一是提升营商环境便利化效率和水平，即推动"放管服"改革。二是解决营商环境的薄弱环节和短板问题。按照世界银行营商环境（DB）的评估，见表7-4提供的数据，我国营商环境全球排序从2017年第78位上升至2019年第31位。但有四个短板：第一，纳税，2019年排在第105位。我国样本城市处理纳税等公共服务耗时138小时，而国际先进水平仅需要耗时49小时；第二，获得信贷，2019年排在第80位；第三，跨境贸易，2019年排在第56位，我国样本城市企业进出口跨境耗时64小时，而国际30个最佳实践平均时耗2小时；第四，办理破产，2019年排在第51位。财政税收、金融信贷、跨境贸易、产权制度都是高标准市场经济体系的基础制度规则建设重点。三是推动与国际通行的高标准规则对接。这里涉及的一个基本

---

① 美日欧关于贸易三方联合声明，美国贸易代表办公室（USTR），2018年9月25日。

问题：如果国际通行规则受地缘政治和价值观的干扰，我们还要不要推动规则衔接和机制对接？

表 7-4 我国营商环境

	总排名	开办企业难易程度	办理施工许可证	获得电力	等级财产	获得信贷	中小投资者保护	纳税	跨境贸易	执行合同	办理破产
2019 年	31	27	33	12	28	80	28	105	56	5	51
升降	+15	+1	+88	+2	−1	−7	+36	+9	+9	+1	+10
2018 年	46	28	121	14	27	73	64	114	65	6	61
升降	+32	+65	+51	+84	+14	−5	+55	+16	+32	−1	−5
2017 年	78	93	172	98	41	68	119	130	97	5	56

资料来源：世界银行 2020 年营商环境评估报告。

2023 年世界银行对原有营商环境评价体系做出了改革。改革内容包括：第一，在原有评价体系 DB（营商环境报告）的基础上对商事登记、纳税和办理破产进行深化拓展；在 DB 基础上对获得经营场所、市政公用基础设施、金融服务、国际贸易和解决商业纠纷做出较大调整；新增雇用员工和促进市场竞争指标；新增数字技术和环境可持续性两个交叉议题。第二，从监管框架、公共服务、整体效率三个方面进行评估，既考察制度安排，也考察执行和企业感受情况。第三，增加市场准入、政府采购、公平竞争、劳工、气候环保、土地权属、争端解决等方面的评价。第四，评估范围和对象也做出调整。原来只对民营中小企业的营商环境便利化效率和水平进行评价，现在将进一步扩大；原来中国只选取了北京（权重 45%）、上海（权重 55%）两个城市，现在则扩大更多城市和地区。可以预见，新评估方法产生的报告将会很不同于过去。

中国新一轮制度型开放的另一项重要内容是正式申请加入 CPTPP。[①] 这是在逆全球化、地缘政治冲突加剧、国际经贸规则重构的国际环境下，我国推动制度型开放的一个重要步骤。人们把加入 CPTPP 看作中国第二次"入世"。

[①] 2021 年 9 月 16 日，商务部部长王文涛向 CPTPP 保存方新西兰贸易与出口增长部长奥康纳提交了中国正式申请加入 CPTPP 的书面信函。

CPTPP体现了"三零"(零关税、零壁垒、零补贴)规则的基本特征,既包括关税、市场准入的边境上自由开放,也包括国内规制的边境后公平开放,内容覆盖国有企业、竞争中性、知识产权保护、政府采购、补贴、劳工标准、环境保护、技术性贸易壁垒、监管一致性、透明度与反腐败等边境后规则。对标CPTPP里的规则,将加快推动我国制度型开放,推进高标准市场经济体制改革,强化竞争性政策的基础性地位,完善国际化、法治化、市场化的营商环境。美国彼得森国际经济研究所的一项研究表明,如果我国不加入CPTPP,将因贸易转移效应损失100亿美元,加入则能获得2 980亿美元收益;另一项研究表明[1],我国加入CPTPP(设定所有商品关税为0)后,GDP、进口和出口将分别提升0.48%、3.41%和2.23%,ODI和FDI存量将分别提升1.04%和0.81%。

可以预见我国申请加入CPTPP的难度将显著高于当年谈判加入WTO。2023年7月16日,CPTPP成员在新西兰奥克兰举行会议,英国正式签署了加入CPTPP的协议,成为第一个新加入的成员,中国是排在英国之后的第二位。中国希望CPTPP所有成员在中国申请加入问题上不要掺杂政治因素。中国为申请工作做了大量准备,对CPTPP的2 300多个条款进行了全面深入分析评估,梳理了中国需要采取的改革措施和需要修改的法律法规、行政规章和其他政策文件,并在国内部分自贸试验区先行先试CPTPP的部分规则。目前,支持中国申请加入的国家有新加坡、马来西亚、越南、文莱、智利和新西兰;存疑的有日本、墨西哥、加拿大、澳大利亚、秘鲁。墨西哥和加拿大,受限于《美墨加协定》中的"毒丸条款";澳大利亚对我国能否满足高标准的知识产权、国企改革、劳工权益等要求存在疑虑;日本则认为"我国尚不能达到CPTPP的高水准开放"[2],如日本首相岸田文雄强调"中国欲加入CPTPP需要在'市场准入'和'规则标准'方面都达到高水准";还有成员对中国的地缘政治和国内政治因素、经济竞争力、人权状况等提出了疑虑,甚至有成

---

[1] 刘向东、李浩东,《我国适时提出加入CPTPP可行性研究》,中国国际经济交流基金重大课题,2019年9月。

[2] 2021年10月13日,日本首相岸田文雄在参加日本参议院听证会时明确声称,他并不相信中国会符合加入CPTPP的高标准。

员建议优先讨论中国台湾的申请。①

中国新一轮制度型开放还有一项重要内容是建立全国统一大市场。习近平在 2023 年 2 月 1 日举行的政治局第二次集体学习中强调，要"深化要素市场化改革，建设高标准市场体系，加快构建全国统一大市场"。其基本内涵是加快建设高效规范、公平竞争、充分开放的全国统一大市场。主要内容包括"五个立""一个破"。一是强化市场基础制度规则统一：完善统一的产权保护制度；实行统一的市场准入制度；维护统一的公平竞争制度；健全统一的社会信用制度。二是推进市场设施高标准联通：建设现代流通网络；完善市场信息交互渠道；推动交易平台优化升级。三是打造统一的要素和资源市场：健全城乡统一的土地和劳动力市场；发展统一的资本市场；加快培育统一的技术和数据市场；建设全国统一的能源市场；培育发展全国统一的生态环境市场。四是推进商品和服务市场高水平统一：健全商品质量体系；完善标准和计量体系；全面提升消费服务质量。五是推进市场监管公平统一：健全统一的市场监管规则；强化统一的市场监管执法；全面提升市场监管能力。六是进一步规范不当市场竞争和市场干预行为：着力强化反垄断；依法查处不正当竞争行为；破除地方保护和区域壁垒；清理废除妨碍依法平等准入和退出的规定和做法；持续清理招标采购领域违反统一市场建设的规定和做法。这是一场关系到高标准市场体系、高水平社会主义市场经济体制、更高水平开放型经济新体制建设的制度变革、治理变革、市场变革，要坚持解放思想、实事求是、与时俱进、求真务实的思想路线，推动这场高标准制度型改革走深、走实、走好。

（五）新形势下重新审视科学、技术、工程、数学等创新型开放

2022 年，我国 R&D（研究与试验发展）经费投入达 30 870 亿元，研发投入强度达到 2.55%，已经超过 2021 年 OECD 国家的平均研发强度 2.47%。同期我国基础研究投入达 1 951 亿元，占全社会研发经费投入额的 6.32%。广东研发投入强度达到 3.26%，设立了鹏城、广州实验室；江苏研发投入强度达到

---

① 王晓红等，《加入 CPTPP 重大举措研究》，中国国际经济交流中心重大课题，2021 年 12 月。

3%，设立了苏州、紫金山、太湖、钟山等实验室；浙江研发投入强度也达到了3%。但我国科技创新存在几个短板：一是知识存量和人才存量明显低于主要发达国家的水平；二是基础研究和应用研究基础薄弱；三是科研和创新仍存在着拿来主义、简单模仿和浮躁心态；四是关键核心领域的国际合作面对"脱钩断链"风险；五是国内不同区域科技竞争力差异很大。为此，国家"十四五"规划提出，基础研究经费占全社会研发经费的比重要从6%提高到8%；国家发展改革委制定了基础研究十年行动方案。未来期待能够用30年的时间把我国基础研究经费占比提高到世界主要发达国家的水平。国家"十四五"规划提出科学发现、技术发明、技术创新要"十年磨一剑"，中央全面深化改革委员会第二十二次会议还审议通过了《科技体制改革三年攻坚方案（2021—2023年）》。

俄乌冲突后，关键核心技术领域"卡脖子"成为制裁和反制裁的焦点之一。当前，虽然中美科技竞争力仍有很大差距，但中美之间竞争带来的战略恐惧，正在促使美国对华技术封锁的"小院高墙"进一步扩展为"大院高墙"。2023年7月17日，美国国务卿布林肯、商务部长雷蒙多、国家经济委员会主任莱尔·布雷纳德以及美国总统国家安全事务助理沙利文等会见了美国三大芯片巨头英特尔、高通和英伟达的高管。同一天，美国半导体行业协会也发表声明，呼吁拜登政府"不要进一步限制"对华芯片销售。根据该协会数据，2022年中国半导体采购额为1 800亿美元，超过全球总额5 559亿美元的1/3。单方面的限制措施，可能会削弱美国半导体行业竞争力，破坏供应链，引发重大市场不确定性。

关键核心技术"卡脖子"的环节主要在哪里？董洁林教授研究构建了一个现代产业体系结构。从表7-5可以看到，产业生态系统的最底层是材料能源层；次底层是零部件层；第三层是设备层；第二层是基础设施层；最上层是服务层。"卡脖子"是打压制裁阻遏的策略，主要卡在材料能源层、零部件层和设备层。如汽车零部件约有2万个，而手机零部件达20万个，缺少一个零部件则整个设备生产便会停工，而关键材料、零部件和设备是很难替代的。面对美国及盟国对我国关键核心技术产业"脱钩断链"，我国企业同样"如鲠在喉"。企业认为相关设备和材料断供将使其丧失参与全球技术迭代能力，阻延产品更新换代进程。对于可能被卡住的关键设备、材料、软件、人才和配套，从进口依赖到自立自强，预计需要10年左右的时间。不到万不得已的地步，企业很难做出相关决定以应对"脱钩断链"的复杂情景。因此，需要做工作解决"脱钩断链"可能造成的战略威胁、战略恐惧和战略攻击等问题，争取和赢得发展的重要战略机遇期。对内，全国上下一盘棋，形成合力，推动关键核心技术高水平自立自强。同时，开放不封闭、挂钩不脱钩、合作不对抗、有饭大家吃、有事共商共建共享。

表7-5 产业生态系统

	技术产业体系的层级结构	信息技术产业体系的层级结构
服务层	1.服务层：航空公司、车站、加油站、电话公司、电商等	1.游戏、社交媒体、电商、金融等
基础设施层	2.基础设施层：铁路网、公路网、电网、互联网、物联网等	2.互联网、物联网、电信网络等
设备层	3.设备层：飞机、火车、汽车、发电机、机床、电脑、路由器、交换机、手机等	3.计算机、路由器、交换机、手机、半导体设备等
零部件层	4.部件层：轮子、螺丝、电池、内燃机、芯片、电子器件等	4.芯片、电子器件、集成电路、脑记录系统等
材料能源层	5.能源层：初级和次级能源；材料层：金属、无机、有机、化石、半导体等	5.金属、无机、有机、化石、半导体等

资料来源：董洁林，联科熙和碳中和产业战略研究院。

三、俄乌冲突下中国对外开放的战略选择

未来十年，是中国把握重要战略机遇期促进转型升级的关键十年，也是国际格局和世界秩序演进趋势变化的关键十年。坚持扩大高水平对外开放，把握和赢得中国发展的重要战略机遇期，抵御和化解国际环境的重大风险和挑战，保持高质量发展的战略定力和历史耐心，脚踏实地地做好自己的事情，对中国发展具有十分重要的意义。

（一）从全球视野出发重塑中国与世界的经济互动关系

当前，基于规则的全球化浪漫时代已经结束，以中美战略竞争为基调的

全球变局的时代到来。俄乌冲突进一步打破了原来全球各种力量相互制衡形成的均势局面，加快推进了国际格局的重塑和调整。这场冲突增强了美国的全球领导力，提升了北约军事安全组织的作用，动摇了俄罗斯的大国地位。北约这个冷战时期的军事同盟组织终于摆脱了"脑死亡"状态，世界银行、IMF、WTO 等二战后建立的国际经济组织的地位明显下降，大国军事安全同盟的重要性显著超过了经济贸易关系。这不是一个促进发展的时代，而是一个格局重塑的时代。

面对世界百年未有之大变局的复杂形势，中国在对外开放方面应当做出怎样的战略选择？首先，中国必须从俄乌冲突后的新国际格局视角重新审视中国对外开放的战略选择。表 7-6 列出了 2023 年 6 月 22 日发布的美国和印度联合声明主要内容。从中可以看出美国已经开始用印度来替代日本，形成"全球老大"和"未来老三"的印度联合夹击中国之势。中国对外开放战略必须研究如何从全球发展的视角，而不是从自身发展的视角出发，提出当前世界最重要的发展议题，用事实和行动，尤其是要通过第三方评估证明中国式现代化给世界带来的是机遇而非威胁。其次，"发展"主题始终是我国对外开放的重要议题。即使中国未来进入了发达国家行列，也要把人类发展作为构建人类命运共同体的基石。[①] 为此，要在金砖国家、上合组织、亚投行、RCEP 等平台和机制上探索构建一套真正适合发展的国际规则、全球话语和定价机制，不求最先进但求最适宜、不求最优解但求满意解，始终坚持建立有利于发展的国际规则、国际规制、国际标准、国际惯例的制度和治理模式。我们这样做的目的并不是另搞一套体系，也不是对抗，而是争取国际开发机构、国际经济组织、美日欧第三方的合作。最后，新形势下的对外开放重点是建立更加国际化、市场化、法治化的高标准市场体系，高水平社会主义市场经济体制，更高水平开放型经济新体制。习近平在主持全面深化改革委员会第二次会议时强调，"建设更高水平开放型经济新体制是我们主动作为以开放促改革、促发展的战略举措，要围绕服务构建新发展格局，以制度型开放为重

[①] "发展问题"是我们的基本盘，其依据不在于中国经济发达与否，而在于人类发展是构建人类命运共同体的基石。参阅张燕生，"从农业国工业化到中国式现代化发展"，2023 年 7 月。

点，聚焦投资、贸易、金融、创新等对外交流合作的重点领域深化体制机制改革，完善配套政策措施，积极主动把我国对外开放提高到新水平"。

表7-6　2023年6月22日发布的美国和印度联合声明主要内容

1.构建美国印度全面全球战略伙伴关系	16.印度采购MQ-9B HALE无人机	31.谴责朝鲜发射弹道导弹	46.购买200多架美国飞机及服务
2.启动关键和新兴技术倡议	17.气候与清洁和战略能源议程伙伴关系	32.打击全球恐怖主义	47.开展双边教育合作，印度留学生将成为美国最大的外国学生群体
3.太空合作	18.交通脱碳合作	33.关切阿富汗局势	48.临时签证续签
4.政策和法规调整	19.创新投资平台	34.加强印度、以色列、阿联酋、美国等I2U2国家间长期战略伙伴关系	49.加强签证申请的处理，促进人员往来
5.《半导体供应链与创伴关系》	20.支持国际能源署	35.互联网安全合作	50.开设新领事馆
6.电信安全、供应链弹性、数字包容性	21.矿产安全伙伴关系	36.共同价值观	51.讨论双边社会保障总额协议
7.印美联合量子协调机制	22.核能开发合作	37.多边合作	52.医药卫生食品合作
8.35项新兴技术创新联合研究合作	23.优化生活方式，促进可持续发展	38.G20改善主权债务重组进程	53.药品供应链和全球研发合作网络
9.人工智能合作	24.尊重以规则为基础的国际秩序	39.数字公共基础设施	54.双边毒品政策框架
10.尖端科学基础设施	25.关切乌克兰战争	40.加强多边开发银行	55.美国将文物送回印度
11.重大防务伙伴关系	26.美国支持印度成为UN常任理事国	41.印太经济框架IPEF合作	56.研究和教授印度的历史和文化
12.国防工业合作	27.四方会谈机制化	42.贸易投资合作	57.拜登新德里举行的G20峰会访印
13.GE喷气发动机	28.首届印度洋对话	43.双边贸易合作	58.这份文件是双边关系历史上最广泛、最全面的进步愿景
14.飞机船只维护维修中心	29.印太地区合作	44.创新握手	
15.国防加速生态系统	30.关切缅甸局势	45.中小微企业促进	

资料来源：作者自制。

（二）以和平、发展、合作为主题实施构建全球统一战线的新战略

当前，美国政府的战略选择正在发生深刻变化。美国总统国家安全事务助理沙利文在最近一次讲话中提出，"一场金融危机震撼了中产阶级，新冠肺炎疫情暴露了我们供应链的脆弱性，不断变化的气候威胁着生命和生计，俄乌冲突凸显了过度依赖的风险。所以这一刻要求我们达成新的共识"。[①] 这个被称为"新华盛顿共识"的政策主张正在通过拜登、沙利文、耶伦、雷蒙多、戴琪等人的文章和讲话逐步系统化。它至少包括当前美国面对的四个挑战和计划构建的五大战略思路。首先，美国面对工业基础空心化的挑战。沙利文批判了两个基本假设：一是市场总是对的；二是增长总是对的。他对美国 20 世纪 80 年代以来盛行的以倡导减税和放松管制、私有化而非公共行动以及贸易自由化作为目的的思想进行了批判，认为这是导致当前美国经济空心化、虚拟化、泡沫化的根源。其次，美国要适应地缘政治和安全竞争所定义的新环境。他批判了一个前提，即开放总是对的。美国将制定新贸易政策而不是自由贸易政策。[②] 再次，美国正在面对气候危机及能源转型的挑战。他批判了气候与增长是零和博弈的观念，认为清洁能源是创造增长和就业的机遇。最后，美国面临着不平等的挑战及其对民主的破坏。他批判了贸易总能带来包容性增长的假设，批判了涓滴经济政策，如减税、大幅削减公共投资、过度企业集中、破坏劳工运动等政策。他认为这四个挑战是全球性的，美国应对挑战的核心是恢复包容性增长能力，包括生产和创新的能力；物理、数字基础设施和清洁能源等公共产品的能力；抵御自然灾害和地缘政治冲击的能力；确保为美国中产阶级和全球劳动人民提供包容性机会。

[①] 布鲁金斯学会约翰·桑顿中国中心主任瑞安·哈斯在 2023 年 11—12 月的《外交事务》上发表了一篇题为"美国希望向中国要什么"的文章。他认为，沙利文对美国国内挑战的解决方案是错误的。全球化使美国更强大和富裕，但红利分配不公。欧洲建立了社会安全网帮助工人应对全球化损害。错不在全球化，而在美国自身。

[②] 2023 年 6 月 15 日，美国贸易代表戴琪在美国新闻俱乐部就供应链弹性发表演讲。她认为，贸易政策中对效率和低成本的追求导致脆弱和高风险的供应链，拜登政府计划通过提高标准、推动可持续性以及优先考虑工人和小企业生产者的需求来扭转这一趋势。

为此，沙利文提出了应对挑战的五大战略思路。一是实施美国新工业和创新战略。《通胀削减法案》和《基础设施法案》的出台，确保了美国供应链的弹性和安全性。二是美国加强与欧盟、加拿大、日本、韩国、印度等合作，确保半导体、清洁能源、关键矿物等建设能力、弹性和包容性。三是制定超越传统的贸易协议，建立新型国际经济伙伴关系。贸易政策不仅要降低关税，而且要完全融入美国经济战略。拜登政府正在推动全球贸易与劳工、贸易与气候的战略。四是动员数万亿美元的投资进入新兴经济体。美国需要扩大世界银行、亚洲开发银行等开发性金融机构的资产负债表，以应对气候变化、流行病、脆弱性和冲突。同时还必须扩大低收入和中等收入国家获得优惠、高质量融资的机会。G7发起PGII，十年内将动员数千亿美元用于能源、物理和数字基础设施融资。沙利文认为与"一带一路"倡议中的融资不同，PGII的项目透明、高标准，服务于长期、包容和可持续的增长。最后，美国要用"小院高墙"政策保护本国的基础技术，当美国在经济、国家安全和民主的交叉点做出政策决定时，这就是美国的指导方针。

由此可见，中美战略竞争显著不同于美苏冷战、日美摩擦、美欧矛盾，美国除了联合盟国对中国实施打压、阻遏、制裁，还在与中国进行一场综合实力的较量和全方位的制度竞争。其一，中美全球公共产品供给能力的竞争主要体现在全球制度供给能力的竞争上。2008年金融危机是一个大转折时期，美国连续三任总统以不同形式扬弃了第二次世界大战后建立的"基于规则的世界秩序"，包括降低关税、取消非关税措施、促进贸易投资自由化、便利化的自由贸易战略等。从奥巴马任总统时推动TPP、TTIP、TISA，到特朗普任总统时挑起贸易摩擦、推动美国优先和保护主义，再到拜登政府推动基于价值观的贸易政策，为美国公民、环境、中小企业服务。美国提出了一系列贸易与环境、贸易与劳工、贸易与公平、贸易与数字化等制度规则设计，同时推动"去中国化"。因此要想从全球发展角度应对美国制度规则变局，中国需要和金砖国家加强制度建设、能力建设、话语建设。其二，中美全球统一战线的竞争主要体现在是以美国自由、民主的政治正确划线还是以全球自由、民主的共同福祉划线，来构建人类命运共同体。美国将中国视为假想敌，实施了一系列针对中国的涉台、涉疆、涉南海、东海、朝鲜半岛等地缘政治战略，如印太战略、IPEF、四方机制、三方会谈等。当条件成熟时，美国会迫使亚太地区选边站，达到孤立中国、削弱中国、分解中国的目的。①中国则积极推动新型经济全球化继续前行，推动联合国维护世界和平与安全，国家不论大小一律平等，构建人类命运共同体。其三，中美基础设施建设的竞争主要体现在美国通过动员国际开发机构、资本市场、同盟体系搞 PGII，而中国则把交通等基础设施、信息等新基础设施、发展等社会基础设施协同推动的高质量共建"一带一路"作为国际社会共同事业。前者强调高标准，后者强调最适宜，事实上，无论是发达国家还是发展中国家，基础设施的投资缺口都是巨大的。如全球基础设施中心估计，2018—2040 年，基础设施项目的融资缺口将达到 15 万亿美元。每年在基础设施上的支出为 3 万亿～4 万亿美元，其中大部分由政府承担。因此，能够满足高标准的基础设施项目少之又少，能够满足最适宜的基础设施项目多之又多，我们希望加强高标准与最适宜之间的国际合作，共同推进全球基础设施建设。

（三）在逆全球化背景下构建更高水平开放型经济新体制

第一，要确定发展要安全、斗争要艺术、开放要自立的对外开放基本原则，持续提升中国经济国际化的深度和广度，服务新发展格局的战略定位。"发展要安全"，即使在最坏情景发生的情况下，也要有能力保证国家的粮食安全、能源安全、关键矿物安全、供应链安全、国家经济安全。最有效的途径一是构建全球周期不同步的多元化布局，形成风险对冲机制，建立大国冲突管控的危机管理和应对机制；二是做好抵御应对风险的准备，培育本土风险规避的替代和备份生产体系；三是发挥市场在资源配置中的决定性作用，提升综合实力和产业国际竞争力，更好地发挥政府作用，统筹协调，一致对

---

① 美国有一个理论叫"霸权转移"，即无论中国是否愿意称霸，随着时间推移都会把全球霸权转移到中国。当中国事实上成为全球霸权国家时，西方学者担心，中国是会承担供给全球公共产品的责任，还是继续采取搭便车的战略。西方学者希望证明中国不愿意承担大国责任。事实上，无论是 1997 年 7 月发生的亚洲金融危机，还是 2008 年 9 月发生的国际金融危机，中国都扮演了抵御危机、中流砥柱的大国角色。

外，应对外部冲击。"斗争要艺术"，在敌强我弱的竞争态势下，将拓展空间、赢得时间视为最重要的竞争变量，其目的是最大限度地争取第三方合作，提升金砖国家、上合组织、RCEP等全方位合作效率和水平，稳住和平发展的基本盘，分化、孤立和制衡世界霸权力量。"开放要自主"，意味着如果把对外开放形容为引狼入室、与狼共舞、引入外部压力的话，那么对外开放的正反馈机制是形成正向激励，负反馈机制则是滑向危机和停滞。日本当年借"广场协议"引入外部压力，试图推动日元升值、扩大内需、产业转型却失控，最终陷入30年的经济停滞，就是一个教训。其中一个重要因素是日本无法制衡霸权而丧失自主开放发展的能力。因此，对外开放战略要以制度型开放为重点，聚焦外经贸体制机制改革，把握重要战略机遇期。

第二，坚持"开放不封闭、挂钩不脱钩、合作不对抗"的战略取向。坚持"开放不封闭"，就是要在基于规则的全球化陷入停滞、基于价值观的全球化日益盛行、基于包容的全球化陷入分裂的新形势下，推动基于微观市场机制、工商合作、地方推动、民间合作的新型全球化继续前行。坚持"挂钩不脱钩"，就是通过推动体制规则与国际高标准规则衔接机制对接，形成你中有我、我中有你、相互依存的利益纠缠的合作态势。如国内资本市场通过全面深化改革，加强市场化、法治化、国际化金融监管能力建设，推动与国际资本市场互联互通，形成交叉相互持股的利益共同体机制，促进金融挂钩不脱钩。反之，金融市场化、法治化和国际化程度越低，与国际"脱钩断链"的风险就越大。坚持"合作不对抗"的战略，就像一场拔河，一端是希望把中国拖入冲突对抗陷阱的极端分子，另一端是希望全方位国际合作的大多数。无论是外交、军事、安全，还是经济、科技、产业，拔河越偏向冲突对抗的一场，我们的胜算就越小，越偏向全方位国际合作的一端，我们的胜算就越大。中国最宝贵的资源就是时间。赢得越多的时间，中国的科技、法治、金融的进步就越快，拔河取胜的概率就越大。在美国对中国实施"一锅端"的战略竞争，全链条、全方位打压、阻遏、制裁下，中国应保持战略定力、历史耐心和斗争艺术，继续扩大对外开放，构建相互依存、共同发展的利益共同体、责任共同体、命运共同体。

第三，面对中美半导体芯片和微电子、量子信息技术、人工智能等关键核心技术的战略博弈，要统筹协调解决好"有（进口替代）和没有（对外依赖）""好（前沿高端）和不好（中低端）""用（应用层）和没用（基础层）"的三个基本问题。所谓"有和没有"，即当美国筑起一道"小院高墙"并准备建设"大院高墙"的技术能力封锁壁垒的时候，中国别无选择，只能推动自主创新和科技高水平自立自强。这就需要采用产业补贴、政府采购、供应链协同、开放合作等策略支持自主创新，以解决"有与没有"的问题。所谓"好与不好"，即自主创新与科技高水平自立自强的技术迭代如何达到具备一流国际竞争力的水平。如果有而不好，则意味着高技术企业的国际竞争力会下降，如果不能解决技术动态迭代的问题，终究将被国际市场竞争淘汰。要解决好问题，就必须有逆周期的扶持性政策、全方位的国际合作、长期主义的研发创新等综合施策帮助高技术企业渡过难关。所谓"用和没用"，即创新链如果停留在有用的阶段，不能够推进有目标指向的基础研究、科学发现、原始创新的持续发展，就不可能有长期主义的历史耐心。[①] 1945 年的美国就面临着这个历史性选择，是美国总统的科学顾问布什博士发表的《科学，无尽的前沿》，把科学发现、基础研究、原始创新推到了皇冠的位置上，解决经济发展的最终源泉，才出现后来 70 多年美国科学技术的发展。所以，只有坚持科技高水平自主创新和自立自强，营造以市场为基础、企业为主体、开放为手段的科技创新发展生态环境，推动全方位国际合作，才能有效解决科学和技术"用与没用、有与没有、好与不好"之间的辩证关系，实现科技是第一生产力、人才是第一资源、发展是第一要义的突围。

第四，深化投资、贸易、金融等重点领域的体制机制改革。在投资领域，中国推动投资高质量发展，在离岸制造、在岸制造、全球制造基础上通过实施"引进来""本地化""走出去"战略，应对美欧主导的回岸制造、近岸制造、友岸制造的挑战。在与安全相关的领域，美欧推动"脱钩断链"。在与安全不相关的领域，美欧推动产业链、供应链外迁。在第三方市场，如共建"一带一路"国家，美欧推动 PGII，与中国在共建"一带一路"国家基础设施建

[①] 这里的目标指向主要是指，在中美科学技术能力竞争中，我们要把有限资源、人才和能力集中在解决关键核心技术的基础研究、科学发现和原始创新的层面上。

设领域展开竞争。中国积极推动成本驱动型资本进入东南亚等周边地区，带动中间产品出口和消费品进口；推动市场驱动型资本进入中国市场和中国企业出海进入发达市场；推动效率驱动型资本进入中国本土市场和全球化发展。在贸易领域，中国推动对外贸易高质量发展，更加注重高水平货物和服务贸易、数字贸易、绿色贸易、技术贸易、离岸贸易的合作发展；更加注重新型加工贸易方式的转型发展；更加注重营造中国作为货物和服务贸易、数字贸易的发包方，团结更多美日欧企业参与上游合作，引进更多亚非拉企业下游接包，构建新型相互依存的贸易合作共同体。在金融领域，中国推动金融高质量发展，在开放竞争的条件下推动现代金融和多层次资本市场发展，坚持金融为实体经济转型发展服务；充分发挥中国香港全球国际金融中心的地位和作用，包括发挥香港离岸人民币业务枢纽、国际金融中心、国际资产管理中心、国际风险管理中心、亚太国际法律及争议解决服务中心、国际创新科技中心、区域知识产权贸易中心等方面的重要作用；推动香港优势进一步市场化、法治化、国际化，取得能够真正与纽约、伦敦并驾齐驱的国际金融综合优势。

第五，坚持人口规模巨大国家的中国式现代化发展方向和路径，建立中国经济与世界经济优势互补、合作互动、互利共赢的新型国际关系。对大国而言，要回答的一个基本问题是，其现代化进程将改变大国实力对比、国际格局和世界秩序，其现代化进程对世界是机遇还是威胁？一种发展模式是大国不搞赢者通吃、零和博弈、以强凌弱，有饭大家吃、有事共商共建共享、构建人类命运共同体；另一种模式则相反，搞丛林法则，顺我者昌、逆我者亡、赢者通吃。中国式现代化要走合作共赢的发展模式。目前，中美战略竞争已经超越合理界限。如在世贸组织等多边经贸体系改革议题上，逢对手必反，把"非市场经济导向"的帽子扣在中国头上，事实上已成为推进世贸组织改革的最大障碍。在区域一体化进程中，RCEP面对着与美国主导的IPEF的竞争，将导致区域分裂；在发展领域，"一带一路"倡议面对着与PGII的竞争。因此，中国未来要想实施对外开放战略，必须做好开放国际竞争与合作的充分准备，打造最广泛的国际统一战线和利益共同体。

（四）坚持走和平发展道路，建设开放型世界经济

中国坚持走和平发展道路的现代化通路，需要跨越修昔底德陷阱、萨缪尔森陷阱和金德尔伯格陷阱，构建人类命运共同体。

首先，跨越修昔底德陷阱需要建立危机管理合作机制。美国哈佛大学教授格雷厄姆·艾利森分析了历史上守成大国与新兴大国之间冲突的案例，其中有12个案例都走向了战争。规避"中美必有一战"假说已成为中美战略竞争的一条底线。基辛格曾表示，如果目前紧张局势继续下去，台湾海峡很可能会"发生军事冲突"。[①]美国印太司令阿奎利诺在2023年阿斯彭安全论坛上表示"中国军队已经在做准备，2027年之前，将会拥有使两岸统一能力。美军需要先做好威慑，一旦威慑失败，就要做好击败解放军的准备"。一项调查结果显示，目前台商正在离开中国大陆和台湾地区。跨国公司最担心的是东亚地区发生俄乌冲突式的代理人冲突。在这种情况下，中国坚持走和平发展道路的中国式现代化，就必须避免中美直接冲突和另一场俄乌冲突式的代理人战争，这是建设开放型世界经济体系、继续扩大高水平对外开放的重要前提。为此，中美要就两国元首会晤所达成的重要共识，在工作层面上就避免中美冲突和另一场俄乌冲突式的代理人战争两条底线展开充分沟通交流对话，达成协议框架。这对"维护和平的国际环境和稳定的国际秩序"，对中美建立相互尊重、和平共处、互利多赢的新型大国关系具有重要意义。

其次，跨越萨缪尔森陷阱需要有效管控"强强竞争"的对抗态势。[②]著名经济学家萨缪尔森曾指出，"自由贸易并非总是对一国有利的，当他国发生了本国传统上拥有比较优势的产品上的技术进步时，自由贸易将造成本国福利的恶化"。在1990—2008年的超级全球化时期，美国坐享了两场泡沫繁荣，一场是20世纪90年代的科技泡沫，另一场是21世纪初的金融和房地产泡沫，最后陷入产业结构的空心化、泡沫化、虚拟化。对此，美国是在告别

[①] 彭博社2023年6月15日发布的对基辛格的采访。

[②] Samuelson, Paul A.2004. "Where Ricardo and Mill rebut and confirm arguments of mainstream economists supporting globalization". Journal of Economic Perspectives 18(3):135–146.

自由贸易还是告别旧增长模式中，选择了中美对抗。《纽约时报》最近刊载了一篇文章："这是一种战争行为"。[①]该文章引证了美国战略与国际问题研究中心格雷戈里·艾伦的观点。他认为，2022年的两个日期将被历史铭记：一个是2月24日，俄乌冲突爆发；另一个是10月7日，美国政府通过《出口管制》，削弱中国生产甚至购买最高端芯片的能力。这个法规代表了美国政策制定者对半导体、供应链以及美国国力问题的全面认知。[②]我国要跨越"强强竞争"的对抗陷阱，一是要构建高水平自立自强的技术能力、产业能力、金融能力。二是要构建"强强互补"的合作模式推进错位竞争、差异发展。三是要构建第三方合作的共同利益。四是要构建多层次的沟通对话协调机制增进战略互信。

最后，跨越金德尔伯格陷阱需要推动全球治理改革。查尔斯·P.金德尔伯格认为，1929—1933年世界经济大萧条的主要原因是英国无力而美国无意承担国际经济秩序的领导者角色。当前，全球经济治理改革面对三个基本问题：一是缺少全球经济失衡与再平衡的调节机制。美国认为2008年金融危机爆发的根源是全球失衡，而失衡的调节责任必须由中国承担。事实上，1990年以来，中国经常项目顺差增加是美国经常项目逆差上升引致的结果，而不是失衡的源头。二是缺少全球不平等与再分配的调节机制。1980年以来美国国内贫富差距扩大，被归咎于全球化和中国不公平竞争，这本身就是不公平的。三是缺少全球化损益补偿机制引发大国冲突。1929—1933年大萧条后引发世界债务链中断，德国经济陷入恶性通胀而崩溃，希特勒上台挑起了第二次世界大战。当前，世界正处于百年未有之大变局。有两种走出困境的主张：一种是习近平主席提出的"坚持公正合理，破解治理赤字""坚持互商互谅，破解信任赤字""坚持同舟共济，破解和平赤字""坚持互利共赢，破解发展赤字"[③]；另一种是美国主导的全球治理平台从G20又回到G7，构建了美国价

---

① "这是一种战争行为"：解码美国对华芯片封锁行动，纽约时报中文网，2023年7月13日。
② "这是一种战争行为"：解码美国对华芯片封锁行动，纽约时报中文网，2023年7月13日。
③ 习近平出席巴黎中法全球治理论坛闭幕式上题为《为建设更加美好的地球家园贡献智慧和力量》的讲话，2019年3月26日。

值观领导力、北约军事组织、同盟体系三位一体的全球治理架构，其中一个主题是"去中国化"。

（五）结论：俄乌冲突下中国对外开放的战略选择

俄乌冲突改变了大国竞争、地缘政治、国际格局的发展态势，而美国全球领导力、北约军事组织、同盟体系三位一体的新架构将支配未来一个时期的世界发展方向和趋势。其中，关键核心科技能力竞争，包括量子信息技术、人工智能、半导体和微电子等未来新兴领域的全球能力竞争将占据重要地位。竞争的基础要素包括人才和研究型大学；现代金融和多层次资本市场体系；规则制定权、话语权和定价权。中美战略竞争的本质是美国对华打压、制裁和阻遏。中美战略竞争的差距仍然很大。中国需要的核心要素是时间，能否赢得和平发展的足够长的时间，将决定中华民族伟大复兴的进程。2022年，中国研发强度达2.55%，已超过OECD国家的平均强度水平。但人才存量、知识存量、技术存量等与国际水平差距仍很大。在美国全面打压、制裁和阻遏下，中国经济增长速度会明显放慢。受到美国制裁和长臂管辖影响的有数千家中国高技术企业（如华为）、大学和科研院所、科技生产性服务机构等。未来十年，中国扩大对外开放战略的基本点应从发展转向发展与安全兼顾，从斗争转向斗争与合作兼顾，从开放转向开放与自主兼顾。扩大对外开放战略的着力点是建设一流的人才和研究型大学、现代金融和多层次资本市场体系、制度型开放和治理体系国际化。扩大对外开放的战略重点是实施经济国际化战略、科技强国战略、制造强国战略、质量强国战略、人才强国战略。扩大对外开放的战略区域是国内大循环体系的国际化、双循环体系的内外贸一体化、发达市场的相互依存关系升级。扩大对外开放战略的结构支撑是数实融合、服实融合、绿实融合、创实融合、虚实融合。扩大对外开放的主体是混合所有制出台。扩大对外开放的合作模式是发展你中有我、我中有你、相互依存、有饭大家吃的分工与专业化生产模式。扩大对外开放的动力机制是市场驱动、企业主体、地方参与的数字赋能、绿色赋能、科技赋能的全方位国际合作新模式。中美战略竞争的关键因素归结到一点，就是相对TFP增长率的竞争。我国 TFP 占美国 TFP 的比重从 2000 年的 29% 上升到 2014 年的 43%，2035 年能否上升到 60%。[①]

一是对外开放战略的基本点。发展要安全、斗争要艺术、开放要自主。其中，发展与安全兼顾，即坚持科技是第一生产力、人才是第一资源、发展是第一要义，在此基础上，提升产业链、供应链的韧性、弹性、柔性，推动关键核心技术攻关上台阶。斗争与合作兼顾，在坚持敢于斗争、善于斗争的同时，要抵御和防范少数极端分子把中美关系带入冲突对抗陷阱的风险，团结一切可以团结的力量，构建最广泛的国际统一战线。开放与自主兼顾，即坚持扩大高水平对外开放，推动经济新全球化继续前行，推动开放型世界经济体系建设前行。同时，形成国家力量、行业协会商会力量、地方力量统筹协调机制，扶持自主创新和科技高水平自立自强能力。

二是对外开放战略的着力点。培育世界一流人才和研究型大学、世界一流现代金融和多层次资本市场体系、世界一流制度规则、制度型开放和治理体系与治理能力现代化。从制造强国发展指数来看，中国目前尚处于三流制造强国的地位。中国要成为二流制造强国，与德国、日本等世界制造强国并驾齐驱，还需要一定时间。但是，中国要进入世界一流制造强国行列，仅仅靠时间积累是难以实现的。如培育世界一流人才，建成研究型大学，打造"世界大脑"，就需要推动汉语和英语双语教学，从深层次体制机制上突破"李约瑟难题""钱学森之问"的科技发展困境。又如发展现代金融和多层次资本市场体系，就需要发挥中国香港全球国际金融中心的综合优势，带动全国金融创新发展，同时助推香港优势进一步市场化、法治化、国际化，发挥与纽约、伦敦并驾齐驱的全球领先优势。

三是扩大对外开放的战略重点。在中美战略竞争的条件下推动实施经济国际化战略、科技强国战略、制造强国战略、质量强国战略、人才强国战略。经济国际化战略既包括城市国际化、产业国际化、人才国际化、市场国际化，也包括推动国内大循环体系国际化、双循环体系国际化、培育新形势下参与

---

① 北京大学光华管理学院院长、金融学教授刘俏在"中国经济：短期政策和长期问题"主题论坛上发表的开幕致辞和演讲，2022 年月 17 日。

国际竞争与合作新优势。科技强国战略的核心是打造以市场为基础、企业为主体的开发试验研究、关键共性技术平台、应用基础研究、基础研究组成的创新链，培育全方位国际合作的科技创新生态体系和创新环境，在量子信息技术、人工智能、半导体和微电子等世界前沿领域培育新型研发体系和核心人才队伍。在更高水平开放型经济新体制支撑下实施制造强国战略、质量强国战略、人才强国战略、金融强国战略，推动中国式现代化创新发展。

四是扩大高水平对外开放的区域一体化战略。在开放条件下确立基于扩大内需战略的国内大循环主体地位，实施双循环战略，培育国际合作竞争新优势。目前，中国加入CPTPP的申请虽然被暂时搁置，但对标国际高标准制度规则是中国深化改革的战略主动，会继续不断深化。RCEP也面对IPEF的竞争，中国作为IPEF四大支柱的模范生，把美国主导IPEF的"去中国化"战略转变为中国推动的"再中国化"战略。同样，发达市场是培育中国企业高质量发展的主战场。拿起国际经贸规则和法律武器为中国企业赢得更大的发展空间，是高水平对外开放战略的重要内容。

五是扩大高水平对外开放的现代化产业体系支撑。首先，在开放条件下推动数实融合打造新实体经济：方向是推动数字化、网络化、智能化发展；重点是推动农业数字化、制造业数字化、基础设施数字化、服务业数字化；绩效是提升劳动生产率，尤其是全要素生产率。其次，在开放条件下推动服实融合，促进制造业高质量发展，既包括提供研发服务、技术服务、资讯服务、设计服务、专业服务，也包括提升商流、物流、信息流、人才流、资金流互联互通效率，还包括打造一批服务业占70%以上，其中生产性服务业占70%以上的全球性大都市。再次，推动绿实融合激励绿色发展成为普遍形态，在先立后破、创新优先的基础上如期实现双碳目标。最后，推动创实融合驱动创新成为第一动力。新实体经济必须发展硬科技，但这需要构建更坚实的基础研究、应用研究的支撑，需要关键共性技术平台的赋能，需要科技体制机制和正向激励机制，需要营造全方位国际合作的"四链协同发展"的合作环境。

六是扩大对外开放战略的双向投资模式。中国"引进来"战略重点已经从成本驱动转向市场驱动，下一步转向效率驱动。必须加快改善和优化投资环境、营商环境、创新环境，创造有利于打造"世界大脑"的市场化生态和国际化环境。面对不确定性的国际前景，消除双向投资的不确定性风险，需要外交、军事、安全、发改、商务等方方面面协同做稳外资稳外贸工作。中国"走出去"战略肩负着将产业链、供应链延伸扩展到海外的重任，同时，也肩负从 ESG（环境、社会和公司治理）三个维度改善公司治理承担社会责任的重任。同时要用"走出去"战略化解美欧实施的回岸制造、近岸制造、友岸制造战略的挑战，破除美欧用贸易摩擦、价值观、绿色壁垒等手段迫使产业链、供应链迁出中国的困境，构建 GNP 的全球双向投资新格局。

七是扩大对外开放的贸易合作模式。推动外贸高质量发展的重点是推动高技术制造业、高技术服务业、跨境电商、绿色贸易、离岸贸易、其他服务贸易的发展。其中，中间贸易、资本品贸易、新型加工贸易、数字贸易等新型贸易方式的发展，需要推动硬科技、软科技、新科技的发展，需要推动国际化、高端化、新型化的内外贸一体化、上下游一体化、产供销一体化的新模式的发展，需要推动你中有我、我中有你、相互依存、有饭大家吃的贸易分工与专业化合作生产模式的发展。

八是扩大高水平对外开放的动力机制。在经济全球化发展时代，WTO 等多边经贸规则体系在推动贸易投资自由化便利化等方面发挥了重要作用；全球性跨国公司在科技创新、全球综合物流革命和全球供应链管理体系等方面扮演了重要角色，市场机制在全球资源合理配置中发挥了基础作用，增进了全球经济福祉。然而，现在逆全球化盛行，地缘政治和大国竞争增加了全球产业链、供应链"脱钩断链"的风险。在这种形势下，要探索市场驱动、企业主体、地方参与、民间合作的对外开放新模式，探索数字赋能、绿色赋能、科技赋能的全方位国际合作新模式，探索从全球发展出发，构建有饭大家吃、有事共商共建共享、有难大家帮的包容性增长新模式，为构建开放型世界经济做贡献。

第八章
面对新机遇,人民币国际化如何行稳致远?

张礼卿 *

---

* **张礼卿**,中央财经大学金融学院国家二级教授,国际金融研究中心主任,中国世界经济学会副会长,全球经济治理 50 人论坛学术委员会副主任。

摘要：人民币国际化自2009年正式启动以来，经历了"启动与快速发展""调整与平稳发展""回升与持续发展"三个阶段，在波动中向前发展。人民币作为国际货币，尽管与美元、欧元等主要国际货币还有很大的差距，但已经初步具备交易媒介、计值工具和储藏工具三大功能。自2015年以来，人民币国际化出现了一些重要的结构性变化和相关进展。当前，人民币国际化面临一些新的发展机会，包括"去美元化"、RCEP启动和全球金融动荡等。对于这些机遇，我们应该客观冷静地看待。为使人民币国际化行稳致远，有必要深刻理解货币国际化的客观规律和相关国际经验。有序推进人民币国际化的关键是创造条件，激发境外机构和个人使用、持有人民币的意愿。具体举措包括：实现经济持续稳步增长、保持出口贸易大国地位、加快金融市场改革和资本账户开放、积极参与全球金融治理和高度重视地缘政治在人民币国际化过程中的影响等。

一、人民币国际化发展的历程

大约从 2000 年开始，我国在与越南、缅甸和蒙古国等国家交界的一些边境地区就已出现零星的人民币贸易结算情形，由监管部门通过政策调整等制度性变革启动的人民币国际化进程则始于 2009 年。回顾这十多年的发展，人民币国际化大致经历了三个发展阶段，并在范围和深度上逐渐呈现出积极进展。

（一）三个发展阶段和总体评价

1. 启动与快速发展阶段（2009—2014 年）

2009 年 7 月，根据国务院常务会议的决定，中国人民银行等多个部委联合启动了跨境贸易人民币结算的试点。首批试点城市包括上海、广州、深圳、珠海、东莞五个城市。在接下来的两年内，试点范围持续扩大。2012 年 6 月，跨境贸易人民币结算业务全面铺开，并扩大到全部经常项目。

跨境贸易结算制度的改革，显著推动了人民币在跨境贸易结算中的使用。另有一些因素则推动了这一时期的人民币国际化，如 2010 年之后，人民币出现了明显的升值势头；为了配合人民币从境外回流，中国人民银行允许境外央行或货币当局、港澳地区人民币清算行、境外跨境贸易人民币结算参加行这三类机构以人民币投资于境内银行间债券市场；2012年，宣布实施 RQFII（人民币合格境外机构投资者），即允许人民币合格境外机构投资者在境内开立银行账户并进行银行间债券投资。到2014年我国跨境贸易中大约有25%实现了以人民币结算。香港的离岸人民币存款超过了1万亿元，全球离岸人民币存款规模达2万亿元之多。

2. 调整和平稳发展阶段（2015—2017年）

2015年，受股市波动、"8·11汇改"、美联储开始推出量化宽松货币政策等多重因素的影响，人民币汇率出现了显著的市场波动（贬值）。为了阻止人民币对美元的快速贬值，中国人民银行在进行大规模市场干预的同时，强化了宏观审慎政策的运用，包括通过引入"参考一篮子货币汇率变化"和"逆周期调节因子"，恢复对中间汇率进行适当管控，并且明显放缓了资本账户开放的速度。受这些因素的影响，这段时间人民币国际化出现了相对停滞的局面。香港离岸市场的人民币存款大约下降了50%，跨境贸易的人民币结算额占比下降到了12%左右，差不多减少了50%。

3. 回升与持续发展阶段（2018年至今）

2018年，新一轮金融业对外开放启动。在不到两年的时间里，QFII（合格境外机构投资者）、RQFII的额度限制相继废除，外资对境内各类金融机构投资的股比限制也显著放松，乃至最终全面取消，这些举措鼓励了外资流入。2020年新冠肺炎疫情开始以后，中外息差扩大进一步导致外国证券资本流入增多，并使人民币出现了较为强劲的上升态势。与此同时，通过签署和更新人民币双边货币互换协议、与国际清算银行合作设立人民币流动性安排等措施，国际货币金融合作也有所增强。所有这些因素，导致人民币国际化重新进入一个较为快速的发展阶段。

从总体上看，过去14年，人民币国际化从零起步，在波动中向前发展，最终取得了显著的成绩。影响这一进展的因素很多，包括最初的结算制度改革带来的政策效应、经济贸易规模的持续稳步扩大、资本账户开放程度的提升及其反复、人民币对美元等主要国际货币汇率的波动、国际货币金融合作的加强，以及中国人民银行等有关部门的直接推动。

从数据资料看，经过10多年的发展，作为一种新兴的国际货币，人民币充当国际性交易媒介、计值工具和价值储藏的情形已经在不同程度上出现。当然，必须看到，人民币与美元、欧元等发达国家货币相比仍有不小的差距。据中国人民银行发布的《2022年人民币国际化报告》，2021年末，人民币国际化综合指数[①]为2.80，而同期美元、欧元、英镑、日元的这一指数分别为58.13、21.81、8.77和4.93（见图8-1）。另据欧洲中央银行《欧元的国际地位报告》等数据来源，截至2022年4月，人民币在SWIFT系统中的占比为2.14%，而美元和欧元分别占41.81%和34.74%；人民币在IMF官方外汇储备货币构成中的占比为2.8%，而美元和欧元各占58.81%和20.60%；人民币在全球外汇交易总量中的占比为2.2%，在全球国际银行业负债总额中的占比

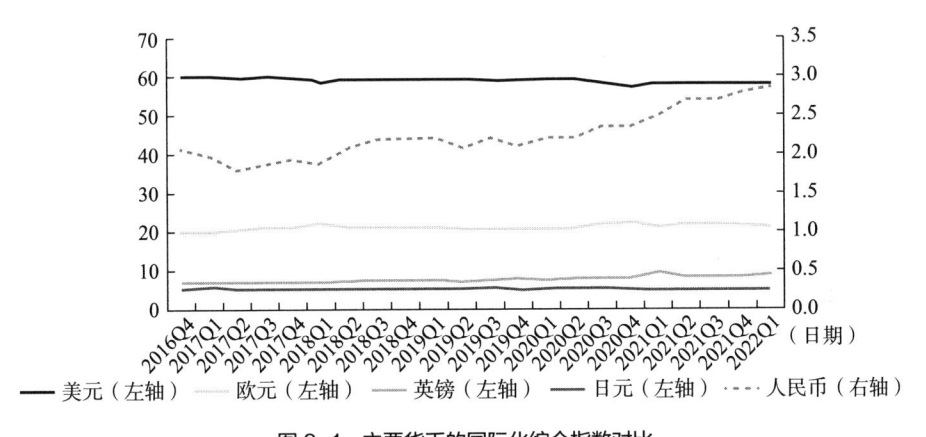

图8-1 主要货币的国际化综合指数对比

资料来源：根据中国人民银行《2022年人民币国际化报告》和相关资料整理。

[①] 该指数由中国人民银行编制，包含四个一级指标，分别反映支付货币、投资货币、融资货币和储备货币功能。在二级指标中，用全球支付货币份额指标衡量支付货币功能；用国际银行业对外负债、外汇交易市场份额、外汇即期交易使用份额、利率衍生品市场份额等指标衡量投资货币功能；用全球贸易融资货币份额、国际银行业对外债权、国际债券发行比例等指标衡量融资货币功能；用全球外汇储备币种构成指标衡量储备货币功能。（《2022年人民币国际化报告》，中国人民银行官方网站）

第八章 面对新机遇，人民币国际化如何行稳致远？

为 1.1%，在全球国际债务证券融资总量中的占比为 0.3%，而在这些占比方面，同样是美元、欧元、日元等发达国家的货币遥遥领先。实际上，在一些方面，人民币与英镑、日元、澳元和加元相比也还有一定的差距。简言之，人民币要成为重要的国际货币，还有很长的路要走。

（二）一些重要的结构性变化和相关进展

自 2015 年以来，人民币国际化出现了不少重要的积极变化。

第一，从主要通过贸易渠道实现转向越来越多地通过金融渠道实现转向。图 8-2 显示，2010—2022 年，人民币年度收付金额在经常项目和资本项目之间发生了显著的结构性变化。很显然，通过直接投资、证券投资和银行贷款等各类跨境资本流动实现的人民币收付金额，已经远远超过通过跨境贸易和其他经常项目交易实现的人民币收付金额，这是一个非常重要的变化，有助于人民币国际化的持续发展。

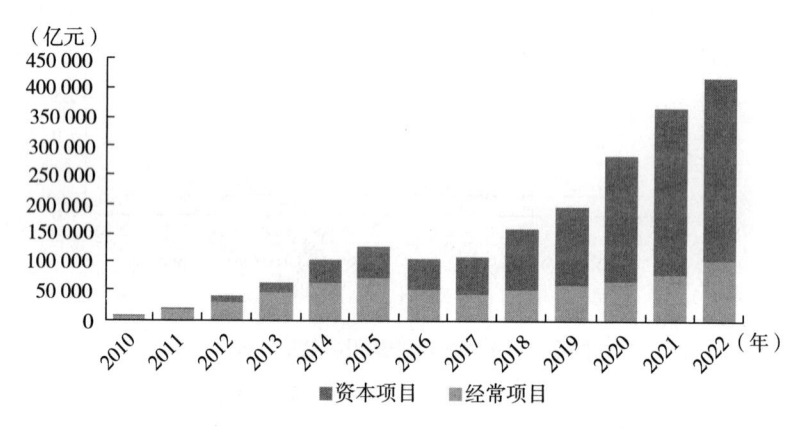

图 8-2　2010—2022 年人民币年度收付金额

资料来源：中国人民银行《2023 年人民币国际化报告》。

第二，在岸市场在人民币国际化过程中的作用明显提升。在最初几年，香港、台北、伦敦等离岸市场是境外机构和个人获得人民币计值资产的主要场所。据估算，在 2014 年这个高峰时期，全球离岸市场的人民币存款大约为 2 万亿元，其中有一半分布在香港市场。此后，离岸市场的人民币资产持续下降，截至 2017 年大约下降了 50%。近年来，虽有所回升，但仍然没有回到 2014 年的高点。据中国人民银行发布的人民币国际化报告，2022 年底全球离岸市场人民币存款大约为 1.5 万亿元。然而，在此期间，境外主体持有的境内人民币股票、债券、贷款以及存款等金融资产的金额则持续增长。据万得数据库资料，2016 年底，该金额略高于 3 万亿元，而 2021 年已超过了 10 万亿元。

第三，金融制度和工具创新成为人民币国际化的重要推动力量。自 2015 年以来，"沪港通""深港通""债券通"（北向通）"互换通"（北向通）等交易安排的推出，使境外投资者对境内人民币债券的投资机会扩大，并且得以有效地进行利率风险的管理，这促进了在岸人民币国际化的发展。在香港离岸市场，自 2018 年以来，中国人民银行通过香港金管局多次在香港发行央票，不仅促进了离岸人民币汇率的稳定，也有助于离岸人民币基准利率的形成。与此同时，以人民币计价的权益类投资产品逐渐丰富，人民币期权期货、人民币 ETF（交易型开放式指数基金）、人民币 REITs（房地产投资信托）均有一定发展。2023 年 6 月 19 日，香港证券交易所推出的"港币—人民币双柜台模式"可谓是新的尝试。在双柜台模式下，投资者可以互换同一个发行人发行的港币柜台证券和人民币柜台证券，两个柜台的证券可以在不改变实益拥有权的情况下相互转换。这种模式为发行人和投资者提供了更多选择，将有助于促进人民币在港股交易中的使用，并助力人民币国际化。

第四，人民币开始在大宗产品交易中发挥计价功能。具体表现在：2018 年 3 月，上海国际能源期货交易中心推出人民币原油期货交易，首个以人民币计价的原油期货合约诞生，标志着人民币在大宗产品的计价方面实现了重大突破，人民币的国际计价功能得到了提升。经过三年努力，该交易中心的原油期货累计成交金额达 44.1 万亿元，在原油期货中市场规模仅次于 WTI 和布伦特原油期货，位居全球第三。[①]2021 年，我国已上市的原油、铁矿石、精对苯二甲酸、20 号胶、低硫燃料油、国际铜、棕榈油共 7 个特定品种交易期

---

① 资料来源：澎湃新闻。

货稳步发展，在为大宗商品交易人民币计价结算提供定价基准方面发挥了一定作用。截至 2021 年末，境外参与者累计汇入保证金 1 244.98 亿元，累计汇出 1 253.05 亿元，其中人民币占比分别为 69.1%、81.3%。

第五，人民币成为 SDR 篮子货币。2016 年 10 月 1 日，人民币正式加入 SDR 货币篮子，并取得了 10.92% 的份额，仅次于美元和欧元。尽管象征意义大于实际意义，但这仍是人民币国际化历程中一个具有里程碑意义的重要事件。时任 IMF 总裁拉加德女士表示，"人民币进入 SDR 货币篮子是中国经济融入全球金融体系的重要里程碑，也是对中国政府在过去几年在货币和金融体系改革方面所取得的进步的认可"。2022 年 8 月 1 日，IMF 对 SDR 货币篮子份额的最新调整生效，人民币在该货币篮子中的权重上调至 12.28%，进一步凸显了人民币在国际货币体系中的重要性。

第六，人民币支付清算的基础设施建设速度加快，成效不断提升。2015 年 10 月，人民币跨境支付系统一期成功上线运行。2018 年 5 月，该系统二期全面投产，符合要求的直接参加行同步上线。截至 2021 年末，共有境内外 1 259 家机构通过直接或间接方式接入，其中直接参加行 75 家，较 2015 年 10 月上线初期增加 56 家；间接参加行 1 184 家，较 2015 年上线初期增加了近 6 倍。据央行数据，2022 年人民币跨境支付系统处理业务 440.04 万笔，金额 96.70 万亿元，同比分别增长 31.68% 和 21.48%，日均处理业务 1.77 万笔，金额 3 883.38 亿元。另外，截至 2021 年末，中国人民银行已在 25 个国家和地区授权了 27 家境外人民币清算行。[1]

第七，人民币在全球金融安全网建设中的作用逐步增强。截至 2021 年末，中国人民银行与累计 40 个国家和地区的中央银行或货币当局签署过双边本币互换协议，总金额超过 4.02 万亿元，有效金额 3.54 万亿。[2] 另外，2022 年 6 月 22 日，中国人民银行与国际清算银行共同设立了人民币流动性安排。根据这一安排，每个参与的中央银行或货币当局须认缴不低于 150 亿元人民币或等值美元的人民币或美元储备存放在国际清算银行，形成一个储备资金

---

[1] 中国人民银行《2022 年人民币国际化报告》和相关资料。
[2] 中国人民银行《2022 年人民币国际化报告》和相关资料。

池，这些机构可以在未来市场波动时寻求此安排项下的资金支持。首批加入的除中国人民银行外，还包括马来西亚中央银行、中国香港金融管理局、新加坡金融管理局和智利中央银行。随着加入的国家和地区的增多，这一安排将成为危机国家获取人民币流动性的重要来源。

第八，加强与部分新兴经济体的双边支付清算合作。2021年3月，中国人民银行与柬埔寨国家银行签署双边本币合作协议，将本币结算范围扩大至两国已放开的所有经常和资本项下交易。2021年9月，中国人民银行与印度尼西亚银行正式启动中国—印度尼西亚本币结算合作框架，并推动人民币/印度尼西亚卢比银行间市场区域交易。在俄乌冲突的背景下，美元的国际信任度受到了一定的影响。利用这一机会，人民币又与南美地区一些国家加强双边支付清算合作。2023年3月，巴西宣布与中国达成协议，不再使用美元作为中间货币，而是以本币进行贸易，同时采取措施降低使用人民币跨境交易的难度，促进双边贸易投资便利化。2023年4月，阿根廷也宣布停止使用美元来支付从中国进口的商品，转而使用人民币结算。2023年6月底，该国还决定使用人民币向IMF支付部分债务。2023年7月，玻利维亚也宣布开始使用人民币结算，并计划设立中资银行，以便更好地推进人民币在双边贸易中的支付和结算。

二、客观认识当前面临的一些机遇

当前，世界面临百年未有之大变局。新冠肺炎疫情对经济的影响并未很快消退，"疤痕效应"可能会持续相当长的时间。俄乌军事冲突已经持续较长时间，仍未显露任何在短时间内结束的希望，其对经济增长、物价稳定和全球货币金融体系的短期和中长期影响均难以估计。为了应对疫情，美联储从无限量宽松到激进加息。地缘政治冲突不断加深，导致国际供应链的转移和重塑加快，全球经济碎片化、集团化和区域化的趋势正在形成，等等。这些变化从客观上给人民币的国际化带来了一定的机遇。但是，究竟应该如何客观地看待这些机遇，我们能否有效地加以利用，还需要做出理性评判和认真研究。

（一）"去美元化"与人民币国际化

2023年初以来，"去美元化"一度成为热门词汇。大致说来，所谓"去美元化"，就是指一些国家推行非美元的双边支付结算、重构区域性货币联盟清算体系、减持美元储备和增持黄金及其他货币等。在过去几个月，据报道，接连发生了以下"去美元化"的情形：俄罗斯、伊朗共同宣布推出加密货币进行国际贸易；沙特阿拉伯宣布同意以美元以外的货币出售石油；南非宣布金砖国家希望绕开美元建立一个更加公平的国际支付体系；阿联酋和印度同时宣布要以卢比交易非石油产品；阿根廷、巴西也准备建立共同货币；巴西和中国达成协议不再使用美元作为中间货币等。

自20世纪70年代初布雷顿森林体系瓦解后，美元作为国际货币的地位有所下降，但总体上一直保持着主导地位。当前之所以会出现"去美元化"的现象并在一定程度上引发全球性关注，主要有两个原因。一是俄乌冲突发生之后美国对俄实施金融制裁，引发国际社会对美元信誉的担忧。2022年2月，在俄罗斯宣布对乌发动军事行动后不久，美国开始对俄罗斯实施一系列金融制裁，包括禁止俄罗斯主要银行使用SWIFT系统，冻结俄罗斯3 000亿左右的美元储备等。IMF第一副总裁吉塔·戈皮纳特曾发出警告，他认为美国这样做很可能导致其他国家央行不再愿意持有巨额美元。其他国际组织、知名学者和金融界人士也表达了类似的看法。这些表态在一定程度上动摇了人们对美元的信心，这是"去美元化"现象发生的最初原因。二是美国财政赤字和债务。疫情后美国财政赤字高达18%，居高不下。2008年美国国债只有10万亿美元，如今已经上升到31.4万亿美元。在不久前美国国会通过提高债务上限后，美国的国债水平肯定会继续提升，这无疑会严重影响人们对美元长期保持稳定的信心。

值得一提的是，瑞信集团金融市场部的策略师佐尔坦·鲍兹在俄乌冲突爆发后写了一系列文章，认为这场地缘政治冲突以及美国不断积累的巨额国债将对全球货币体系产生重要影响。具体讲，俄乌冲突结束后，全球将进入布雷顿森林体系Ⅲ时代，即全球储备体系将在很大程度上进入一个以大宗商品（如石油、黄金和农产品等）为中心的时代。这意味着以美元为主导的国际货币体系将出现颠覆性的变化。支持这一观点的学者并不多，因为1929—1933年的经济大萧条已经充分证明，回到类似于国际金本位的时代，对于充分发挥中央银行通过调节货币供给来稳定经济，特别是应对经济萧条十分不利。不过，佐尔坦·鲍兹的看法实际上也在一定程度上代表了市场对美元的信任度可能正在下降，并由此影响了投资者的资产组合行为。如果人们对美元的信心开始削弱，自然会减持以美元计价的各种金融资产。

可以相信，"去美元化"给人民币国际化带来了一定的机遇，因为人民币国际化本质上是一个货币竞争的过程。而且，中国与俄罗斯、沙特阿拉伯、巴西等国签署的本币结算协议确实有可能在一定程度上增加人民币在跨境贸易中替代美元充当结算货币的机会。从长远看，伴随着美国GDP和对外贸易在全球占比的下降，美元国际地位的继续下降也是大势所趋，尽管我们并不知道这个过程将延续多久。而美元在全球货币体系中作为支付货币、储备货币和交易货币占比的下降，对人民币来说自然是机会。

但是，上述结论并不意味着"去美元化"过程会在短时间内实现，至少有以下几个原因。第一，从目前看，"去美元化"的宣示多于行动，各国表态多是"在国际贸易结算中寻求更多货币作为结算货币"，即寻求多元化尝试，但并没有排除美元结算。在多数实际情形中，一般仍会以美元结算为主，只是通过增加使用其他货币进行结算和储备，来避免对美元的过度依赖。第二，在目前的"去美元化"安排中，一些国家宣示，未来将在双边贸易中逐渐去除美元，改用本币进行结算。其实，这种安排很难持久。在双边贸易基础上持续使用本币进行贸易结算需要具备一个前提，即必须以双边贸易平衡为基础，而这是很难做到的。如果不能实现双边贸易平衡，即一方有逆差，另一方有顺差，那么顺差方能否从逆差方获得大量以逆差方货币为计值的金融资产就成为一个问题。如果可以获得，那么双边贸易本币结算就可以延续下去，否则会很快终结。在20世纪六七十年代，中国曾和拉美国家、苏联签订双边支付协定，这些支付协定到20世纪80年代后基本被废除，原因就是不能解决上述问题。从目前看，计划实现本币结算的国家一般都不具备发达的金融市场来大规模地支持向对方国家提供本币计值的金融资产。第三，尽管近两年美元储备货币地位有所下降，在过去20年间从70%左右下降到58.4%，但仍然远高于第二名的欧元。另外，数据显示，目前美元在全球外汇交易中的比重高达88%，而且过去两年仍呈上升趋势，离岸美元的规模在过去两年也从7.8万亿上升到8.3万亿。第四，加密货币本质上不是货币，而是金融资产，波动性巨大，所以试图以加密货币进行"去美元化"是没有什么可能性的。而央行数字货币则是一种技术形态，也不大可能改变基于诸多基本面因素而形成的格局。

总之，"去美元化"无疑给人民币国际化带来了一定的机遇，但我们也没有理由对此加以过度解读并在短期内抱有不切实际的期待。而且还有一点必须充分意识到，即"去美元化"不仅为人民币国际化提供了一定的机会，同时给其他货币也提供了机会。加州大学伯克利分校经济学教授巴里·艾肯格林在发表的一篇文章中谈到，从2000—2021年，美元在全球储备体系中的占比下跌了10个百分点，但人民币仅上升了2.5个百分点，剩余空间给了其他非传统储备货币，包括北欧的一些货币、加元、澳元、韩元、新加坡元等。这一历史经验给出了很好的提醒，即能否抓住这个机会推进人民币国际化还需看自身努力。

（二）RCEP和人民币国际化

2022年是RCEP正式启动的元年。在经济全球化出现退潮、全球经济日趋碎片化和集团化的形势下，对于中国来说，充分利用RCEP具有非常重要的意义。这不仅有助于扩大中国与该协定其他成员之间的经贸和投资往来，而且有望给人民币国际化提供新的机遇，注入新的动力。

首先，RCEP生效后，区内贸易额将保持较大幅度增长，从而为提升人民币的贸易支付结算功能创造重要条件。RCEP区内人口、贸易额和GDP均占世界约30%，是全球最大的自由贸易区，具有巨大的区内贸易潜力。协定生效后，区域内85%以上的货物贸易将逐步实现零关税。中国对86%的日本和韩国产品关税将最终降为零，对东盟、澳大利亚、新西兰产品关税最终降为零的比例达90%以上；其他缔约方对我国产品关税最终降为零的比例均达85%以上，其中澳大利亚高达98.2%。

考虑到区内一些国家长期以来一直有意减少对美元的依赖,而对人民币国际化持欢迎态度,伴随着中国与 RCEP 其他缔约方贸易的增长,人民币在区内作为计价和结算货币的机会必然大大增加。另外,近年来中国除对东盟有贸易顺差外,对其他区内伙伴均保持贸易逆差,这对于人民币走出去是非常有利的。当然,能否真正将这一有利因素变为现实,即让外国出口商愿意接受人民币,在很大程度上与我国能否提供一个规模足够大的人民币金融资产市场有关。

其次,RCEP 生效后,区内缔约各方的相互投资和金融合作也将继续加深,并为人民币发挥国际投融资货币功能提供更多的机会。区内缔约各方的金融服务业加快开放速度,将有效推进区内离岸金融中心的发展,从而为人民币离岸市场的发展带来新机遇。

再次,人民币计价的货币互换协议有望在 RCEP 区域内发挥更为重要的作用。2000 年 5 月,中日韩三国与东盟发起"10+3"机制,并签署了《清迈倡议》,以便增强相互间流动性支持,共同应对国际金融危机。经过多年发展,《清迈倡议》从双边转变为多边。2014 年 7 月,清迈倡议多边化协议的资金规模达到 2 400 亿美元。当前,因地缘政治冲突扩大、美联储加息等原因,RCEP 区内一些国家面临金融动荡,这也使得扩大人民币在双边和多边基础上的货币互换规模有了新的机遇。

最后,RCEP 生效后,人民币在区内的货币锚作用将会进一步加强。人民币成为货币锚,意味着人民币被其他国家的中央银行选为汇率盯住的对象。在这种安排下,人民币也将被他国中央银行作为外汇储备,以便随时可以用来干预外汇市场。一些实证研究显示,自 2005 年 7 月以后,人民币的货币"锚"效应已经逐渐显现,并有望在 RCEP 实施后逐渐成为第一货币锚。

当然,为了充分有效地利用 RCEP 启动后人民币国际化面临的机遇,中国需要积极创造人民币国际化的各种条件,如激发境内外的机构和个人使用、持有人民币的积极性以及与有关国家加强交流和合作等。特别是应该注意加强与地缘政治方面存在潜在冲突的国家之间的对话和沟通,并且积极应对美国试图通过 IPEF 在亚太地区与中国展开的竞争。

（三）全球金融安全网建设和人民币国际化

当前和未来一段时期，全球性经济衰退和金融动荡风险增大，人民币在全球金融安全网中的作用有望增强。自2022年3月以来，为了应对40年来最为严重的通货膨胀，美联储已经连续加息11次，累计加息525个基点。如此激进的加息导致美国国内银行体系的系统性风险加大，包括硅谷银行、签名银行和第一共和银行等多家中等规模的银行业已发生流动性危机。2022年下半年以来，与俄乌冲突、新冠肺炎疫情等因素叠加在一起，美联储加息已经导致包括斯里兰卡、巴基斯坦、哥伦比亚、秘鲁、智利、埃及、黎巴嫩和突尼斯在内的国家在不同程度上陷入债务危机和金融动荡。

美联储的激进加息不排除会引发更多的新兴经济体陷入债务危机。1981—1982年的国际债务危机和1994年的墨西哥债务危机，都是美联储激进加息导致的。由于美联储加息，新兴经济体不仅将面临更高的美元利息负担，相伴而来的美元升值以及全球性经济衰退往往还会对初级产品出口国的经常账户构成严重冲击。如果美国在2023年下半年继续加息并引发经济衰退，那么在新兴市场很可能会有更多的国家陷入困境。对于中国来说，可以根据实际情况，启动人民币互换协议，予以流动性支持，从而使人民币在全球金融安全网中发挥更为重要的作用。

如前所述，自2008年次贷危机爆发至2021年末，中国人民银行已累计与40个国家和地区的中央银行或货币当局签署双边本币互换协议，总金额超过4.02万亿元。2022年6月，中国人民银行又与国际清算银行共同设立了人民币流动性安排，以增强金融危机时期人民币流动性的供给能力。根据这一安排，每个参与的中央银行须认缴不低于150亿元人民币或等值美元的人民币或美元储备，形成一个储备资金池。面对市场波动，这些中央银行不仅可以提取其认缴的份额，而且还可以通过国际清算银行运作的抵押流动性窗口借入额外资金，其最高可借入的额外金额相当于该中央银行在抵押流动性窗口所占的份额。该安排的首批参加方主要是亚洲和太平洋地区的中央银行，包括印度尼西亚中央银行、马来西亚中央银行、中国香港金管局、新加坡金融管理局、智利中央银行以及中国人民银行。据悉，来自亚洲、非洲和拉丁美洲的一些其他经济体有意并正在积极准备加入此安排。

无论是双边互换协议还是流动性安排，都是全球金融安全网的重要组成部分。面对充满不确定的全球经济与金融环境，特别是当前正在上升的全球经济衰退和金融动荡风险，适当扩大人民币双边互换协议和流动性安排规模，一方面可以进一步彰显中国对于维护全球金融安全的意愿和能力，另一方面也可以在客观上更好地推动人民币国际化的发展。

值得指出的是，扩大双边互换协议和流动性安排规模，还将有利于稳定人民币离岸市场的交易和汇率。目前，据不完全统计，在新加坡、中国香港、中国台北和英国伦敦等地银行的人民币存款大约有2万亿元。当人民币国际化水平继续提升之后，人民币离岸市场的资金价格和汇率稳定将变得非常重要。在国际金融市场动荡时期，启动双边互换协议和RMBLA（人民币流动性安排）将降低离岸人民币市场的借款成本，促使人民币汇率稳定，从而鼓励更多的贸易商、投资者继续将人民币用作计价和结算货币以及投融资货币，鼓励更多的央行将其作为储备货币和锚定货币。

三、有序推进人民币国际化

自人民币国际化在2009年启动以来，有关方面一直强调人民币国际化主要是市场驱动的过程。不过，近年来似乎有意适当发挥政府的推动作用。2020年10月，党的十九届五中全会的有关决议出现了"稳慎推进人民币国际化"的表述，而在2022年10月召开的中国共产党第二十次全国代表大会主席团第二次会议上，则将"稳慎推进"改成了"有序推进"。从"稳慎"到"有序"，可能体现了决策层将以更加积极的姿态去推动人民币国际化的进程。

那么，究竟应该如何去推进呢？一个很重要的问题是如何理解"推进"。我们认为，既然人民币国际化基本上是一个市场选择过程，那么所谓"推进"主要就是创造一切必要的市场化条件，激发国内外的机构和个人使用人民币进行清算和保有人民币金融资产的意愿。政府的任务主要是进行间接推动，即在健康的宏观经济政策和灵活的汇率制度配合下，加快和扩大资本账户开放，提供透明、健全的金融监管制度、良好的产权保护制度和友善的营商环境等。当然，共建"一带一路"、建立双边和多边货币安排、在双边协议基础上推动人民币结算等努力也具有重要意义。但总体而言，在一系列改革开放措施的引导下，激发境外机构和个人对人民币的使用和保有意愿将会更有意义，也是更为持久的努力方向。

为此，有必要认真研究货币国际化的规律，包括深刻理解人民币国际化的决定因素；人民币国际化的基本条件是什么，如何着力加强市场驱动，特别是如何激发市场主体对人民币的使用持有意愿；政府如何在人民币国际化过程中进行必要的直接推动。

（一）理解货币国际化的基本规律——决定因素

笔者曾对美元等主要货币的国际化历程做过初步研究，发现一种主权货币是否能够成为国际货币主要取决于三类因素，即规模、流动性和可信度（见表8-1）。

表8-1 主权货币充当国际货币的决定因素

规模	流动性	可信度
·GDP ·对外贸易规模 ·金融市场规模	·金融资产的类型和可得性 ·具有高度流动性的国债市场 ·基本开放的资本账户	·经济稳定增长的前景 ·货币价值的稳定性 ·独立的中央银行 ·健全的金融监管 ·完善的政治和法律制度

资料来源：Liqing Zhang, Kunyu Tao, Economics of Renminbi Internationalization [J]. *Asian Economics Paper*, 2016, 15(1):104-123.

具体讲，首先，该国经济规模应该足够大，包括经济总量、对外贸易规模和金融市场规模等均应处于全球前列。经济总量是贸易和金融市场活动的基础，其重要性不言而喻。贸易规模足够大是其中极为重要的一点，因为这意味着世界其他国家对其在进出口方面的依赖程度足够高，而该国也就有机会在货币选择上拥有更多的机会和主导权。其次，该国的金融市场足够成熟并且具有高度流动性，这意味着金融市场不仅需要在规模上足够大，而且需要有完备的基础设施、丰富的金融市场工具，以及基本开放的资本账户。最后，该国的经济、金融和货币具有可信度，这意味着该国能够保持良好的经济增长态势、稳定的货币价值（尤其是对外货币汇率）、独立的中央银行体系、透明健全的金融监管体系，以及良好的产权保护制度和良好的投资营商环境等。

值得指出的是，货币国际化的相关历史经验显示，这三大类因素缺一不可。美元国际化的发展历程显示，一个具有高度流动性、监管良好和开放的金融市场至关重要。这种重要性甚至超过了经济的规模。早在1870年，美国的GDP就已经超过英国，1900年其出口也超过了英国。但是，一直到1914年，美元基本没有国际地位，当时的国际贸易活动几乎全部采用英镑作为结算货币，美元在全球储备货币体系中的占比为零。这种情况在1914年美联储成立之后发生了巨大的变化。从1914—1924年，美元很快成为重要的国际贸易清算货币，其在全球储备体系中的占比也迅猛增长到70%，首次超过英镑。导致这一变化的主要原因是，美联储诞生后，美国的银行票据承兑市场迅速发展起来。作为金融市场的最基本组成部分，一个具有规模的票据市场极大地提升了美元的流动性，因而使其很快成为几乎与英镑同等重要的国际货币。事实上，在此后长达近百年的时间里，特别是在布雷顿森林体系瓦解后，美元之所以能够总体上保持主导性国际货币地位，其中一个很重要的原因就是其拥有规模巨大、产品丰富和具有高度流动性的金融市场。

德国马克的国际化历程也证明了金融市场发展及其开放的重要性。20世纪70年代以后，马克开始充当重要的国际货币，并且一直保持着第二大国际货币的地位（直到欧元诞生为止）。德国马克之所以能取得这样的地位，主要原因包括两个方面。一是战后德国始终是全球最主要的制成品出口大国，在国际贸易中具有十分重要的地位；二是德国在控制通货膨胀方面一直保持着非常出色的纪录。不过，与作为第一大国际货币的美元相比，德国马克的国际地位还是有很大的差距。之所以如此，一个很重要的原因是德国金融市场不发达，而且开放太晚。德国的金融机构发展受到了各种复杂法规和税收的制约，债券和股票市场的规模明显小于纽约和伦敦，可以交易的金融工具数量比较有限，交易费用也比较高，市场流动性严重不足。虽然早在1958年德国就实现了经常账户交易的可兑换（与大多数其他欧洲货币一样），但其对于跨境资本流动的严格管制一直持续到20世纪80年代中期。

日元国际化的过程则证明了经济规模和金融市场有着同样的重要性。20世纪80年代，日本是世界经济强国（与美国差距不大，类似于今天的中美差距），日元国际化也一度走过亮丽的十多年。日元在国际金融资产中的占比从1980年的3%左右一度上升至1995年的12.4%；日元债券在离岸市场的新发行规模同期从不到5%上升至17%；在20世纪80—90年代初，日元在全球储备货币体系中的占比也从3%上升至近8%，在一些亚洲国家，这一占比甚至一度高达17%；在亚洲地区，日元甚至在较大程度上已经成为一些国家的锚定货币。然而，自90年代初期起，资产泡沫破裂使整个日本经济开始陷入"失去的十年"，增长停滞，在经济规模上与美国的差距不断扩大，加上金融市场规模小且流动性比较差等因素，日元的国际化进入了停滞不前的阶段，以上各种指标也开始大幅度回落，相比高峰时期基本跌去了一半。

当然，一种主权货币之所以能够成为国际货币，还取决于其在政治、经济、科技、外交甚至军事等方面的综合实力。美元之所以在第二次世界大战后长期保持其在国际货币体系中的主导地位，与美国拥有强大的综合实力是分不开的。譬如，在1944年7月，美国借助其强大的综合实力，通过主导布雷顿森林体系的建立，成功地为美元确立了国际储备货币的地位。又譬如，在20世纪70年代初，美国借助其对沙特阿拉伯王室的影响力，要求沙特阿拉伯与其签署排他性的美元结算协议，从而成功获得了石油美元的地位。

另外，在一国货币国际化过程中，网络效应有着非常重要的影响。当一种货币被大量的外国机构和个人使用时，就会形成一个不断扩大的网络。任何新加入使用该货币的机构和个人都会获得很大的正向外部性，享受到使用该货币带来的极大的便利。这种网络效应具有一种自我强化的效应。与此类似，惯性的力量也不容忽视。对于一般的机构和个人来说，要在短时间放弃使用一种用了数年甚至数十年的货币，转向使用一种相对陌生的货币，往往不是一件容易的事情。如果这种新货币与以往的旧货币之间的汇率还经常波动的话，情况就会变得更加困难。

（二）有序推进人民币国际化的对策建议

基于上述分析，结合当前的国内外经济金融形势，为了有序推进人民币国际化，我国应从以下几个方面做出积极努力。

第一，努力保持经济的长期稳定和高质量发展。

保持经济持续稳定增长对于一种货币的国际化来说具有重要意义。当前，由于新冠肺炎疫情"疤痕效应"、全球经济增长放缓、美国及其盟国的技术封锁和全球供应链转移等因素，中国经济的短期恢复面临很多挑战。近期的经济数据显示，疫后经济的强劲恢复并没有像人们期待的那么长久。为完成5%左右的年度增长目标，政府需要适当地加大刺激力度，切实扩大消费和投资需求。由于消费需求的扩大不仅受制于增长和就业恢复本身，也受制于很多结构性因素，因而短期内扩大需求的发力点主要还在扩大投资上。通过实施更加积极的财政政策和适度宽松的货币政策，加大对新老基建项目、数字经济、能源转型、以芯片研制生产和人工智能为代表的新技术领域的自主开发和投资。努力维护房地产市场的健康稳定发展。房地产投资在全部固定资产投资中的占比高达30%，如果考虑到其对上下游投资的带动作用，这个占比无疑会更高。如果没有房地产投资的恢复，中国经济在短期内可能很难回到正常状态。

由于人口加速老龄化、技术进步缓慢、全要素生产率下降、国际经济碎片化、地方债务风险显著上升和民营企业投资信心不足等问题，中国经济的长期增长面临着更加严峻的考验。近两年，国际上对于中国是否会在未来几年成功超越美国成为第一大经济体有不少怀疑的论调，其中不乏一些知名学者和机构。无论这些评论者是否怀着特殊的目的还是存在认知上的偏差，客观事实是，中国与美国之间在经济规模上的差距确实有所扩大。据2023年7月27日《经济学家》的专栏文章，高盛公司做出的最新预测显示，2023年中国的GDP或只有美国的67%，而2021年这一指标为76%。

为了应对可能发生的经济增长持续放缓，为人民币国际化提供持久的基础性支撑，我国需要深化面向市场的经济改革，进一步扩大对外开放，不断完善投资营商环境，特别是加强对民营企业家的产权和权益保护，采取切实有效措施恢复民营企业的投资信心，通过更为广泛和深入的结构性改革，真正让市场在资源配置中发挥决定性作用，让市场活力得到充分发挥。值得强调的是，如果没有成功的结构性改革，仅仅依靠扩张性刺激，不仅不会有好的效果，而且会对未来的增长和发展留下巨大的负担。

第二，加快技术进步，构建新的出口贸易优势，保持国际收支和人民币汇率的长期均衡发展。

德国马克和日元国际化的经验均表明，保持出口贸易优势对于货币国际化非常重要。我国自20世纪90年代开始，特别是2001年加入WTO以后，在外向型经济发展战略的指引下，利用低廉的劳动力成本优势，成功地确立了全球最大贸易国的地位。不过，在人口红利逐渐消退之后，我国需要构建新的出口贸易优势，继续保持世界最大贸易国的地位，并以此保持国际收支和人民币汇率的长期均衡发展。新的出口贸易优势将主要来自对先进技术的掌握和运用。在这方面，我国已经在某些领域取得了较大的成功，如新能源汽车、光伏设备、5G和一些电子产品的出口市场份额保持着领先地位。不过，在高端芯片、光刻机、人工智能、量子技术和生物制药等领域与发达国家还存在较大的差距，被"卡脖子"的概率很大。如果不能在这些领域尽快获得提升，未来我国的出口优势将会受到很大的挑战。

第三，深化国内金融改革，加快建立和完善市场化的现代金融体系。

一个具有高度流动性、规模足够大和开放的政府债券市场，对于人民币国际化极为重要。就规模而言，我国的国债市场目前已居全球第三，但由于流动性相对不足等，仍然难以满足外国投资者追求高流动性和高安全性人民币金融资产的需要。未来应继续扩大国债市场规模，丰富品种，并且继续推进和完善利率市场化改革。应积极发展直接融资，全面推进资本市场注册制改革，不断提升A股市场的定价能力和投融资效率，为外国投资者提供具有吸引力的资本市场工具。进一步完善货币政策体系，提升宏观调控能力。继续推进人民币汇率制度改革，增强弹性。面对更为频繁和大规模的跨境资本流动，富有弹性的人民币汇率制度将有助于维持中国货币政策的独立性。加快本外币交易市场的培育和发展，特别是人民币对外币的期货、期权等衍生品交易市场的发展，为境外贸易商和投资者使用人民币计价、结算和投融资提供避险工具（据我们针对部分具有海外业务的央企和国企所做的调研，他们在境外做业务的时候常常不愿意使用人民币，一个主要原因就是缺乏可以对冲汇率风险的工具）。加快金融基础设施的建设，特别是人民币跨境支付清算体系的建设，增加直接和间接参与行，提高支付结算效率，同时继续在具有潜力的国家和地区增设清算行。

第四，适当加快推进资本账户开放，同时加强宏观审慎管理。

在妨碍人民币国际化的各种因素中，也许资本管制过于严格可以排在第一位。据 OECD 提供的数据，尽管经历了 20 多年的开放努力，目前中国的资本账户开放度仅为 OECD 国家平均水平的 16%。可以说，如果没有资本管制的继续放松，就没有资本账户的进一步自由化，人民币国际化也就很难再有显著的发展，甚至很难继续前行。

那么适当加快开放意味着什么呢？一方面，可以更多地获得国际资本流动的利益，包括优化资源配置、分散风险、平滑消费和建立竞争性金融体系等。最近的一些事态表明，适当加快开放还可以带来一定的安全收益。在俄乌冲突爆发后，美国冻结了俄罗斯 3 000 多亿美元的外汇储备。面对这一事件，有的专家对中国的 3 万多亿美元的外汇储备的安全性表示了担忧。在地缘政治冲突不断加剧的情况下，这种担忧不是没有根据的。不过，这种担忧正好说明我们应该加快资本账户的双向开放。因为我国的外汇储备之所以过多，原因之一就是对于企业和个人对外投资限制过多。如果放松一些，外汇储备量可能就下来了。再则，目前中国在海外的资产（包括央行储备投资和非央行储备性投资）远远大于外国在华的资产，存在着明显的不对称性，不利于应对资产冻结这类可能发生的极端情形。据国家外汇管理局统计，2021 年 6 月末，中国对外金融资产 90 278 亿美元，对外负债 70 418 亿美元，对外净资产 19 860 亿美元。扩大开放，鼓励更多的资本流入，有望缩小这种不对称性，从而增强中国维护金融安全的能力。

当然，另一方面，扩大开放也会带来更大的金融稳定风险。长期以来，我们对于资本账户的开放一直持比较谨慎的态度，采取较为稳健的开放战略。这当然是对的。但是，我们也应该看到，经过近 20 年的探索，在管控跨境资本流动风险方面，中国已经积累了很多成功的经验。与跨境资本流动直接相关的措施包括：远期购汇风险保证金比率要求、外汇存款准备金比率要求、企业跨境融资宏观审慎调节系数、境内企业境外放款宏观审慎调节系数，以及人民币对美元汇率中间价报价模型中的逆周期因子等。通过及时调整这些比率和系数，相关部门有效防止了跨境资本流动在短时间内的大进大出，实现了人民币汇率在合理均衡水平上保持基本稳定。

第五，加强国际经济与金融合作，积极参与全球金融治理。

人民币国际化是一个市场驱动过程，是一件水到渠成的事情。对于这一点，学界和政策制定部门都已基本形成共识。这意味着，在人民币国际化过程中，政府的作用主要是促成各种经济和金融条件的形成，从而实现间接推动。不过，相关的历史经验表明，通过加强国际经济和金融合作，政府实际上也可以在一定程度上进行直接推动。如中国人民银行促成人民币加入SDR货币篮子，就是一种直接推动。在历史上，借助布雷顿森林协议，美国成功确立了美元的国际储备货币地位。尽管美元国际化的经验不可能简单复制，但在当前，中国政府可以通过积极参与G20框架下的宏观经济政策协调、参加低收入国家减债和缓偿进程、不断推进区域经济一体化等各种努力，逐渐提升中国在全球货币金融事务中的影响力。积极利用"一带一路"相关贸易和投资合作机会，带动人民币国际化。

第六，稳慎推进数字人民币在跨境支付领域的使用。

我国是世界上最早探索和使用数字货币的国家之一。早在2014年，中国人民银行成立专门团队，开始对数字货币的发行框架、关键技术、发行流通环境及相关国际经验等问题进行研究。2017年，中国人民银行组织部分商业银行和有关机构联合开展了DC/EP（央行数字货币）的研发。在坚持双层运营、现金替代、可控匿名的前提下，基本完成了DC/EP顶层设计、标准制定、功能研发、联调测试等工作。2019年底，基于这一研发推出的数字人民币相继在深圳、苏州、雄安新区、成都和冬奥会场景启动试点测试。

不过，中国人民银行对数字人民币在跨境支付中的应用一直采取开放但审慎的态度。时任中国人民银行行长易纲在芬兰央行新兴经济体研究院成立30周年纪念活动上的视频演讲中指出："数字人民币设计和用途主要是满足国内零售支付需求。跨境及国际使用相对复杂，涉及反洗钱、客户尽职调查等法律问题，国际上也正在深入探讨。"

尽管持审慎态度，但有关探索和国际合作尝试并没有停止。2021年2月，中国人民银行数字货币研究所联合SWIFT成立合资公司，并加入国际清算银行支持的多边央行数字货币桥项目。未来，数字人民币在跨境支付领域的探索可以主要分为三个方面。其一，在零售层，数字人民币将主要定位于服务在中国旅居的境外用户，以满足他们的普惠金融需求。为此，要制定开立数字钱包的程序、额度管理和兑换要求等。其二，在批发层，数字人民币可继续积极参与"货币桥"项目有关试验。其三，以开放和包容方式探讨制定法定数字货币标准和原则，在共同推动国际货币体系变革的过程中，妥善应对各类风险挑战。

第七，高度重视地缘政治在人民币国际化过程中的影响。

货币国际化不单纯是经济问题。20世纪50年代，在美元国际化的过程中，美国曾通过马歇尔计划、地缘政治安全保证等手段，鼓励相关国家使用美元。20世纪70年代，美国再次利用其地缘政治优势地位，以为沙特阿拉伯王室提供安全保障为条件，要求沙特阿拉伯——全球最大的石油输出国使用美元对石油交易计价结算，从而确立了美元在大宗产品交易计价结算中的主导地位。同样道理，如果中国能够在地区安全甚至全球安全中发挥更加积极的作用，为一些小国、弱国提供安全保障，消除其不必要的顾虑，在经济上给予更多的合作利益，那么，相信人民币国际化会迎来更多的机遇。当然，要想在安全问题和经济合作上展现大国姿态，既需要承担更多的责任，也需要进行相应的付出。我们是否已经准备好，需要认真考虑并做出权衡。除此之外，如果中美关系持续紧张，那么美国及其盟国有可能利用其地缘政治影响来妨碍人民币国际化的顺利发展。对此，我们也需要保持警惕，未雨绸缪。

第九章
稳规模、优结构，巩固我国外向型经济发展优势

霍建国[*]

[*] **霍建国**，经济学博士，中国世界贸易组织研究会副会长，全球经济治理50人论坛成员。

摘要：2023年以来，我国的外向型经济发展遇到了前所未有的困难，中国对欧美传统市场的出口持续面临下行压力，利用外资规模也出现了明显缩小。说明中国面临的国际环境正在发生着复杂变化，需要引起我们的高度重视。本文将围绕中国外向型经济发展面临的复杂外部环境进行简要分析，探讨国际市场变化的主要特点及中国外资政策的调整重点，为做好稳规模、优结构、巩固中国外向型经济发展优势提出政策建议，以利于有关方面更好地把握市场变化特点，努力做好稳外贸稳外资工作。

当前中国外向型经济发展正面临复杂的外部环境变化，2023年以来出口贸易和利用外资规模均出现了明显的收缩。海关总署统计显示，2023年上半年我国外贸进出口按人民币统计仍保持了2.1%的正增长，这一增长虽体现了我国外贸发展的韧性和较强的国际竞争力，但如果细观其发展变化和特征，我们会发现，目前的出口市场结构和出口产品结构正在发生着错综复杂的变化，有些变化是积极的，有些变化是消极的，需要引起高度重视。与此同时，我国吸引外资和外商投资企业的出口也持续面临大幅下降，甚至出现了部分高科技产品订单转移的迹象。这说明国际产业链、供应链调整的负面影响已经开始显现。我们需要认真研究把握国际市场的变化规律和特点，深刻把握新形势下中国外向型经济的发展优势，努力按照中共中央、国务院的战略部署要求，做好稳外贸稳外资的工作，确保我国进出口贸易和利用外资规模的稳定增长，继续发挥外向型经济在支撑国民经济增长中的突出作用。

一、当前我国外向型经济面临复杂的国际经贸环境

近年来国际局势波诡云谲，地缘政治矛盾凸显，大国竞争日趋激烈。国际政治经济格局正在发生着复杂变化。国际贸易和投资受国际大环境变化的

影响也形成了一些新的变化和特点，熟悉和把握这些新变化、新特点，对我国的外贸政策调整及外贸经营者调整、把握经营策略都是非常必要的，当前影响国际贸易变化趋势的因素主要有以下几点。

（一）欧美经济面临艰难的增长局面，需求不足、订单减少将对全球贸易产生负面影响

根据IMF 2023年7月的预测，2023年全球经济增长率由4月份预测的2.8%调升至3%，但对欧美经济增长率的预测仍不容乐观，仅为1.5%，对发展中国家经济增长率的预测为4%，所以欧美需求不足、订单减少将成为我国外贸出口面临的主要矛盾，2023年初中国对欧美市场的出口转弱就反映了这一客观现实。此外，俄乌冲突尚未出现根本好转，战争给世界经济复苏又增添了众多的不确定因素，大宗商品和原材料价格高位波动的局面短期内难有根本改变的迹象，全球产业链、供应链紊乱的现象仍将持续，这些因素将对国际贸易造成严重的负面冲击。

（二）贸易保护主义和逆全球化思潮的上升将进一步阻碍贸易的发展

WTO 2023年8月24日发布的全球贸易景气报告指数显示仅为99.1，略低于基准点100，是自2008年金融危机以来增长最少的年份。全球贸易保护政策不断涌现，美国对中国的限制打压政策有增无减，继特朗普执政时期对中国产品发起301调查后，又单方面启动违背WTO规则的加征关税。发展到目前，以国家安全为由随意设置保护手段，特别是拜登执政后又不断通过立法手段对华进行打压和限制，寻求建立"小院高墙"或联合盟友共同设置对华限制措施，导致正常的贸易投资遭到冲击和破坏。从2023年的形势看，不排除美国将对我国出口优势产品采取进一步的限制措施，这些限制政策虽短期内冲击并不明显，但对我国扩大对美贸易注定将产生负面影响。

（三）美联储激进的加息政策已对外汇市场和交易结算形成冲击和破坏

自2022年3月以来，美联储启动加息周期，一年多时间美元利息由2.5%提高至5.5%，导致美元大幅升值，不仅对美国经济造成负面影响，而且对全球资本市场形成严重冲击，多种货币大幅贬值严重，影响了国际贸易的正常交易和结算。至2023年3月美国硅谷银行倒闭，为保证美国金融系统的安全，美联储不得不调整了激进的加息政策，美元升值的空间已受到约束。从理论上讲，美元的升值、人民币的相对贬值有利于我国扩大对美出口，但剧烈的汇率震荡又给企业结售汇带来较大的风险。从2023年的形势看，由于受到美国货币政策调整的冲击，美元汇率仍处于剧烈的波动之中，相对人民币汇率来说，虽总体贬值的预期有所减弱，但短期的震荡仍在所难免，这将给贸易的结售汇带来一定的冲击，提高了贸易的风险。

（四）全球产业链、供应链面临新的调整重构态势

在中美博弈的大背景下，为了打压封锁限制中国的发展，美国采取了多种手段不断加码对中国的限制，这些手段包括：通过立法以形成长期的制度型约束效果，如《芯片和科学法案》《通胀削减法案》等都具有明显的贸易保护特征。这些法案不仅违背了WTO的非歧视原则，而且对国际贸易造成较大破坏。其次，美国不断寻求同其所谓盟友建立各种对话约束机制甚至组建联盟机制，已建立的有美日印澳"四方安全对话"机制、美英澳三方核潜艇合作机制、美日荷三国限制半导体设备出口协议，以及美国在印太推行的"印太经济框架"，这些机制基本是针对中国的且富有挑战性的内容，虽其影响效果有待进一步评估，但其制造的混乱氛围将对国际贸易产生严重的负面影响。此外，美国还动用其媒体工具，不断抹黑、污蔑中国，企图破坏中国在全球的形象和影响力。其中最为恶劣的是鼓吹价值观贸易，企图动员更多的西方国家同中国"脱钩断链"，督促跨国公司迁离中国。事实证明，美国的很多政策是不符合国际多边规则体系的，有些是非理性的，有些甚至是荒唐的、根本无法实现的。

美国倡导的制造业回流，"脱钩断链"政策，虽无法撼动中国在全球产

业链和价值链中的地位，但中国作为全球的制造大国，应防止美国政策的破坏性和外溢性，我们需要加强积极构建多元稳定的对外经贸关系，加快发展我们的高端制造业，努力解决好"卡脖子"问题，形成自立自强的竞争优势。同时，我们更不应放弃劳动密集型的传统出口产业，关键是要不断地用现代技术改造和提升传统产业的劳动生产率，以新的竞争优势战胜更多的竞争对手，最终实现在全球产业链、价值链中的提升。

二、我国外贸发展面临的潜在问题及风险值得重视

要充分认识到我国外贸发展面临的复杂外部环境，跟踪国际经贸竞争格局的变化态势及发展大趋势，未雨绸缪，主动应对，按照中央的统一部署努力做好稳外贸工作。特别要增强风险意识，防范各种不利因素的演变和发酵，有针对性地研究做好政策的预置，提早入手，排除和解决好潜在的问题和矛盾，为我国外贸长期稳定可持续发展奠定良好的基础。

（一）要防范我国贸易份额在欧美市场的逐步回落

长期以来欧美市场一直占据中国出口市场的主要份额，最高曾达40%以上，近年来受中美贸易冲突及贸易保护主义上升的影响，我国市场份额已发生明显变化，我们注意到近十年来我国虽对美出口保持着相对稳定的增长，但市场份额却出现了明显的下降，由2013年的19%左右下降到2022年的不足13%。这说明美国市场的进口容量仍在扩大，相应地，出口竞争对手对美国市场的出口增速高过我国出口增速，从而形成了新的落差。与此同时，我国对欧洲市场的份额也从17%左右下降到13%。2023年初，国务院常务会议在分析研究出口形势时明确提出，要高度重视稳定在发达国家市场的出口份额，加大市场开拓力度，这是非常必要的，也是非常迫切的，应引起高度重视，坦率地讲，稳定市场份额才是稳外贸的关键，客观的现实是，我国在新兴市场的出口扩张难以弥补在传统市场份额下降带来的损失，所以在落实稳外贸任务中，巩固稳定我国在传统市场的出口份额仍是重中之重。

从 2023 年我国进出口面临的压力看，一方面受国际经贸形势复杂变化的影响，我国对传统市场的出口承受了巨大的压力，出现了不同程度的下降；另一方面还受 2022 年同期出口基数较高因素的影响。其中我国高技术产品出口的下降受多方面因素的影响。第一，美国对我国高技术产品贸易的限制不断加强，美国《芯片和科学法案》的实施及美日荷高技术设备的对华出口禁令，将对我国部分高端设备的进口产生影响。第二，我国相当比例的高技术产品出口是由在华投资的跨国公司完成的，由于近年来跨国公司在华的经营业绩受到疫情的冲击影响，效益下降，出口收缩，对我国高科技产品出口亦造成一定的负面影响。第三，我国的高技术产品出口长期以来较大比例依赖进口关键零部件形成配套出口能力，像计算机、手机的出口下降都同此有关，且大部分核心零部件掌控在跨国公司手中，由于出现了部分的订单转移，出口规模势必受到影响。第四，受需求结构变化影响，全球消费电子产品需求的下降也拖累了我国产品的出口。

尽管 2023 年以来的一些贸易数据不尽如人意，但也要看到中国外贸发展中的亮点，如前 7 个月汽车、船舶、电工器材出口同比分别增长 118.5%、23.8%、21.9%；一般贸易进出口 15.41 万亿元，同比增长 2.1%；中国对"一带一路"沿线国家合计进出口 8.06 万亿元，同比增长 7.4%，等等。总体看我国外贸发展的韧性仍是较强的，我国出口的"新三样"继续保持了高增长，占出口份额 60% 以上的民营企业也保持了正增长，特别值得关注的是我国的汽车出口是近年来形成的一大亮点，特别是新能源汽车出口保持了连年的高增长，在外贸整体承压的情况下还是令人欣慰的，说明我国新能源汽车的制造能力和制造水平都有了大幅提高，出口已形成较强的国际竞争力。这就说明我们的出口结构正在发生可喜的变化，这恰恰体现了我国外贸新的发展优势。在区域市场方面，我国对"一带一路"市场保持着持续的增长态势，这也反映了"一带一路"市场对我国外向型经济发展的重要性。

（二）防范我国对外贸易顺差的快速增长

近年来中国的国际贸易顺差急剧扩大，2022 年我国贸易顺差已达 8 776

亿美元，相当于同欧盟贸易的总额，比2012年增长了2.8倍，不少国家对我国顺差持批评态度，认为我国采取的是重商主义的贸易政策，不利于构建稳定的双边关系。从客观上分析我国贸易顺差的扩大有以下几方面原因。

第一，我国具有充分的制造潜能，工业品具有较高的国际竞争力。这是因为我国具有门类齐全的工业体系和较强的制造能力，这种强大的工业体系和制造能力可以在短时间内满足任何订单的需要和短缺物资的生产。新冠肺炎疫情期间由于大部分国家生产受到冲击和破坏，不仅防疫产品短缺，甚至连生活必需品都出现了供给紧张的状况，而中国在疫情发生三个月后即发出了复工复产的动员令，各类物资供应充足，我们不仅满足了国内市场的供应需求，还满足了国际市场的订单需求，口罩、测试仪及呼吸机的大量出口就是最好的证明。这些新的生产能力大大带动了我国劳动密集型和生活必需品的出口，同时也形成了新的贸易顺差。

第二，我国的出口贸易主体是以民营企业为主的，其出口占总额的60%以上，虽一般以中小企业为主，但其接单能力和产品调整的灵活性极强。且近年来，它们的生产经营管理水平不断提高，在国内经济面临下行压力的情况之下，他们不得不继续在海外市场寻求销路，千方百计扩大出口，这也体现了民营企业发展的韧性。特别是近年来保持出口高增长的新能源汽车、光伏产品及锂电池大多是由民营企业经营的，其为出口顺差的积累所做的贡献是不容忽视的。

第三，美元升值，人民币相对贬值有利于我国扩大出口。自2022年3月以来美联储的激进加息政策导致美元汇率的急剧升值，以及人民币汇率的相对贬值，汇率剧烈波动虽增加了企业的结汇风险，但从某种意义上来讲汇率贬值有利于我国扩大出口，对进口则形成较大压制，从而形成进出口新的不平衡压力，主要表现为贸易顺差的急剧扩大。

第四，以美国为首的西方国家不断加大对中国半导体和高科技产品的贸易限制，干扰了我国的进口节奏。自拜登执政以来，不断升级对中国的打压限制，先后出台了《芯片和科学法案》《通胀削减法案》、所谓"维吾尔强迫劳动预防法案"等一系列贸易保护主义的法案，这些法案和政策对贸易和投资都造成了极大的破坏性影响，致使中国的部分高科技产品的进口迟滞，影响了中国进口的扩大，在进口停滞、出口扩张的情况下，客观上推高了中国的贸易顺差。

从理论上讲，保持适当的贸易顺差是必要的，但过高的贸易顺差则是被动的，甚至会带来不必要的经济上的负面效应，特别是在当前我国同主要贸易伙伴关系紧张之际，高额顺差很容易成为矛盾焦点，有可能会约束我国出口的稳定增长。在目前情况下，主动削减顺差，将扩大进口作为缓解同部分国家经贸关系的有效工具是非常必要的。

（三）努力防范同欧美经济的逐步脱钩

目前美国正在极力推行同中国的"脱钩断链"政策，尽管这一政策是违背自由贸易宗旨的，也是不符合经贸发展规律的，但要注意到美国的对华封锁和打压已经进入歇斯底里的阶段，采取的是非理性的手段，宁肯自损八百，也要坚持杀敌一千。所以我们从战术上一定要加以重视，避免做出迎合或助长"脱钩断链"的举措，在宏观方面发挥"太极精神"，在微观层面坚持以缠斗为主，具体策略是发挥不同层面的接触影响。在外交方面，保持对话沟通，鼓励民间机构同美国机构的积极接触，主动放松贸易投资管制，鼓励有条件的企业继续加大在美业务的发展。在贸易方面，不要放弃美国市场，努力做好美国客商的工作，积极发展双边贸易，争取更多的订单，积极扩大对美出口规模，力争保持中国在美国市场份额的稳定。国际贸易发展的结果会证明，美国采取的单方面"脱钩断链"的政策是愚蠢的，是违背经济贸易发展规律的，最终也是徒劳的。

从当前形势分析，我国出口面临的最大挑战是如何保证产业链、供应链的稳定，以及如何应对美国推动的"脱钩断链"的破坏性动作。从大的趋势看，全球产业链确实出现了调整的迹象，其主要特点是产业链区域内的布局在加大比例，美国鼓吹的所谓的"近岸"和"友岸"外包的现象也确有增加，加之美国煽动的"脱钩断链"及"去风险"的动员，从实际情况看对我国制造业生产及出口造成了不同程度的负面影响。近一年来，我国外资企业的出口持续面临下降和收缩的态势就是一个值得关注的问题，应引起我们的高度重视，外资企业出口目前仍占我国出口总额的30%，占比很高，这一部分出口如不能转正，估计会拖累中国整体对外贸易的增长速度。

降低这种冲击风险的主要措施是，积极稳住跨国公司的在华投资，因为大部分产业链、供应链都掌控在跨国公司手中，稳住跨国公司的在华投资就能够基本保证产业链的稳定，这也是我国当前面临的艰巨任务。所以我们要深刻认识到打造良好营商环境的重要性。近年来中共中央和国务院下发了一系列文件。《中共中央 国务院关于加快建设全国统一大市场的指导意见》《中共中央 国务院关于新时代加快完善社会主义市场经济体制的意见》，以及最近下发的《中共中央 国务院关于促进民营企业发展壮大的意见》，这些文件的落实都关系到市场化改革的有关内容，而打造市场化、法治化、国际化的营商环境是这一切改革的核心要求，也是我们稳定产业链、供应链的基本的应对措施。

同时我们要看到，我国外向型经济发展的基础和韧性是具有坚强基础的。40多年改革开放的成功经验证明，发展开放型经济给中国带来了巨大的变化，外贸、外资、海外投资和"一带一路"建设是我国外向型经济发展的主要内容。当前形势下，我们仍然要坚持高水平开放，稳步推进制度型开放，努力构建多元稳定的国际经济关系，不断拓展我国外向型经济发展空间。大的环境改善了，我国外贸发展的微观环境就会相应得到改善，也会进一步调动企业出口的积极性。

（四）做好防范订单流失和产能转移的工作

中国已是全球制造大国，但与制造强国相比仍有明显的差距，尚需做出长期艰苦的努力，且需要有一套合规的产业政策加以保障。目前出现的部分产能向东南亚转移的趋势值得我们研究，因为早期的转移主要是劳动密集型的有关产业，以鞋帽和玩具加工为主，但近年来出现了以家电和新能源设备加工制造的转移趋势，应引起高度重视，总体来看优势产能向海外转移是企业跨国经营的需要，也是规避美国关税限制的有效途径。但过快的转移，不利于我国制造业的稳定发展和就业的稳定，应进一步明确并规范管理措施。

我们需要的是加快发展我们自己，不断提升我国产业的国际竞争力，需要解决的是在加快发展高端制造业的同时，不放弃劳动密集型的传统产业，关键是要不断地用现代技术提升传统产业的劳动生产率，以新的竞争优势战胜更多的竞争对手，最终实现我国在全球产业链、价值链中的稳步提升和主导。

三、坚持高水平开放是我国外向型经济发展的基本保障

（一）坚持高质量发展是"十四五"时期的根本发展要求

当前国际形势正经历百年未有之大变局，发展理念、发展模式之争以及市场开放和多边规则的矛盾正在发生复杂变化，以美国为首的单边主义和贸易保护主义的破坏性作用正在不断发酵，欧美国家针对我国公平竞争的市场环境多有抱怨，我国面临的贸易保护主义和摩擦不断升级，给我国外向型经济发展带来了新的挑战和压力。美国拜登政府继续对中国实施更加阴险的打压和抑制发展的各项政策组合，不仅延续了特朗普时期加征关税和限制高科技贸易合作的各项政策，而且继续扩大了在亚太地区的影响力并企图在亚太地区构建新的反华军事同盟。与此同时，美国也进一步加强了同欧盟的沟通和协调，企图形成西方世界的"民主联盟"，共同抵制和打压中国在国际社会的影响力。此外，美欧日在 WTO 改革问题上正在抓紧协调立场，酝酿制定新的高标准的国际多边规则，这些新的形势变化对我国今后的改革开放和外向型经济发展均形成了不同程度的压力和挑战。

自党的二十大以来，中共中央科学把握国际形势变化的新特点、新趋势，及时提出高水平开放的新要求并已采取了一系列新的开放举措。例如，允许在部分有条件的自贸区、自贸港对接国际高标准规则，稳步推进制度型开放。关于进一步优化外商投资环境，积极扩大利用外资的指导意见这些措施在开放的实践中已经产生了积极的效果，不仅提升了我国的开放水平，而且在国际上也得到了积极的反响。2019 年 11 月 20 日，习近平主席出席 APEC 领导人峰会并发表讲话。讲话中明确表示中国将积极考虑加入 CPTPP，这标志着中国推进高水平开放的决心和信心。

我们需要把握好高水平开放同双循环新发展格局的内在联系，把适应国际竞争的新形势、推进高水平开放的新格局视作促进我国经济高质量发展的内在动力，保持政策定力，坚定不移地推进落实中共中央提出的一系列高水平开放的政策要求，全面提高我国经济的发展质量和国际竞争力。

（二）高水平开放有利于构建国际化标准的市场环境

我国高水平开放的目标就是要建设市场化、法治化、国际化的营商环境，党的二十大明确提出了稳步推进制度型开放，加快在规章、规制、管理及标准方面同国际对接，说明我们有信心、有能力保持我国经济的开放力度，要充分认识到加快高水平开放是稳定外向型经济发展的根本保障。而坚持扩大开放，打造良好的营商环境是确保经济发展活力的关键内容。我国《外商投资法》的出台在放宽投资准入、保护外商投资的合法权益，规范竞争政策，创造国企、民营和外资企业一视同仁的竞争环境方面起到了制度性的保障作用，有利于外资企业扩大在华投资规模，同时进一步放宽外资的市场准入，实现负面清单管理模式，这些要求的核心是扩大市场开放。因此，进一步打造良好的外商投资环境，积极扩大利用外资规模，是进一步促进我国外向型经济健康发展的有效政策之一。

（三）高水平开放有利于稳定我国的产业链和供应链

面对复杂的国际环境变化，产业链、供应链的争夺战日益凸显，需要我们认真对待。全球产业链的概念诞生于20世纪70年代后，伴随着全球化的深入发展，以跨国公司为主的全球生产布局加快形成，与此同时，我国的改革开放和招商引资恰恰同跨国公司的投资形成有效的对接，我国从以加工贸易为主到建立大规模的合资企业，促进了我国深度融入全球的价值链分工体系。加入WTO后，我国外向型经济发展取得长足进展，我国的一般贸易规模、自主制造能力不断提升，并形成了规模竞争优势，大大加快了我国的工业化进程，推动全球制造中心地位的形成。中国经济发展的成就离不开改革开放的市场环境，更离不开同世界经济的密切联系。

面对当前欧美推动实施的制造业回流和产业链重构的破坏性政策，从历史发展的规律看，欧美推行的"脱钩断链"政策是难以实现的，因为其违背了社会生产力发展进步的基本规律。当然，我们在清醒地看到其险恶用心的同时，更要善于用我们的智慧和努力来全面化解可能形成的挑战，这就需要我们更加主动地推进更高水平的开放型经济新体制，构建更加公平的市场竞争环境，稳住外资就是稳定产业链，不断提高我国制造业的国际竞争力就是支撑我们同跨国公司合作的基础，而这一切离开了高水平开放是无法实现的，离开了同国际社会的深度合作也是办不到的。外资作为我国经济发展的重要因素，现阶段是不容忽视的，如果外资在我国经济中的比例持续下降，我国经济就将面临新的下行压力，如果我们能通过构建良好的营商环境，放宽市场准入，扩大市场开放，进一步做到稳定和扩大利用外资，相信我们一定可以改变目前的被动局面。让我国真正成为全球投资的热土，是彻底粉碎欧美"新冷战"思维的最优选择。

（四）高水平开放有利于进一步扩大国内消费

"十四五"规划高度重视扩大消费工作，保持我国消费市场的蓬勃发展。我国超大市场规模的优势，不仅是支撑我国经济长期稳定发展的基础，而且是继续吸引跨国资本投资的魅力所在。要想完成扩大消费的任务目标就必须满足就业的增长和人民收入水平的提高，而外资在其中扮演着重要的角色。改革开放以来，无论是外商投资的存量还是增量都在我国国民经济发展中占据重要位置，保持外资的稳定增长是确保经济增长的重要内容，近年来外商投资的重点主要集中在服务业和高技术制造领域，所以我国在新一轮开放中公布的负面清单就结合了国际投资格局的新变化，大胆放开了服务业中的众多领域包括部分高端制造业领域，同时还放开了大多数领域的投资股权限制，包括部分产业投资的股比限制。这些新的开放政策必将对外资产生极大的吸引力，而外资的进入必将推动部分服务业和高端制造业的快速发展并形成我国经济新的增长点，对缓解国内就业压力、培育高收入人群、带动消费升级都将产生积极的作用，并将有利于促进我国消费市场的高质量发展。

（五）高水平开放有利于更主动地参与国际竞争

2023年以来，虽然全球经济已进入复苏阶段，但受俄乌冲突和全球贸易保护主义上升以及经济增长的深层次矛盾的影响，经济复苏的稳定性仍较弱，国际竞争日趋激烈，贸易保护主义有所抬头，中国在国际多个场合一再强调坚定支持真正的国际多边主义，反对贸易保护主义，并赢得了国际社会的普遍响应与支持。在此环境下，中国有必要身体力行，坚定地走开放型经济发展道路，全力打造公平、法治、国际化的营商环境，此举不仅有利于发挥中国经济自身的增长活力，保持经济健康稳定发展，也将有利于中国在国际竞争中获得主动，有利于中国在国际事务中发挥更大的作用，还有利于中国企业公平地参与国际竞争并不断强化在国际竞争中的优势。进一步构建多元稳定的国际经济格局，扩大中国在国际上的影响力。

四、关注解决好几个突出的问题，奠定外贸可持续发展的坚实基础

当前我国外向型经济发展既面临短期问题，也面临着一些制约我国国际竞争力的长期问题，我们在处理好短期增长问题的同时，更要注重为解决长期问题预留出政策空间，这些问题包括以下几方面。

（一）妥善解决扩大进口问题

目前我国进出口贸易缺口正在扩大，进口的滞后发展已产生了一定的负面影响，积极扩大进口规模缓解同主要贸易伙伴的紧张关系仍是我国贸易政策的应有之义。积极扩大进口不仅可以满足国内经济现代化建设的需要，而且可以彰显中国市场的吸引力，树立中国高水平开放的良好形象，此外从我国经济发展的实际考虑，对进口的需求也是十分丰富的。

第一，应积极考虑再次下调平均进口关税水平。我国的名义平均关税税率水平经多次调整已降至7.4%，但如果考虑到我国已签署的20个自贸协定零关税的安排，我国实际的关税水平已大大低于名义关税水平，客观上讲仍有进一步降低名义关税的余地。在当前贸易顺差过高，国内投资消费不足的情况下，大胆自主降低进口关税，必将对投资消费起到积极的促进作用，同时彰显我国扩大市场开放的决心和勇气。

第二，应鼓励并支持先进制造设备的进口，积极扩大节能环保设备的进口。我国正面临实现碳达峰、碳中和的艰巨奋斗目标，大量使用和更新节能设备是重要的一环。从现在起，我们就应该努力扩大先进技术设备的进口，努力实现工业企业的转型升级，促进实体经济的高质量发展，进一步优化贸易结构，提高我国出口产品的国际竞争力，以对欧盟正在酝酿实施的碳边境调节机制（碳关税）做好前期准备。

第三，应适当放松对高端消费品的进口限制政策，大幅降低关税和消费税，促进高端消费品进口的增加，满足中高端收入家庭的消费需求，一方面可以达到扩大进口的目的，另一方面也可以活跃国内市场。从短期看，扩大消费品进口对国内市场有一定的压力，但从长期看，对国内生产企业将产生促进作用，有利于国内的生产企业加快转型升级，其溢出效应将体现在国内产品的换挡升级上，实现需求侧和供给侧的有效互动，对支持和活跃国内市场和消费将产生长期的积极效果。

总之，采取多种措施适当降低贸易顺差是当前宏观政策调整的选项之一，对内可以活跃刺激投资和消费，对外可以缓解矛盾和压力，这也是我国进出口贸易持续稳定发展的前提和保障，应将其纳入稳规模、优结构政策目标。总之应该看到，我国扩大进口的潜力是巨大的，只要适当地调整进口政策就可以产生积极的效果。

（二）加快解决好"卡脖子"技术约束问题

我国的整体产业竞争优势明显，但在高端制造领域仍存在一些短板，需要我们不断巩固加强，特别是针对美国对我国采取的高科技领域的封锁和限制，我们一定要统筹应对。突破"卡脖子"工程不仅需要解决研发投入的问题，还要有综合配套措施。一是要坚持制造业优先发展的战略，从政策角度落实支持实体经济发展的各项措施；二是加快创新发展，努力突破"卡脖子"工程，为高端制造业发展创造有利条件；三是要加快贸易与投资的融合发展，形成贸易带动投资，投资促进贸易发展的良性竞争局面，特别要处理好在"一带一路"市场的贸易投资融合发展的路径，形成新的增长点；四是要加快跨境电商海外仓的业务发展，逐步形成以我国为主的产业链、供应链，全面提升我国在国际市场的竞争力；五是要促进数字贸易的发展，国际市场数字贸易的发展已形成新的竞争格局，我国具有数字贸易和产品较好的竞争基础与实力，要以制度开放带动产业发展，加快电子商务业务同国际高标准规则的开放对接，以引资和融合发展格局形成新的竞争优势，全面巩固和提升我国数字产品竞争力。

（三）理顺和规范产能向外转移问题

东南亚市场主要出口国家在欧美市场同我国形成竞争态势是个不争的事实，近年来，东盟主要国家对美出口增长较快，其中有中美贸易冲突产生的溢出效应，也有东南亚诸国扩大招商引资带来的出口增长效应。但从产品结构看，我国出口的主要是机电产品，而其他国家出口的主要是中低端劳动密集型产品和部分跨国公司的代工产品。从目前双方产品的竞争力看，我国仍占相对优势，至少在劳动密集型产品的出口方面，我国仍具有明显优势。单纯从市场竞争的角度看，短期内其他国家超越我国的可能性不大，目前最大的威胁来自欧美鼓吹的"脱钩断链"政策，即人为地加大对我国产品的限制政策，并不断加强对东盟诸国的主动贸易。外部因素的干扰将对我国劳动密集型产品的竞争地位产生不利的影响，需要引起高度重视。其主要对策就是我国出口企业不仅要保持出口产品的竞争优势，同时还要高度重视、加强、巩固和拓展欧美市场，保持我国在欧美市场的竞争优势和市场份额。在未来的国际竞争中，中国企业能否走出去、加快国际化经营，关键在于中国的管理体制要明确支持哪些，限制哪些。投资的便利化有利于企业进一步拓展国际市场，我国在共建"一带一路"国家中"走出去"做得比较好，贸易、投资额都是遥遥领先的。我们需要总结经验，进一步完善"走出去"的配套政策，坚定支持企业国际化进程。

（四）努力构建多元稳定的国际经贸关系

党的二十大报告明确提出了要构建多元稳定的国际经济格局和经贸关系，这一提法具有重大的战略意义。在当前大国博弈异常激烈，中美冲突总体处于战略对峙的复杂形势下，我们应把握好对美斗争的策略，讲究斗争的艺术，把握好斗争的分寸和节奏，美国实行的虚伪的多边主义和利益至上的伙伴关系是难以持续的，更多的国家会进一步认清美国政策所夹杂的私利，看似美国已构建了反华的西方阵营，并建立了各种同盟机制，形成了"小院高墙"式的壁垒，实则是一种松散的聚合，一旦遇到利益纷争，则各持己见，各奔前程。所以我们要在战略上藐视美国，在战术上重视美国，保持同相关国家的紧密沟通，通过互利合作，逐步瓦解美国的封锁限制，而中共中央提出的构建多元稳定的国际经济关系恰恰是应对当前复杂国际局势的重大战略思路，落实贯彻好这一思路是我国在国际竞争中保持主动的关键。

（五）要继续加大支持外贸发展的政策力度

从2023年国际市场变化和外部需求看，外贸企业仍将面临众多的不确定性，而中小微贸易企业面临的困难会更大一些。除了企业自身的努力，政府的帮扶政策力度也不可减弱，企业的任务是努力提升出口产品的竞争力，积极主动地稳定与客户的关系。在发展的环境方面，政府应出台更多的帮扶政策，这些政策包括以下几方面。一是应重点保障有订单的企业在融资贷款方面的支持力度，应建立同订单挂钩的信贷机制；二是建立结售汇的风险担保机制，对于汇率波动风险较大的国家和市场更要推广这一机制，关键是这一机制不能给企业增加更大的成本，银行更不应将对企业的汇率担保机制视为利润的增长点；三是继续对企业出国参展和拓展市场的费用提供必要的支持，特别是对重点市场的拓展更要加大支持力度；四是继续提升贸易便利化水平，减少企业的社会成本；五是对困难企业继续实行税收减免和延期还贷的优惠政策，帮助企业渡过难关。此外应鼓励各地商务主管部门根据企业的实际困难制定有针对性的帮扶政策。

五、鼓励企业提高市场开拓能力，全面提升出口的国际竞争力

从当前形势分析，虽然我国面临的外部环境复杂多变，且不利因素有所增加，但也要看到我国外贸发展的韧性和潜在的竞争优势。我国经济正处于快速恢复阶段，企业发展环境有所改善，企业抗风险能力和开拓市场的能力进一步加强。东南亚经济体仍将保持较高增长势头，RCEP协定的全面生效，正在产生新的较大的溢出效应，对我国继续扩大双边贸易形成有力支撑，中国同中东主要国家的关系改善将为我国贸易发展提供新的潜在增长点，拉美市场和非洲市场继续保持稳定，仍具扩大出口的潜能。随着"一带一路"市场贸易投资的活跃发展，中国同沿线国家的贸易仍将保持高速增长，我国出口商品结构的优化和新的出口增长点正在快速形成。此外，应该看到企业出口的韧性和竞争力的提升将成为支撑我国出口基本盘的重要因素。相信有国家政策的支持和企业自身的努力，我国外贸出口一定可以克服困难保持一定的增长规模，为国民经济增长做出应有的贡献。现阶段企业应努力加强以下几方面工作。

（一）巩固加强对欧美市场的开拓工作

欧美市场长期以来是我国的传统市场，目前约占我国市场份额的1/4以上，保住市场份额就是稳住了外贸的基本盘。外贸企业要进一步加大对欧美市场的开拓力度，主动加强同客户的联系，保持和客户的稳定关系，根据市场变化，满足客户的需求。对美国市场的开拓要特别注意合规经营，同时要强化风险意识。欧洲市场仍具有较大的潜力且市场环境较稳定，应加大双边贸易的力度，特别要注意对欧洲不同国家不同市场的研究，把握市场机会，力争巩固和提升对条件较好国家的出口市场份额。欧美市场的稳定是确保外

贸基本盘稳定的关键。

（二）要努力深耕细做东南亚市场

东南亚市场近年来保持稳定增长，需求旺盛，订单充足，应充分利用RCEP协定的有关利好政策，努力扩大双边贸易，争取将双边贸易规模提升到一个新的高度，同时要特别注意加大对日韩市场的开拓力度，争取改变双边贸易下滑的状态。中国与东南亚市场双边贸易具有较强的互补性，交通便利，应通过增加双方客户的往来，做好客户的工作，发现贸易机会，扩大进出口贸易，补足RCEP的短板，这对我国全面稳定贸易增长有积极的作用。

（三）要努力开拓和提升同共建"一带一路"国家的贸易

2023年是习近平主席提出"一带一路"倡议十周年。十年来我国同共建"一带一路"国家的投资贸易持续保持高增长，双边贸易关系不断改善，贸易的基数和规模不断扩大。我们应看到"一带一路"市场仍具有相当大的发展潜力。2023年10月，我国召开了"一带一路"国际合作峰会，将为企业拓展"一带一路"的贸易投资合作带来新的机遇。企业要细分"一带一路"市场，选择自己合适的国家加大贸易投资合作的力度，应特别注意加大对中东和拉美市场的贸易拓展力度。

（四）要注重提升企业出口产品的竞争力

外贸企业的竞争力主要分为两部分，一是产品的竞争力，二是开拓市场的能力。从目前情况分析，虽然我国的制造能力和产品竞争力在全球是具有相当优势的，但我们出口产品的更新换代和新产品的竞争力仍有待进一步提升。一个好的产品对出口和经济发展的带动作用是巨大的，像我国近几年的新能源汽车、锂电池和光伏产品形成的新的出口竞争力就发挥了巨大的作用。我们需要更多的"新三样"产品来支撑我国外贸新的增长点。同时，应做好客户的修复工作。疫情三年，客观上讲我们同不少客户的关系是有所疏远的，我们必须做好补救工作，这对我们外贸长期稳定的发展是至关重要的。外贸企业必须认识到，面对当前激烈竞争的国际市场，企业出口产品的竞争优势仍是对外贸易的核心竞争力。

总之，当前中国的外向型经济发展面临的压力是巨大的，需要政府和企业共同努力，克服困难，政府应在改变外部发展环境方面做出积极的努力，应在构建多元稳定的国际经济格局方面寻求新的突破，避免中国的外部发展环境被逐步压缩。企业应在稳定经营规模、稳定市场份额方面做出积极的努力，不断提高企业自身的竞争力，确保我国外向型经济持续稳定发展，为国民经济的复苏和繁荣发展做出新的贡献。

第十章
国际秩序之变与中国应对之策

单一*

* **单一**,国际法博士,国务院参事研究员,原中国保险保障基金党委副书记、总经理,全球经济治理50人论坛成员。

摘要：大国博弈和全球经济治理是思考中国产业政策优化和国际经贸规则应对的重要维度。在当今复杂多变的国际格局下，大国博弈已经成为全球最重要的时代变量，博弈的范围已大大超越传统军事对抗和领土争端，已嵌入国际政治、世界经济、意识形态等多个领域，各个领域的博弈相互交融、激荡，互为因果、螺旋转化，但其核心是围绕竞争力的自塑和他限。出台产业政策、围绕产业链供应链打造同盟以增强自身竞争力，针对政府补贴、国有企业等产业政策核心要素制定国际规则以限制竞争对手，已经成为当前国际秩序变局下大国博弈的两大重要手段。美国延续了特朗普执政以来的中美竞争博弈态势不断挑战中国，一方面，大力出台以"在岸生产"为目标的国内产业支持政策并实施以"友岸外包"，扩大国际产业合作为核心宗旨的外交战略，寻求对中国及一些国家的所谓"去风险"；另一方面，试图始终控制国际治理话语权，运用并主导规则，从鼓励中国融入规则向利用规则钳制中国转变，并最终实现操纵规则打压中国的目标。

基于对国际秩序变化的判断，本章认为中国应从参与国际竞争、提升产业实力、国际多边治理等方面积极应对并推动全球经济治理体系变革，包括：1.顺应新的国际政治、经济形势，围绕经济安全和提高竞争力等方面制定新型综合产业支持政策；2.主动对接高标准国际经贸规则，同时建立符合本国利益的新规则；3.通过创新与合作推动增加公共产品供给，推进构建开放型世界经济格局，实现全球治理与国家治理的良性互动。

当前区域与世界经济呈现出政治化的特征，国际秩序与规则之变、国家发展模式与价值观之变的复杂性与不确定性前所未有。但无论基于何种立场，一个共同的看法是俄乌冲突是后冷战时期乃至二战结束以来世界发展的一道分水岭，将深刻改变国际秩序和国际规则，并对全球化趋势产生深远影响。相应地，中国产业政策和经贸战略也必然因时应势地进行调整。简单地用"逆全球化"来描述当前世界的秩序趋势显然过于草率，也无益于制定相应的产业和经贸战略。只有对世界格局的结构、要素和性质进行深入分析和准确判断，才能够有效应对当前复杂的国际经贸秩序。

　　在当前趋势下，阵营化和集团化苗头正构成全球化发展的最大威胁。对此，各国和各国际组织领导人都表示担忧。IMF总裁格奥尔基耶娃在2023年中国发展高层论坛讲话中提到，全球经济面临着极大的不确定性[1]。

　　2022年4月，美国财政部部长耶伦和欧洲中央银行行长拉加德两位女性领导者分别在大西洋理事会和彼得森国际问题研究所发表公开演讲。这两位原本极为坚定的多边主义者在讲话中均指出当今世界的贸易和投资流动的主

---

[1] IMF总裁格奥尔基耶娃在2023年中国发展高层论坛讲话提到，"全球经济面临着极大的不确定性，包括由地缘经济分裂导致的风险，这可能意味着世界分裂为相互竞争的经济集团——这是一种'危险的分裂'，会让每个人的境况变差且更不安全"。

要驱动力不再仅仅是经济效率,而是对共同价值观和地缘战略兼容性的需求。笔者认同一些学者的判断,对"华盛顿共识"的放弃,意味着战后全球化时代正在接近尾声。"逆全球化"带来新的调整,尤其是地缘政治冲突导致的"逆全球化"给全球经济,特别是产业政策的价值取向带来了很大的不确定性,甚至造成了倒退。笔者将从中美博弈、规则之争、政策之变、应对之策四个方面谈一些研究成果和思考。

一、中美博弈

中国入世以来,受惠于全球化分工和以效率为先带来的全球经济高速发展的历史机遇,深度融入国际贸易和世界经贸格局,一跃成为世界第二大经济体,经济总量占世界经济的比重由40多年前的不到2%上升至18%以上。[1] 2021年中国的制造业增加值(现价美元)占全球比重超过30%,超过居于其后的美、德、日三国总和。[2] 因此,中国经济的高速发展不仅改变了世界的经贸格局,也影响了地缘政治格局的变化或走势。

(一)冲突根源

中美经贸合作的本质是互利双赢。[3] 然而美国自身的社会问题及其实行的自由市场经济带来的一系列结构性难以自我修复的问题,是直接导致中美之间冲突的根源。一是美国国内工业发展出现空心化;大量制造业向新兴市场国家转移,特别是由于服务贸易、技术贸易比重的增加,制造业在美国产业结构中的地位下降,造成"铁锈带"地区工人大量失业。二是美国国内再分配不平均、不平等加剧。美国基于自由市场的逻辑,以比较优势为基础进行

---

[1] "中华人民共和国成立60周年经济社会发展成就回顾系列之一",1978年中国经济总量占世界经济比重为1.8%;按平均汇率折算,2021年中国经济总量占世界的比重达18.5%。
[2] 根据世界银行网站数据,2021年中国制造业增加值(现价美元)为4.91万亿美元,全球的制造业增加值(现价美元)为15.96万亿美元,中国占世界比重约30.76%。
[3] 资料来源:习近平.中美经贸合作本质是互利双赢的[EB/OL].[2022-01-04].新华网.

分配，大量研究表明美国国内收入分配的不平等状态不断加剧。三是价值观"极化"明显，随着美国国内贫富差距加大，孤立主义、逆全球化思潮严重，民粹主义抬头，国内贸易保护主义势头日益高涨。

内政决定外交，把经济问题政治化，把本国的问题归咎于外国，是选票政治体制下政客们拉选票的惯用伎俩。美国政客纷纷选择利用本国的民粹主义浪潮来谋求自己的政治利益。中国综合国力跃升后，中国被视作美国国家利益与美国国内特定群体利益受损的"罪魁祸首"。西方发达国家面对中国的崛起产生了巨大的心理落差，将中国视为最强的竞争对手。这与 22 年前中国刚刚加入 WTO 时，美西方国际社会对中国的态度有天壤之别。

（二）冲突表现

5 年来，中美冲突全面展开且不断升级，关于中美合作基调，布热津斯基早在 1997 年就在《大棋局》中指出，中国能否走向"民主化"和"自由市场化"不应作为中美合作的前提。中美关系恶化会对亚太、美国的欧亚战略产生严重影响，要尽力避免。重要时间节点有以下几个。一是美方主动、单方面挑起贸易摩擦。2018 年 3 月，特朗普政府决定对价值 600 亿美元的中国进口商品加征关税，使中美贸易摩擦显性化。二是 2020 年 7 月，美国前国务卿蓬佩奥发表"新铁幕演说"，全面否定过去 50 多年的对华政策。三是 2021 年 3 月，美国国务卿布林肯明确对华政策为"竞争、合作、对抗"，2022 年 5 月又修正为"投资、结盟、竞争"。2022 年 5 月，美国国务卿布林肯表示美国不寻求将中国与全球经济分离开，但致力于确保中国遵守国际规则，并强调中美之间不是新冷战。2023 年 6 月，布林肯访华再次强调美国支持"去风险"和多元化，表示不寻求与中国"脱钩"，认为中美建立更好的、开放的渠道非常重要。

新一代美国政客虽然仍持有不"脱钩"的现实主义立场，但目的已然不同。耶伦强调，国家安全重于经济利益，美国对华实施出口管制、经济制裁和投资审查是由国家安全利益驱动的。美国总统国家安全事务助理沙利文则再次强调美国不寻求与中国的"脱钩断链"，而是注重"去风险"。

2022年10月，白宫发布拜登上任以来的首个《美国国家安全战略报告》，将中国界定为美国未来的战略竞争对手。竞争成为美国对华外交长期战略。可以看出，国家安全问题越来越多地渗透到经贸领域。传统的经济安全政策是防御性的，处理的是能威胁到国家安全的贸易和投资，而目前的发展态势是围绕经济安全和韧性的进攻性政策。美国脱离以市场准入和关税自由化为中心的传统自由贸易协议，转而采取注重可持续性和维护美国工人利益的产业政策，与盟友建立更安全和有弹性的供应链。美国把安全和政治问题嵌入经贸领域并输出价值观，彻底抛弃了以效率为先、不以意识形态为目的的"华盛顿共识"。

中美关系已经进入修昔底德困境，也就是说一旦世界上有新崛起的国家的GDP达到了现任大国的70%体量，一定会遭到现任大国的打压。因此，中美摩擦是必然的。中美贸易摩擦最重要的特点是拥有全球经济主导权的美国将其结构性问题以及衍生出的社会问题归因于中国。这与20世纪80年代日美贸易摩擦的逻辑起点相同。日美贸易逆差最后以"广场协议"的达成而终结。美国认为，日本对美国贸易出现大量顺差，是产业政策、政府补贴、倾斜性保护制度，以及汇率等综合因素引起的结构性问题。如今，美国贸易逆差无非是从当年的日本转移到中国，所以它认为中国存在同样的结构性问题。但中美之间涉及的补贴、国有企业、竞争性、非市场经济地位和产业政策与技术转让等问题远比当年日美贸易摩擦复杂得多。基于此，美国要重新定义、推广"价值观同盟"来构建新的国际经贸规则。

（三）拜登之术

拜登政府基本"全盘继承"了特朗普的对华政策，将中国作为首要对手，试图通过所谓的"投资、结盟、竞争"来打造"中国崛起的战略环境"，并通过立法来固化策略使之更为稳定、制度化、更具长期性。中美关系仍然处于新型关系模式不断探底与反复平衡的阶段。拜登政府一方面让WTO停摆，并实施违反世贸补贴规则的产业政策；另一方面对中国挥舞保护主义大棒，指责中国违反补贴纪律。在对华政策意识形态方面采取双线新策略。一是"建制派"的拜登政府以规则锁定中国，尽可能把中国的国际行为锁定在"不道德""不合规"，甚至是"不合法"的范围内。美国联合其盟友，意图制定新的国际贸易规则，放弃追求单纯的贸易增长、贸易自由化目标，拟推动更加侧重于可持续、平等、扩大公共投资与解决收入不平衡等国内矛盾的新规则。二是设立美国领导的、通过"印太"与欧洲两大同盟体系的紧密化协作来构建对华施压的体系优势和多边机制。拜登政府的"小院高墙"策略比特朗普团队的强势反华姿态更有杀伤力和号召力。中美之间的摩擦从贸易向纵深发展，美国运用规则的手段更加高明。

拜登上台以来，美国围绕芯片、能源资源等关键领域推出多项遏制措施。一是出台保护政策。美国放弃原教旨主义或新自由主义信仰，陆续出台《通胀削减法案》[1]《芯片和科学法案》[2]等一系列产业政策，以7 000亿美元补贴来促进核心供应链回流美国。强化"友岸外包"，通过加强对跨国企业的长臂管辖，将次核心供应链转移到盟国，非核心供应链转移到外围友好国家，以意识形态和价值观割裂全球供应链体系。2023年8月初，美国布鲁金斯学会发布了一项针对全球科技行业高管人员的问卷调查[3]，86%的受访者认为，未来全球将出现两条分别服务于美国市场和中国市场的供应链，相关企业不得不以牺牲效率和成本为代价，将自身业务进行分拆，以服务两条供应链体系。二是构筑新型壁垒。美国以绿色环保、可持续发展为借口，通过创设新型壁垒来削弱他国产业成本优势和竞争力。美欧联合创立"绿钢俱乐部"，表面上为推动全球钢铝产业降低碳排放水平，实际上为打压中国钢铝产品的竞争力。美国在贸易救济法规修正案中，将知识产权、劳工、人权、环保、跨国投资等纳入反补贴调查范畴，为限制产业竞争提供新的法律工具。三是以地缘政治为导向，拉帮结派，炒作民主价值观圈子，胁迫盟友选边站队。如建立美欧贸易和技术理事会、印太战略、美英澳三边安全伙伴关系、美日印澳四方安全对话、美日韩三边磋商机制等，逐步形成以美国利益为核心的新友邦经

---

[1] 资料来源：美国国会网站。
[2] 资料来源：美国参议院商务委员会的官方网站。
[3] 资料来源：布鲁金斯学会. 国家间的技术竞争：行业领袖的观点 [EB/OL].

济联盟和以非平等秩序为理念的多边、双边规则。在2023年9月召开的G20峰会上，美国牵头印度、沙特阿拉伯、欧盟等多方在峰会期间签署谅解备忘录，宣布将建立"印度—中东—欧洲"经济走廊。[①]

（四）中美补贴之争

近年来美西方针对中国国有企业的指责甚嚣尘上，认为中国破坏了国际规则和秩序。从过去几年的纷争来看，虽然美西方国家采取的各类限制措施表现形式不同，但其背后的冷战思维、法律逻辑、对中国的竞争优势加以限制以及对中国国有经济，特别是对意识形态的歧视是一脉相承的。

在一系列美国关于国家资本主义、操纵汇率、产业政策、支持措施等的指责中，对中国发展模式的指责是最核心的。美方将这一问题归结为产业政策，而该问题的实质是补贴问题，因为补贴政策处理的是政府和市场的关系。中国的"国民经济和社会发展五年规划""中国制造2025"等指导性政策以及"一带一路"倡议等，都已经成为欧美补贴指责和反补贴调查的对象。美国总统安全事务助理沙利文认为，一个庞大的非市场经济已经在以一种带来相当大挑战的方式融入国际经济秩序。美国财政部部长耶伦等美国政府高官一直在指责中国对国有企业和民营企业的支持及不公平经济行为的核心是，中国政府滥用补贴政策。

美国先是通过反补贴调查摸清中国补贴做法，同时制造中国不守规矩的国际舆论。不能否认，中国的补贴政策还存在有待完善之处，但美国对中国多起反补贴调查案件的高明之处在于通过对低价提供原材料补贴项目和优惠提供贷款项目的认定，将中国企业"降本增效"的价格优势抹掉，将中国产品在美国市场的价格与其他低效率国家的产品价格"调整"一致。美方完全利用了中国的政治经济体制的一些特点，进行偷换概念，在调查程序上对中国政府和出口企业强加过重的举证责任，进而使用不利事实推定和可获得的最佳信息，最终达到对中国产品征收高额反补贴税的目的。美国在双边贸易

---

① 资料来源：印度—中东—欧洲经济走廊与"一带一路"能合作吗.澎湃网。

救济调查案件中采取的上述歧视性调查方法是基于两国制度的差异。笔者一直认为在当前的世界经济治理中，以贸易为切入口挑战国家体制是最好的选择，反补贴规则是最佳手段，即一种既可以占据道义制高点又可以灵活运用且效果明显的政策工具。各国经济结构和发展模式不同，在贸易救济调查案中，调查机关不应把某个国家的发展模式设定为标准模板，再通过法规和举证的手段，认为凡是不符合模板的情况都属于异常，再通过逻辑推导将这些竞争优势认定成违法补贴，这是不符合 WTO 反补贴规则的做法。

此外，美国一方面将原有的、在货物贸易领域针对中国的反倾销和反补贴调查的理念和不公平做法拓展到投资金融服务贸易领域，滥用长臂管辖；另一方面，在最新的多边、双边协定中，纳入对政府行为的约束，评估国有企业的政策属性以及对公平贸易、产业安全、国际竞争格局的影响，以国家安全为名遏制以中国为代表的发展中国家经济发展，防止中国等发展中国家对美国的全球政治和经济霸权构成威胁。这些行为使中国企业，特别是中国国有企业在现有的国际规则下受到了不公正的对待，国际业务拓展举步维艰。

中国从来都是国际规则的维护者，而不是破坏者。中国的体制与西方不同，可以在机遇出现时最大限度地释放活力以及组织领导力，这是中国的体制优势。15 年前，美国商务部调查官员曾对笔者说，中国的高速发展得益于产业规划，发挥了国有经济和国有企业集中力量办大事的重要作用。美国财政部部长耶伦将拜登政府的经济议程重新命名为"现代供给侧经济学"，政策的出发点是扩大美国经济的产能。拜登上台后，美国陆续颁布了多部法案，如《国家先进制造业战略》《基础设施投资和就业法案》（又称《基础设施法案》）、《芯片和科学法案》《通胀削减法案》等都意在巩固和提升美国在这些代表未来的产业中的竞争实力。近期，美国财报显示，美国制造业实际投资翻了一番。这些进展符合拜登政府的经济议程，也符合耶伦提出的核心目标，即利用政府资源促进投资以提高劳动生产率。从中可以看出美西方国家在产业政策理念上的最新变化。

二、规则之争

美国特别善于创设规则和运用规则，往往在多边和双边同时发动引擎。美国主导了二战后的国际规则的制定和国际组织的建立，以维护其超级大国的地位和利益。二战后，美国一只手推进多边合作，在国际金融领域主导了国际货币基金组织和世界银行规则的制定，在国际贸易领域主导了关税及贸易总协定及世贸协定的制定；另一只手则推动双边和区域合作，达成包括《北美自由贸易协定》《跨太平洋伙伴关系协定》等重要区域经贸协定，虽然在特朗普上台后即宣布退出后者。

中国要想在世界秩序中谋得一席之地，就必须清楚地认识美国一直强调的"规则之争"的内涵和演进过程。

（一）推行"规则"的途径

美国一直运用美军、美元、美媒三大法宝，在世界范围内，有计划、有步骤地抢占战略要地，把持海上通道，掌握战略资源的定价权和国际经贸规则的主导权，掌握尖端科技的垄断权和学术、媒体话语权，维护其全球霸权地位。

值得注意的是，美国擅长将国内法转换为国际法，将单边措施转换为多边规则，并在政治上善用规则筹码进行利益交换。美欧利用其掌握话语权的优势在制定国际规则时争取了更多的有利条款，为中国这样的后加入国家预设了不少"规则洼地"。后来者为了进入不得不做出一些让步，接受一些限制，其中的一些让步对后来者的发展产生了极其不利的影响。强国由于其经济、政治和军事实力以及文化和价值观的影响力，能够制定规则，甚至操纵规则。美国凭借熟悉规则的优势，推陈出新，不停变换打法，保持自身总能站在规则和道义的制高点上，让对手方百口莫辩，很难摆脱被动局面。

美国号称主张"以规则为基础的国际秩序"。布林肯在2023年6月的访华讲话中表示："美国将推进与许多其他国家共享的未来愿景：与各国共同维护及更新多年来保障全球和平与安全的基于规则的秩序，从而建设一个自由、开放、稳定和繁荣的世界。"[①] 事实是，美国对国际规则运用自如，随着中美实力对比的变化，美国会在不同阶段灵活调整中国的角色。

（二）中国在"规则"中的角色变化

第一阶段是鼓励中国融合到美国主导的国际规则治理体系之中，让中国成为国际体系中负责任的利益攸关方，将中国引导和塑造成符合西方价值观念、遵守国际规则的体系融入者，同时能够持续稳定地为美国提供初级原材料和消费品，有利于平抑物价，控制通货膨胀。

笔者认同道格拉斯·欧文在《贸易的冲突：美国贸易政策200年》一书中的观点，即政治冲突与贸易政策如影随形，美国贸易政策和关税措施从来不是偶然的，不仅仅为了维护公平贸易。英国剑桥大学研究发展经济学的张夏准教授，在2002年撰写的《过河拆桥：历史是如何被篡改以为新自由主义的资本主义辩护》一文中指出："现在所有的发达国家在历史上都曾实施过严格的贸易保护主义政策，当它们具备了相对于对手的技术优势后，才主张降低关税和非关税壁垒。美国走的正是英国道路，只不过走得更坚决，也更高明。"

只要能够继续维持产业链分工，那么发达国家将永远处于"躺赢"的状态。笔者赞同约瑟夫·斯蒂格利茨在《大转型：我们时代的政治与经济起源》一书序言中的观点，他认为卡尔·波兰尼揭穿了自由市场的神话：从来不存在真正的自由、自发调节的市场体系。从已经工业化的国家发展历程看，政府不仅通过关税保护了工业，还通过干预和资助实现了生产力的突破性提高。"发达工业国家一方面在教导不那么发达的国家避开保护主义和政府补贴的邪恶，但另一方面，它们却并不怎么乐意向发展中国家具有优势的商品和服务开放市场，尽管它们强硬要求发展中国家开放自己的市场。"当前，欧美陆续出台的以安全为由的产业政策进一步印证了诸位学者的论断，当一些发达国家在竞争中不处于优势地位时，通过干预政策为本国尚处于幼稚产业阶段

[①] 资料来源：薄晓舟. 访华前，布林肯这样说 [EB/OL].

的产业抢占先机。通过干预支持相关产业站稳脚跟后，发达国家会反过来再次推进部分低附加值的服务业和制造业的自由贸易进程，进而改善贸易条件。历史都是循环反复的。

第二阶段是利用国际规则的主导权有针对性地钳制中国。当中国在现有规则中不断获益和壮大，特别是有可能利用规则提高国际地位时，美国便联合其盟友、伙伴以及与中国有重要利益冲突的国家有针对性地修改规则，阻止中国将不断上升的实力进一步转化为国际影响力。

20世纪90年代，美国开始对中国非市场经济地位进行挑战，在反倾销调查中体现为对中国产品采取歧视性的替代国做法。从2005年开始，美国在多边层面指责中国的补贴政策，在单边频频开启反倾销和反补贴贸易救济调查的背景下，美国通过对中国产品征收高额关税，大行贸易保护之道。世贸规则的核心是赋予各国权力，使其能够对因进口冲击而遭受损害（实质性损害或严重损害）的国内产业采取救济手段。在反倾销、反补贴和保障措施三大贸易救济措施中，最具杀伤力的就是反补贴调查，因为它涉及对一个成员财税政策甚至是法律制度的调查。截至目前，美国对中国发起反补贴调查案件89起。[①] 尽管如此，美国仍觉得反补贴措施杀伤力不够，变本加厉于2018年动用"超级301条款"，举起贸易保护大棒，中美贸易之争全面升级。WTO一方面承认政府有干预国际贸易的主权，另一方面则通过制定相应的规则和机制性的安排，将政府干预国际贸易的主权尽可能限制在合理范围之内。可见，WTO在建立开放、公平和可预见的国际贸易关系中起到不可估量和不可替代的作用。WTO是中国参与度最高、在被动中慢慢变主动、越来越有话语权的国际组织，但当中国有机会、有能力坐下来进行平等谈判时，却被个别国家按下了暂停键，掀了桌子。

WTO发展至今自身确实积累了一些问题，比如没有与时俱进，造成规则滞后或缺失，但其当前运作遇阻的根本原因是不符合美国自身利益。为了改变局面，更符合美国及其盟友的利益，美国联合盟友提出了一系列改革主张，主要围绕四个方面：一是非市场经济；二是争端解决机制尊重成员主权性政

---

① 世界贸易组织官网，2023年9月22日最后访问。

策选择；三是遵守通报义务；四是发展中成员差别待遇。同时，美国号召其盟友加入市场扭曲、产业补贴、补贴规则及国有企业改革等议题，针对中国的指向性明显。

第三阶段是通过操纵规则的解释权和国际舆论，在国际社会削弱中国崛起的合法性。利用其对规则的解释权，赋予规则以道德价值内涵，联合西方国家操纵国际社会舆论和评价体系，对中国予以压制。这一策略的最终目的是在国际社会孤立中国，削弱中国崛起和运用实力的合法性。

美西方希望通过 WTO 改革约束和限制中国。美国利用反补贴调查，并通过 WTO 多边平台与单边反补贴调查遥相呼应，持续地制造中国不守规矩的国际舆论，给其他 WTO 成员留下中国做法不符合世贸组织规则的不良印象，让更多的 WTO 成员方关注中国的补贴政策，为进一步指责中国不履行承诺、不遵守 WTO 补贴规则、实施"重商主义"的产业政策埋下伏笔。我们从美国对 WTO 的指责中可以看出中美之间的争执：2020 年 8 月 21 日，莱特希泽发表的《如何纠正世界贸易？》一文中指出，中国利用"特殊和差别待遇"规避市场开放，并滥用争端解决机制规避多边谈判以及市场化改革。他主张通过制定新规则来制止中国"国家资本主义"所导致的"经济扭曲"。

美国在 2020 年 2 月 20 日向 WTO 提交案文，列出了市场导向条件的八项标准，希望将美欧国家使用的标准推向 WTO 协定，即企业能够在不受政府重大干预的情况下，自由获取信息，并根据市场信号自由进行价格、成本、投入、采购、销售、投资决策以及资本配置；接受国际会计准则；根据资本、劳工、技术和其他要素价格做出市场决定，并受到法律法规保护。这些标准其实是老生常谈，早在入世时，美国已经给中国画像，例如《入世议定书》15 条、反倾销调查中的伪命题"非市场经济地位"等，都是在不断地用规则强化和制约中国的经济体制，否认中国特色社会主义市场经济体制改革。美国表面上指责多边规则不完善，实质上是针对中国的竞争优势实施的具体应对措施。

随着自身实力的削弱，美国逐渐将战略重点转换，不直接用战争竞争取胜，或消耗自身资源去打击和削弱中国的实力，而是通过软实力、国际游戏规则和道德话语权约束中国可运用实力的空间，阻止中国将提升的实力转化为相应的国际影响力。在 2022 年《美国竞争法案》中，第 3256 节规定了加强跨大西洋合作战略以应对中国。美国国务院和国防部、外交部加强协调，对抗中国在世界范围内兴起的"威权主义"，跟踪和减小中国在多边论坛上施加的影响。

以上可以看出美国对多边的行动以及立场。2015—2020 年，美国出台了 40 余项对中国具有直接或间接影响的行政令。第 118 届美国国会上台以来，在涉华立法方面表现出比以往更加癫狂的状态。截至 2023 年 2 月 18 日，两党在不到 50 天时间里提出了近 90 项涉华提案，涉及贸易、人权、金融、能源、安全、公共卫生、科技、农业等问题。

（三）中国对"规则"的支持和建设性角色

面对美国的表面指责和真实战略意图，中国坚定维护多边主义和 WTO 权益，以实际行动维护多边贸易体制、促进经济全球化。在渔业补贴谈判分歧严重时，中方积极参与并为推进谈判提出多份建设性提案，最终于 2022 年 6 月的世贸组织部长级会议通过了《渔业补贴协定》，给长达 22 年的国际渔业补贴之争画上了句号，具有里程碑意义。近期，世贸组织宣布《投资便利化协定》文本谈判成功，作为全球首个多边投资协定，本协定的达成将有助于提升全球投资监管政策的稳定性和可预期性，进一步提振全球投资者信心，推动全球投资稳定增长。世贸组织总干事伊维拉多次感谢中方"对多边主义和多边贸易体系的支持"。

中国政府坚定维护联合国宪章宗旨和原则，维护以联合国为核心的国际体系，维护以国际法为基础的国际秩序。中国全方位参与多边事务，加入了几乎所有普遍性政府间国际组织和 600 多项国际公约，对外缔结超过 2.7 万项双边条约，认真履行自身国际义务。中国愿同各国进一步加强团结合作，践行多边主义，携手构建人类命运共同体，推动全球治理朝着公平合理的方向发展。

三、政策之变：当前全球产业政策的新发展和特点

过去两年，美欧社会打破自由市场原则，突破产业政策禁忌，从经济学、安全与其他国家竞争的角度，增加了产业政策必要性和贸易限制的讨论，从是否实施产业政策转为关注政策实施过程。当下全球范围内的新型产业政策有别于以往，具有其特定的框架逻辑。

（一）实施产业政策的必要性

政府决定是否实施产业政策的影响因素众多，既有理论方面的也有现实方面的。具体来说，从政策周期、发展和安全、大国分工竞争等角度，均有其必要性。

1. 政策周期中的必要性

改革开放以来，中国经济和全球化共同成长，学术界、实务界充分认同全球产业国际分工合作，并将这一现象视为重要的趋势。但是，如果将时间的跨度拉长，在21世纪全球化大发展时代，回望工业大生产以来的世界经济史，不难发现，经济在政府干预与不干预、贸易自由化与保护国内产业之间呈现出交替变化的现象。19世纪60年代—20世纪20年代，美国实施自由放任市场主义，"大萧条"结束了这一思潮。20世纪30年代—20世纪70年代，从"罗斯福新政"到"滞胀"的国家干预主义阶段，经济政策经历了一轮交替。从20世纪80年代至特朗普上台，从"里根经济学"到特朗普的"新自由主义"，经济政策发生又一轮交替。历史交替变化的背后是各国根据现实状况，选择当下最符合自身利益的政策，尤其是在战后的经济政策制定和实施过程中，该特征更加明显。虽然各国的经济干预早已放弃了"熨平"经济波动的雄心壮志，但利用有效的国家产业政策，引导和扶持产业发展方向、控制市场风险，仍然是政府经济政策的常规操作。

2. 发展和安全的必要性

俄乌冲突凸显了供应链的可靠性，以及战略资源安全、掌控尖端科技垄断权的极端重要性，从而催生出实施产业政策的迫切性和必要性。安全成为首要考虑因素，欧俄能源脱钩对欧洲能源安全的影响、美欧滥用制裁对俄工业和金融安全的影响、供应链突然中断对产业的影响、地缘冲突阵营对立导致的"卡脖子"影响等，都不断警示各国从安全和发展的角度考虑产业政策的必要性。尽管对产业政策的争议一直存在，但不可否认，产业政策是市场力量之外发展产业的有效路径。无论是"美国实行'生产商导向'的贸易政策"[①]，还是二战后日韩实施的扶持政策以实现产业升级，长久以来都影响着一定精英阶层支持产业政策，导致在进行经济决策时存在利用产业政策工具的依赖性。尤其是在面临安全和发展的迫切需求时，利用产业政策的必要性尤为凸显。

3. 大国分工竞争的必要性

在日本提出产业发展依次递进的"雁行模式"中，技术、资本、劳动力、能源资源均成为国家发展竞争的要素禀赋。日本居于产业发展"领头雁"的位置，产业结构依次递进，东南亚国家根据自身禀赋参与国际分工却被锁定在提供"资源"和"劳动"地位，这样做是为了保证日本处于价值链和产业链的顶端。以手机为例，在手机厂商、组装工厂、芯片企业中，以芯片企业为代表的技术密集型产业占据整体增值的较大部分。据媒体报道，美国高通公司 2023 财年第三财季财报显示实现净利润 18.03 亿美元，其中芯片等专利授权许可业务收入为 12.3 亿美元，可见技术对于高通公司利润的重要性。因此，芯片行业也成为中美贸易摩擦和出口管制的重点领域。企业和产业的分工竞争直接影响国家间的竞争，垄断高端技术，占领高端制造业，防范其他

---

① 影响贸易政策最重要的经济利益集团是国内生产商，也就是企业及其雇用的员工。人们经常说，美国实行"生产商导向"的贸易政策，国会议员和行政官员尤其听从国内农场主、矿场主和制造商的声音。这些企业利益集团不仅深深卷入了政策制定过程，而且经常集中在国内的特定区域。
[美] 道格拉斯·欧文. 贸易的冲突：美国贸易政策 200 年 [M]. 北京：中信出版社，2019：16.

经济体的赶超,争取获得产业链价值创造的更大份额,直接影响大国竞争决策,是产业政策的重要影响因素。作为新兴经济体中的一员,中国通过经济开放不断促进贸易利益增加和经济快速发展,但目前在总体上仍然处在全球价值链的中低端,实现产业链和价值链转换,摆脱陷入中低端锁定的困境,是中国迈向高收入国家的必要条件。

(二)新型产业政策的特殊性

产业和贸易政策十分重要,但在数字经济时代,制定有效的产业和贸易政策并不容易。自由市场经济促成了经济全球化和跨国公司主导的全球分工细化,其与市场竞争和贸易自由化相辅相成,共同构建了全球各国相互依赖的繁杂供应链体系,美欧社会的经济理论和产业政策关系也进入了新的阶段,以往反对产业政策为主的态度出现松动,并发生实质性的转变,且由于地缘冲突对立无法完全消除,这种变化将继续自我强化。产业政策必然要在考虑现存的自由市场、国际分工合作的背景下,平衡考察出台的政策对国内产能和进口供应安排的影响,以及生产供应稳定性和经济收益的关系,从被动考虑产业链、供应链安全,转为主动从安全角度思考和建设产业链、供应链,实施新型综合产业支持政策。这导致当下的产业政策有别于以往,是一种正在形成的新型政策。

1.通过补贴鼓励制造业回归,支持扩大生产

研发环节,美欧以往的产业政策重点在于支持基础研发阶段,技术突破后依赖市场商业化发展。该模式下,产业政策消耗政府财政资源较少,旨在促进科技创新,对生产制造和消费阶段仅有间接影响,避免直接违反世贸组织框架下的《补贴与反补贴措施协定》等规则。美国在页岩油技术和产业发展过程中曾采用该模式。但新型产业政策有所突破,政府针对重点领域制定和实施专门政策,不仅支持研发端,更直接运用补贴支持生产端和消费端,将制造业做大做强与技术提升、创造就业紧密地联系起来,维持美欧制造业在全球的领先和优势地位。

生产环节，美欧广泛采取税收减免的方式促进制造业回流。例如，根据美国 Good Job First 网站的 Subsidy Tracker 数据库，2021 年亚利桑那州给予台积电 3 000 万美元税收抵免；得克萨斯州给予三星电子 11.86 亿美元建厂补贴，包括 2020 年财产税退税、政府基金拨款等。欧盟方面，根据欧洲《芯片法案》，欧盟将通过补贴和公共资源带动芯片产业的发展。英特尔公司在德国和法国设厂，依据该法规向政府申请补贴。消费环节，美欧通过补贴消费者或增加政府采购要求的方式，支持购买本土产品。例如，美国《通胀削减法案》规定，消费者购买在北美组装的新能源车可获得最高 7 500 美元的税收抵免；拜登政府行政令要求，实施更严格的政府采购规定，实施"购买美国货"方针与《美国制造法案》，增加购买美国制造的产品数量，实现"美国制造"目标。欧盟在国际采购工具、《关于外国补贴扭曲欧盟内部市场的条例》中，增加了采购第三国产品的限制，变相支持本地产品采购。

2. 围绕供应链竞争实施产业政策

在全球分工的布局下，美欧新型产业政策不仅着力于产业端，更关注如何围绕供应链布局谋划实施产业政策，建立产业链、稳定供应链已然是产业发展的一体两翼。该类政策主要包括：一是重视本地产业链、供应链建设，将补贴与供应链本地成分挂钩；二是实施贸易措施管控供应链，避免个别环节的规避影响整体政策效果；三是在供应链国际合作中，划分志同道合的伙伴和竞争者，重塑供应链布局。政策覆盖产业链、供应链中的关键技术、关键原料、关键零部件、关键伙伴等，如欧盟在《关键原材料法案》下实施的各项支持政策，美国拜登政府对数字芯片、电动车大容量电池、药品和稀土实施的供应链百日审查等。

跨国公司经营涉及层级众多的供应商，零部件、原材料供应链溯源呈现出渠道多、环节多、交织重叠、动态变化的特点，企业很难辨别直接供应商之外的间接供应商。英国的谢菲尔德哈勒姆大学发布报告称，在汽车原材料和配件行业，通过电池溯源即可将全球 30 多个汽车品牌与特定配件或生产商联系起来。美国"强迫劳动"审查、德国《供应链法》审查等，专门设计针对供应链中存在的改变原产地和转嫁成本等商业惯例，大幅提高了进口产品准入门槛和风险系数，迫使产业链向本土投资和转移，对供应链布局产生了深远影响。

以美国出台的"友岸外包"政策为例，其对供应链布局影响较为典型。该提法与美国曾经使用的志同道合的贸易伙伴、志同道合的国家等有相似之处，均有意将全球供应链划分阵营。"友岸外包"突出伙伴选择和重点行业供应链，涵盖了劳工、环保、数字经济、隐私保护等标准，并通过对美国跨国公司的长臂管辖，变相实施有差别的贸易政策，对华有限度地"脱钩""断链"。总体上，"友岸外包"将导致部分产业链加速转移，部分领域供应链呈现"区域化"特征。如，处于低端组装等环节的劳动密集型产业，受成本驱动将加快"分流"到东南亚等地；半导体设计和生物医药研发等高端服务业外包，受出口物项管制、五眼联盟、"制造业回归"等政策的影响，外迁风险增加；跨国公司为降低风险，在不放弃中国市场的前提下，将加速建设"中国+1"备份供应链，在兼顾中国市场优势的前提下，通过产业链布局降低潜在风险。

3. 运用新型工具影响产业竞争

传统产业政策采取支持研发等不产生直接影响的措施，辅以维护公平的贸易政策，目的是鼓励竞争；美欧新型产业政策以国家安全、劳工、环保等"政治正确"因素为名，利用调查或实施长臂管辖制裁等工具削弱其他国家对本国产业的竞争挑战。

在出口管制方面，法案的实施范围已经远远超过立法初衷，从原有的针对武器出口扩大到针对单个国家的商业产品，其政策意图已严重影响产业格局，以实现维持本国产业竞争优势，限制其他国家发展先进技术产业、高端制造业的目标。正如美国总统国家安全事务助理沙利文所言，"（出口管制）政策的目标不再是维持对中国一两代的技术领先优势，而是彻底封锁中国半导体等关键行业的创新能力"[①]。

在环保、绿色发展、可持续性等领域，美欧实施绿色产业政策作为新型工具。2023年5月，欧洲理事会公布的碳边境调节机制法令，标志着欧盟完

---

① 资料来源：New US Semiconductor Export Controls Signify Dramatic Shift in Tech Relations With China Security [EB/OL]. [2022-10-24].

成了立法程序，并正式建立全球首个以变相"碳关税"形式应对全球气候变化的机制，提高了产品、产业的准入门槛，增加了发展中经济体产业的升级难度。2022年9月美欧联合创立的"绿钢俱乐部"是美国向欧盟提出并创立的促进低排放金属贸易的联盟，旨在对非联盟的钢铝产品征收关税。该联盟是美欧为解决中国诉美钢铝232关税措施世贸争端案达成的合作安排。加入联盟需达到碳排放、产能、国有企业等方面的条件，联盟内部国家享受优惠贸易安排，以排斥中国等无法加入联盟的国家的产品。碳边境调节机制和"绿钢俱乐部"均意图针对钢铁等美欧处于竞争劣势的传统工业产品，以环保、绿色减排为名，设立新型贸易壁垒，从而削弱其他国家的成本优势和竞争力，以达到支持本国产业的目的。

（三）重点行业实施的产业政策

精准施策、盯住关键，是美欧产业和贸易政策的突出特点，因此，美欧针对重点行业实施的产业和贸易政策完整且力度强大。

1. 新能源产业政策

美国2022年的《通胀削减法案》是一部涉及能源政策、气候变化、财政税收等领域的综合性法案，旨在降低美国消费者的能源成本，提升美国能源安全并促进美国国内制造业发展，扩大光伏、风电、电池和关键矿物产品的生产制造规模。法案内容全面综合，包括刺激新能源及相关产业的投资、强化供应链、促进就业等，涉及研发、投资设厂、生产、消费、发电设施、碳捕捉、碳封存等各个方面，其中的重点是新能源技术、新能源车、电网改造、建筑节能、农村地区电力基础设施等。法案在能源和气候变化方向的财政支持和税收优惠合计达3 680亿美元，用以促进清洁能源产能建设。法案中的新能源产业税收抵免优惠是美国碳中和领域金额最大的政府支持措施，突出了政府在重点领域的支持力度。法案的突出特点是采取税收抵免与保障本国成分的方式支持本国产业的发展。超额抵免、生产型税收抵免、新能源汽车税收抵免均要求本国成分。其中，超额抵免要求项目用钢全部在美国生产，项目设施涉及的工业品40%以上在美国生产；生产型税收抵免优惠要求在美国生产并销售满足规定的多晶硅、硅片、电池、逆变器等，才可申请税收抵免；新能源车消费者获得7 500美元税收抵免的条件为本国组装，以及电池的关键矿物由本国提供。

2023年的《净零工业法案》是欧盟"绿色新政工业计划"的基础性文件，目标在于支持重点行业、供应链可控、提高本地成分比例，培育工业竞争优势。法案涉及的重点行业和技术包括光伏、风能、电池、储能、碳捕获和碳封存、电网等，以及战略部门不可或缺的基础原材料。保障重点行业供应链的韧性和安全，协调战略伙伴国家，发展安全、有韧性、可负担、多元化的价值链。法案的特点在于彰显了欧盟由重视监管和贸易政策，向重视产业政策转变。欧盟绿色产业战略的主要切入点与其建立已久的碳排放交易体系和碳排放配额有关，主要围绕市场交易和监管。美国实施《通胀削减法案》，加速建立美国关键矿物供应链体系，影响欧盟政策导向。在美国产业政策虹吸效应的影响下，欧盟认识到绿色转型产业政策的重要性。欧盟委员会前执行副主席、欧盟气候政策负责人弗兰斯·蒂默曼斯表示，"我们犯的错在于我们没有产业政策"，"我们一直以为，市场本身可以解决一切……"很多欧盟官员认为，过往欧盟的产业政策呈现被动应对局面，且没有采取好的办法阻止产业外迁。

2. 半导体产业政策

2022年美国《芯片和科学法案》是重建和维持美国在整个半导体供应链中的领导地位的一部法案，旨在促进美国半导体制造业发展、提高竞争力。白宫将该法案定位为降低成本、创造就业、强化供应链、应对中国。法案提振芯片技术创新能力，对本土芯片产业提供总额527亿美元的补贴，旨在提高美国芯片制造业在全球的份额，巩固美国在全球半导体行业研发、制造的领导地位。补贴390亿美元用于刺激芯片生产制造，为半导体和设备制造提供投资抵免，维护芯片供应链稳定。法案的最大特点是明确提出与中国竞争，抵制中国，设置"护栏条款"。"护栏条款"的目标是调整企业的全球发展战略和布局，半导体公司被迫在中美之间做出选择，如选择中国将无法获得美国提供的补贴。条款具体包括限制申请补贴的企业资格，限制将半导体生产迁移至美国境外，限制与特定外国实体联合研究或获得技术许可，并配合出口管制。条款的目的在于限制美国的补贴，使其不能应用到中国芯片产业相关产品上，源自中国的芯片产品在美国市场上的竞争力要低于美国产品。

2023年的欧洲《芯片法案》是加强欧洲半导体供应链诸多方面的一揽子计划，旨在提升芯片设计、研发、测试等全供应链的安全，提高芯片产能。欧洲在全球半导体制造领域的市场份额不足10%，法案将提高其生产制造能力，目标是将市场份额增加至20%。欧盟科技研发基础实力雄厚，弱点体现在严重依赖第三国供应链。为应对该情况，法案促进建立欧盟自身供应链，投资于技术、生产设施、培训熟练工人等，以实现欧洲对芯片制造高水平工艺的自主可控。法案创设"欧盟半导体专家组"作为协调机制和执行机构，收集和监控导致供应链中断的数据和信息，必要时启动紧急措施。此外，欧盟将寻求与志同道合战略伙伴合作，通过"芯片外交倡议"强化供应链安全、应对断链，并涵盖芯片原料及第三国出口管制等领域的对话协调。法案主要结合成员国产业自身发展情况、财政实力状况，通过政策引导促进投资，充分利用民间资本。法案的目标是在2030年前，欧盟机构和成员国汇集超过111.5亿欧元的资金，并带动相当规模的民间投资。其中拟设立20亿欧元芯片投资专项基金，通过股权或债权方式，吸引带动私营部门加大对半导体制造技术和芯片设计领域的投资，重点扶持初创企业、中小企业，支持供应链和价值链中的其他企业。法案提出"同类首创"的概念，对于符合"同类首创"的项目，法案授权成员国可根据欧盟国家援助法提供补贴。上述条款也反映出欧盟在制定政策时，需要充分考虑现存法规，以及各国拟补贴的目标行业间存在差别的情况。对于美欧重点行业的产业、贸易政策，我们不能停留在"是否"实施的程度上，要更深入一步，对产业保护的策略和工具，以及政策实施的出发点进行系统了解。

（四）美欧产业政策转变的影响

当前，美国产业政策转向扮演"剧场效应"中第一个站起来的人的角色，欧洲及其他国家也随之调整了各自的产业政策。美欧政策导向从过去的效率公平优先转为竞争优先，进而引发了全球"补贴竞赛""逐底竞争"。为了能够在各类危机中独善其身、转移国内矛盾，很多国家和经济体出现过度安全焦虑，以国家安全为名行保护主义之实来推动制造业回归，分化供应链体系。美欧新型产业政策如不加以规范，必然将引发新的乱象。

国际层面，美欧新型政策工具不局限于在本国实施，而是在单边实施的基础上向与盟友联合扩张。在绿色壁垒、碳机制、劳工标准、补贴、供应链管控、安全审查、国有企业、数字数据等领域，美欧通过"瓦森纳安排"、芯片联盟、"美国—欧盟贸易和技术理事会"、OECD等平台，意图借助规则之名将其联合盟友拉帮结派的意图制度化。美欧产业政策转向将对中国产业升级、参与全球竞争产生影响。尤其是美欧均强调"对盟友和伙伴国家的合作""志同道合的伙伴"，在全球范围内与中国争夺发展空间，与盟友合作限制中国发展。

习近平主席在会见布林肯时指出："大国竞争不符合时代潮流，更解决不了美国自身的问题和世界面临的挑战。同样，美国也要尊重中国，不要损害中国的正当权益。任何一方都不能按照自己的意愿塑造对方，更不能剥夺对方正当发展权利。"从欧盟对美国《通胀削减法案》的应对、反对美国出口管制长臂管辖等的态度可以看到，各利益相关方的诉求不同，一国的产业政策会影响另一国的产业结构和布局。供应链建设需要透明度、多样性、开放性、可预期性、安全性和可持续性等，新型产业政策极大地影响了供应链的可靠性，保护主义、脱钩、分裂极具破坏性，并且代价高昂。

欧美实施产业政策的转向是中国自改革开放和入世以来在经济发展中从未遇到过的新情况，需要打破以往全球化国际分工的思维惯性，借鉴美欧做法，充分重视新型产业政策体现出的政策设计思路之变。一是美欧充分结合各国自身情况制定政策。如美国的本地成分与限制中国的政策，欧盟引导民间投资的政策。在中国的产业政策制定和实施过程中，要结合国情和发展特征，充分考虑制定产业政策的经验优势、实施产业政策的体制优势，更加精准、有效地实施中国的产业政策，同时尽量降低国际争端发生的风险。二是美欧新型产业政策重点支持关键产业链、供应链重点环节。中国在制定产业政策时需以底线思维综合考量与美欧在重点领域的竞争与合作，同时要对美欧新型产业政策管控工具的相关动态保持敏锐。三是不断调整政策，解决制定政策面临的两难问题、执行政策的衍生问题。在制定思路、战略方向、产业安全、战略领域顶层设计等方面，增强政策协同性，平衡自主创新和产业链、供应链开放合作，及时调整产业政策以防止保护过度导致效率低下和浪费。四是要制定符合 WTO 纪律的产业政策。充分利用国际规则给予的空间，实施高效、透明度高的普惠产业政策，削弱行政机构自由裁量权，杜绝操作的随意性，避免权力寻租。五是通过风险补助模式推动政府引导基金对实体产业的支持。有效推动财政资金杠杆放大效应，促进创业型或科技型企业发展，让社会资本真正发挥主体作用，通过真正的市场化运作和专业化管理，实现权责对等，以避免道德风险。

四、应对之策：推动全球经济治理体系变革

回顾这几年，一方面，人类面临着全球协作的巨大需求，新冠肺炎疫情全球大流行、气候变化、粮食危机都在呼吁全球合作共同应对；另一方面，俄乌冲突、科技革命、供应链韧性、人权价值观和国家安全泛化等全球性挑战和议题又不断导致"选边站"和民粹主义盛行，经济全球化边际效益递减，社会协作边际成本递增。各国治理形式的偏好分化加大，主权意识"觉醒"，主要经济体之间的政策协调难度加大，全球治理中的竞争性倾向日益凸显，曾经稳定支撑生产繁荣和经济增长的全球经济秩序和多边治理机制面临着严峻挑战。

时代发展对全球经济治理体系变革提出了新要求。以信息技术为代表的新一轮技术革命和产业变革推动了数字经济、数字贸易的快速发展；人权隐私保护的"安全"边界呼唤着新的国际规则；全球环境问题日渐突出，应对气候变化挑战、快速实现绿色转型和可持续发展也呼唤着新的国际规则。如果现有的国际组织不能与时俱进地有效应对全球性新问题，无法化解由此引发的各国对自身发展前景与安全的焦虑，那么各国自然会做出防御性安排，以邻为壑。为了在经济危机中独善其身、转移国内矛盾，很多国家和经济体已从过去的效率公平优先转为竞争优先。贸易领域的主要体现是安全条款的

泛化；投资领域的主要体现是安全审查的加强，金融领域的主要体现是金融脱钩和金融制裁。有关国家不惜背离国际规则和全球化初衷，频繁将全球治理平台"工具化""武器化"，把良好的国际行动意愿变成新型壁垒，以国家安全为名行保护主义之实，以价值观和意识形态割裂供应链、产业链和价值链，阻碍贸易和投资的自由流动。

上述挑战让本已困难重重的世界经济复苏历程越发阻滞。国际社会越来越清晰地认识到，保护主义、脱钩、分裂等"去全球化"行为破坏性大、代价高昂，会阻滞全球发展进程。对此，如何采取改善措施？如何一致行动？很多政要和学者认为，应坚定维护以联合国为核心的全球治理体系，坚定维护以WTO为核心的多边贸易体制，充分发挥G20机制对全球宏观经济政策的协调作用，积极发挥各类区域组织和机制的作用。笔者认为，面对新形势下的各种挑战，各国和有关国际组织还应立足长远，遵循以下三大原则，以建设性姿态推动全球经济治理体系变革。

一是各国应共同践行真正的多边主义。多边主义体现了全球治理多元主体协商共治的价值内涵，是二战后维持世界秩序和平与稳定的基石。历史经验证明，只有依据多边规则，通过全球协商和全球合作，才能有效应对重大全球性经贸问题。尽管WTO、世界银行、IMF等一系列多边规则制定存在短板，但是它们为二战后的国家间合作与发展提供了平台，至今仍是国际经济治理和对话的主要渠道。三大机构的成员方都正在积极探讨改革方案。作为多边主义的坚定支持者，中国始终积极参与全球经济治理改善和有关改革的探讨。习近平主席多次倡议，践行真正的多边主义，推动构建人类命运共同体，得到了各国首脑的普遍认同。

二是各国应增加国际公共产品供给。当前，传统大国提供国际公共产品的意愿普遍降低，新兴大国供给能力存在不足。因此，应坚持共商共建共享的全球发展倡议，调动国际社会各方积极力量，构建良性竞争关系，积极扩大合作面，尽快实现平台联动、机制联通和议题联结，通过创新与合作，丰富国际公共产品的供给。比如争取在气候变化等具有较广泛全球共识的领域实现早期收获，在国际投资谈判中就争议和安全审查等问题早日达成共识等。

三是各国应实现全球治理与国家治理的良性互动。各国应区分好全球性问题和国内问题的不同根源，通过提升国家治理能力，履行好应对全球性问题的国家责任，避免将自身义务推卸给其他国家，同时还要注意国内政策的外部性，避免将国内问题国际化。

笔者认为，推动全球经济治理体系变革具体应落脚在恢复全球贸易治理、完善全球金融治理、建立全球投资治理三个方面。

一是巩固以WTO为核心的多边贸易体制。WTO为全球提供了开放、公平、统一的多元贸易体制框架，各国应推动WTO回到正常运行轨道，发挥其协调和规范作用，以增强成员方信心，共同恢复开放、公平、可预期的全球贸易治理体系。

针对当前以安全为名的出口管制措施滥用问题，笔者认为可借鉴WTO《补贴与反补贴措施协议》等成熟规则，制定专门的出口管制制度，解决部分成员的诉求，并将各国的出口管制行为纳入统一的规则框架，削弱各国主管机关的随意性和自由裁量权。具体条款可包括：区分不同的出口管制类型和性质，确认各成员方为了保障基本安全利益有权实施出口管制措施，各成员方应立法并妥善行使该权利，各成员方采取的出口管制措施需通报并说明必要性，禁止长臂管辖，不得影响其他成员方与第三方的贸易等。关于多国已经在实施的补贴政策，笔者认为应该在多边规则层面呼吁恢复不可诉补贴，而中国应该引导多边规则的走向，提升国际话语权。

二是加强以IMF为核心的全球金融安全网建设。推动构建新的国际货币体系，增强各国货币政策的协调性；完善国际金融监管体系，提高应对金融危机的能力；构建新型全球金融稳定机制，更好地防范全球金融风险。此外，应继续加强国际金融组织之间、国际金融组织与各国主权基金之间的协同合作和信息交流机制，发挥发展放大器的独特作用，增强金融工具的聚合效应，提高资金利用率，促进对私人、气候变化和可持续发展领域的投资引领作用，持续完善安全、互补、韧性、平等、可持续的全球金融治理架构。

三是建立健全国际投资多边规则体系。国际投资是全球经济发展的重要引擎，既涵盖在国际贸易和国际金融的范畴内，也游离于二者之外。当前，缺乏国际投资多边约束，各国各自为政，规则标准不一甚至相互冲突，安全审查机制被滥用且缺乏透明度和可预见性，导致投资争议案件大幅增加，各国投资人跨境投资信心不足，全球经济恢复和资源配置受到不利影响。2023年7月，中国推动 WTO 项下全球首个多边投资协定《投资便利化协定》文本谈判成功，成为建立全球投资治理机制的重要里程碑。该协定的主要规则包括提升投资政策透明度、简化行政审批程序、促进跨境投资便利化合作和推动可持续发展等，将有助于提升全球投资便利化水平，改善全球投资政策环境，为跨境投资提供规则保障，推动全球投资更加顺畅流动。下一步，应继续推动各方在投资相关的安全例外、并购审查、跨国投资补贴等新议题领域达成相共识，形成一致的投资准入和审查规则，构建透明、可预期的、开放的全球投资治理体系，增强世界经济的活力和投资人的信心。

新形势下，各国对接国际高标准，稳步扩大制度型开放，既是构建开放型世界经济的客观要求，也是推动经济高质量发展的必然选择。尊重多元价值、加强对话协商、避免"囚徒困境"，以共同发展取代"零和竞争"、以共同治理取代"霸权治理"，才是符合各国共同利益的正确道路。各国应共同担负起维护自由开放的国际贸易投资体系和安全稳定的国际金融体系的责任，加大跨领域、跨系统的协同合作，提供更多元、更丰富的国际公共产品，携手推动完善有序、高效、公平、可预期的全球经济治理体系，促进世界经济复苏和可持续发展，实现全球共同繁荣！

第十一章
从对俄制裁看国家外汇储备资产安全问题

管涛　魏俊杰[*]

[*] **管涛**，中银证券全球首席经济学家，全球经济治理50人论坛成员。
魏俊杰，中银证券宏观经济分析师。

摘要：2022年2月，俄乌冲突全面爆发，西方国家对俄罗斯采取了严厉的金融制裁措施，其中包括限制俄罗斯央行使用其在各国境内的外汇储备，将其剔除出SWIFT。在此背景下，俄罗斯政府快速采取了一系列应对措施，并出台反制裁措施，金融制裁对俄罗斯经济的冲击小于预期。此次对俄金融制裁带来的启示是，维护外汇储备资产安全仅仅靠"去美元化"是不够的，如果不动用外汇储备，便无所谓外汇储备多寡的问题。近年来，主要储备货币发行国滥用制裁，在"货币武器化"的同时也损害了其长期信用，国际货币体系多极化发展呈水滴石穿之势。对于中国来说，一是推动外汇储备更加多元化和分散化，适当增加黄金储备；二是增加非美西方及部分新兴市场货币储备，进一步降低美元资产占比；三是继续深化汇率市场化改革和稳慎扎实推进人民币国际化，从根本上减轻对外汇储备的依赖；四是针对未来大国博弈的潜在风险，提前研究应对预案和反制措施；五是进一步扩大金融高水平开放，形成你中有我、我中有你的格局，加强同他国的利益绑定，增加西方金融制裁的成本。

一、美西方对俄金融制裁的主要内容及影响

（一）对俄金融制裁的主要背景及措施

2022年2月24日，俄乌冲突全面爆发。2月26日，美国、英国、法国、德国、意大利、加拿大发表联合声明将部分俄罗斯银行剔除出SWIFT，并限制俄罗斯央行使用其在各国境内存放的外汇储备。随后，澳大利亚、日本，甚至连长期中立国瑞士也相继加入对俄罗斯进行金融制裁的行列。至此，金融制裁范围已涵盖除人民币以外的世界主要储备货币。2月28日，美国又宣布禁止与俄罗斯央行、俄罗斯直接投资基金、俄罗斯财政部进行交易，欧盟紧随其后也禁止与俄罗斯央行进行交易。参与国如此之多、范围如此之广、行动如此之迅速的金融制裁前所未有。此前只有美国曾在2019年和2021年对委内瑞拉、伊朗和阿富汗实施过冻结政府在美资产的措施，尚未有过众多西方国家联合起来针对一家大国央行进行制裁的先例。

根据俄罗斯央行披露的数据，截至2022年1月末，俄罗斯央行共持有国际储备资产6 302亿美元，包括外汇储备资产4 686亿美元和黄金储备1 323亿美元。按资产币种划分，占比最大的是欧元33.9%，其次是黄金21.5%，再次是人民币和美元，分别占比17.1%和10.9%。按外汇储备资产的托管方划分，中国托管比例最高为16.8%，其次是德国、法国、日本和美国，分别持有

15.7%、9.9%、9.3%和6.4%（见图11-1）。按照保守估计（仅包括已知托管方数据），此次主要参与的西方国家持有俄外汇储备的约51.6%，这意味着有过半数的俄罗斯外汇储备资产遭到冻结。

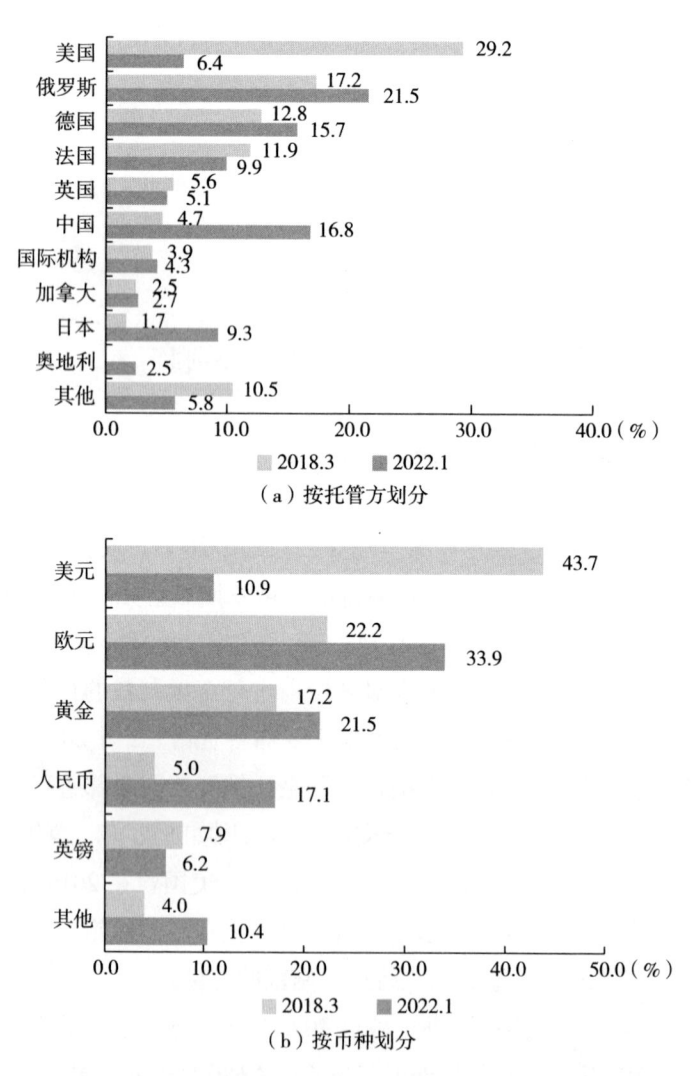

（a）按托管方划分

（b）按币种划分

图11-1　2018年3月和2022年1月俄罗斯黄金及外汇储备按托管方和币种划分

注：根据俄罗斯央行2022年4月发布的2021年年报，俄罗斯央行的黄金储备资产包括储存在俄罗斯境内的货币黄金。

资料来源：俄罗斯央行，中银证券。

金融制裁大幅限制了俄罗斯央行对其外汇储备的使用权，极大冲击了俄罗斯外汇市场流动性。[①] 在制裁初期，俄罗斯卢布大幅贬值，由2月23日（俄乌冲突爆发前夕）的80.4卢布/美元跌至3月11日的历史低点120.38卢布/美元，累计贬值33.2%（见图11-2）。俄罗斯银行系统也发生挤兑。2月28日，俄罗斯央行为应对卢布贬值和潜在通胀的压力，将基准利率从9.5%大幅提升至20%，同时俄罗斯政府也宣布实施资本管制，禁止向境外转移外汇。

图 11-2 2022年以来美元兑卢布汇率

资料来源：俄罗斯央行，万得数据库，中银证券。

据美国大西洋理事会统计，截至2023年4月，西方对俄罗斯制裁措施总数达到12 961条，其中约有75%针对个人，24%针对实体企业或组织。[②] 制裁的实际影响远不止于此。许多跨国企业出于潜在风险考量，陆续主动退出俄罗斯市场，涉及航空、汽车制造、零售等众多行业。

[①] Bank of Russia Annual Report 2021, April 2022。
[②] Russia Sanction Database, Atlantic Council.

（二）对俄金融制裁的影响及原因分析

在俄乌冲突爆发之初，主要机构普遍预期制裁措施将重创俄罗斯经济。在冲突爆发约一个月时，美国总统拜登曾称赞西方对莫斯科实施的"前所未有的制裁"，说这些制裁导致卢布"几乎立即变成瓦砾"，俄罗斯经济将减半，很快将从世界第11大经济体到无法跻身前20。2022年4月，IMF更新世界经济展望，指出俄乌冲突将拖累全球经济复苏，会通过大宗商品市场、贸易和金融渠道产生全球溢出效应，这将减缓全球经济增长，加剧通胀。IMF预计2022年俄罗斯GDP将萎缩8.5%，CPI通胀率将达到21.3%。当时，不少机构甚至预计俄罗斯经济将遭受两位数的衰退[1]，通胀将大幅飙升，甚至出现债务违约和货币危机。

实际情况是，2022年俄罗斯经济仅衰退了2.1%，小于2020年新冠肺炎疫情冲击之下2.7%的降幅。分季度来看，二季度GDP同比增速降至年内低点-4.5%，此后跌幅收窄，三、四季度增长率分别为-3.5%、-2.7%。从三大需求来看，上半年收缩幅度最大的是资本形成，其次是消费。虽然制裁措施对俄贸易产生较大影响，但由于2022年上半年油价大幅飙升，俄罗斯出口收缩幅度有限，进口反而回落更快，净出口在二季度对GDP正贡献为2.57个百分点，三、四季度转为负贡献，但降幅逐渐收窄（见图11-3）。

从物价走势来看，2022年俄罗斯CPI累计同比增速为11.9%，在4月达到年内高点17.8%之后升幅便逐月收窄，在2022年二季度的高基数之下，2023年俄罗斯物价更是加速回落，5月降至2.5%，已低于俄罗斯央行4%的通胀目标；PPI自2022年4月达到高点后也快速回落，至11月同比增速已出现负增长，全年PPI累计同比下降3.3%。失业率方面，2022年俄罗斯月均失业率为3.94%，较2021年回落了0.88个百分点，2023年更是进一步下降，4月已降至3.3%的历史低值。

---

[1] 比如2022年3月，国际金融协会预计2022年和2023年俄罗斯经济将分别收缩15%和3%，相当于15年的经济发展成果化为乌有。同年4月，俄罗斯经济部预计，基准情形下，俄罗斯2022年的经济将收缩8.8%，在更极端情况下将收缩12.4%。

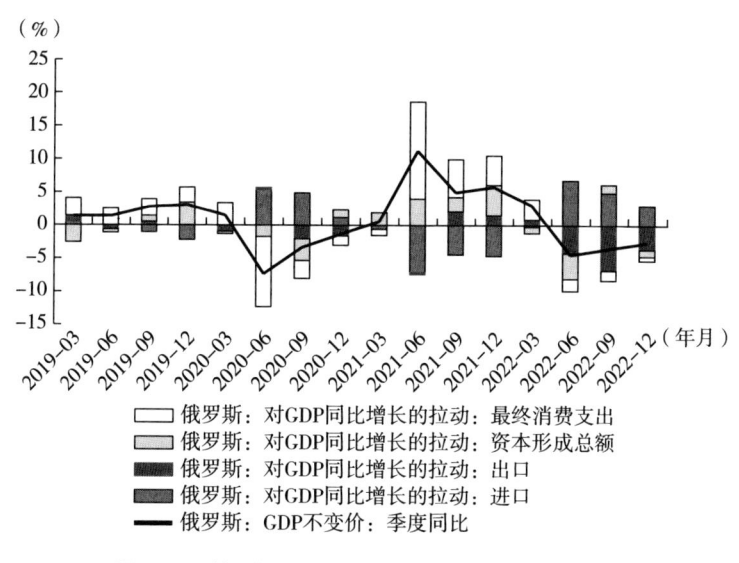

图 11-3　俄罗斯 GDP 季度同比及三大需求的拉动作用

资料来源：俄罗斯联邦统计局，万得数据库，中银证券。

在外部严厉制裁的背景下，尽管俄罗斯经济出现轻微衰退，但通胀趋于回落，失业率持续下降，制裁措施对国内经济造成的冲击远小于预期，可能有以下几点原因。

首先，之前俄罗斯针对金融制裁风险已采取了一些应对措施。自 2014 年俄罗斯对克里米亚采取军事行动以来，俄罗斯同西方关系便不断恶化。近年来，美国运用金融和技术封锁等手段对俄罗斯进行全方位制裁，俄罗斯也采取了诸多反制裁措施，并多管齐下做好应对预案，减少对西方的依赖，提升自主可控能力。具体措施包括以下几方面。一是 2014 年开发 SPFS 系统，作为 SWIFT 的替代品，它可以做到全年无间断运行来传输金融交易信息。俄罗斯央行信息显示，2020 年俄罗斯境内每月通过该系统传输的报文数量超过 200 万条，已超过国内 SWIFT 传输数量的 20%。[1] 据报道，2022 年有超过 50 家新参与主体加入了俄罗斯银行金融信息系统，总数达到 440 家，较 2021 年增长 13%，其中超过 100 家是非居民主体。二是开发俄罗斯支付系统米尔卡

---

[1] National Payment System Development Strategy for 2021-2023，Bank of Russia.

（Mir Card），作为维萨卡（Visa Card）和万事达卡（Master Card）的替代品。俄罗斯央行数据显示，2022年Mir Card发放数量达到1.82亿张，同比增长60%，占全年俄罗斯境内所有卡片交易的41.3%，占借记卡和信用卡发行量的41.2%。① 三是增加非美元货币贸易结算，2013—2020年，俄罗斯出口中的美元计价份额从近80%降至55%，俄罗斯国有能源巨头开始在出口合同中选择欧元等其他货币。②

其次，本轮制裁启动后，俄罗斯果断采取大幅加息、资本管制等应对措施迅速稳住经济，并针对欧美制裁予以反击。2022年3月23日，俄罗斯宣布对与"不友好国家"的天然气交易将使用卢布结算，当日美元兑卢布汇率快速升值6%，接近100卢布/美元，到4月1日"卢布结算令"正式生效，汇率已升至83.9卢布/美元，接近冲突爆发前的水平。与此同时，欧洲天然气价格飙升，其他能源价格也相应上涨，加剧了西方国家的通胀压力，令西方国家央行"通胀暂时论""通胀见顶论"接连破产。2022年，美国CPI同比增速在6月达到峰值9.1%，欧元区调和消费者物价指数同比增速10月升至历史新高10.6%，倒逼美联储和欧洲央行"自杀性"加息。截至2023年6月末，二者分别累计加息500个和400个基点，利率分别为2007年9月和2008年10月以来新高。欧元区2022年四季度与2023年一季度经济连续两个季度环比负增长，已经陷入技术性衰退。通胀和利率持续走高，欧美经济自顾不暇，特别是欧洲对俄罗斯能源依赖程度达到38%，如果对俄加码制裁措施，可能需要牺牲更多的本国经济利益。

再次，2022年全球能源和粮食价格大幅飙升，带动俄罗斯出口快速增长，部分对冲了制裁对俄经济和金融的影响。根据布鲁盖尔研究所的数据，2022年俄罗斯出口金额为5 091亿美元，较上年增长24%，其中矿物原料出口金额为3 490亿美元，增长49%，其他商品出口金额为1 602亿美元，下降10%；进口方面，由于受到进口限制，且不少跨国企业主动退出俄罗斯市场，进口

---

① The Bank of Russia's Work in 2002: Results in Brief, Bank of Russia.
② Finnish Institute of International Affairs. Western financial warfare and Russia's de-dollarization strategy, [EB/OL]. [2023-06-28].

金额为 1 752 亿美元，下降 21%。全年，俄罗斯贸易顺差 3 339 亿美元，较上年扩大 78%，创下历史新高。[①] 分国家和地区来看，矿物原料出口中，欧元区、美国和英国占比分别下降 7.4、6.0 和 2.1 个百分点，土耳其、印度和中国占比分别上升 9.7、7.7 和 1.4 个百分点。在所有进口商品中，欧元区、美国和英国进口金额占比分别下降 13.8、1.9 和 1.1 个百分点，中国、土耳其和印度占比分别上升 13.2、2.7 和 0.2 个百分点。可见，在西方国家对俄实施制裁和油气禁运之后，俄罗斯加大了与中国、印度与土耳其等国家的贸易往来。根据 WTO 的全口径数据，2022 年俄罗斯商品出口金额为 5 319 亿美元，增长 8%，占世界商品出口比重为 2.14%，较上年仅下降了 0.07 个百分点；进口金额为 2 404 亿美元，下降 21%，占世界商品进口比重为 0.94%，下降 0.41 个百分点；进出口顺差 2 915 亿美元，增长 54%。

贸易顺差扩大也带动俄罗斯经常账户顺差创下历史新高。2022 年，俄罗斯经常账户顺差 2 361 亿美元，同比扩大 93%，占名义 GDP 比重为 10.3%，较 2017—2021 年的均值 4.4% 高出 5.9 个百分点。同期，金融账户逆差（含储备资产和净误差与遗漏）2 303 亿美元，同比增加 88%（见图 11-4）。俄罗斯对外部门表现强劲，叠加激进加息和资本管制措施（如"卢布结算令"）支撑卢布信心，维护了本国金融系统的稳定，制裁措施并未引发系统性风险。2022 年，俄罗斯卢布兑美元汇率不仅没有贬值，反而大幅升值，成为强美元周期下比美元更强势的货币。截至 2022 年末，美元兑卢布汇率较俄乌冲突发生前夕（2022 年 2 月 23 日）累计上涨了 14.3%，最多上涨了 57.2%，同期美元指数累计上涨了 7.6%，最多上涨了 18.6%。从多边汇率来看，国际清算银行编制的俄罗斯名义和实际有效汇率指数分别累计上涨 25.7% 和 21.4%。实际有效汇率升值部分对冲了俄罗斯进口商品价格上涨的输入性通胀压力。

[①] 2022 年 2 月以后，俄罗斯央行停止发布详细的贸易数据，仅发布汇总指标。此处使用布鲁盖尔研究所俄罗斯对外贸易追踪数据库，包括俄罗斯 38 个贸易伙伴分产品和地区的详细数据，这些国家涵盖了 2019 年俄罗斯进出口总额的 80%。

(亿美元)

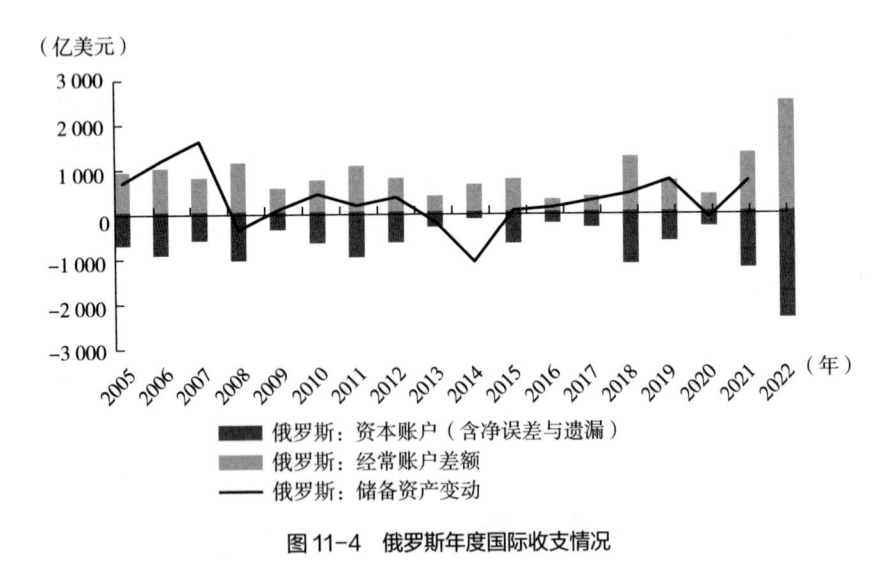

图 11-4　俄罗斯年度国际收支情况

资料来源：俄罗斯央行，万得数据库，中银证券。

最后，部分制裁措施为逐步实施，削弱了对俄经济的短期影响。比如，2022年6月3日，欧盟通过的第六轮制裁，禁止进口俄罗斯的海运原油（自2022年12月5日起生效），并禁止从俄进口包括柴油在内的石油产品（自2023年2月5日起生效）。实际上，即使是在2022年12月以后，仍有少数欧洲国家进口俄罗斯石油不受限制。[①] 在对俄罗斯原油实施直接禁运之外，2022年12月5日，G7、欧盟和澳大利亚给俄罗斯原油设定了60美元/桶的价格上限，所属参与国的公司禁止通过海运将俄罗斯原油运输到第三国或者向俄罗斯提供保险、技术援助和贸易融资等服务。不过，如果石油购买价格等于或低于价格上限，则限制不适用。虽然2022年四季度，俄罗斯对欧盟矿物原料出口同比大幅下降33%（前三季度为增长58%），但四季度对中国、印度和土耳其合计矿物原料出口同比增长1.3倍，部分抵消了对欧洲原油出口的萎缩，减轻了制裁产生的实质影响。

---

① 欧盟成员国允许通过管道输送俄油到无法以其他方式获取石油的国家。比如保加利亚可以在2024年底之前通过海运进口俄油；克罗地亚到2023年底前可以进口俄油；捷克可以在2023年12月5日之前购买俄罗斯石油产品并运往其他欧盟国家。

二、美西方对俄金融制裁的启示

（一）维护外汇储备资产安全仅仅"去美元化"是不够的

克里米亚事件以来，为应对地缘政治风险，俄罗斯政府还积极推进外汇储备资产多元化。2018年起俄罗斯政府推出"去美元化"战略，开始"清仓式"抛售美国国债，同时增持黄金、欧元和人民币等非美元外币资产。根据美国财政部国际资本流动数据，俄罗斯持有美国国债余额由2017年12月末的1 025亿美元骤减至2022年1月末（俄乌冲突发生前夕）的45亿美元，同期外汇储备中美元资产的占比也由45.8%降至10.9%。在此期间，2018年四五月份是俄罗斯"清仓式"减持美国国债的高峰期，两个月合计美国国债持有余额下降811亿美元，占到2018年1月—2022年1月累计下降规模的89.4%。截至2023年4月末，俄罗斯持有美国国债余额仅剩3 500万美元，较2017年末累计减少99.97%，在外资持有美国国债中的占比由2%降至0.000 5%，美国国债相当于俄罗斯外汇储备资产的比重由28.8%降至不到0.01%。目前，对于美国而言，俄罗斯持有美国国债的流量和存量基本可以忽略不计。俄罗斯持有黄金储备量由2013年末的1 035吨增至2022年1月末的2 299吨，数量翻了一番还多，黄金储备占俄罗斯国际储备资产的比重由2013年末的7.9%升至2022年1月末的21%（见图11-5）。

尽管俄罗斯未雨绸缪，2018年以来的"去美元化"战略取得了显著成效，外汇储备中美元资产比例大幅降低、黄金持有比例大幅提高，但并未预料到此次制裁参与国家如此之多。由于对俄制裁的参与国家基本涵盖除人民币以外的主要储备发行国，仍有接近半数的外汇储备资产被冻结。从2018年初至2022年末，俄外汇储备资产中，美元储备资产比例由43.7%下降至10.9%，累计下降了32.8个百分点；人民币、欧元和日元分别累计上升12.1、11.7和5.9个百分点。

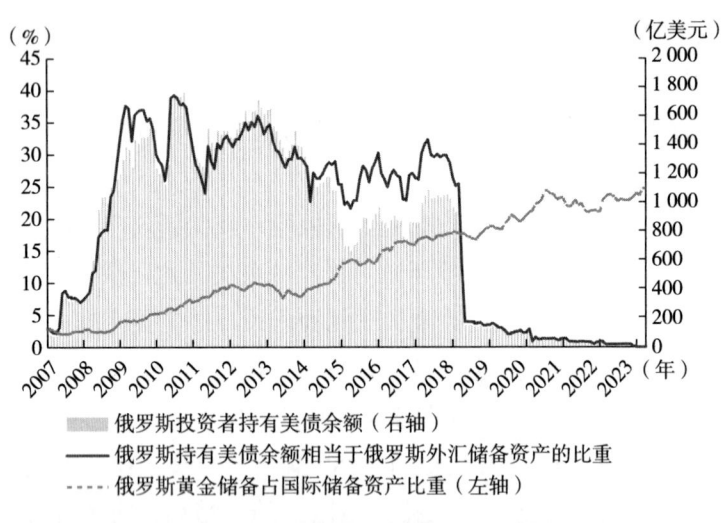

图 11-5 俄罗斯持有美国国债余额及黄金占储备资产比重

资料来源：俄罗斯央行，美国财政部，万得数据库，中银证券。

  过去 20 多年来，中国也启动了外汇储备资产的多元化配置。2018—2021 年的国家外汇管理局年报数据显示，1995 年，中国美元储备资产的占比高达 79%，远高于 59% 的国际平均水平，但 2014—2017 年，中国美元储备资产份额降至 60% 以下，持续低于 65% 以上的国际平均水平。至 2017 年，中国外汇储备美元资产占比为 58%，低于全球外汇储备 63% 的平均美元占比。根据美国财政部披露的国际资本流动数据，近年来中国投资者对美国国债的持有额及占比均有所下降，到 2023 年 4 月，在持有美国国债的外国投资者中，中国持有占比为 18.4%，较 2017 年 9 月回落 6.2 个百分点（见图 11-6）。这显示过去十多年来，中国外汇储备的多元化、分散化经营已取得重大进展，加强了地缘政治安全。但是，美西方对俄金融制裁的经验告诉我们，如果在减少美元资产配置后，非美元储备资产仍然主要是欧元、英镑、日元等资产，可能并不足以规避极端的地缘政治风险。

图 11-6　中国投资者持有美国国债余额及占比

资料来源：美国财政部，万得数据库，中银证券。

（二）若不动用外汇储备也就无所谓外汇储备多少的问题

根据 IMF 的定义，外汇储备是货币当局控制并可以随时利用的对外金融资产，其形式包括货币、银行存款、有价证券和股权证券等，主要用于满足国际收支平衡、外汇干预及其他需要（如支持货币政策操作、保持对本币和本国经济的信心，以及实现代与代之间的财富转移）。[①]

起初，外汇储备的主要功能是调节国际收支，维持汇率稳定。随着经济金融全球化的加深，全球外汇储备规模扩大，外汇储备的功能不断拓展和丰富。根据国家外汇管理局发布的《外汇管理概览》中关于外汇储备管理的介绍，外汇储备主要有以下五大功能：调节国际收支，保证国际支付；干预外汇市场，维护汇率稳定；应对突发事件，防范金融风险；配合货币政策实施，实现经济增长；提升本币国际地位，促进国际金融合作。关于外汇管理的经营原则，国家外汇管理局也提到，外汇储备经营会始终坚持"安全、流动、增值"的原则，即首先保证安全性和流动性，并在此前提下争取提高投资回报，实现外汇储备保值、增值目标（见表 11-1）。

---

① International Monetary Fund. Revised Guidelines for Foreign Exchange Reserve Management. [EB/OL].

表 11-1 外汇储备功能和经营原则

外汇储备功能	调节国际收支,保证国际支付	外汇储备可随时用于满足进口和偿付外债、弥补国际收支逆差、保证正常的对外经济活动和国际资信不受影响
	干预外汇市场,维护汇率稳定	外汇储备反映的是货币当局干预外汇市场的能力,通过买入或卖出其他国家的货币,可有效防止本币汇率过度波动,外汇干预通常是短期措施,并且在充分考虑市场预期、投机等多种因素的基础上实行
	应对突发事件,防范金融风险	作为一国重要的战略资源,外汇储备能够满足突发事件发生时的对外支付需要,保障本国经济安全。在国际金融危机动荡加剧的年代,别国出现的经济、金融危机很容易传到本国,也需要外汇储备来缓冲对本国产生的不利影响
	配合货币政策实施,实现经济增长	在一定的经济周期和制度安排下,外汇储备对应了相应数量的货币发行,是中央银行资产负债表中外汇资产的一项重要内容
	提升本币国际地位,促进国际金融合作	作为一国能支配的外部资产,外汇储备的充裕程度是投资者的信心指标,也是提高该国货币在国际货币体系中地位的重要条件。在金融全球化的大环境下,国际金融危机的破坏力和波及范围空前加大,各国金融当局之间加强合作、监管资本流动、救助危机国家的必要性上升,外汇储备成为强大的资金后盾
外汇储备经营原则	安全	安全是首要原则。任何投资都会面临一定的风险,保障投资安全、控制投资风险需要从总体资产的角度把握,在较长的时间段衡量。多元化是实现资产总体安全的有效方式。利用不同货币、不同资产类别之间的动态互补关系,可以实现对资产总体风险的控制,避免资产总体价值大幅波动。在确定货币结构时,坚持以长期、战略的眼光,综合考虑中国国际收支结构和对外支付需要、国际货币和金融体系的发展趋势、主要国家的经济和金融市场潜力等多种因素;在确定资产结构时,综合考虑各种资产的长期风险收益特性、资产之间的相关性、市场容量、投资集中度以及流动性等多种因素,优化资产配置并适时调整
	流动	外汇储备资产除安全要求,还需要保持充分的流动性,不仅要满足一般对外支付需求,如进口国内需要的物资和技术,支持企业走出去,还要在资本可能出现快速流出、货币面临较大压力的情况下,有效发挥保障国家经济金融稳定安全的作用。波动性大、市场容量小、流动性差的资产不适于外汇储备大规模投资
	增值	在保障资产总体安全、流动的前提下,外汇储备经营要争取提高投资回报,特别要保持储备资产长期稳定的盈利能力,以更好地实现外汇储备保值、增值的目标

资料来源:国家外汇管理局,中银证券。

基于以上外汇储备的功能和经营管理原则，各国的外汇储备分别涉及三个层次的问题，一是在发生危机或地缘政治风险事件等极端情形下，外汇储备能不能用；二是在需要进行干预或信心维护时，外汇储备够不够用；三是在动用外汇储备之后，单靠外汇干预管不管用。

在不考虑地缘政治因素的情况下，从安全性、流动性的角度看，中国外汇储备应该能够基本满足第一个层次能不能用的问题。月度官方储备资产的模板数据显示，截至2023年5月末，中国外汇储备资产中九成以上是债券和股票等证券资产（占比99.8%），其中又以高信用质量的主权国家定息债券资产为主。

关于第二个层次外汇储备够不够用的问题，即外汇储备的充足性问题，国际上主要从三方面进行了评估，分别对应着三个层次的货币需求。一是应对国际支付的需要，这对应货币的交易需求。国际通用的比例是能够应付3~4个月的进口支付需要。二是应付外部债务偿还的需要，这对应货币的预防性需求。国际普遍奉行的是"圭多惕—格林斯潘"规则，即外汇储备的最下限应该够偿付一年内到期的短期外债。三是满足财富管理的需要，对应货币的流动性偏好需求。这部分对外汇储备需求多少合适并无明确标准。此外，IMF结合传统充足性指标，起初在2011年开发了一套外汇储备充足性评估标准，主要由出口收入、广义货币、短期外债和其他负债四项指标加权计算得出，而且各项指标在不同汇率制度下的权重不同。[①] 该标准在2013年和2015年经过两轮讨论和修订，于2016年正式确定。[②] IMF认为，当一国实际持有的储备余额与该标准的比重介于100%~150%时，表明该国储备资产能够满足预防性需求。[③]

---

① International Monetary Fund. Assessing Reserve Adequacy, [EB/OL]. [2011-02-14].
② 比如，为了更好地反映全球金融危机期间的资本流出状况，IMF在2015年将其他负债项权重上调5个百分点。
③ 根据IMF最终确定的ARA标准（即IMF2011年公布的外汇储备标准），实行固定汇率制度国家的ARA Metric等于"10%×出口+10%×广义货币+30%×短期债务+20%×其他负债"；实行浮动汇率制度国家的ARA Metric等于"5%×出口+5%×广义货币+30%×短期债务+15%×其他负债"。如果一国实行有效的资本管制，可以下调广义货币的权重（固定汇率制度下的权重由10%下调至5%，浮动汇率制度下的权重由5%下调至2.5%）。

第十一章　从对俄制裁看国家外汇储备资产安全问题

对于中国来说，无论从绝对规模还是从充足性指标来看，中国外汇储备规模都比较充裕。从绝对规模来看，1994年以来，中国在经历多年经常项目与资本项目下的"双顺差"以后，自2006年起外汇储备规模超过1万亿美元，并稳居世界第一；2010—2015年中国外汇储备占全球外汇储备超过30%，2014年一季度最高，达到33.3%；尽管2015年"8·11"汇改初期，中国经历了"资本外流—汇率贬值—储备下降"的高烈度跨境资本流动冲击，在2017年初短暂跌破3万亿美元，随后止跌回升，自此维持在3万亿美元以上。截至2022年末，中国外汇储备规模占全球外汇储备规模比重为26.1%。

从三大充足性指标来看，截至2022年末，中国外汇储备能够覆盖13.8个月的进口，远高于国际3~4个月的最低标准；短债与外汇储备之比为42.8%，远低于100%的国际警戒线（见图11-7）。按照IMF的外汇储备充足性评估标准，截至2022年末，如果使用固定汇率制（经资本管制调整），中国实际外汇储备余额相当于ARA标准下限的106%，较150%的上限低了较多；如果使用完全浮动汇率制，该比值为173%，则高出150%的上限不少。鉴于近年来人民币汇率弹性明显增强，市场认为呈现"类自由浮动"特征，此处计算固定和浮动汇率制度下的适度储备规模，再取二者均值作为适度储备规模的下限，中国实际外汇储备的规模相当于ARA标准下限的139%，只是略低于150%的上限，中国外汇储备规模基本处于适度范围内。①

第三个层次就是在遭遇资本流向逆转的冲击时，外汇储备干预管不管用的问题。在现实中，外汇储备充足很难绝对客观，它还取决于市场的主观判断。如从成本—收益的角度分析，外汇储备增加虽是好事，但边际收益会递减，即储备越多，对市场信心的提振边际上是减弱的；外汇储备减少虽是坏事，但边际成本会递增，即储备越少，对市场信心的冲击边际上是增强的。这种市场感受与外汇储备客观的多少无关，容易形成储备降得越快，汇率贬值预期就越强，外汇买盘就越多、卖盘就越少，外汇供求失衡加剧了负反馈效应。中国在"8·11"汇改期间就有这方面的经验和教训。

---

① 由于中国资本账户尚未实现完全开放，近年来IMF多用固定汇率制并经资本管制调整后进行评估。

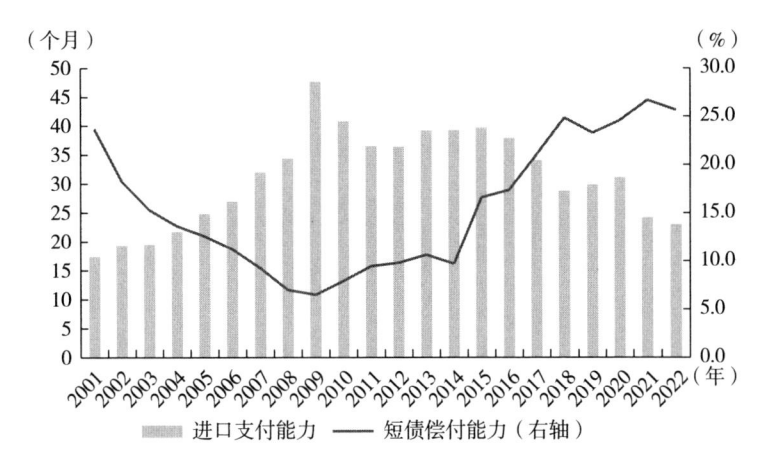

图 11-7 中国传统的外汇储备充足性指标

注：（1）短债偿付能力＝外汇储备余额÷短期外债余额；
（2）进口支付能力＝外汇储备余额/年进口额×12个月；
（3）因统计口径调整，2001年前后以及2015年前后的短债偿付能力不可比。
资料来源：海关总署，国家外汇管理局，万得数据库，中银证券。

2014年上半年，中国外汇储备规模不断创历史新高，当时不少人还在感慨中国外汇储备多了是个负担。但境内外汇供求关系自2014年7月开始逆转，资本账户从同年二季度开始转为逆差，外汇储备余额开始从2014年6月末高位回落。2015年，"8·11"汇改在优化了人民币兑美元汇率中间价报价机制后，与国内外其他因素交织在一起，人民币汇率（以下如非特指，均为美元兑人民币双边汇率）形成了较强的单边贬值预期，酿成了"资本外流—储备下降—汇率贬值"的高烈度跨境资本流动冲击。为了稳定汇率，央行动用外汇储备进行了干预。2014年7月至2016年底，中国外汇储备余额累计减少9 827亿美元，降幅25%，其中交易引起的外汇储备资产累计减少8 208亿美元，贡献了总降幅的84%。2016年底，随着外汇储备接近跌破3万亿美元的关口，市场担心储备不够用，于是开始激辩"保汇率"还是"保储备"。然而，保汇率与保储备实际是一体的，其关键并非水平问题而是信心问题。2017年，在调整人民币汇率中间价报价机制、外汇干预与资本流动管理的综合作用下，保汇率和保储备的目标同时达成。当年，境内外人民币兑美元汇率逐渐企稳回升，不仅没有破7，境内人民币汇率中间价和收盘价全年分别累计升了 6.2% 和 6.7%。而外汇储备在 1 月跌破 3 万亿美元之后，自 2 月起止跌回升，全年增加了 1 294 亿美元（见图 11-8）。这背后的政策和市场逻辑是，在内部经济企稳、外部美元走弱的基本面因素帮助下，人民币对外升值增强了汇率政策公信力，抑制了资本外流，鼓励了资本流入。而且，外汇储备企稳也进一步稳定了市场预期，反过来进一步支持了人民币汇率的稳定。

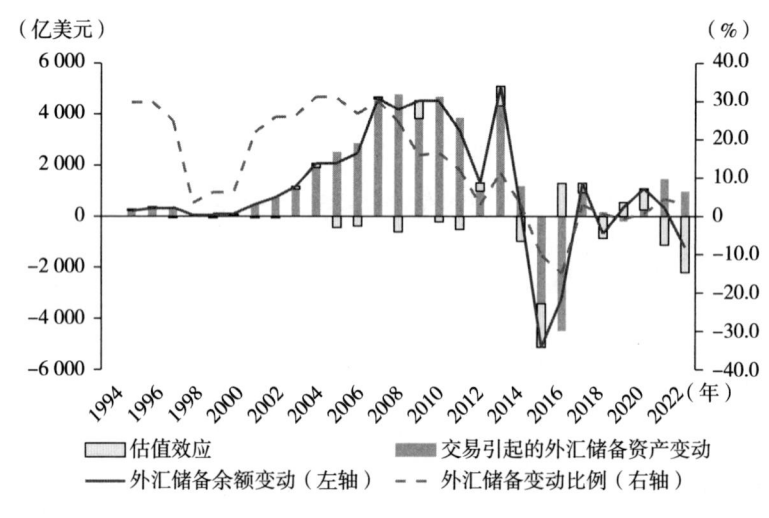

图 11-8 中国外汇储备余额和资产变动额及变动比例

资料来源：中国人民银行，国家外汇管理局，万得数据库，中银证券。

从俄罗斯的经验来看，在被西方制裁后，尽管俄罗斯过半的外汇储备被冻结，但俄罗斯政府出台了一系列应对和反制措施，卢布汇率快速稳定并随后升值，没有人讨论俄罗斯外汇储备够不够用的问题。同时，这也与俄罗斯 2015 年以来实行浮动汇率制和通胀目标制有关。2012 年，俄罗斯央行明确提出计划在 3 年内逐渐转向浮动汇率和单一的通胀目标制。2013 年，俄罗斯央行法修订，明确物价稳定为货币政策主要目标，并确立了基准利率和利率走廊机制。2014 年，油价大幅下跌，俄罗斯经济遭受重创，至年底俄罗斯卢布累计贬值 61%，起初俄罗斯央行消耗了大量外汇储备进行干预；四季度，俄罗斯国际收支口径的储备资产减少了 642 亿美元，占到年末国际储备比重的 19%；11 月，俄罗斯央行顺势宣布结束与美元和欧元的一揽子联系汇率机制，同时放弃对卢布汇率的自动干预机制，基本实现了卢布汇率的自由浮动，这充分释放了卢布的贬值压力。2015 年，俄罗斯货币政策调控全面转向了通胀目标制，并确立了 4% 的通胀目标。[1]

值得指出的是，2014 年卢布大幅贬值，并未如 1998 年一般由货币危机引发债务危机，这主要由于俄罗斯外债规模大幅减少。从 2012 年末的 6 364 亿美元降至 2014 年末的 5 999 亿美元，降幅为 6%，其中银行部门和政府部门分别减少了 301 亿美元和 178 亿美元，至 2015 年末进一步缩减至 5 185 亿美元。这充分说明，在利率市场化和汇率市场化改革充分的情况下，即使是在制裁的极端情形下，汇率灵活仍能够发挥吸收内外部冲击的"减震器"作用。但这一重要前提是拥有健康的金融体系，只有在这个前提下才能充分享受汇率浮动带来的好处。

中国与之相类似的经验是在 2022 年。在美联储激进加息，国内疫情多点散发等一系列内外部因素的超预期冲击之下，人民币汇率经历了自 1994 年初汇率并轨以来最快、最大幅度的调整。2022 年 3 月初至 11 月初，人民币兑美元汇率从 6.30∶1 跌至 7.30∶1 附近，短短八个月内回撤了 13% 以上，全年累计下跌超过 8%。国际收支口径，2022 年全年非储备性质的线上金融账户逆差为 2 110 亿美元，同比扩大了 6 倍，为仅次于 2015 年、2016 年的历史第三高。

不同于前述 2015—2016 年的情形，尽管此次再度遭遇资本大进大出、汇率大起大落的考验，但是 2022 年中国国际收支维持了自主平衡，外汇储备名减实增。全年中国外汇储备余额减少 1 225 亿美元，其中，交易引起的外汇储备增加 982 亿美元，全球"股债汇三杀"引发负估值效应 2 207 亿美元。境内外汇市场也保持着平稳运行，全年银行即远期（含期权）结售汇顺差 771 亿美元，其中仅有 2、5、9、10 四个月份出现了少量逆差，平均逆差仅为 42 亿美元。同时，市场结汇意愿增强、购汇动机减弱，"低（升值）买高（贬值）卖"的汇率杠杆调节作用正常发挥。2022 年 3—10 月（即人民币

---

[1] Nabiullina E. Russia's rocky road to the (inflation) target [J]. Camdessus Lecture at the International Monetary Fund, 2018.

汇率贬值期间），剔除远期履约额之后的银行代客收汇结汇率均值为56.5%，超过2020年6月—2022年2月（即人民币升值期间）53.9%的均值；银行代客付汇购汇率均值为54.2%，低于2020年6月—2022年2月55.9%的均值；收汇结汇率均值与付汇购汇率差值由-1.9个百分点转为+2.3个百分点。

这得益于近年来中国民间部门货币错配改善，对外部门金融韧性增强。截至2022年末，民间部门对外净负债（不含储备资产）7 752亿美元，与名义GDP之比为4.5%，二者分别较2015年6月末（"8·11"汇改前夕）减少15 980亿美元、回落17.3个百分点（见图11-9）。在本轮汇率宽幅震荡过程中，中国人民银行恪守汇率政策中性，除调整部分价格手段的宏观审慎工具释放汇率维稳信号，没有直接进行入市干预或者引进新的资本管理措施，反倒是汇率灵活性增加，释放了市场压力，避免预期积累，还增强了国内货币政策的自主性。2022年，在全球主要央行普遍加息的背景下，中国人民银行多次运用降准和降息措施为国内经济复苏提供必要支持。

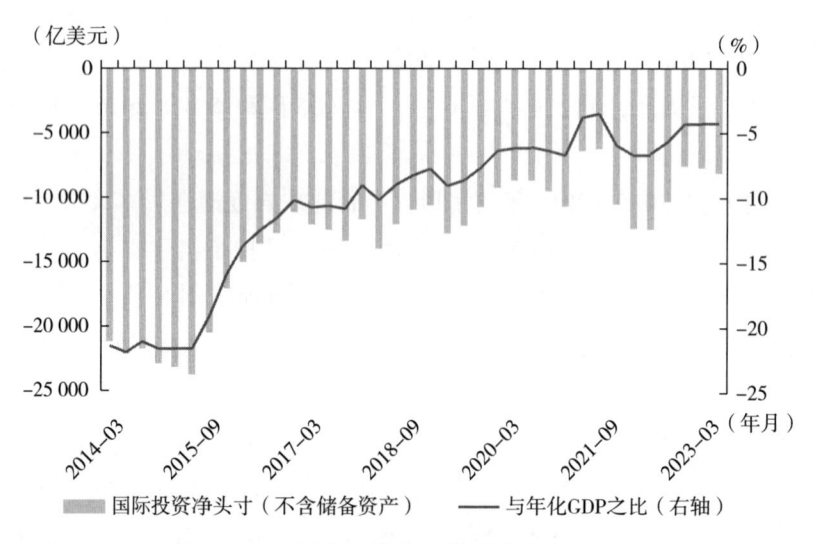

图11-9 中国民间对外净头寸及占名义GDP比重

资料来源：国家外汇管理局，国家统计局，万得数据库，中银证券。

（三）挥霍货币信用、滥用经济金融制裁的做法伤人也伤己

1971年美国总统尼克松宣布美元与黄金"脱钩"，标志着二战后的布雷顿森林体系瓦解，全球进入信用货币体系时代，美元能保持其世界储备货币地位的一个关键便是美国政府的信用背书。近年来，西方主要储备货币发行国日益将货币武器化，这动摇了现行信用货币体系的根基。俄乌冲突发生之后，2022年3月，IMF第一副总裁吉塔·戈皮纳特警告称，美国及其盟友对俄罗斯实施的金融制裁可能会逐渐削弱美元的主导地位，并可能导致国际货币体系更加分散化。2023年4月，美国财长耶伦在受访时坦承，经济制裁或将影响美元的主导地位。欧央行行长拉加德也发出警告，不应将美元和欧元的货币主导地位视作理所当然。

俄乌冲突后的对俄金融制裁，使各国开始防范未来在地缘政治博弈中被制裁的风险，加速推动储备资产多元化，推动国际货币体系向多元化方向演进。

2017年，艾肯格林等人通过研究第一次世界大战期间19个国家的外汇储备构成数据，评估经济和安全因素在国际储备构成中的作用。他们提出两种假说，一种是"水星假说"，即储备资产的选择受传统的经济因素（如储备货币发行国的经济规模和信用）影响较大，而另一种"火星假说"则取决于地缘政治因素（如一战期间军事联盟国的外汇份额提升了近30个百分点）。

此外，美元周期的潮汐效应进一步凸显了美国宏观政策难以兼顾内外均衡的"特里芬难题"，再度暴露了现行国际货币体系的内在缺陷，新兴经济体频频被"剪羊毛"，其他发达经济体也深受其害。比如2022年，美联储因误判通胀形势而被迫追赶式加息，美元指数一度创下20年以来新高，全球再度遭遇"美元荒"，许多国家面临资本外流和汇率贬值的压力，日本和韩国等国家不得不出台汇率干预措施稳定金融市场。

近期，部分新兴市场国家为了摆脱对美元的依赖，降低美元周期带来的溢出效应，开始考虑在双边或多边贸易结算中更多使用本币结算，比如中国和巴西宣布使用本币计算；东盟国家讨论如何减少金融交易对美元等国际货币的依赖，转向用本币结算；南美国家讨论推出共同货币，减少对美元的

依赖。

三、对策建议

（一）适当增加黄金储备

1998年亚洲金融危机给众多新兴市场国家带来的教训就是需要积累一定量的外汇储备，在必要时出手保护本币免于崩盘。过去20年间，新兴市场国家吸取了教训，主动扩大了外汇储备持有规模，以备不时之需。这起冻结外汇储备事件，将促使各国开始思考在未来地缘政治、外交、军事等极端风险出现时，本国能否有效动用外汇储备来抵御风险。2023年，IMF研究显示，在经济、金融和地缘政治动荡时期，当其他金融资产的回报率较低时，黄金的安全资产特征在外汇储备管理中的吸引力增强。而且，美国、英国、日本等主要储备发行国实施金融制裁，也将导致各国央行增持黄金储备。因为在单边制裁的情形下，被制裁国家还可能将储备资产转移到其他未实施制裁的国家，而在多边制裁情形下却是避无可避的，只好逃向实物储备资产——黄金。

近年来，各国国际储备中的美元比例已在逐步降低。根据IMF的数据统计，全球国际储备资产规模已从2000年3月的2.21万亿美元升至2022年末的14.97万亿美元，其中黄金占比13.8%，外汇和其他储备资产占比86.2%（见图11-10），大多数发达国家以政府票据及债券形式持有。截至2023年一季度末，全球已分配外汇储备资产中，美元资产占比58.6%，较2008年三季度末（三轮量化宽松前夕）回落了5.6个百分点，较2018年三季度末回落了3.4个百分点。[①]

[①] 鉴于中国在2015年开始向IMF报送官方外汇储备货币构成数据，且中国外汇储备规模较大，在此前后的美元储备份额数据不完全可比。至2018年6月末，全球已分配外汇储备占比突破90%，较2015年9月末上升了25个百分点以上，这表明2018年二三季度之后的数据才具有更强的可比性。

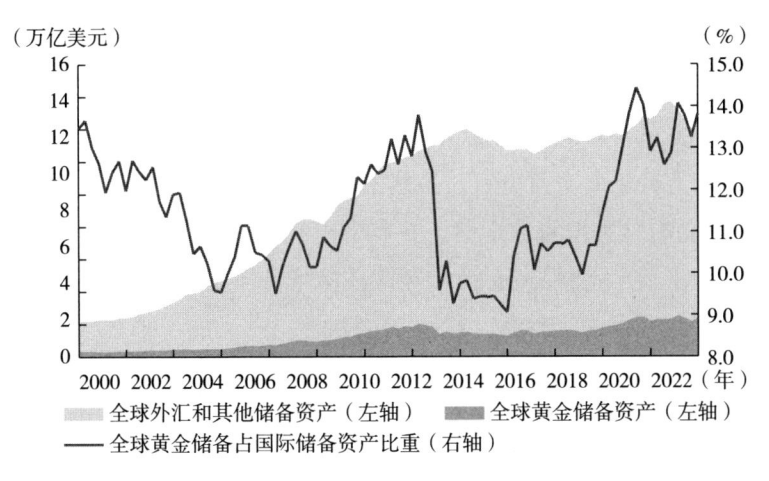

图 11-10　全球黄金储备和国际储备资产余额及黄金储备占比

注：黄金储备资产价值＝持有数量×季末伦敦黄金现货价格，国际储备和外汇储备资产数据均来自国际货币基金组织。

资料来源：世界黄金协会，国际货币基金组织，中银证券。

2022 年以来全球央行积极增持黄金储备以推动储备多元化。根据世界黄金协会数据，2022 年全球央行净购金 1 078 吨，同比增长 140%，净增规模创下历史新高，其中土耳其、中国和埃及为前三大增持方，分别净增 148 吨、62 吨和 45 吨，合计贡献了全球央行净增规模的 24%；2023 年一季度，全球央行购金趋势延续，其中新加坡、中国和土耳其分别净增持 68 吨、58 吨和 30 吨，合计贡献了全球央行净增规模的 69%。

从国际比较来看，中国黄金储备资产占比依然偏低。中国人民银行数据显示，截至 2023 年 6 月末，中国黄金储备规模为 6 795 万盎司[①]，连续 8 个月增加，较 2022 年 10 月末累计增加 531 万盎司。按伦敦现货黄金（美元计价）季末价格计算，截至 2023 年一季度末，中国黄金储备余额 1 317 亿美元，较 2022 年三季度末增加 269 亿美元，其中交易引起的变动为 70 亿美元（对应国际收支平衡表中"储备资产净获得变化：货币黄金"的负值），贡献了 26%，非交易因素（估值效应）199 亿美元，贡献了 74%。截至 2023 年 6 月末，中

[①] 1 盎司约合 28.25 克。——编者注

国黄金储备占国际储备资产比重为3.84%，较2008年末占比上升了2.99个百分点，但仍远低于全球黄金储备资产13.8%的占比。从全球范围来看，黄金持有数量前20的经济体黄金储备资产占其国际储备资产的平均比重为37%，较2008年末上升了6个百分点。虽然中国持有黄金规模排名全球第六，但占比排名较为靠后，且增持黄金储备并非中国特例。从变动趋势来看，2008年以来前20个主要经济体中有12个经济体净增持了黄金储备，2022年以来有8个经济体净增持了黄金储备（见图11-11）。

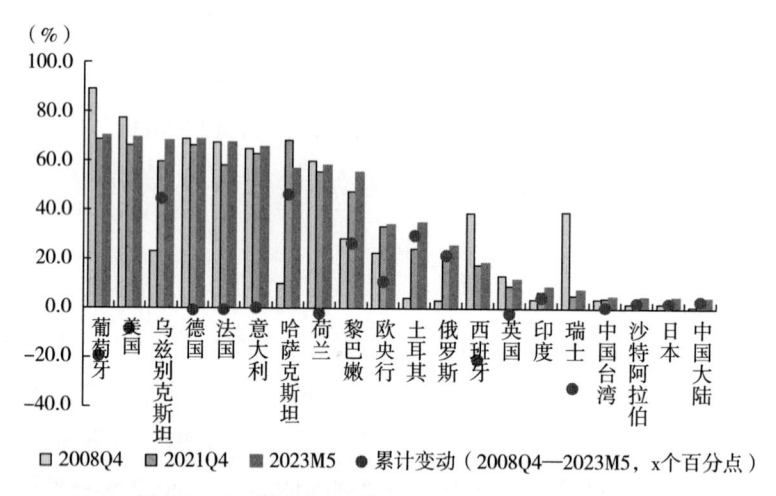

图 11-11 持有黄金储备规模前20大经济体黄金储备资产占比及变动

注：除瑞士（截至2023.4）、土耳其（截至2023.3）、沙特阿拉伯（截至2023.2）和黎巴嫩（截至2023.3），其他国家或地区均为截至2023年5月数据。

资料来源：世界黄金协会，国际货币基金组织，中银证券。

借鉴国际经验，中国仍有空间进一步提升国际储备资产的多元化和分散化程度，增加黄金储备。尽管国际货币体系已经去金本位，但黄金依然是主要甚至最后的国际清偿手段。并且，持有一定规模的黄金储备，对于人民币国际化也具有重大意义。英镑和美元成为国际货币体系的关键货币，都是用黄金储备作支持实现的。在20世纪70年代布雷顿森林体系解体、美元与黄金"脱钩"、黄金非货币化以后，国际货币体系进入了完全的信用本位。但再也没有一个国际化货币可以动摇美元的地位，其中部分原因或是用外汇储备而非黄金储备给本币国际化作支持，是给储备货币进行信用加持，难免掉入进退两难的美元陷阱。需要指出的是，增持黄金储备，不等于人民币回归黄金本位，因为这与黄金作为央行货币发行的基础是两回事。

此外，有人建议将外汇储备变成战略物资储备，甚至变成数字货币资产，对此要慎重考虑。支持增加战略储备的观点认为，通过增加如粮食、原油和矿产等物资储备，可以保障中国经济安全、降低进口依赖。但是，首先，在中国，外汇储备属于央行资产，前述操作属于财政政策范畴，外汇储备不能无偿使用；其次，战略物资储备不是国际清偿能力，在需要进行国际支付或者外汇干预时，难以使用且缺乏流动性；再次，从成本收益角度来说，战略物资储备有储存成本；最后，前些年中国曾经用外汇储备支持境内企业到境外投资或进口能源、矿产或农产品，有些经验教训值得总结。2017年，麦肯锡在报告中指出，能源进口被中国政府视为企业国际竞争力的结构性问题，也关乎国家安全。2005—2015年43%的对外并购交易（共217起，占中国对外投资总额的56%）与自然资源相关。然而，84%的交易（占总交易额的89%）并没有创造收益，平均亏损了本金的10%。[①]

至于是否把外汇储备资产变成数字货币资产则要慎重，萨尔瓦多央行炒比特币巨亏殷鉴不远。而且，数字货币并没有去中心化，大部分数字货币交易平台仍受到所属政府的监管。2022年4月15日，美国财政部海外资产控制办公室发表声明，明确要求所有美国人都必须遵守对俄罗斯的制裁规定，无论交易是以传统法定货币还是虚拟货币计价。

（二）增加非美西方及部分新兴市场货币储备

尽管俄罗斯自2018年起便开始推行外汇储备多元化，以降低美元资产比重，但多边制裁仍使得半数储备资产遭到冻结。因此，在多边制裁的情况下，仅仅"去美元化"是不够的，可以选择一些国内政局稳定、经济基本面健康、

[①] A pocket guide to Chinese cross-border M&A, Mckinsey & Company, April 2017.

与中国外交关系友好的新兴市场国家，或是对中国出口依赖程度较高的资源国家，加大储备资产币种分散化配置的力度。

根据中国人民银行披露的官方储备资产数据，截至2021年末，中国外汇储备币种构成中，特别提款权篮子货币（包括美元、欧元、人民币、日元和英镑）占比为90.5%，特别提款权篮子以外的货币合计占比9.5%，二者分别较2018年末下降和上升了1.4个百分点[①]。从全球外汇储备构成来看，截至2021年末，特别提款权篮子货币合计份额占比为92.8%，特别提款权篮子以外的货币合计占比为7.2%，二者分别较2018年末下降和上升了0.9个百分点。从这个意义上讲，中国外汇储备币种多元化水平略高于全球平均水平。

（三）继续深化汇率市场化改革和稳慎扎实推进人民币国际化

对于发达国家来说，其国家综合实力强，本币可自由兑换，汇率大都为浮动或自由浮动，货币国际化程度较高，一般只持有较少的外汇储备，只在少数极端情形下进行外汇市场干预。例如，2022年底，美国、英国和欧元区外汇储备余额分别为363亿美元、1257亿美元和3145亿美元，占GDP比重分别仅为0.1%、4.2%和2.2%（中国该比例为18%）。由于这些国家基本用不着外汇储备，平常也就没有人关心它们的外汇储备是多了还是少了。日本全球外汇储备规模第二，至2022年末，外汇储备余额为1.1万亿美元，但这主要是2004年之前日本央行长期干预外汇市场所致。即使2022年日本央行对日元贬值进行了大规模干预，但因为持续的时间较短，日本外汇储备的充足性问题并没有引起市场关注。

自2018年初央行宣布回归汇率政策中性，基本退出外汇市场常态干预以来，交易引起的中国外汇储备资产变动趋于收窄，人民币汇率整体呈现有涨有跌、双向波动的走势。随着近年来人民币汇率弹性增强，中国更多选择通

---

① 此处数据来自中国人民银行公布的国际储备与外币流动性数据模板，储备资产的货币构成要求至少每年公布一次，最近一次公布是在2021年末。

过价格手段而非数量手段释放市场压力，对外汇储备的依赖程度理应有所降低。如前所述，如果将中国实际储备与类自由浮动汇率下的适度规模对比，则会发现迄今为止中国高出适度规模下限更多。

稳慎扎实推进人民币国际化，也有助于从源头降低对国际清偿能力（包括但不限于外汇储备）的依赖，减轻由美元主导的国际货币体系的制约。新兴经济体由于本币不可自由兑换和本地金融市场不发达，需要以硬通货跨境收付和到海外筹资，存在外汇储备硬约束和货币错配的"原罪"。本币国际化有助于降低对外汇储备的需求，缓解国际清偿能力的硬约束。此外，新兴经济体原罪通常会导致"（汇率）浮动恐惧"，即许多新兴经济体经历多次债务和货币危机之后，更多选择浮动汇率制度，但依然普遍存在既害怕本币汇率升值，影响出口竞争力，又害怕汇率贬值，增加偿债负担，导致事实上采取盯住汇率安排。然而，在本币国际化，以本币对外负债的情况下，汇率浮动能够起到吸收内外部冲击的"减震器"作用。如2022年二三季度，人民币汇率分别累计贬值5.4%和5.5%，导致外资持有境内人民币金融资产折美元价值分别减少2 592亿美元和2 568亿美元（即负估值效应），贡献了当季非交易因素引起的对外金融负债降幅的108%和54%。可见，人民币贬值起到了减记中国对外金融负债的效果。同时，这意味着人民币国际化必须破解金融开放与汇率僵化是危险政策组合的难题。

（四）提前研究不同情形下的应对预案和反制措施

首先，外汇储备经营需要严格风险管理。一是审慎选择中立国家作为外汇储备资产托管地。这与外汇储备资产配置多元化是两码事。如果俄罗斯的黄金储备存放在西方国家，即便是大量增持黄金储备，那也还是授人以柄，难以逃脱被制裁的情形。二是要做好风险考量和前瞻性评估，针对外汇储备可能面临的潜在风险和水平进行及时评估跟进。三是严格筛选交易对手，在选取新兴市场国家进行多元化配置时要进行多维度评估。四是要做好极端情况下的应对预案，针对可能出现的重大风险提前准备好应对措施，做到有备无患。

其次，针对西方对中国个体的金融制裁研究拟定对策，明确制裁与被制裁的红黄线，避免自动升级为二级制裁，帮助西方加重制裁后果。进一步摸清楚分国别地区的对外金融资产负债底数，不断充实反制裁工具箱，维护对外资产安全。反制措施应该坚持"你打你的、我打我的"，扬长避短、趋利避害。

最后，要加速推进民间跨境收付外币币种的多元化。一方面，要引导境内企业外币计价结算币种的多元化，减少对单一币种的过度依赖；另一方面，要进一步推广人民币本币计价和结算，降低境内主体货币错配的风险，有助于提高人民币国际支付功能；再一方面，要着力建设和完善跨境金融基础设施，如人民币跨境支付系统和银联系统，继续拓展人民币在贸易和投资活动中的使用空间。

（五）进一步扩大金融高水平开放

此次西方联合制裁，由于俄罗斯经济体量小（世界银行数据显示2021年其GDP仅占全球的1.8%），与西方经济金融联系相对较少，在制裁后对俄罗斯经济造成的冲击小于预期，同时对于西方国家的反向冲击也相对有限。但中国并非如此，中国作为世界第二大经济体，与西方经济金融联系较多，这使得西方制裁可能造成更大伤害，也可能令其更加投鼠忌器。

为此，对于中国来说，首先，要做好自己的事情，完善宏观经济治理，保持经济运行在合理区间，这是建立国际信任和影响力的重要基础；其次，要稳步推进制度型对外开放，进一步提高中国外汇和金融市场双向开放和准入程度，加强同他国的利益绑定；再次，要不断拓展国内金融市场的广度、深度，提高流动性，增加优质可投资的人民币资产类别和数量，提升对全球资金的吸引力；最后，积极参与全球经济治理改革，推动全球治理朝着更加公正合理的方向发展。要避免货币新冷战，推进国际货币体系多极化。坚持经济全球化正确方向，共同营造有利于发展的国际环境。

第十二章
应对美国新型不对称金融霸权

陈超[*]

[*] **陈超**,经济学博士,研究员,全球经济治理50人论坛成员。

摘要：金融制裁是美国发明的，通过打击他国经济和金融市场迫使他国在政治上妥协的手段。具体包括冻结或没收资产、切断美元交易结算渠道、限制融资来源和金融勒索等。美国实施金融制裁具有不对称的单边优势，即基于长臂管辖的全球金融治理体系、美元的国际金融体系核心地位和对全球金融基础设施网络强大的控制力。因此，实施金融制裁对美国本国而言成本低、易执行，对他国而言冲击大、难规避。但同时，美国金融霸权也面临着替代性支付渠道、美元核心地位受冲击和高赤字三大挑战。我国应当多渠道增进互信，加快金融基建全球化布局，深度参与国际金融治理，守住国家金融安全底线。

一、金融制裁的概念和历史

金融制裁是一国为迫使某国、某组织或个人屈服而采取的延迟或限制融资、冻结资产等惩罚措施，措施全面涵盖了个人、法人、政党和政府。它介于外交与军事之间，是美国常用来打击对手以实现其战略目标的金融手段。依托于强大的金融软实力，发达国家，尤其是美国可以利用自身巨大的金融影响力和金融工具为敌对国家量身定制打击方案，通过金融途径施加压力。

美国使用金融制裁的历史可追溯到二战时期，凭借自身远远优于被打击国家的不对称金融霸权优势，定点打击受制裁国的金融机构、金融市场和企业，最终造成受制裁国经济衰退，进而在政治上妥协。"9·11"事件后，美国全面升级金融制裁，扩大了国际反洗钱机制的范围、增加了强度，制定和设置特别针对国家安全的金融手段和执行机构——财政部的海外资产控制办公室作为主要的执行部门，其他部门也参与其中。特别需要注意的是，2001年后美国开始利用国际金融基础设施和私人部门实施制裁，其中银行是主要政策载体，总部位于欧洲的环球同业银行金融电讯协会在美国的"软硬兼施"

下向美国开放私密数据，美国金融制裁的效能由此大增。金融制裁的持续时间可长可短，目前美国对古巴和伊朗实施制裁的持续时间最长。

二、美国实施金融制裁的底气与"阿喀琉斯之踵"

美国实施金融制裁的显著特点是单边性，即对本国而言成本低、易执行，对他国而言冲击大、难规避，这一特点根植于美国金融霸权的不对称优势。同时，美国金融霸权也存在弱点和要害，即美国的"阿喀琉斯之踵"。

（一）美国实施金融制裁的优势

著名美国政治学家亨廷顿在《文明的冲突与世界秩序的重建》一书中指出，西方统治世界的金融工具有三，一是主导全球金融治理体系，二是维持美元储备货币地位，三是对其他国家金融机构的控制力。根据这一框架，我们将美国的金融优势归为三大支柱。

一是基于长臂管辖的、覆盖面极广的全球金融治理体系。美国依靠强大的军事和经济实力，从法理上赋予自己长臂管辖权力[①]。也就是说，美国法院拥有对任何在美国设有分行并营业的外国银行，甚至是使用美元的金融机构的管辖权。1977年以来，美国先后颁布了《反海外腐败法》《国际紧急经济权力法》等多项法律和行政命令，为长臂管辖提供国内法支持。任何国际性金融机构都难以脱离美国金融市场和美元自行开展跨境业务，因此也就难以脱离长臂管辖的覆盖范围。

二是美元的国际金融体系核心地位。美国作为全球第一大进口国，拥有最具深度和广度的资本市场，美元自然而然地成为交易和储备的主要货币，是国际货币与金融体系的支柱。根据环球同业银行金融电讯协会的统计数据，

[①] 当被告人的住所不在法院地州，但和该州有某种最低联系，而且所提权利要求的产生已和这种联系有关时，就该项权利要求而言，该州对于该被告人具有属人管辖权，可以在州外对被告人发出传票。

目前在国际支付清算中，美元占 40% 左右。根据 IMF 的统计数据，在全球中央银行的外汇储备中，美元占 60% 左右。而使用人民币清算的国际交易和以人民币作为外汇储备的比例仅在 2% 左右。

三是对全球金融基础设施网络强大的控制力。当前跨境支付技术平台主要由 SWIFT 和 CHIPS（纽约清算所银行同业支付系统）两个系统构成，前者负责各种货币跨境交易的报文传送，后者负责实现资金的实际支付结算，2018 年 CHIPS 承担了全球近 90% 的外汇交易清算业务与 95% 以上的银行同业美元支付清算业务。CHIPS 的总部位于纽约，美国政府天然对其具有很强的控制力。而总部位于比利时的 SWIFT 也在纽约设有交换中心，美国已借"9·11"事件的契机打通获取其秘密报文数据的通道。①

（二）美国金融霸权的软肋

美国前副国家安全顾问胡安·萨拉特曾感慨，"21 世纪，金融力量在经济战中的运用可能不再是美国的专利"②。美国的金融霸权并非无懈可击，当前正面临以下三重挑战。

一是区块链技术、电子货币及替代性国际结算通道的出现，使跨境交易可能绕过银行、SWIFT 和 CHIPS 等传统核心机构，从而削弱美国追踪和控制资本流动的能力。在数字货币方面，私人部门发行的数字货币方案具有匿名性、低成本、跨区域、去中心化等特征，给现有支付体系、货币体系的运行带来颠覆性冲击。在替代性渠道方面，非美国家大型金融机构都在进行探索。例如，欧盟和伊朗已经建立了新的跨境支付系统 INSTEX。中国工商银行已经建立了 FVA 作为与 SWIFT 并行的跨境支付报文通道，2018 年中国工商银行 44.27% 的跨境支付类报文通过 FVA 发出。

二是美元的核心地位遭受一定质疑。首先，美元的重要性略有下降。美元在国际支付清算中的市场份额由四年前的 45% 下降至目前的 40%。其次，

---

① 资料来源：Juan C Zarate. Treasury's War [J]. The Unleashing of a New Era of Financial Warfare, 2013.
② 资料来源：Juan C Zarate. Treasury's War [J]. The Unleashing of a New Era of Financial Warfare, 2013.

美元带来的全球性问题引发了他国不满。英国央行行长卡尼在 2023 年全球央行年会上指出，货币单一化和经济多极化之间存在矛盾，美元的强势地位已经不合时宜。主要原因有三：第一，全球经济联系不断增强，主要国家经济增长和货币政策的溢出效应不容忽视；第二，以美元为主要交易结算货币不能有效反映非美国家的需求变化，在美国经济周期强而本国陷入衰退时，非美国家货币政策将面临稳物价和促增长的两难选择；第三，全球金融周期被美元带动，全球风险偏好随美元起落，新兴市场宏观经济波动被放大。

三是财政赤字高企冲击美国政府的长期融资能力，或将从需求端动摇美元信用地位。事实上，美国国债对外国投资者的吸引力已经有所下降，美国外债占总债务的比例从金融危机前的 40% 下降至当前的 30% 左右，这是因为美国政府未来的债务负担不容乐观。债务总量方面，美国常年维持巨额财政和经常账户"双赤字"加剧了美元信用脆弱性。经常账户连续 20 多年处于赤字状态，2022 年经常账户赤字占 GDP 的比重较 2021 年小幅升高至 3.7%。2021 财年美国联邦政府赤字占 GDP 的比重估算为 12%，较 2020 年的 15.2% 略有下降，但仍显著高于 2008 财年次贷危机时水平。美国联邦政府杠杆率已经于 2012 年首次突破 100% 的风险警戒线，债务占 GDP 比重高企叠加升息周期导致近年来美国联邦债务的利息负担不断加重。据美国国会预算办公室估计，50 年后美国联邦债务与 GDP 的比重将近翻倍，可能将美国推入"财政危机"，届时国债利息可能难以即时偿付。

三、历史上美国实施金融制裁的类型及案例

（一）冻结或没收资产：伊拉克、伊朗

冻结或没收资产，即冻结受制裁国及重要人物在美国的海外资产，资产类别包括销售收入、应收账款、银行存款和房地产等。该手段打击效能较强，彼得森国际经济研究所统计约 38% 的资产冻结将成功迫使受制裁国让步，达到制裁目的。

在战争期间，这一方式经常作为辅助手段，制约受制裁国购买武器弹药

的能力。例如，海湾战争期间，美国和联合国共同冻结伊拉克的海外资产，阻滞了其对科威特的武力进攻。

在和平时期，这一方式也可用于向其他国家施压，并会使被制裁国遭受巨额资产损失。例如，1979 年美国支持的伊朗巴列维王朝被伊斯兰革命推翻，民众占领美国大使馆并将 52 名美国外交官和平民扣为人质，美国首次冻结伊朗的海外资产并成功迫使伊朗释放人质。2018 年 4 月，美国财政部宣布对 7 名俄罗斯商业领导人及其拥有或控制的 12 家企业、17 名俄罗斯高级官员、1 家俄罗斯国有武器进出口企业及其下属银行实施制裁，冻结被制裁对象在美国司法管辖范围内的财产和权益，并禁止美国公民与之交易往来。此举引发了国际投资者的资产抛售行为，俄罗斯亿万富豪在一天内的损失即超过 120 亿美元。

（二）切断美元交易结算渠道：伊朗、朝鲜

切断美元交易结算渠道，即切断美国依托全球支付和清算系统美元交易结算渠道。首先，美国可以迫使 SWIFT 停止为受制裁国提供美元支付结算服务，直接打击对商品出口和外部资金依赖程度较高国家的经济命脉。以石油出口大国伊朗为例，2012 年初，SWIFT 在美国的压力下切断了伊朗的交易结算渠道；2013 年初，伊朗与他国进行石油贸易所得的款项也被美国禁止汇回本国，使其 2013 年的实际 GDP 增速仅为 –0.3%[1]；到 2015 年 1 月时，制裁使得伊朗难以获取约占官方储备一半的 900 亿美元货币，银行资本金严重不足、陷入流动性危机，不良贷款占比迅速飙升至贷款总额的 14.4%[2]，实际 GDP 增速大幅下降至 –1.6%[3]。在此形势下，伊朗被迫就核问题让步，2015 年 7 月，伊朗停止铀浓缩活动以换取美国解除部分对伊的制裁，伊朗石油产量随后逐步恢复，2016 年实际 GDP 增速也迅速回升至 12.5%。

---

[1] IIF Database.

[2] IIF, *Iran Needs Agreement to Revive Economy*, January 16th, 2015.

[3] IIF Database.

其次，美国能够使用和分析环球同业银行金融电讯协会的机密数据以精准追踪打击对象，保障制裁效果。受"9·11"事件影响，美国对环球同业银行金融电讯协会软硬兼施，最终在2001年10月前被允许获取和搜索其私密数据。①此外，斯诺登也曾在2013年公布的文件中解密称，美国国家安全局一直在监控环球同业银行金融电讯协会的信息。2003年美国决定制裁朝鲜，通过分析环球同业银行金融电讯协会数据发现澳门汇业银行与朝鲜之间存在交易。2005年9月15日，美国财政部突然指责澳门汇业银行参与"洗黑钱活动"，并将其列为"高度关注洗黑钱银行"，对相关账户采取财政冻结措施，日本、韩国的一些银行也随之中断了与汇业银行的金融往来。这导致该行受到大规模挤兑，美国通过此举"杀鸡儆猴"，使朝鲜陷入孤立无援的境地。

（三）限制融资来源：俄罗斯

限制融资来源，一方面是冻结或者取消双边援助款项和国际组织的援助性资金，另一方面是限制或禁止被制裁国获取来自外部的商业资金流入。

作为典型的资源型国家，俄罗斯经济增长过度依赖石油、天然气等能源行业，石油和天然气出口占俄罗斯出口总额的70%。2014年7月后，原油价格不断下跌，全年跌幅高达44.84%，严重影响了俄罗斯的经济增长。正常情况下，俄罗斯的经济体系能够通过国际市场借贷、国有银行和公司债务再融资来摆脱油价下跌的困境，但由于2014年9月起美国禁止买卖俄罗斯储蓄银行、莫斯科银行和俄罗斯农业银行等六家银行发行的期限超过30天的国债，欧盟也禁止向俄罗斯五家主要国有银行提供贷款，俄罗斯的外部资本大幅流出。②俄罗斯央行统计数据显示，2022年一季度，俄罗斯资本外流高达642亿美元，三个月的外流资金已经超过了2020年俄罗斯全年流出的资金。

油价下跌叠加资产冻结和限制融资，导致俄罗斯经济不断衰退和金融市

---

① 资料来源：Juan C Zarate. Treasury's War [J]. The Unleashing of a New Era of Financial Warfare, 2013.
② 资料来源：Grigorian DA. Nonresident Capital Flows and Volatility: Evidence from Malaysia's Local Currency Bond Market [J]. International Monetary Fund, 2019, 2019(023).

场大幅震荡。在经济增长方面，资本外逃使得依赖外部融资的俄罗斯陷入巨大困境。2015 年，俄罗斯财政赤字达到 1.95 万亿卢布（约合 250 亿美元），占当年俄罗斯 GDP 总量的 2.6%，实际 GDP 增速在 2015 年下降为 -2.31%；在金融市场方面，2014 年 10 月，穆迪将俄罗斯的债务评级从 BAA1 下调至 BAA2，2015 年 1 月，标准普尔将俄罗斯债务评级下调至"垃圾级"，俄罗斯外部融资成本进一步上升；2015 年，流入俄罗斯的外国直接投资缩减 92%，俄罗斯外汇储备急剧下降，卢布迅速贬值，进而导致俄罗斯国内通货膨胀水平越来越高。

（四）金融勒索：中国、法国

巨额罚款或勒索，即充分利用某国企业的失误或犯罪行为进行诉讼，在和解过程中或勒索巨额资金，或直接处以巨额罚款。弗吉尼亚大学法学院教授布兰登·加勒特教授指出，2001—2011 年十年间被美国执法机构提起公诉的 2 250 家企业平均被罚金额是 3 500 万美元，平均支付额将近 6 600 万美元；与此形成鲜明对比的是，美国国内公司平均被罚 470 万美元，平均支付额为 1 200 万美元。[①]

美国选择的金融勒索对象可能确实在合规性上存在瑕疵，但由于案件不公开审理，具体情形公众难以知晓。2014 年，在法国巴黎银行案中，纽约州长科莫和纽约州金融服务部以吊销该行执照要挟来获取巨额罚款；2016 年，中国农业银行纽约分行被举报存在洗钱风险，导致中国农业银行被罚款逾 2 亿美元。

四、俄乌冲突中的美欧金融制裁回顾

俄乌冲突爆发后，美国联合其他西方国家对俄罗斯实施了多轮制裁，涵盖贸易、科技、金融、能源等诸多领域。本部分聚焦金融制裁，集中梳理美欧对俄金融制裁的主要措施及其影响。

[①] 余永定：《美巨额罚款：公正还是勒索？》，财新网，2018 年 12 月。

（一）金融制裁措施

美欧对俄罗斯的金融制裁覆盖了除金融勒索以外的全部类型。

第一，冻结个人、金融机构及央行资产。制裁初期，美欧冻结了俄罗斯部分官员与主要金融机构的资产[①]，并不断扩大制裁范围。其后，为防止俄罗斯央行动用外汇储备支撑国内流动性，美欧冻结了俄罗斯央行的离岸资产，并将制裁范围扩大至俄罗斯财政部和国家财富基金。

其中，美欧冻结俄央行资产的做法有违"央行主权豁免"的传统。根据IMF的数据，2021年三季度在俄罗斯央行的外汇储备中，位于美、法、德、日的部分占比分别为6.6%、12.2%、9.5%、10%，这意味着40%左右的俄罗斯外汇储备被冻结。这不仅使俄罗斯的外汇资产面临出现极大损失的风险，也大幅削弱了俄罗斯央行通过外汇储备维护其自身金融稳定性的能力。

第二，将部分银行剔除出SWIFT。多家俄罗斯银行被剔除出SWIFT，极大地影响了俄罗斯金融机构境外的支付和清算效率。[②] 但值得一提的是，与制裁一并提出的还有一份"通用许可证"，明确豁免了对从生产到消费各环节能源支付的制裁。这意味着，即使部分银行被切断了与SWIFT的联系，美欧仍能向俄罗斯购买油气，避免西方陷入能源危机。

第三，限制俄罗斯银行外币和黄金交易。美欧限制了俄罗斯银行在西方国家的开户自由，由此限制相关外币交易的发生。同时，美欧停止了与俄罗斯央行的黄金交易，G7也承诺停止从俄罗斯进口黄金。

第四，限制俄罗斯政府和核心企业的海外融资。在此前已对俄罗斯债券一级市场发行进行制裁的基础上，美国财政部禁止美国金融机构参与2022年3月1日后发行的俄罗斯主权债的二级市场交易，并表示多家俄罗斯企业（覆盖交通、能源、通信企业，以及银行等）无法在美获得新增融资。

[①] 美国先后冻结了六家俄罗斯商业银行资产，包括俄罗斯第二大银行VTB（资产规模占俄罗斯银行业的1/5），第五大银行VEB，第七大银行Otkritie，第八大银行PSB，第九大银行Novikom，以及排名前50的Sovcom。

[②] 俄罗斯央行的金融信息传输系统在跨境支付上仍不健全，短期来看，国际上没有任何其他系统可以替代SWIFT。

（二）金融制裁对俄罗斯的影响

第一，能源出口受阻。俄罗斯是传统能源大国，经济对能源出口的依赖度高。2021年，原油和石油产品出口占总出口接近四成，而出口占俄罗斯GDP的比重在25%以上。制裁实施以来，部分俄罗斯原油买家表示已无法从西方银行开出信用证来支付其购买，俄罗斯原油折扣幅度一度创下历史纪录。

第二，经济衰退风险。数据显示，受战争及制裁影响，2022年俄罗斯GDP同比下降了2.1%。如果冲突陷入长期化，俄罗斯经济基本面将面临进一步下行风险。

第三，金融风险加大。制裁开始后，俄罗斯的股市、债市、汇率一度因制裁受到了巨大冲击：卢布价值几乎腰斩，俄罗斯十年期国债收益率上行幅度超过900个基点，RTS指数[①]在短短两个月内下跌近40%，俄罗斯资本外流压力不断增大。金融市场的大幅波动，叠加后续可能出现的机构与企业的债务违约，金融系统性风险激增。

五、我国应对美国金融制裁的对策建议

（一）多渠道增进互信，避免"战略竞争"滑入恶性轨道

2022年，美国皮尤研究中心问卷调查结果显示，67%的受访者将中国视为主要威胁，较2020年上升5个百分点。美国民众对中国有负面看法的比例也略有增长，达到82%，其中40%感到非常负面。与2021年相比，负面观感增加6个百分点。

增进中美互信比任何举措都重要。原因有三：一是中国制造向产业链中高端爬升，未来产品将更加智能、对私人信息的渗透性更强，信任是他国接受中国商品的前提。中美经贸冲突的本质是新兴大国和"守成大国"之战，也是彼此间的"信任之战"。过去中国卖给美国的产品是鞋子、衬衫等"浅层

[①] 俄罗斯RTS指数是一个体现俄罗斯股市表现的重要指标。

产品"；随着产业升级和科技进步，中国将输出更多智能手机、5G基础设施等"深层产品"，[①] 它们将深入私人生活、当地社区和社会。中美两国在"浅层产品"贸易的时代可以相安无事，但中国若想为美国提供"深层产品"则需要更多的互信。

二是中美关系处在"战略竞争"的关键节点，如果不引导良性互动，就有可能滑入恶性竞争的轨道。根据历史经验，美国是根据对不同国家的战略定位来决定制裁手段和打击程度的。2017年，特朗普政府的《美国国家安全战略报告》列出恐怖组织、流氓国家和修正主义势力为美国面临的三类挑战。将中国定位为程度最低的"修正主义势力"，美国最大的顾虑是"战略竞争"范畴和发展模式问题，认为"中国寻求扩大政府主导经济模式的影响力"，打压手段相较其他两类挑战较为克制。2022年，拜登政府的《美国国家安全战略报告》没有升级对中国的表述，但依然将与中国的竞争关系放在重要位置。未来中美应继续加强合作，避免美国对我国的定位上升到"重要威胁"的范畴。

三是中国的文化影响力等"软实力"有明显短板。文化和意识形态方面的差异虽然难以诉诸纸面，但切实影响着决策者和普通民众的认知。例如，某美国资深外交官就曾指出，"中国外交官通常待在自己的官邸里"，中国人不擅长海外公关、不会推销自己，文化影响力不足。麦肯锡报告也指出，中国庞大的经济体量和在文化方面的巨大投资，仍未使中国文化对全球主流文化产生显著影响。以艺术领域为例，中国十大音乐人在全球某知名流媒体平台的订阅量仅为韩国十大音乐人的3%。[②]

增进中美互信需要从多渠道着力。一是要加强有效宣传，讲好中国故事；二是要重点加强与美国州、市层面和产业界的合作。

[①] "浅层产品"和"深层产品"的说法由《世界是平的》作者、美国《纽约时报》专栏作家托马斯·弗里德曼提出。

[②] 资料来源：McKinsey Global Institute, China and the world: Inside the dynamics of a changing relationship [EB/OL]. [2019-07].

（二）保持克制、等待时机，加快金融基建全球化布局

短期看，美国已形成一张遍布全球、覆盖广泛的金融网络，建立起了针对重要个人、法人、政党和政府的金融制裁政策组合，而中国可以迅速反制的措施相对有限。

但长期看，中国可以有针对性地加快构建全球化金融基础设施。具体看，主要有三个方面：一是加快推进人民币国际化进程，提升人民币跨境交易结算的基础设施建设水平。英国央行行长马克·卡尼曾在演讲中提到，人民币最有可能成为真正的储备货币，但距离真正实现这一目标仍有较大差距。二是通过"立法阻断"与"备份系统"的方式做好应对制裁的准备工作。首先，立法回击美国制裁是被历史证明行之有效的反制措施，也有助于提高监管政策透明度。美国曾依据长臂管辖权对欧洲多家银行处以巨额罚款。作为反击，欧盟曾于20世纪90年代出台阻断法案，规定只要美国索赔人在欧洲也拥有财产，就会将其财产没收、补偿欧洲企业的损失。这种做法令美国忌惮，美国在较长时间内没有再对欧洲进行制裁。其次，考虑联合其他国家构建新的跨境支付系统作为"灾难备份系统"，保证极端情景下的支付清算顺畅进行。三是加快对数字货币的研究与开发，掌握标准制定和信息控制的主动权。数字货币对各国央行来说都是全新的挑战，应加大对数字货币的研究与开发力度，只有在新领域、新规则的讨论阶段提前布局才能占得先机。案例显示，美国分析公司通过分析大数据、交易所和区块链节点数据，掌握了目前80%以上比特币交易人员的真实身份，曾协助美国联邦调查局、美国中央情报局破获几起暗网的非法交易案件，这说明美国政府掌控着大量比特币跨境交易的信息。

（三）保持定力、转危为机，进一步深化改革与开放

第一，应当看到"公平竞争"是整个西方世界对中国的要求。中国应学习拥抱国际规则，参与其中才能更好地施加影响力。要看到公平、对等、绿色、透明等原则是整个西方世界对中国的要求，无论是美国还是欧洲都要求中国承担超出"发展中国家"定位的责任。

第二，国内庞大的消费市场是我国的最大优势。根据中投研究院估算，若以中美 2016 年最终消费支出为基数，按照过去五年平均增速计算，中国整体消费市场将于 20 年后超越美国，成为全球最大的消费市场。要善用国内市场吸引和团结欧美发达国家。

第三，吸取 20 世纪八九十年代日美金融谈判的经验教训，避免重蹈覆辙。日本大藏省前任高官久保田勇夫作为日美三大重要谈判的亲历者，总结出日美谈判的经验教训有：抓好人才储备，培养政治过硬、熟悉美国、经验丰富的谈判人才；加强理论武装，以经济理论指导国际金融谈判；凝聚共识、形成内部合力，加强政府部门协同作用；掌握美国谈判思维，把握斗争方式；保持战略耐心，做好自己的事、做好长期准备。

（四）重视人才、积极融入，深度参与国际金融治理

目前，中国在对现行国际规则的理解、全球治理人才的储备和中国人在国际组织中的参与度方面都有所欠缺。例如，亚洲基础设施投资银行与世界银行、亚洲开发银行合作进行项目投资的一个重要原因就是其自身项目筛选能力和甄别投资能力不足；主流国际组织中的中国员工比例、中国人任高管的比例都很低，与中国 GDP 占全球经济 1/3 的重要地位难以匹配。数据显示，目前中国员工在主要国际组织中的占比仍低于 3%，世界银行的大部分中国雇员都是咨询师，很少有人能做到主管级或以上。[1] 这些现象严重制约着中国通过多边平台对现有国际经济秩序提出改进意见和做出增量贡献的能力和可能性。

因此，中国一方面要加强对现行国际规则的研究和理解，更加建设性地参与到多边平台的改革进程中；另一方面要积极培养和储备人才，通过多种机制鼓励语言、文化、专业背景合适的中国青年进入主流国际组织工作和发展，更多地参与到多边平台的运行过程中。

---

[1] 资料来源：《国际主要机构中的中国雇员比例不到 3%》[EB/OL]. [2016-03-22].

（五）全面检视、充分准备，守住国家金融安全底线

面对百年未有之大变局，中国必须增强底线思维，统筹发展和安全，守护国家金融稳定和财富安全。具体看，一是要加大吸引高质量外资力度，增加美欧对中国实施金融制裁的顾虑。此次欧美对俄制裁态度不一，德国由于高度依赖俄能源供应，立场更加温和。中国要以更大力度推动开放，在更大范围内推广自贸区经验，实施好《外商投资法》，缩减外资投资负面清单，改善营商环境，大力吸引高质量外资；加大金融开放，吸引长期资金流入，增强流入资金的黏性，形成相互缠抱的利益格局。

二是要完善工具箱，有效遏制金融制裁。大国金融博弈要攻防并重。一方面，要有针对性地布局全球重要金融基础设施和重要资产，在极端情景发生时增加谈判筹码和话语权；另一方面，要进一步完善细化现有的《反外国制裁法》。

三是要优化对外资产结构和利用方式，确保外汇资产安全。督促中资金融机构及对外投资合作企业加强合规管理，增强防范制裁风险意识，提升风险控制能力。积极创新对外投资合作方式，注重与境外合作伙伴构建利益和风险共担机制。进一步加大外汇资产多元化力度，优化外汇资产结构。

第三篇

全球经济治理合作的未来

第十三章
数字经济发展和全球治理合作

张明　王喆　陈胤默[*]

---

[*] **张明**，中国社会科学院金融研究所副所长、中国社科院国家金融与发展实验室副主任、全球经济治理50人论坛成员。

　王喆，中央民族大学经济学院讲师、中国社科院国家金融与发展实验室研究员。

　陈胤默，北京语言大学商学院讲师、中国社科院国家金融与发展实验室研究员。

摘要：根据 TIMG 指数（全球数字经济发展指数）测算，2018 年以来全球数字经济加速发展，呈现出集聚和动态收敛的特征，并出现了中美两个数字经济大国。然而，相比于数字市场发展和数字基础设施建设对数字经济发展的强大驱动力，全球数字治理水平提升较为缓慢。当前，全球数字经济治理面临数字全球化引发的系列问题、数字竞争加剧、数字鸿沟拉大以及数字碎片化等一系列挑战，加强全球数字经济治理合作的必要性和重要性尤其突出。在此背景下，全球数字经济治理合作不断深化，并初步形成了双边和多边合作机制。但是，当前全球数字经济治理合作面临合作主体多元分散、主导权竞争博弈、多边合作明显滞后、合作理念和模式中西方分化等问题。在参与全球数字经济治理合作中，中国面临起步较晚、合作程度不高、合作对象范围有限且发展靠后、中美数字经济国际合作领域差距大、美国封锁打压、内外规则衔接不畅等诸多问题。本章在此基础上，结合中国数字经济发展特征及国际治理合作现状，提出中国参与全球数字经济治理的中国方案和对策建议。

一、研究背景与问题提出

数字经济已经成为驱动全球创新发展、国际技术进步和产业竞争的关键领域。

各国在 5G、人工智能、数字货币等新兴领域展开激烈竞争。就全球层面而言，根据中国信息通信研究院统计，全球 47 个主要国家在 2021 年的数字经济增加值规模达到 38.1 万亿美元，占全球 GDP 比重高达 45%。截至 2021 年，中国的数字经济规模已经从 2012 年的 11 万亿元增长至 45 万亿元，中国成为仅次于美国的数字经济大国。

数字经济依托于新一代信息技术，掀起生产组织、商业模式、社会生活、政府治理等各领域的深刻变革。全球主要国家正在积极参与全球数字经济治理，以期在快速分化的全球数字经济治理格局中占据有利地位。

例如，美国在 2021 年发布的《美国全球数字经济大战略》[1]中指出，美国的信息技术和数字政策需要以宏伟的总体战略为指导，重点是保持美国的全球技术领先地位。美国面临的风险是包括欧盟在内的世界大部分经济体可能会与美国的信息技术和数字利益背道而驰，从而导致多对一的处境，产生有

---

[1] Robert D. Atkinson. A U.S. *Grand Strategy for the Global Digital Economy* [EB/OL]. [2021-01-19].

害后果。在与欧盟重建更密切关系的努力中，美国不应允许欧盟继续推行其日益激进的技术重商主义，而是应"拱手相让"；美国战略的首要目标应该是限制中国在信息技术和数字领域的全球主导地位和对市场的操纵。

再如，作为新兴市场代表的中国持有不同的态度，在2020年发起《全球数据安全倡议》，呼吁各国秉持发展和安全并重的原则，平衡处理技术进步、经济发展与保护国家安全和社会公共利益的关系。中国倡议各国应致力于维护开放、公正、非歧视性的营商环境，推动实现互利共赢、共同发展。与此同时，各国有责任和权利保护涉及本国国家安全、公共安全、经济安全和社会稳定的重要数据及个人信息安全。中国欢迎政府、国际组织、信息技术企业、技术社群、民间机构和公民个人等各主体秉持共商共建共享理念，齐心协力促进数据安全。①

有学者指出，全球数字治理面临的现实困境包括治理所需的物质基础仍然薄弱、治理原则理念对抗趋紧、个别国家霸权主义立场强硬、治理方式选择争议严重、治理主体过于分散等难题。如何把握全球数字经济国际合作格局、厘清数字经济国际合作未来演进方向，是中国积极参与全球数字经济治理，参与国际合作的关键所在。习近平总书记多次强调要积极参与数字经济国际合作，及时提出中国方案。高质量共建"数字丝绸之路"以及申请加入DEPA都显示出中国在这一方面取得了积极进展。

如何构建数字经济国际合作新机制和新格局、提高中国在数字合作中的话语权是需要深入研究的重大问题。当前，鲜有一套完善的全球数字经济测度体系帮助读者厘清全球数字经济发展脉络，把握全球数字经济合作格局。为此，学者们在全球数字经济治理合作方面的探讨还有待深入。2023年，TIMG指数的推出为解决上述问题提供了一个新的思路（张明等，2023）。为此，本章基于TIMG指数分析全球数字经济发展及数字经济治理合作的现状、问题，并提出对策建议。

---

① 《全球数据安全倡议》，中国外交部，最近更新时间：2023年4月。

二、文献综述与理论基础

数字经济是由数字技术驱动、在经济社会领域发生持续数字化转型的生态系统[①]。唐·泰普斯科特最早提出数字经济的概念,指出数字经济是基于"比特"(字节)而非"原子"的经济。当前,学者和机构对数字经济的内涵和范围的界定并未达成共识。例如,联合国贸易和发展会议将数字经济分为数字基础设施、数字内容和传统经济的数字化[②];阿里研究院基于更广泛的制度领域考量,将数字经济分为支撑层、数据层、商业层和治理层[③]。而伯克特和希克斯认为,数字部门、密集使用IT技术的数字活动、广泛使用IT技术的经济社会活动是数字经济的三大重要构成。

近年来,数字经济逐渐成为国际合作的新兴领域,关于采取集体行动、建立国际合作机制凝聚了越来越多的共识。数字经济、国际经济、政治法律等跨学科视角不断拓宽,有关研究内容逐渐深入。从已有国内外文献来看,相关研究的主要进展与问题体现在以下四个方面。

(一)数字经济国际合作领域

已有研究侧重于数字治理、数字贸易规则协调、全球数据安全等具体领域,缺乏针对数字经济国际合作的制度性框架构建和量化研究。数字经济的国际合作议题广泛,相关研究大致可以分为两个方向。

第一,规范数字经济发展的数字治理合作。其中,大量研究关注数字贸易规则的协调统一问题,并且多以嵌入式数字贸易规则为主要研究对象。跨境数据流动、数字税征管以及数字支付清算等新兴领域也受到较多关注。

第二,促进数字经济增长的数字发展合作。包括数字基础设施合作、数字援助等问题。总体而言,已有研究对单一领域的深入研究各有进展,然而

[①] OECD (2014): Measuring the Digital Economy: A New Perspective, Paris: OECD.
[②] UNCTAD (2017): World Investment Report 2017: Investment and the Digital Economy. New York and Geneva: United Nations.
[③] 阿里研究院(2017):《数字经济系列报告之一:数字经济2.0》。

缺乏对数字经济国际合作的制度型框架构建的研究，以及对数字经济国际合作进展的全球性、综合性和针对性分析。与此同时，现有研究多以定性分析、案例分析为主，相关量化研究较为匮乏。

（二）数字经济合作理论机制

梳理现有文献发现，数字经济合作的行为根源能够从传统的国际合作研究范式获得一定支撑，但经济学视角下的理论机制构建仍然较为缺乏。数字经济国际合作的主体互动及利益来源是焦点，现有研究主要基于国际关系、国际政治经济等理论展开。不同于现实主义学派的"冲突论"，制度主义学派将合作视为国际关系的实质，国际制度是推动国际合作、克服"囚徒困境"的有效机制。马骦、王璐瑶和叶世雄等研究显示经济共同利益、国家安全目标、政治联盟关系等因素影响一国参与数字合作的行为决策。目前，国际双边和多边数字国际合作机制初步建立，但是存在多边机制进展缓慢、双多边机制不协调、内外规则诉求差异大等问题。徐秀军和林凯文指出数字时代的到来推动全球经济治理路径创新，然而融入数字经济新特征的国际合作是否会表现出新的特征和主体互动关系尚缺乏深入探讨。结合经济学视角的数字合作利益动因、主体收益成本权衡以及关系形成过程的理论构建较为缺乏。

（三）数字经济国际合作格局演变

数字经济国际合作的全球格局演化和主导权争夺是争议焦点，对新方案和新路径的探索引发学者广泛关注。全球数字治理规则博弈的复杂性、长期性将不断加剧，呈现出单边化、差异化和碎片化等发展趋向，国家主权双重性的促动、国家利益需要的塑造以及国际社会结构的影响等多重因素，共同塑造了全球数字治理规则的发展趋向。在其中，霸权国在国际合作机制等全球公共产品供给中扮演着重要角色。一些学者指出，目前数字合作呈现"中心—外围"格局，发达国家垄断规则，制定主导权。在数字贸易领域，美国模板和欧盟模板具有全球影响力。在数据治理领域，全球数据安全治理步履蹒跚，一方面全球数据安全治理出现了规则碎片化、机制效用不足、治理乏力等问题；另一方面个别国家的数据霸权主义行为更是使得国际行为体难以凝聚共识。

霸权国主导下的数字经济国际合作格局会产生如下三方面问题。一是西方发达国家主导的数字合作往往伴随附加条件和价值观输出，难以代表和满足广大发展中国家的利益，而传统治理机制难以适应全球数字经济的快速发展，陈伟光和钟列炀认为当前正在形成以区域多边协定为载体、G20为中心，并向周边辐射的"联盟—网络"治理结构。二是一些小国面临话语权缺失困境，以及不同合作模式的选择压力。杨楠指出美国建立了跨境隐私规则体系，美国将该机制作为实施"数据霸权"的工具在多个国际场合推行，以期在全球数据安全治理中夺取规则治理话语权。三是多种价值取向和模式选择加速数字合作格局分化，数字治理碎片化、数字政治化趋势增强，引发了国际社会对于"数字帝国主义""数字铁幕"的担忧。例如，阙天舒和王子玥指出数据霸权主义会导致数据生产、流通和消费等多个环节产生权力不平等，加剧"数字无序"的状态，进而造成网络空间分裂，给全球数据安全治理带来多重阻力。

（四）中国参与数字经济国际合作

在全球数字经济快速发展的背景下，中国积极参与数字经济国际合作，进行中国方案的探索。已有研究主要关注以下两方面问题。一是中国进行数字经济国际合作的定位。王永洁、陈伟光、钟列炀、田丰等提出数字经济合作的目标、基本原则，指出构建统一、包容、共享、互惠的新秩序应当成为全球数字经济治理的理想目标之一。二是探讨中国开展数字经济国际合作的实现路径。从合作区域看，"数字丝绸之路"建设是中国推进数字经济国际合作的前沿地带。例如，东盟位于中国"数字丝绸之路"建设的枢纽地带，推进中国与东盟在数据治理领域展开合作是互惠互利的双赢举措。再如，裴丹和陈伟光分析中国与美国、美国与欧盟、中国与欧盟间平台经济的竞合现状及趋势，发现目前中美竞争较多、合作较少，美欧分歧正逐渐扩大，但中欧合作空间广阔。从合作内容看，中国加入DEPA的路径得到越来越多的探讨。例如李猛提出中国可以从现代数字贸易规则、数据跨境流动与本地存储规则、数据信息安全规则、数字经济开放包容规则、新兴趋势和技术规则等五个方面积极对接DEPA国际高标准数字经济规则。从合作理念看，杨云霞等学者认为中国需要从维护数字主权的理念出发，提升数字技术标准、数字监管、全球数字价值链等方面的竞争力，参与全球数字标准和规则的塑造，实现数字经济的法治化。

总体而言，现有文献对数字经济背景下全球治理的合作领域、合作机制、演变问题及中国参与等方面进行了较为充分的探讨。该类文献多为定性研究，较少文献提供更为详尽的数据支撑来分析中国与全球主要国家参与全球数字经济治理的情况，特别是鲜有研究提供数字经济国际合作领域方面的全景图。

当前，在全球数字经济国际合作中占据主导地位国家的数字经济发展情况如何？数字经济治理的国际合作格局是什么样的？中国在数字经济国际治理合作中处于什么样位置？解答如上问题可以帮助中国在未来更好地参与数字经济国际合作。为了厘清如上问题，本章利用TIMG指数，结合Digtial Policy Alert数据库提供的数字经济国际合作政策，对当前全球数字经济发展的特征事实进行梳理，并对数字经济发展下的全球治理新挑战与新问题进行分析。

三、全球数字经济发展的特征事实——基于 TIMG 指数测算结果分析

数字经济国际合作是全球治理的重要领域和未来方向。全球主要国家都在不同层面展开数字经济国际合作。如下三个重要问题值得关注，一是参与数字经济国际合作的国家的数字经济发展水平如何？二是数字经济发展领先的国家是否在引领数字经济国际合作？三是数字经济发展相对落后的国家发展情况如何？为此，在探讨数字经济国际合作格局与演变方向时，需对全球数字经济发展国别情况进行分析。

数字经济的测度与度量是分析比较数字经济发展水平、制定数字战略、培育数字竞争优势的重要前提和基础。近年来，国内的科研机构和大型高科

技企业正在尝试对全球数字经济发展情况进行测度。现有指数存在两个问题：一是从构建过程来看，现有指数普遍存在覆盖样本有限的问题。例如，华为的全球联接指数仅包含 50 个经济体。再如，欧盟的 DESI 指数（数字经济与社会指数）仅包含 27 个欧盟经济体，虽然后续拓展了用于国际比较的 I-DESI 指数，但该指数仅涵盖 46 个经济体，其涉及的地理范围仍相对较小。此外现有指数也存在起始时间晚、指标连续性弱等问题。二是从测度结果来看，已有的测度结果存在较大差异，特别是针对中国等新兴市场国家的排名结果差异较大。在国际机构发布的相关数字经济指数中，中国的排名普遍在中等或中等偏上的位置，而在国内的数字经济排名中，中国则明显靠前。例如，在 2018 年 I-DESI 指数排名中，中国位列第 45 名；在 2022 年网络就绪指数和瑞士洛桑国际管理发展学院世界数字竞争力排名中，中国分别位列第 23 名和第 17 名，在全球处于中等偏上水平。但在上海社会科学院和阿里研究院的排名结果中，中国处于世界领先地位，数字经济发展水平位列世界第 2~3 名。

面对现有全球数字经济指数在时间跨度和覆盖范围上的无法兼顾，以及指数结果差异较大等问题，全新的全球数字经济发展指数——TIMG 指数，为解决上述问题提供了可能。TIMG 指数对全球 106 个经济体在 2013—2021 年的数字经济发展程度从数字技术、数字基础设施、数字市场和数字治理四个维度进行度量。TIMG 指数可以深刻测度特定国家数字经济的整体发展程度与竞争力，以及在各个维度的长短板，这能够为未来一国发展数字经济、参与国际合作指明方向。

下文将基于 TIMG 指数对数字经济全球发展趋势、代表性国家及中美数字经济发展情况进行分析。

（一）基于 TIMG 指数测算的全球数字经济发展情况

从全球趋势上看，2013 年以来全球数字经济呈现快速发展的态势。2013—2021 年，TIMG 指数的全球平均值从 45.33 上升至 57.01，增长幅度接近 26%；TIMG 指数的全球中位数从 44.46 上升至 58.38，增长幅度为 31%（见图 13-1）。从发展速度来看，2018 年之后，全球数字经济开始呈现加速发展态势。2018年之后，全球主要国家都开始加速在数字经济领域布局，这极大地推动了全球数字经济的快速发展。

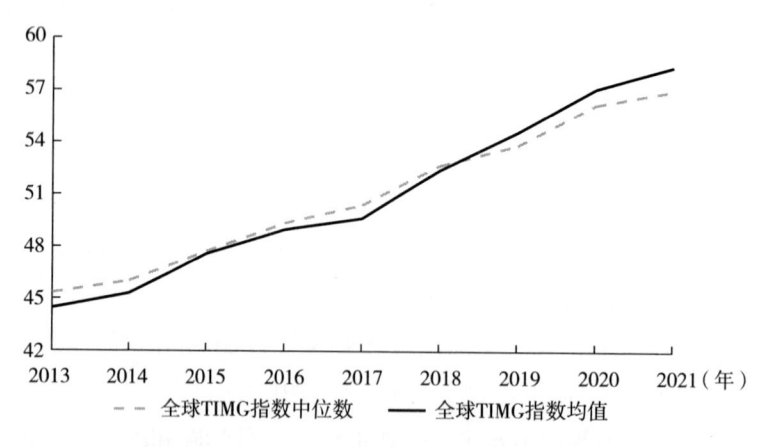

图 13-1 基于 TIMG 指数的全球数字经济发展变化

资料来源：张明，王喆，陈胤默.全球数字经济发展指数报告（TIMG 2023）[M].北京：中国社会科学出版社，2023.

从数字经济细分维度来看，全球数字市场的快速扩张、数字基础设施建设的迅猛发展是全球数字经济发展的重要驱动因素。如图13-2所示，这体现在全球数字市场指数和数字基础设施指数的快速增长。2013—2021年，全球数字市场指数的均值从38.99上升至54.53，涨幅高达39.86%；全球数字基础设施指数均值从46.62上升至65.01，涨幅达到39.45%。相较而言，全球数字治理和数字技术发展速度相对温和。2013—2021年，全球数字治理指数均值从53.19上升至61.33，增长了15.3%；全球数字技术指数均值仅从42.52上升至47.16，增长了10.91%。

从地区特征来看，全球数字经济发展呈现出聚集性趋势，并动态地表现出区域动态收敛的趋势。具体而言，一是北美、东亚和太平洋、西欧是全球数字经济发展水平最高的三大区域。2021年，北美、东亚和太平洋、西欧三大区域的TIMG指数平均值分别为87.97、79.66和77.68。二是全球数字经济发展处于中等水平的地区分别为东盟、西亚等亚洲其他地区、中东欧和独联体国家。三是非洲、拉丁美洲地区的数字经济发展较为落后。例如，2021年，非洲和拉丁美洲的 TIMG 指数的平均值仅为 38.89 和 44.28（见图 13-3）。

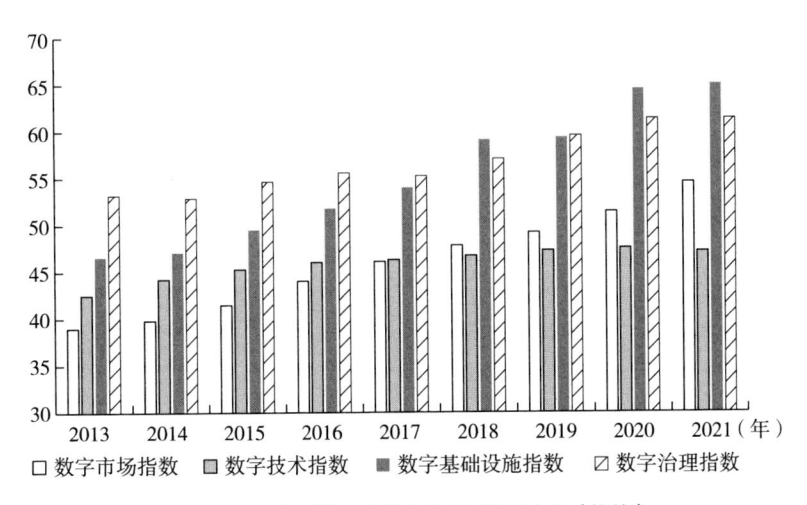

图 13-2　全球数字经济细分领域发展水平（均值）

资料来源：张明，王喆，陈胤默. 全球数字经济发展指数报告（TIMG 2023）[M]. 北京：中国社会科学出版社，2023.

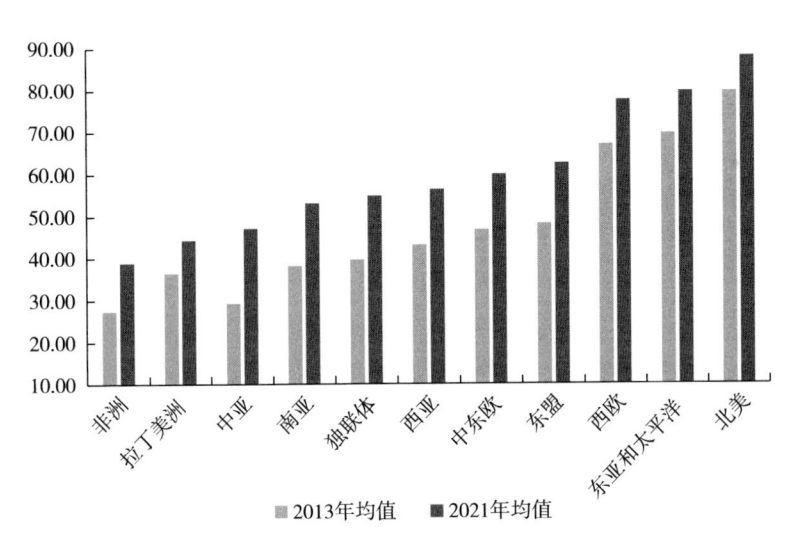

图 13-3　全球数字经济发展的地区分布特征

资料来源：张明，王喆，陈胤默. 全球数字经济发展指数报告（TIMG 2023）[M]. 北京：中国社会科学出版社，2023.

（二）全球主要代表性国家分析

从总指数得分来看，美国 TIMG 指数得分始终领先于全球（见表 13-1）。2013 年和 2021 年，美国的 TIMG 指数排名均位列全球第一。2021 年，美国的 TIMG 指数高达 95.28，明显高于其他国家。这表明美国不仅在数字经济发展中具有先发优势，而且美国数字经济发展一直领跑全球。TIMG 指数全球排名第二和第三位的国家为新加坡和英国。德国、荷兰、日本、法国、中国、瑞士和韩国的 TIMG 指数排名位列全球第四至十位。整体而言，在 TIMG 指数全球排名前 20 的国家多为发达国家，来自新兴市场和发展中国家的仅有中国和阿联酋。

表 13-1　全球数字经济发展指数（TIMG 指数）排名前 50 国家排名

排名	国家	TIMG 指数（2021）	TIMG 指数（2013）	相比 2013 年排名变化
1	美国	95.28	86.41	0
2	新加坡	87.55	75.69	1
3	英国	87.08	78.85	-1
4	德国	85.63	75.24	0
5	荷兰	84.19	73.69	2
6	日本	83.22	72.31	4
7	法国	81.84	72.43	2
8	中国	81.42	63.43	14
9	瑞士	81.31	69.69	4
10	韩国	80.95	71.39	2
11	芬兰	80.86	73.89	-6
12	加拿大	80.65	72.75	-4
13	瑞典	80.29	72.15	-2
14	澳大利亚	79.73	73.77	-8
15	丹麦	77.79	66.27	1
16	比利时	76.50	65.76	1
17	阿联酋	76.18	58.31	9
18	挪威	76.14	69.18	-4
19	爱尔兰	76.13	60.78	6
20	以色列	75.91	64.30	0

续表

排名	国家	TIMG指数（2021）	TIMG指数（2013）	相比2013年排名变化
21	奥地利	75.88	64.87	−3
22	西班牙	74.59	64.49	−3
23	卢森堡	74.22	62.18	0
24	马来西亚	74.03	63.77	−3
25	意大利	73.74	61.78	−1
26	新西兰	73.00	67.04	−11
27	印度	72.17	56.69	1
28	俄罗斯	71.43	56.38	1
29	沙特阿拉伯	70.46	52.41	6
30	土耳其	70.13	55.85	1
31	葡萄牙	69.46	55.00	1
32	爱沙尼亚	68.88	55.87	−2
33	波兰	67.86	53.26	0
34	巴西	66.77	57.61	−7
35	印度尼西亚	66.41	49.09	5
36	捷克	65.83	51.96	1
37	立陶宛	65.24	50.98	1
38	泰国	63.77	47.98	5
39	冰岛	63.12	50.08	0
40	智利	62.68	52.01	−4
41	塞浦路斯	62.64	44.52	12
42	墨西哥	61.98	48.05	0
43	希腊	61.55	47.88	1
44	匈牙利	61.18	53.01	−10
45	斯洛文尼亚	60.98	46.91	2
46	拉脱维亚	60.47	47.12	0
47	罗马尼亚	60.43	45.77	3
48	菲律宾	60.15	42.63	10
49	巴林	59.55	44.40	5
50	越南	59.39	39.64	14

资料来源：张明，王喆，陈胤默.全球数字经济发展指数报告（TIMG 2023）[M].北京：中国社会科学出版社，2023.

从分项指数来看，不同国家在数字经济细分领域的优势存在差异。

就数字技术指数而言，美国在数字技术领域占据领先优势（见表13-2）。2021年，美国的数字技术指数为91.83，位列全球第一。芬兰、瑞士、德国和荷兰位列全球第2~5位。新加坡、瑞典、日本、韩国和以色列则位列全球第6~10位。整体而言，在全球数字技术指数排名前第20名的国家多为发达国家。中国（排名第15位）是唯一进入数字技术指数排名前20的新兴市场与发展中国家。

表13-2 数字技术指数排名前20的国家

排名	国家	数字技术指数（2021）	数字技术指数（2013）	与2013年相比排名变化
1	美国	91.83	87.06	0
2	芬兰	83.65	85.57	0
3	瑞士	82.78	79.51	0
4	德国	82.22	79.37	0
5	荷兰	82.02	75.14	3
6	新加坡	80.84	77.55	0
7	瑞典	77.66	73.16	4
8	日本	76.62	77.77	-3
9	韩国	75.94	75.63	-2
10	以色列	75.53	69.82	4
11	英国	75.45	72.70	1
12	加拿大	74.69	68.90	3
13	法国	74.62	70.63	0
14	比利时	74.60	74.81	-5
15	中国	74.17	65.16	4
16	丹麦	72.74	65.95	1
17	澳大利亚	71.99	73.66	-7
18	奥地利	71.47	67.09	-2
19	爱尔兰	69.16	64.98	1
20	挪威	68.56	65.74	-2

资料来源：张明，王喆，陈胤默.全球数字经济发展指数报告（TIMG 2023）[M].北京：中国社会科学出版社，2023.

值得关注的是，全球数字技术指数排名前 20 位的国家的全球位次相对稳定，即一国 2021 年数字技术指数排名相较于 2013 年并未有较大变动，变动幅度在 -7~4 位。这表明，占据数字技术领先优势的国家依托其先发优势，在数字技术领域一直保持相对领先的地位。这从另一个侧面表明，数字技术发展存在一定的进入壁垒，后发国家想在数字技术领域赶超先发国家存在一定的难度。

就数字基础设施指数而言，美国在数字基础设施领域依然占据主导地位（见表 13-3）。2013—2021 年，美国数字基础设施指数得分从 79.79 上升至 93.07，位列全球第一。新加坡和中国紧随其后，位列全球第二和第三。数字基础设施指数排名在第 4~10 位的国家分别为英国、卢森堡、日本、印度、德国、俄罗斯和意大利。

从数字基础设施变化趋势来看，不同国家在数字基础设施领域的比较优势存在动态变化特征。这体现在，2013 年以来，数字基础设施国家排名的变动幅度较大。数字基础设施指数排名上升速度较快的国家有阿联酋（上升 38 位）、中国（上升 18 位）、新加坡（上升 14 位）等国家。数字基础设施指数下降比较快的国家有加拿大（下降 10 位）、澳大利亚（下降 10 位）、西班牙（下降 9 位）等国家。

表 13-3 数字基础设施指数排名前 20 的国家

排名	国家	数字基础设施指数（2021）	数字基础设施指数（2013）	与 2013 年相比排名变化
1	美国	93.07	79.79	0
2	新加坡	90.53	64.45	14
3	中国	89.33	63.72	18
4	英国	88.50	71.20	-1
5	卢森堡	88.16	64.18	13
6	日本	87.46	68.11	-1
7	印度	87.10	65.56	6
8	德国	86.93	66.53	2
9	俄罗斯	86.57	62.82	14
10	意大利	85.08	65.88	1
11	巴西	84.74	68.00	-5
12	澳大利亚	84.50	72.08	-10

续表

排名	国家	数字基础设施指数（2021）	数字基础设施指数（2013）	与2013年相比排名变化
13	法国	83.93	64.28	4
14	加拿大	82.89	69.62	−10
15	韩国	82.48	66.71	−7
16	西班牙	82.04	67.11	−9
17	阿联酋	81.80	46.97	38
18	土耳其	80.96	59.97	7
19	埃及	80.81	56.94	9
20	印度尼西亚	80.56	54.86	12

资料来源：张明，王喆，陈胤默.全球数字经济发展指数报告（TIMG 2023）[M].北京：中国社会科学出版社，2023.

就数字市场指数而言，美国和中国是全球排名第一和第二的国家，全球数字市场指数排名第三和第四的国家为英国和德国（见表13-4）。日本、荷兰、法国、加拿大、印度和韩国位列第5~10名。值得关注的是，2021年的数字市场指数排名上升速度较快的国家为韩国、巴西、日本。澳大利亚、瑞士等国家的数字市场指数排名则出现了下降趋势。总体而言，一国数字市场指数排名变动幅度整体稳定。这表明一国在数字市场领域的比较优势相对稳定。

表13-4 数字市场指数排名前20的国家

排名	国家	数字市场指数（2021）	数字市场指数（2013）	与2013年相比排名变化
1	美国	106.08	94.99	0
2	中国	95.57	77.15	1
3	英国	95.32	83.57	−1
4	德国	92.42	73.91	0
5	日本	87.41	66.66	4
6	荷兰	86.94	69.93	0
7	法国	86.29	73.82	−2
8	加拿大	84.97	69.91	−1
9	印度	84.20	66.84	−1

续表

排名	国家	数字市场指数（2021）	数字市场指数（2013）	与2013年相比排名变化
10	韩国	84.04	59.43	11
11	西班牙	82.32	65.89	0
12	巴西	82.12	64.98	4
13	新加坡	81.31	66.23	−3
14	瑞典	79.00	65.31	−1
15	瑞士	78.60	65.40	−3
16	意大利	78.02	65.14	−2
17	爱尔兰	77.60	62.35	0
18	澳大利亚	76.57	65.09	−3
19	以色列	75.55	60.67	1
20	比利时	75.55	61.86	−2

资料来源：张明，王喆，陈胤默. 全球数字经济发展指数报告（TIMG 2023）[M]. 北京：中国社会科学出版社，2023.

就数字治理指数而言，新加坡超越美国，成为全球数字治理排名第一位的国家（见表13-5）。芬兰、丹麦和美国分别位列第2~4位。除此之外，新西兰、英国、瑞士、荷兰、阿联酋和挪威也具有较为领先的数字治理水平，指数排名在第5~10位。

从数字治理指数排位变动情况来看，阿联酋（上升11位）、丹麦（上升9位）、美国（上升6位）、爱沙尼亚（上升6位）、冰岛（上升7位）在全球数字治理领域呈现上升趋势。2013—2021年，全球数字治理指数排名前20的国家在数字治理领域排位变动区间为−11~11位。这表明，不同国家在数字治理领域的重视程度和参与程度上存在较大差异。

表13-5 数字治理指数排名前20的国家

排名	国家	数字治理指数（2021）	数字治理指数（2013）	与2013年相比排名变化
1	新加坡	97.50	94.51	0
2	芬兰	93.65	90.00	0
3	丹麦	91.35	82.37	9
4	美国	90.15	83.81	6

续表

排名	国家	数字治理指数（2021）	数字治理指数（2013）	与2013年相比排名变化
5	新西兰	89.33	87.58	-1
6	英国	89.06	87.93	-3
7	瑞士	87.61	81.11	7
8	荷兰	87.47	85.57	-3
9	阿联酋	87.12	76.83	11
10	挪威	86.85	85.35	-4
11	爱沙尼亚	86.44	79.46	6
12	瑞典	85.94	85.27	-5
13	澳大利亚	85.87	84.25	-5
14	卢森堡	85.03	80.20	2
15	冰岛	84.61	76.43	7
16	奥地利	84.50	77.87	3
17	法国	82.51	81.00	-2
18	爱尔兰	82.06	77.94	0
19	日本	81.40	76.70	2
20	韩国	81.33	83.81	-11

资料来源：张明，王喆，陈胤默．全球数字经济发展指数报告（TIMG 2023）[M]．北京：中国社会科学出版社，2023．

（三）中美数字经济发展对比分析

美国是数字经济领先国家，中国作为新兴市场与发展中国家的代表在数字经济领域异军突起，表现亮眼。洞悉中美数字经济发展差距，可以帮助中国更好地发展数字经济，参与全球数字经济治理。为此，本部分将重点讨论中美数字经济发展情况。

1. 中美数字经济总体发展情况对比分析

中美数字经济发展情况一直是全球关注的焦点议题。从规模来看，中美已经成为世界公认的数字经济大国。长期以来，美国数字经济发展都较为全面且均衡，长期居于世界领先地位。作为后起之秀，中国数字经济发展呈现加速发展态势。中国在国际数字竞争中后来居上，在全球数字经济发展领域占据着越来越重要的位置。2021年，美国的TIMG指数得分为95.28，自2013年以来一直位列第一。2021年，中国的TIMG指数得分为81.42，位列全球第八。

从整体发展趋势来看，2013—2021年，中美数字经济发展都呈现快速增长的趋势（见图13-4）。2013年，中国TIMG指数得分仅为63.43，而美国TIMG指数得分已高达86.41，中美TIMG指数得分差额为-22.98。在过去十年间，中美数字经济发展差距逐渐收敛。中美TIMG指数得分差额从2013年的-22.98缩小至2021年的-13.87。总体而言，中美数字经济发展趋势趋于一致，但是两国间数字经济发展仍存在一定差距。

2. 中美数字经济细分领域对比分析

中美在数字经济发展细分领域优势存在较大差异（见图13-5）。

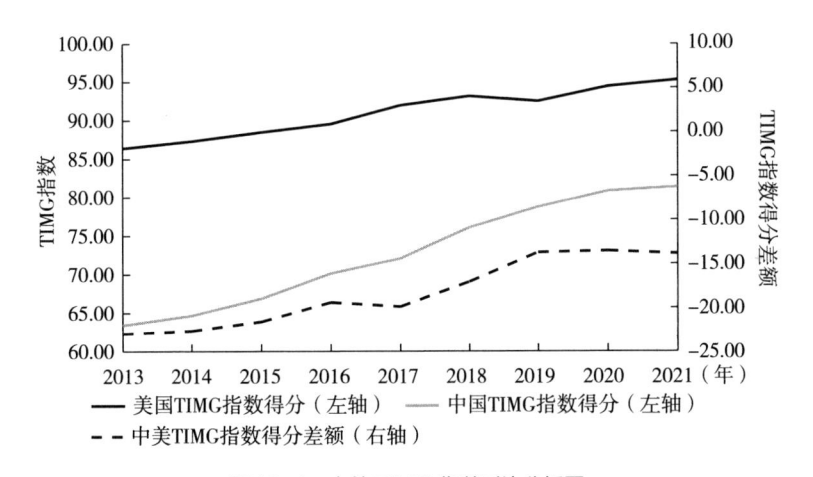

图13-4 中美TIMG指数对比分析图

资料来源：张明，王喆，陈胤默. 全球数字经济发展指数报告（TIMG 2023）[M]. 北京：中国社会科学出版社，2023.

就中国而言，数字市场和数字基础设施是中国数字经济快速增长的优势所在，但数字治理相对薄弱（见图13-5a）。2021年，中国数字市场指数得分从2013年的77.15上升至95.57，排名也从2013年的第三位上升至2021年的第二位。数字基础设施指数得分从2013年的第21位上升至2021年的第三位。

数字治理指数排名从 2013 年的第 59 位上升至 2021 年的第 41 位。从现实情况来看，截至2022年，中国互联网用户规模达到10.67亿[①]，为数字产品创新、商业模式推广、数据生成和模型训练奠定了广阔基础。近年来，中国在 5G 领域实现弯道超车，目前已经建成全球最大的 5G 安全网络。与此同时，中国努力加快数字治理领域的制度建设。例如，2022 年发布的《中共中央 国务院关于构建数据基础制度更好发挥数据要素作用的意见》；2023 年国务院新闻办公室发布的《新时代的中国网络法治建设》白皮书。

就美国而言，其在数字技术、数字基础设施、数字市场等方面都高度发达，在全球排名处于领先位置（见图 13-5b）。2021 年，美国数字技术指数得分、数字基础设施指数得分、数字市场指数得分、数字治理指数得分分别为91.83、93.07、106.08、90.15，全球排名分别位列第一、一、一、四。美国在较早时期已对数字经济细分领域进行了布局。例如，在 20 世纪 90 年代，美国就已经开始大力推动"信息高速公路"的战略性建设，在数字基础设施领域取得了先发优势。再如，美国拥有完备的创新支持体系，美国是 ICT（信息、通信和技术）产业的重要发源地。

（a）中国的TIMG细分指数排名变化　　（b）美国的TIMG细分指数排名变化

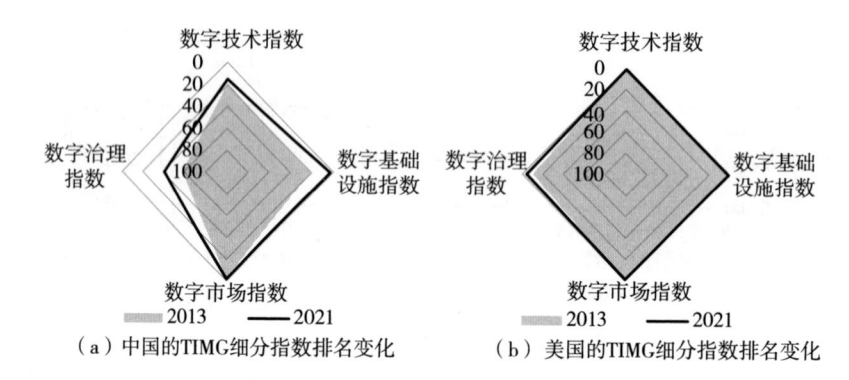

图 13-5　中美 TIMG 细分指数排名情况

从数字经济细分领域发展差距来看，中美在四个维度的差距都在逐渐缩小

---

① 资料来源：中国互联网络信息中心. 第 51 次《中国互联网络发展状况统计报告》[EB/OL]. [2023-03-02].

（见图13-6）。2013年，中美数字经济细分领域得分差距在 -20～-37。2021年，中美数字经济细分领域的得分差距逐渐缩小至 -17～-24。具体而言，中美在数字治理领域的差距最大，2013—2021年中美数字治理指数差额在 -23～-36。

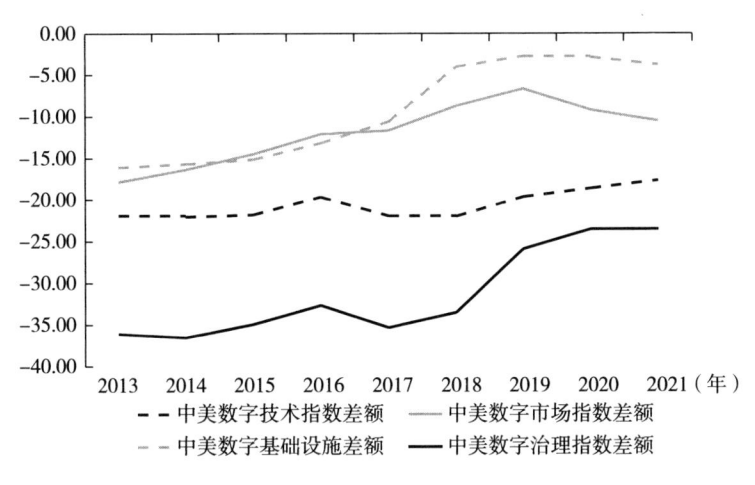

图13-6　中美数字经济发展细分指数对比分析图

资料来源：张明，王喆，陈胤默. 全球数字经济发展指数报告（TIMG 2023）[M]. 北京：中国社会科学出版社，2023.

中美数字技术指数差距次之，中美数字市场和数字基础设施的差距较小。

值得关注的是，随着中美数字经济发展差距逐渐收敛，中美在数字经济领域的战略竞争越发激烈。美国已经在多个数字经济竞争领域"规锁"中国。美国甚至在《美国全球数字经济大战略》（2021）[①]中明确指出"美国战略的首要目标应该是限制中国在信息技术和数字领域的全球主导地位和对市场的操纵"。中国与美国的态度形成鲜明对比。例如，中国在2023年发布的《新时代的中国网络法治建设》白皮书中指出，中国支持各国平等参与网络国际治理，制定各方普遍接受的网络空间国际规则，中国将支持发挥联合国在网络国际治理中的主渠道作用，积极参与形成区域性网络治理规则。

---

① A U.S. Grand Strategy for the Global Digital Economy，By Robert D. Atkinson，January 19, 2021.

四、数字经济发展下的全球治理新挑战与新问题

随着数字经济快速发展,全球治理面临着新挑战与新问题。随着数字全球化、数字竞争加剧、数字鸿沟拉大、数字碎片化等问题的陆续出现,全球主要国家在通过集体行动建立国际合作机制的必要性方面逐渐达成共识。

(一)数字全球化引发的问题

数字全球化已经成为全球化在数字时代的新的表现形态。当前,我们正在进入以数字驱动的全球化 4.0 时代。[①] 特别是自 2008 年全球金融危机以来,信息通信、人工智能、物联网等数字技术快速兴起,数字经济新业态层出不穷,在全球范围内带来了生产组织、商业模式和社会生活变革。数字经济的发展突破了地理国界的限制,从微观到宏观表现出快速的全球化过程。正如刘兴华指出,数字全球化以数字技术、数字平台以及数字媒介为主要驱动力量,通过信息和数据的流动、数字化赋能的商品和服务的流动,实现经济关系和生产方式的数字化整合,社会关系和生活方式的数字化联通,以及思想和文化观念的全球化传播。

依托于数字技术,全球越来越多的国家和群体被纳入数字全球化进程。相比于过去的经济全球化,数字全球化具有"扁平化""两极化"等共性特征,也表现出新的趋势。例如,数字全球化的发展速度更快、覆盖范围更广,与之相伴也具有更大的颠覆性和破坏力。又如,数字技术带来的全球性变革也使得世界生产经济活动更加具有虚拟化、共享化和去中心化的特征。总结而言,数字全球化带来了新的治理议题。

第一,跨境数据流动越发频繁。在数字时代,数据成为新的生产要素,吸引了大量资本用于数据挖掘、处理、分析等环节,并以线上虚拟属性和极低的边际成本在全球范围内流动。当前,全球数据量正在以指数级方式增长。根据意大利 PXR 统计,全球产生、收集、复制以及消费的数据量从 2010 年

---

① 资料来源:世界经济论坛 2019 年年会——"全球化 4.0:打造第四次工业革命时代的全球架构"。

的 2 ZB 增长到 2020 年的 64 ZB，到 2025 年预计超过 180 ZB。数据要素在生产与流通过程中进行价值创造，并驱动全球贸易投资和价值链形态发生变化，成为全球商品流、资金流、人才流、信息流的基础。跨境数据流动在促进全球经济增长过程中发挥了积极的推动作用。

第二，跨国公司越发平台化。数字技术所具有的规模经济、网络效应极大加快了企业的成长速度。平台作为一种新的组织形式快速兴起。平台公司利用数字技术的规模经济、范围经济等特性快速扩张，并通过投资并购等方式形成市场垄断，实现"赢者通吃"。微软、谷歌、苹果、脸书和亚马逊等五大数字平台巨头公司的市值在 2022 年 5 月已经超过 7 万亿美元。这远超许多国家的 GDP，出现富可敌国的情况。与此同时，数字企业降低了企业国际化的成本和门槛，为一些中小企业提供了新机遇。在数字经济时代，"天生全球化"企业变得越发普遍。

第三，数字风险外溢与全球化越发明显。数字全球化在带来新机遇、新动力的同时，在个人、企业乃至国家层面却面临着新的数字风险挑战，包括数据安全、数字鸿沟、数字隐私、数字舆论、数字垄断、数字极化、数字霸权等问题。数字全球化导致一国的政策变动与风险溢出更加显著，因此数字政策也对地区乃至全球产生了显著的外部性，数字经济带来的问题难以靠一国力量解决。

2020 年，新冠肺炎疫情的暴发加速了数字全球化的发展。数字化在疫情防控中发挥了重要作用，电子商务、在线教育、远程办公等新业态也更加普及，企业和国家的数字化转型加速，数字全球化迎来新的发展机遇。与此同时，在世界经济下行、国家两极分化持续、地缘政治冲突加剧的背景下，逆全球化、反全球化浪潮兴起，数字全球化引发的问题更加凸显出全球治理协同的必要性。

（二）数字竞争加剧

数字经济时代面临更加激烈的动态竞争。一方面，由于成本下降和网络效应带来的供需双方的规模经济和范围经济，先进入市场的数字企业更容易获得先发优势，在更短时间内发展壮大，取得市场垄断地位。另一方面，在位者的垄断地位并不稳固，会不断受到新进入者的挑战。Guellec 和 Paunov 指出，伴随着复制成本和创新成本的降低，创造性破坏在数字经济中更加明显。新进入者可以凭借颠覆式的创新技术和规模经济、网络效应实现快速成长，威胁在位者的垄断地位。因此，数字经济具有显著的动态竞争特征。2001 年 3 月底，在全球市值最高的前十大公司中，仅有微软、AOL 时代华纳为数字企业，市值占比为 26.87%。截至 2019 年 3 月末，全球市值最高的十大公司中已有七家为数字企业，市值占比高达 80.15%。

随着数字全球化，国家层面的数字经济竞争和博弈更加凸显。目前，各国普遍将数字经济发展视为重要的战略目标。根据 OECD 统计，截至 2015 年末，约有 80% 的成员制定了有关数字经济的国家战略或部门政策。数字资源分配、数字治理共享是数字全球化竞争领域的关键议题。[①] 当前，国家间就数字经济展开激烈的技术之争、产业之争乃至规则之争。

国家间的激烈竞争也带来了数字经济国际格局的动态演化。一方面，美欧等发达国家在数字经济发展方面具有先发优势。美欧等发达国家通过网络效应与锁定效应等综合作用形成正向反馈，在国际市场中取得了较为领先的地位。另一方面，数字经济也为后发国家"弯道超车"提供了机会。近年来，一些国家通过政策支持，大力推进本国数字产业化和产业数字化发展。其中，中国、阿联酋等新兴市场与发展中国家取得了极大进步。2021 年，中国、阿联酋的 TIMG 指数排名相比 2013 年分别上升了 14 位和 9 位。相反，如果一国未在数字经济领域持续发力，则有可能在前沿数字竞争中失去原有的领先优势，甚至处于被动的落后地位。例如，有些落后国家可能受制于数字鸿沟而发展乏力，有些原本领先的国家也有可能由于资本投入减少、政策滞后等失去先发优势，致使国家间的数字经济发展差距逐渐拉大。

总体而言，国家间的数字竞争将加速国际经济产业格局的调整与重构，在国际格局动态演变的过程中面临主导权的争夺、国家间治理规则的协调，需要各国协同合作，避免过度竞争引发国家间的分化，并对全球创新发展产

---

① 资料来源：李晓华. 数字经济新特征与数字经济新动能的形成机制 [J]. 改革，2019（11）.

生不利影响。

（三）数字鸿沟拉大

数字经济在很大程度上打破了信息壁垒，减少了经济活动的地理限制，通过包容、效率与创新创造出巨大的数字红利，并且数字经济发展使得全球更多国家和人口能够参与共享数字红利。然而，数字技术也可能是一把"双刃剑"。数字资源和收益的不平等获取和分配，使得全球面临日益严峻的数字鸿沟问题，国家、地区和群体之间的差距被进一步拉大。

数字鸿沟的出现源于不同群体对数字技术接入、使用以及知识获取能力方面的差异。一是数字接入鸿沟，Attewell 认为数字接入鸿沟指社会不同地区和群体在互联网等数字技术接入中面临物质条件差距，通常表现为网络宽带、移动设备等数字基础设施建设差异，主要受到国家经济水平、基础设施以及政府政策等因素影响。二是数字使用鸿沟，Nie、田刚元、陈富良等学者认为其主要指不同群体对数字技术的使用程度（包括广度和深度等）的差距。近年来，随着数字化水平的提高，数字使用鸿沟也被拓展为不同群体在获取、使用、处理以及创造数字资源和数字技术过程存在的能力差异。三是数字知识鸿沟，表现在对于数字知识获取的差异。由于数字媒介发展与信息爆炸式增长，相较于社会经济地位低的人，具有更高社会经济地位的人在获得信息方面更有优势，这将引发数字鸿沟。

数字鸿沟表现在个体、地区以及国家多个层面。在个体层面，数字鸿沟最早反映出穷人和富人在数字信息获取和使用方面的差异。当前，老年人由于年龄、知识、观念等因素在数字技术接入、使用程度上与年轻人存在显著差距，属于数字弱势群体，也被称为被排斥在数字社会之外的"数字难民"。此外，数字鸿沟也存在于不同性别中。据国际电信联盟统计，虽然女性占世界人口的近一半，但使用互联网的比例低于男性。特别是在低收入水平国家中，2019 年以来女性使用互联网的比例约为 63%，比男性占比低 6 个百分点。[1] 在

---

[1] 资料来源：国际电信联盟，《2022 年事实和数字》，2022 年 11 月。

地区层面，城乡之间的数字鸿沟是全球面临的普遍问题，特别是在发展中国家这一问题更加严重。在国家层面，发达国家和发展中国家在数字基础设施建设以及数字技术发展和应用上仍然存在明显差距。例如，欠发达国家的互联网普及率仅为 20% 左右，目前全球仍有将近一半的人群无法接入互联网。[①]

数字鸿沟将拉大数字竞争力的差距，并加速两极分化。一方面，领先国家和优势群体凭借自身的物质、知识和信息优势获得了更多数字红利，规模经济和网络效应推动所形成的"赢者通吃"也加速了收入和财富积累；另一方面，落后国家和弱势群体则由于先天基础薄弱和知识、能力欠缺而失去了平等享受数字红利的机会，并且由于马太效应而进一步拉大差距，导致世界收入不平等加剧。20 世纪 90 年代以来，收入不平等问题在发展中国家和发达国家中普遍加剧。《2022 年世界不平等报告》显示，目前全球最富有的 10% 人群拥有全球财富的 76%，与最贫穷的 50% 人群之间的收入差距在过去 20 年里近乎翻了一番。除此之外，数字鸿沟也会加剧权力结构的不平等，并引发数字霸权等问题。Harari 指出数字资源在国家间的不均衡分布将影响一国在国际政治经济格局重塑中扮演的角色，产生"数字霸权""数字铁幕"等问题。

"数字鸿沟"已经成为全球性的现实挑战。落后国家和弱势群体很难凭借自身努力跨越数字鸿沟。这对全球数字经济的协同治理与发展合作提出了迫切要求，应当通过基础设施联通、数字化能力提升、数字治理等措施促进数字发展的机会平等与数字红利的合理分配。

（四）数字碎片化

当前，保护主义、孤立主义等逆全球化浪潮兴起，在数字经济领域也出现了数字碎片化趋势。数字碎片化主要指数字空间和互联网"处于分裂或分裂成松散耦合的连接岛屿的危险"，也被称为"巴尔干化"现象。

除了技术、商业、基础设施等方面，政策规则的碎片化也是重要方面。一方面，近年来，有关数字经济的政策出现爆发式增长，Cory 和 Dascoli 指

---

① 资料来源：中国信息通信研究院，《全球数字治理白皮书（2020）》[EB/OL]. [2020-12-15].

出，不同国家、层级和领域的数字经济政策和规则缺乏协调，存在重叠冲突；另一方面，由于保护主义和单边主义蔓延、政策政治化、安全化等影响，数字贸易和投资、跨境数据流动等数字壁垒加剧，一些贸易保护主义者意图通过日趋碎片化的区域合作重塑世界经贸规则。黄家星认为"孤岛型"和"重叠型"碎片化风险并存。

数字规则碎片化背后受到数字经济发展水平差异、监管目标多样化、数字技术政治化、数据管辖权的扩张等因素驱动。本质上，数字碎片化受到数字权力的影响。发达国家通过排他性经贸协定谈判形成实质垄断，并在规则制定中融入自身利益偏好，通常在标准制定中附加自由、人权等价值观念输出。相比之下，一些缺乏竞争力的小国以及多数发展中国家则被排斥在规则制定之外，面临制度性话语权缺失的困境。国家间的利益与博弈也导致目前全球性的多边数字规则难以达成，数字规则区域化、碎片化趋势增强。

数字碎片化趋势违背"开放互联网"精神，导致跨境数据流动受限、交易成本增加、技术创新放缓、市场垄断加剧等福利损失，形成了一个以孤岛为导向的、经济上次优的数字经济。Price 甚至认为数字碎片化是数字经济领域的首要风险。

新冠肺炎疫情暴发以来，数字碎片化的风险进一步加大。Evenett 和 Fritz 指出国家间的数字经济政策立场进一步分化，并且越来越成为国际关系紧张的来源。因此，建立国际标准和合作治理机制以应对数字碎片化风险的呼声日益高涨。

五、数字经济发展下的全球治理与国际合作

数字经济发展带来全球经济治理格局与机制的变化，与之相伴的一系列问题与风险难以在传统全球治理框架下得到妥善解决，因此凸显了加强全球数字经济治理与合作的必要性。本部分基于 Digital Policy Alert 数据库及相关资料，梳理 2020 年以来与全球数字经济治理相关的国际合作政策，并结合 TIMG 指数分析当前全球数字经济治理与国际合作的进展、格局态势与中国参与全球治理合作的现状。

（一）全球数字经济治理与国际合作的进展

近年来，越来越多的国家和国际组织开始重视数字治理合作、加强数字规则协调。例如，近十年来数字监管领域的国际合作明显增强，在区域贸易协定中对于数字经济相关事项（特别是电子商务）的谈判取得了较快进展。据统计，近两年来数字经济国际合作日益频繁。2020—2022年，发生状态变更的数字经济国际合作政策从82个飙升至260个。截至2022年，世界主要国家开展数字经济国际合作政策的数量占国内外各类数字合作政策的比重在20%左右。国际合作与协调已经成为许多国家制定数字经济政策的重要内容之一。从政策状态来看，2020年以来数字经济国际合作的落地速度明显加快。2020—2022年，进入采纳或执行阶段的数字经济国际合作政策占比从37%增加至61%。

目前，全球数字经济治理合作的多层次框架初步形成。其一，全球层面。在国际组织的推动下，全球主要国家在数字经济国际治理规则方面逐渐达成一定的共识。例如，2021年11月，联合国教科文组织通过并发布《人工智能伦理问题建议书》，其成为首个人工智能伦理的全球框架协议。目前，共有193个会员国参与其中。再如，2021年末，有86个成员国参与WTO牵头的《电子商务联合声明倡议》在电子商务谈判领域取得了实质性进展。其二，区域层面。区域性国际组织发起或推动国家在数字经济细分领域进行跨境治理与合作。例如，包含38个成员在内的OECD先后发布或通过"人工智能分类框架"、促进全球税收透明度的"加密资产报告框架"等。再如，欧盟牵头发布《数据治理法案》《网络安全战略》《人工智能白皮书》，共涉及27个成员国。其三，国家层面。当前主要由大国主导，形成数字经济双边或多边合作。例如，2022年，美国与欧盟、英国、澳大利亚和日本等联合发起《互联网未来宣言》。目前，共有55个国家和地区参与其中。再如，英国和新加坡双边签订了《数字经济协议》，美国和英国双边签订了《数据准入协议》，芬兰和泰国双边签订了《有关数字技术的谅解备忘录》等。

全球数字经济治理合作的内容主要侧重于数据治理、竞争政策等方面。目前，数字经济国际合作政策涉及的领域涵盖竞争、内容审核、数据治理、跨境贸易与投资、税收等方面。其中，在数字经济国际合作政策中，数据治理是各国合作的焦点领域，双多边合作都比较活跃。例如：欧盟《通用数据保护条例》（GDPR）于 2018 年 5 月正式生效，并且于 2022 年推出首个国家和国际层面认证机制 GDPR—CARPA（GDPR 第四十二条规定的认证机制）；中国于 2020 年提出《全球数据安全倡议》并欢迎各方加入。此外，英国和日本、新加坡和美国、以色列和沙特阿拉伯等多个双边数据治理合作协议陆续推出。据统计，数据治理相关政策从 2019 年的 3 个快速增长至 2022 年的 108 个，约占 2022 年所有数字经济国际合作政策更新数量的 41.54%（图 13-7）。此外，竞争政策以及产业政策、涉及准入许可等其他政策的占比也比较高。代表性政策包括 G7 关于数字市场竞争的立法、欧盟的《数字服务法》《数字市场法》等。

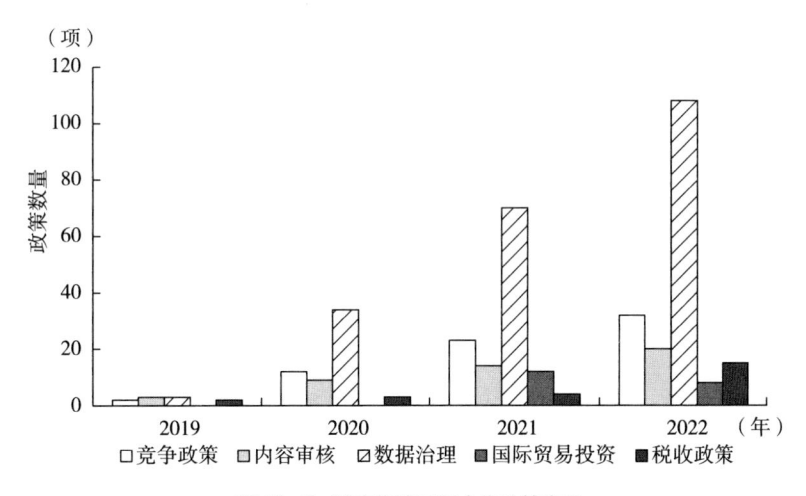

图 13-7　数字经济国际合作政策变化

资料来源：Digital Policy Alert。

（二）全球数字经济治理与国际合作的格局态势

通过对截至 2022 年末与数字经济治理合作相关的政策文件进行梳理，并结合一国数字经济发展水平，可总结出全球数字经济治理与国际合作的格局态势。

第一，全球数字经济治理的国际合作格局以数字实力为基础。一国在数字经济领域的竞争力是决定其在全球数字治理合作参与度和中心度的重要条件。在对世界主要国家数字经济发展水平与数字治理合作的相关性分析中

（图 13-8），可以看到一国参与数字经济国际合作的数量基本与该国的 TIMG 指数呈正相关关系。

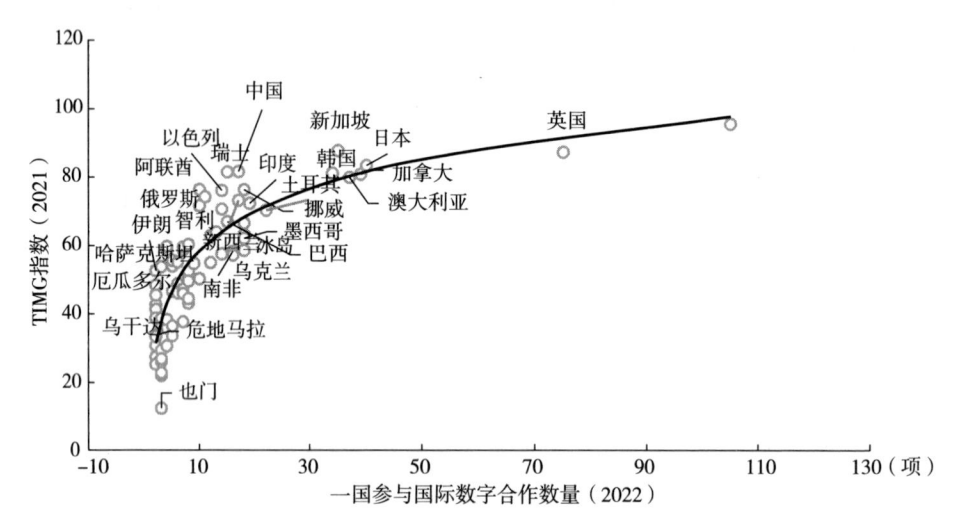

图 13-8　2022 年一国参与数字经济国际合作与 2021 年 TIMG 指数

资料来源：张明，王喆，陈胤默. 全球数字经济发展指数报告（TIMG 2023）[M]. 北京：中国社会科学出版社，2023.

第二，欧美大国主导全球数字经济治理的国际合作。目前，欧美发达国家在数字经济治理合作中占据主导地位。首先，美国、英国是多个区域或者双边数字经济合作的主要发起者与领导者，在数字规则制定中的话语权优势明显超过其自身的数字经济优势。2022 年，美国、英国参与数字经济国际合作的数量分别为 105 项和 75 项。其次，欧盟国家依托国际、区域等多重平台，在全球数字经济治理合作中高度活跃。截至 2022 年，德国和法国参与签订的数字经济国际合作政策的数量涉及 294 项，其中包括多边或双边的数字经济治理合作协议或倡议。再次，日本、加拿大等发达国家也是数字经济治理合作中较为积极的国家。

第三，全球数字经济治理的国际合作出现圈层分化趋势。从数字治理的合作对象分布来看，当前越来越呈现分化特征。一方面，发达国家内部合作的圈层正在形成，并且较为稳固。目前美国、英国、加拿大进行数字经济治理合作的对象基本为西欧、日本等发达国家和地区。例如，与美国和英国开展数字经济治理合作数量排在前 20 名国家均为发达国家。尽管日本、加拿大等发达国家也与印度、阿根廷等少数发展中国家进行数字治理合作，但主要是出于地缘政治利益的考量，其主要合作对象仍是欧美发达国家。另一方面，发展中国家较难进行跨梯度合作，并且内部合作机制尚未完全建立。从合作对象分布来看，中国、印度等发展中国家也与发达国家建立了较多联系，但并未真正进入发达国家的合作圈层。虽然发展中国家之间的合作逐渐增加，但目前尚未形成较为稳固的格局。

第四，加强数字经济治理的国际合作成为一些国家发展数字经济的重要依托。从数字经济发展与数字治理合作参与的关系来看，二者并不完全匹配。一些国家虽然数字经济发展比较靠前，但是在数字经济治理合作方面存在参与不足的情况。另一些国家虽然数字经济发展较为靠后，但对于数字经济治理合作的参与表现积极，希望通过深度合作提升本国数字经济发展。特别是对于一些数字经济小国而言，在与数字经济大国的竞争性合作中可能左右逢源，借此获得发展空间。例如，波兰、克罗地亚等国家在全球数字经济发展的 TIMG 指数位于第 20 位至 60 位的中游水平，但依托于欧盟等平台正在努力参与数字经济治理合作，并以此实现本国数字经济发展的快速追赶。

（三）全球数字经济治理与国际合作的问题与困境

全球数字经济发展迅速，但全球数字经济治理并未形成较为成熟的合作体系和模式。目前，全球数字经济治理仍处于探索与博弈的阶段，进展相对缓慢，并主要面临以下问题与困境。

在合作主体方面，全球数字经济治理主体多元分散并面临主导权竞争博弈。数字经济的普惠性、共享性，以及互联网的自由主义思潮催生了多元化治理主体的兴起，并形成主权国家、国际组织、数字平台、社会公民等多元化行为主体的特征。不同主体存在差异化的动机和诉求，并可能在市场竞争、数据安全等数字经济治理议题上出现利益冲突，最终出现主体缺位或协调不畅的问题。面对新兴的多元化治理主体，主权国家仍然占据核心地位。从国内角度来看，主权国家需要对多元分散主体的行为边界和职责进行明晰和规范，协调利益群体冲突。从国际角度来看，国家间在数字经济治理合作中也面临主导权的竞争与博弈。例如，一些发达国家凭借自身的先发优势和影响力主导国际合作机制，加剧数字经济利益分配的不平衡，数字经济治理难以达成全球共识，数字经济治理的有效合作方式仍需要探索。

在合作机制方面，多边合作滞后于区域合作以及双边合作。由于国家间利益分歧突出以及保护主义、单边主义等思潮抬头，多边合作机制运行不畅，以何种多边机制为主要平台也存在分歧。目前，一些传统的多边合作机制进展缓慢。例如：WTO对于数字贸易规则的建立滞后于自由贸易协定；联合国于2020年推出数字合作路线图，尝试构建全球数字合作的基本框架；G20、APEC则作为新兴的数字治理平台受到较多关注。然而，全球数字经济治理尚未建立起具有约束力的多边机制。当前，区域或双边的数字治理合作进展较快，并且主要由发达国家推动。发达国家和发展中国家可能面临地位的不对等问题，这加剧了全球数字经济发展和治理分化，增加了全球协调合作的难度。

在合作模式方面，不同国家的治理理念和模式存在分化。当前，数字治理模式分歧已经成为中西方的战略分歧之一。[1][2] 美国等国家奉行数字霸权、数字威权主义，主要依靠经济金融实力和政治影响力打造服务于自身战略目标的模式。例如，美国于2020年推出"清洁网络"计划，以国家安全为名对中国等国家的数字企业进行打压，以此巩固自身在数字经济领域的优势地位。此外，美国在与发展中国家的合作过程中往往伴随价值观的输出。2021年，美国主导的G7提出"重建更美好世界"计划，将在基础设施、数字技术、气候变化等领域建立合作关系，这一计划强调"价值观驱动"的合作，并以西方为中心、以市场为主导，难以切实满足发展中国家的数字发展需求。相比之下，中国作为发展中国家和新兴市场国家代表，在"数字丝绸之路"建设

---

[1] 资料来源：孙海泳.美国对华科技施压与中外数字基础设施合作[J].现代国际关系，2020（1）：41–49.

[2] 资料来源：王璐瑶，万淑贞，葛顺奇.全球数字经济治理挑战及中国的参与路径[J].国际贸易，2020（5）：21–27.

中秉持"共商共建共享"的治理观，旨在构建平等互惠的数字经济治理模式，这可能更符合广大发展中国家的利益。

（四）中国参与全球数字经济治理合作的现状

习近平总书记在中央政治局第三十四次集体学习时指出，要积极参与数字经济国际合作，主动参与国际组织数字经济议题谈判，开展双多边数字治理合作，维护和完善多边数字经济治理机制，及时提出中国方案，发出中国声音。[①] 近年来，中国积极参与数字经济国际合作，维护和完善数字经济多边治理机制，并通过加强共建"一带一路"国家数字经济合作，推进数字经济治理合作新模式和新机制的探索，为搭建高质量数字经济交流与合作平台做出了积极努力。

1. 中国参与全球数字经济治理的进展

具体而言，中国在全球数字经济治理合作中取得快速进展。

第一，合作不断深入，朋友圈持续扩大。近年来，中国与经贸往来密切、数字经济具有潜力的国家和地区积极开展数字经济治理合作，合作国家和地区范围持续扩展。一方面，中国依托联合国、WTO 等国际组织与全球约 200 个国家和地区开展多边的数字治理合作。基于 G20 平台，中国积极倡议并推动形成《二十国集团数字经济发展与合作倡议》《二十国集团数字创新合作行动计划》等文件。另一方面，中国与沙特阿拉伯、泰国、印度尼西亚等国家签署数字经济治理合作文件，不断深化巩固双边的数字合作关系。

第二，合作内容不断拓展，协调程度稳步提升。目前，中国在数字化转型、电子商务、跨境支付、网络安全等多个领域不断深化治理合作。例如，在新兴的央行数字货币方面，中国人民银行、泰国及阿拉伯联合酋长国央行及中国香港金融管理局于 2022 年 10 月发布《多边央行数字货币桥项目：以央行

---

① 资料来源：中国人民政治协商会议全国委员会. 习近平主持中央政治局第三十四次集体学习：把握数字经济发展趋势和规律 推动我国数字经济健康发展 [EB/OL]. [2021-10-20].

数字货币连接经济》报告，开展多边央行数字货币桥合作项目。截至2022年第三季度，该试验迈进试行阶段，共有来自四个司法管辖区的20家银行参与，利用数字货币桥平台进行超过160宗支付及外汇交易，总额逾2 200万美元。①

第三，合作机制不断创新，参与平台逐渐丰富。中国依托不断丰富的平台与发展中国家探索建立新的合作机制。例如，2017年12月，在第四届世界互联网大会上，中国、老挝、沙特阿拉伯、塞尔维亚、泰国、土耳其、阿联酋等国家相关部门共同发起《"一带一路"数字经济国际合作倡议》，标志着"一带一路"数字经济合作开启新篇章。② 2022年，中国已经与22个国家建立"丝路电商"双边合作机制。③ 又如，2022年，中国与其他金砖国家达成"金砖国家数字经济伙伴关系框架"，就深化金砖国家数字经济合作形成重要共识，开启了金砖国家数字经济合作新进程。④ 2022年8月，中国加入DEPA工作组正式成立，全面推进我国加入DEPA的谈判。

2. 中国参与全球数字经济治理面临的问题

目前，中国的数字经济治理合作仍然处于起步阶段，面临合作程度不高、范围有限、中美数字经济国际合作领域差距大、美国封锁打压、内外衔接不畅等问题。

第一，中国的数字治理合作程度不及中国数字经济发展水平。2021年，中国TIMG指数排名虽然靠前，但数字经济治理合作的广度和深度，远远弱于一些欧洲国家乃至一些发展中国家。截至2022年，日本、加拿大、澳大利亚、新加坡参与的国际数字合作数量分别为40、39、37和35个。与此形成鲜明对比的是，2021年，中国TIMG指数虽然排名第八，但中国参与和主导的数字经济国际合作政策仅为17个。

---

① 资料来源：香港金管局. mBridge项目：成功以央行数码货币为跨境支付及外汇交易进行真实结算[EB/OL]. [2022-10-26].
② 资料来源：网信办. 世界互联网大会：7国共同发起《"一带一路"数字经济国际合作倡议》[EB/OL]. [2017-12-04].
③ 资料来源：国务院新闻办公室网站. 中国"数字丝绸之路"创造新机遇[EB/OL]. [2022-10-10].
④ 资料来源：商务部. 开启金砖国家数字经济合作新进程[EB/OL]. [2022-6-30].

第二，中国的数字治理的直接合作对象有限，并多为数字经济发展较为靠后的国家。目前，与中国开展较多数字经济治理合作的国家包括沙特阿拉伯、阿根廷、巴西、澳大利亚等，合作方式以多边合作为主（图13-9）。中美之间虽然共同参与了13项数字经济治理相关的合作，但并未建立直接的双边合作关系。此外，通过对《"一带一路"数字经济国际合作倡议》《金砖国家数字经济伙伴关系框架》《数字经济伙伴关系协定》等合作的分析发现，在这些合作中，除了中国和新加坡排名靠前，其他国家排名都居于全球中等偏后位置，并且这些国家在数字技术、数字基础设施、数字市场和数字治理等方面都较为落后，未来都有非常大的提升空间。

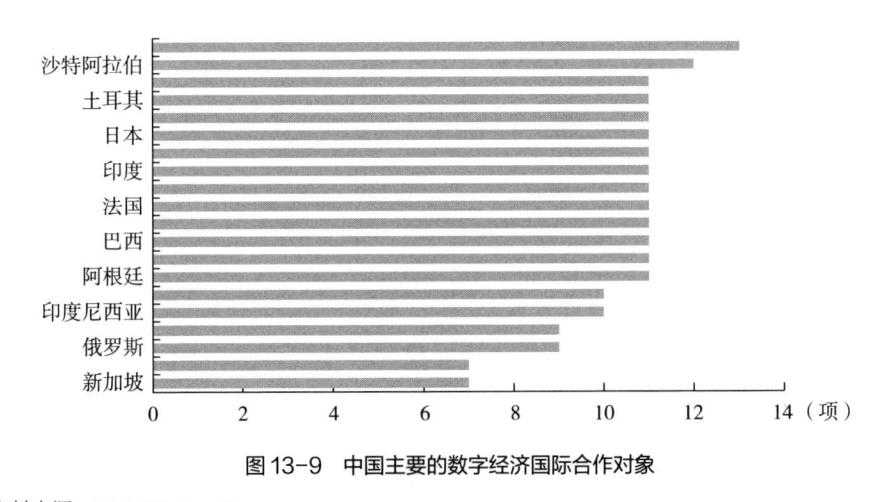

图13-9 中国主要的数字经济国际合作对象

资料来源：Digital Policy Alert。

第三，中美在数字经济国际合作领域的差距明显大于中美在数字经济发展水平方面的差异。根据TIMG指数测算，2021年，美国和中国的TIMG指数得分分别为95.28和81.42分，排名分别位列第一和第八，中美两国全球排名相差7位。美国和中国在2022年参与数字经济国际合作的数量分别为105项和17项，排名相差14位。整体而言，中国在数字市场、数字基础设施方面具有较强的比较竞争优势，而在数字技术，特别是数字治理、数字国际合作等方面，仍与美国存在较大差距。

第四，中国逐渐被排斥在发达国家数字合作圈之外，面临美国等国家的封锁和围堵。截至 2022 年底，中国并不在数字经济国际合作最多的前 20 名国家之列。事实上，美国正在联合其盟国对中国数字经济发展进行围堵和打压，通过美国"印太战略""瓦森纳安排""互联网未来宣言"等协定形成排斥中国的数字经济战略合作圈，以此加强其在前沿数字经济领域的主导权和规则制定权，并遏制中国在数字经济领域的快速发展。因此，中国与发达国家的数字合作空间受限。

第五，中国的数字经济正从野蛮生长走向规范发展，国内外治理规则和标准有待协调衔接。中国数字经济发展经历了"野蛮生长"，并逐渐暴露出平台垄断、隐私保护不强、数字治理不完善等问题。数字规则和标准的中外差异也一定程度增加了国际治理合作的协调成本和难度，并容易引起一定的担忧和疑虑。目前，中国的数字治理体系建设正在加快推进，有关数据确权、隐私保护、平台竞争等法律规范逐渐落地，但尚未形成较为完善的规制，尚未与国际数字规则进行有效衔接。

六、结论与政策建议

本部分对全章进行总结，针对全球数字经济发展与治理的现状及问题，提出了具体对策建议，以期为中国建设数字强国、参与全球数字经济治理提供参考。

（一）结论

第一，全球数字经济发展水平持续提升并出现加速发展特征。总体来看，全球数字经济发展自 2013 年以来取得了较快进步。TIMG 指数的平均得分在 2013—2021 年增长了 26%，并且国家间数字经济发展差距出现一定的收敛态势。自 2018 年以来，全球主要国家在数字经济方面的追赶态势越发明显，TIMG 指数的全球中位数开始超过全球平均水平，并呈加速上升趋势。

第二，全球数字经济格局出现集聚特征，并形成中美两个数字经济大国。目前，北美、东亚和太平洋、西欧是数字经济发展水平较高的三大地区，非洲地区的数字经济发展最为落后。中美两国是代表性数字经济大国，然而中国在数字治理、数字技术等方面仍与美国等发达国家存在较明显差异。随着中美数字经济发展差距逐渐收敛，中美在数字经济领域的战略竞争越发激烈。

第三，全球数字经济治理提升较为缓慢，并且国际合作必要性日益凸显。数字市场快速发展和数字基础设施加快建设是全球数字经济快速发展的主要驱动力，而数字技术，特别是数字治理的提升相对缓慢。面对数字全球化引发的系列问题、数字竞争加剧、数字鸿沟拉大以及数字碎片化等一系列挑战，加强全球数字经济治理合作的必要性和重要性尤其突出。

第四，全球数字经济治理合作加速推进，但面临欧美主导以及圈层分化等问题。近年来，全球数字经济治理合作不断深化，初步形成全球、区域以及多边等多层次机制，相关数字经济政策落地速度加快。然而，当前数字经济治理合作格局由美欧主导，并呈现圈层分化特征。合作主体面临多元分散以及主导权竞争博弈问题；合作机制以区域以及双边合作为主，多边合作明显滞后问题；合作理念和模式面临中西方的分化问题。

第五，中国积极参与数字经济治理合作面临机遇与挑战。近年来，中国积极参与全球数字经济治理合作。合作范围不断加大，朋友圈持续扩大；合作内容不断拓展，协调程度稳步提升；合作机制不断创新，参与平台逐渐丰富。然而，中国参与数字经济治理合作仍然处于起步阶段，面临合作程度不高、合作对象范围有限且发展靠后、中美数字经济国际合作领域差距大、美国封锁打压、内外规则衔接不畅等诸多问题。目前，中国正在尝试推进数字经济治理新模式，提出中国倡议和中国方案。

（二）政策建议

结合本文研究发现，提出如下几点政策建议。

第一，提升我国数字经济竞争力，在发挥优势的同时补齐短板。应当坚持做强、做优、做大数字经济，具体包括：加快数字技术发展，突破技术壁垒、技术鸿沟、技术垄断问题，将已有的数字经济规模优势向技术优势转化；推动新一代数字基础设施建设，着力缓解数字鸿沟问题，提升数字基础设施覆盖广度和深度；供需双重拉动数字市场建设，培育具有国际竞争力的数字产业集群；完善数据治理、知识产权、安全隐私等相关法律与制度建设，完善数字治理的顶层设计与具体路径设置。

第二，把握数字全球化趋势，加快数字经济领域的高水平、制度型开放。以开放、包容的态度坚定推动经济全球化，特别是数字经济全球化。欢迎前沿数字技术企业"引进来"，鼓励具有竞争力的数字企业"走出去"开拓国际市场，推动数字经济领域的高水平、制度型开放，为数字经贸往来、跨境数据流动、隐私安全等建立健全制度安排，加强国内外数字经济标准和规则的衔接，将数字经济国际合作的领域从技术、基础设施等方面拓展至规则合作、制度合作。

第三，积极参与全球数字经济治理与国际合作，提出中国方案、发出中国声音。一方面，利用G20、APEC等多边平台共同构建数字经济合作框架，积极参与全球数字经济规则制定，发挥中国在数字经济新兴规则制定和治理协调中的积极作用。另一方面，充分发挥中国在DEPA等新型数字治理合作中的积极作用，在双多边数字合作中探索数字治理的新模式和新机制，提出中国方案，逐渐提升中国在全球数字治理合作中的话语权。同时，不断深化《全球人工智能治理倡议》，呼吁各国在人工智能治理中加强信息交流和技术合作，共同做好风险防范，形成具有广泛共识的人工智能框架和标准规范，不断提升人工智能技术的安全性、可靠性、可控性、公平性。[①]

第四，谋划数字经济治理合作布局，拓展中国数字合作的朋友圈。其一，与经贸往来密切、国际关系良好、数字经济发展潜力较大的国家开展多领域、多层次、更为深入的数字经济双边合作。其二，从周边国家开始推进数字经济双多边合作，提高中国在区域内的数字经济影响力。将"一带一路"沿线、RCEP区域作为数字合作布局的重点，充分挖掘合作空间与潜力，形成优势互补。其三，打破封锁和围堵，尽可能加强与数字经济发展领先国家的国际合作。基于共同利益加强双方在数字技术、数字治理等方面的协调合作，通过沟通、协商、博弈增强我国与发达国家间数字合作的可能性。

---

① 资料来源：中国一带一路网.第三届"一带一路"国际合作高峰论坛主席声明 [EB/OL]. [2023-10-19].

第十四章
数据要素市场成为全球竞争新高地

张晓燕　殷子涵　张艺伟[*]

[*] **张晓燕**，清华大学五道口金融学院副院长、清华大学金融科技研究院副院长、讲席教授，全球经济治理50人论坛学术委员会副主任。
殷子涵，清华大学五道口金融学院财富管理研究中心研究专员。
张艺伟，清华大学五道口金融学院财富管理研究中心研究专员。

摘要：俄乌冲突标志着全球竞争加剧，进入动荡新阶段，制度竞争、战略竞争、标准竞争成为各国竞争新高地。在"ABCDE"数字技术的迅猛发展和数字化的普及下，数字经济成为全球经济的新动力，数据要素市场建设在新全球竞争下显得尤为重要。资源化、资产化、资本化重塑数据内在价值，数据确权、数据定价、数据交易成为当下热门问题。本章主要介绍在动荡变局中的数字经济浪潮下，数据要素市场发展的战略意义、理论基础及各国实践经验，并对中国发展数据要素市场做出了分析与展望。

一、大变局下，数据的重要战略意义

（一）数字经济、数据与数据要素

在百年未有之大变局下，数字技术带来的系统性变革正催化着世界经济格局的重塑。A 人工智能（Artificial Intelligence）、B 区块链（Block Chain）、C 云计算（Cloud）、D 大数据（Big Data）、E 边缘计算（Edge Computing）奠定了当前"ABCDE"数字技术格局。在生产端，数字技术使企业能够更高效地管理业务、优化生产流程、提供个性化的产品和服务；在消费端，智能家居系统使家庭居住更加智能化和便利化，无人驾驶技术为交通运输带来了革命性的变化，医疗保健和教育领域的数字化转型为人们提供了更多便利和机会。

"ABCDE"数字技术的迅猛发展和数字化的普及，催生了产品消费、生产制造、城市治理、医疗卫生、教育研发等多个领域的新经济形态——数字经济。数字经济，是指以数据资源作为关键生产要素、以现代信息网络作为重要载体、以信息通信技术的有效使用作为效率提升和经济结构优化的重要推动力的一系列经济活动。目前，数据已经成为与土地、技术、资本、劳动力比肩的第五类生产要素，对经济生产活动起到越来越重要的作用。

数字经济早已成为中国经济的核心推动力。根据2023年4月国家互联网信息办公室（下简称"网信办"）发布的《数字中国发展报告（2022年）》，数字经济已成为中国稳增长、促转型的重要引擎。2022年，我国数字经济规模达50.2万亿元，总量稳居世界第二，同比名义增长10.3%，占国内生产总值的比重提升至41.5%。2021年7月，国家统计局通过《数字经济及其核心产业统计分类（2021）》，为明确数字经济的统计口径及推动后续核算工作奠定了基础，并指出，数字经济的核心产业为产业数字化发展提供数字技术、产品、服务、基础设施和解决方案，以及完全依赖于数字技术、数据要素的各类经济活动。在分类中，数字产品制造业、数字产品服务业、数字技术应用业、数据要素驱动业、数据效率提升业正式成为数字经济的五大核心产业（图14-1）。

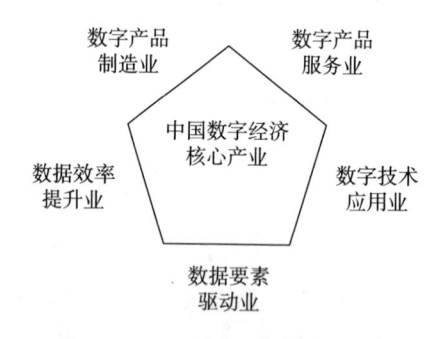

图14-1 中国数字经济核心产业

资料来源：作者整理。

事实上，数字经济中的数据要素并不简单指代日常产生的数据，那么数据和数据要素有什么区别呢？国际数据管理协会对数据的定义是：数据是以文字、数字、图形、图像、声音和视频等格式对事实进行表现。国际标准化组织认为：数据是对事实、概念或指令的一种形式化表示。我国的国家标准[①]也给出了数据的明确定义：数据是信息的可再解释的形式化表示，以适用于通信、解释或处理。可以看出，数据已经不是简单、狭义的统计数字，而是

---

① 《信息技术词汇 第1部分：基本术语》(GB/T 5271.1—2000)。

一种囊括并保存了所有事实信息的媒介。

数据具有数量大、增长快、碎片化的特点。与土地、劳动力、资本等生产要素不同，数据能够从日常的每个场景中源源不断地产生，而且呈指数级的增长。原始数据的挖掘、重组也能产生新的数据，不同的数据碰撞也能产生新的数据。根据德国数据机构 Statista 的统计，2020 年全球创建、捕获、复制和消费的数据总量达到 64.2 ZB[①]，预计到 2025 年该数字将增长到 181ZB，年复合增长率将高达 23.36%。根据网信办报告，2022 年我国数据产量达 8.1ZB，同比增长 22.7%，全球占比达 10.5%，位居世界第二。

数据与数据要素并不能画等号。社会产生的大多数原始数据是杂乱和没有意义的，且来源于消费、生产、政务、健康、交通、金融等多个场景。通常，原始数据的生成仅仅是为了记录，当原始数据被进一步筛选、清洗、标准化后，有使用价值的部分将被保留。数据中具有使用价值的部分称为"数据资源"。而数据资源在经过进一步储存、运输，并通过算力和技术开发，参与到生产中并为使用者或所有者带来经济收益后，才称为"数据要素"（图 14-2）。

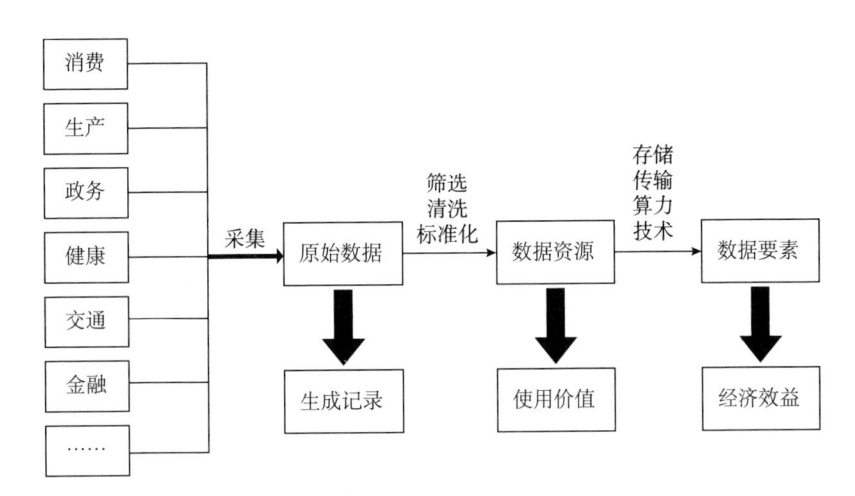

图 14-2 数据如何转化成数据要素

资料来源：作者整理。

---

① 1 ZB 等于 10 万亿亿字节，约等于 1 万亿 GB。——编者注

因此，区分数据与数据要素的依据在于数据是否具有使用价值和创造经济效益的能力。数字技术则为开发数据中所包含的价值提供了有力工具。数据的加工过程使得原始的无序数据变成了有价值的有序数据，经过人工或机器处理成信息后，再变成决策判断、信用判断的参考依据，为数据产业、数字产业带来了商业价值。数据要素作为经济生产的"原材料"之一，也具有独特性，例如非稀缺性、非排他性、非耗竭性、非均质性等。

第一，非稀缺性。指数据资源的来源和收集渠道极为广泛，横跨各个领域及生活的每个瞬间和细节，并且会随着时间的推进呈指数级增长，甚至数据通过本身的组合计算还可以生产新的数据。

第二，非排他性。与排他性的生产资源（如土地、劳动力、资本）不同，数据要素可以被多个用户同时使用，而使用者之间并没有物理层面的占用或冲突关系。

第三，非耗竭性。数据要素的非耗竭性意味着使用数据不会耗尽或消耗它。相比于自然资源，数据被反复使用，并且不会减少数据的可用量。

第四，非均质性。非均质性表示数据要素创造的价值可以因具体的行业而产生巨大差异。数据要素在不同行业具有差异化的匹配度和相关性，一个行业的数据可能在自身生产过程中并不重要，却能在其他行业发挥巨大价值。

这些特点表明数据要素具有一些独特的经济特征，与传统的物质资源有所不同。数据要素的非稀缺性、非排他性、非耗竭性和非均质性为数据的共享和利用提供了更大的灵活性和潜力，促进了创新、决策和经济发展。

（二）数据要素市场正在成为国际合作竞争的新高地

2023年7月，全球数字经济大会在北京召开，来自阿联酋阿布扎比、韩国釜山、斯里兰卡科伦坡、丹麦哥本哈根、阿联酋迪拜、美国加利福尼亚州尔湾、伊朗伊斯法罕、中国澳门等18个伙伴城市的代表，共同发布了《全球数字经济伙伴城市合作倡议》，推动了共建数字科技创新生态、加快城市数字转型进程。

数字经济作为一种基于数字技术突破而产生的新经济形态，具有强大的创新能力和推动经济增长的潜力。数据要素是催生数字经济的核心生产要素，同时数据要素市场为数据要素的交易和共享提供了平台，使得数据能够流动和流通。这意味着，建设数据要素市场不仅有助于促进数据要素的价值释放，还能让数据在不同的组织和领域之间得到更广泛的应用和利用，实现数据价值最大化。

从自身发展角度看，数据要素市场有助于促进本国企业的创新能力和竞争力，释放经济活力。数字经济的发展为本土企业带来了创新机会和竞争优势。高质量的数据要素市场能够赋予企业拥抱数字时代红利的便捷机会，促使企业在产品、服务、生产流程、营销等方面进行创新，从而提升其竞争力。

从国际合作角度看，许多国家都希望通过在跨境数据要素市场上积累和分享数据，从而增强本国企业和机构的创新能力、竞争力。数据跨境流通产生效益早已是常态，国家层面也有数据要素合作的诸多尝试，例如：在电子商务领域，跨境电商平台如亚马逊、阿里巴巴和e-Bay等，通过整合全球供应链、物流、消费数据，可以为消费者提供更好的商品和服务；在金融领域，SWIFT通过传输跨境支付和结算数据，实现全球范围内的金融交易；在医疗领域，17个欧洲国家[①]签署《1+百万基因倡议》，要求到2022年对100万个基因组数据进行共享并提供跨境访问，用于生物医药的研发；在战略层面，我国发布《携手构建网络空间命运共同体行动倡议》，发起《二十国集团数字经济发展与合作倡议》《"一带一路"数字经济国际合作倡议》，与16个国家签署"数字丝绸之路"合作谅解备忘录。可见，建立标准化、国际化的数据要素市场将进一步推动数据要素有序跨境流通，在全球范围创造价值。

从国际竞争角度，数据要素市场也涉及国家之间的数据隐私和数据主权问题。一些国家出于安全和隐私的考虑，可能会限制本国数据的跨境流动或对外国企业的数据获取。拥有数据主权的国家能够更好地掌控和管理自身的数据资源，在促进本国经济的发展和创新能力的同时，保护国家和公民的利益和隐私。国家和企业都希望在数据要素市场的新赛道上拔得头筹，从而吸

[①] 这17个国家分别是：奥地利、保加利亚、捷克、塞浦路斯、爱沙尼亚、芬兰、希腊、意大利、立陶宛、卢森堡、马耳他、葡萄牙、斯洛文尼亚、西班牙、瑞典、英国和克罗地亚。

引投资、竞争人才。

数据要素市场的建设标准、数据治理体系的竞争也日益激烈，如今正在成为大变局下世界各国竞争的新高地。例如：美国早在 2012 年便发布《大数据研究和发展计划》，讨论如何开发新的数据管理工具、算法、模型和基础设施，以及制定政策标准，美国 2019 年还发布了《美国国家人工智能研究和发展战略计划》，该计划包括数据共享、隐私保护、数据安全和数据治理等；欧盟于 2020 年发布了《欧盟数据战略》，内容包括建立欧洲数据空间、促进数据共享和流动、提高数据保护和隐私等；英国在 2020 年出台《国家数据战略》；加拿大在 2023 年公布了《2023—2026 年联邦公共服务的数据战略计划》；新加坡于 2006 年与 2014 年先后启动"智能国家 2015"计划与"智慧国家 2025"计划。

我国政府也高度重视数据要素市场建设，并已出台多项积极措施。2015 年，国务院在《促进大数据发展行动纲要》中就明确提出："鼓励产业链各环节的市场主体进行数据交换和交易，促进数据资源流通，建立健全数据资源交易机制和定价机制。"2020 年 4 月，中共中央、国务院公布《关于构建更加完善的要素市场化配置体制机制的意见》将数据正式视作新的生产要素。2021 年 1 月，中共中央办公厅、国务院办公厅印发《建设高标准市场体系行动方案》，要求建立数据资源产权、交易流通、跨境传输和安全等基础制度和标准规范，并积极参与数字领域国际规则和标准制定。2021 年 3 月，《中华人民共和国国民经济和社会发展第十四个五年规划和 2035 年远景目标纲要》提出，要完善数据要素产权性质、建立数据资源产权相关基础制度和标准规范、培育数据交易平台和市场主体。2022 年 12 月，中共中央、国务院印发《关于构建数据基础制度更好发挥数据要素作用的意见》，从数据产权、流通交易、收益分配、安全治理等方面出发，提出关于数据基础制度的 20 条政策措施，指出数据基础制度建设事关国家发展和安全大局，被称为《数据二十条》。

因此，基于对数据经济发展的深刻理解和对数据要素的重视和认知，许多国家政府逐渐意识到建立开放、安全、透明、标准化、国际化的数据要素市场，无论是从自身发展角度，还是从国际合作竞争角度出发，在战略上都有着重要意义。

（三）数据价值再探索：资源化、资产化、资本化

各国政府高度重视数字经济与数据催生的巨大价值。从生产的角度，数据经过提取收集变成了数据资源，再通过进一步加工处理变成了数据要素。然而，在数据产生经济价值变成生产要素的同时，数据自身也成为储藏价值的媒介。因此，从金融角度看，数据在发挥价值的过程中，也变成了一种有价商品或是资产，并伴随着资源化、资产化、资本化的过程。（图14-3）

原始数据 → 资源化 → 资产化 → 资本化

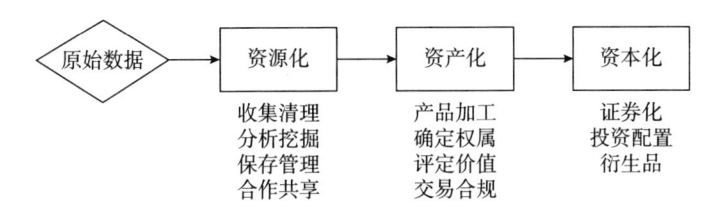

资源化：收集清理、分析挖掘、保存管理、合作共享

资产化：产品加工、确定权属、评定价值、交易合规

资本化：证券化、投资配置、衍生品

图14-3 数据资源化、资产化、资本化

资料来源：作者整理。

1. 数据资源化

上文已经讲到，数据资源是数据中具有使用价值的部分。数据资源化则是通过筛选、清晰、标准化的方式，将杂乱无章的数据通过有效的管理技术进行价值转化的过程。数据通过传感器、网络、社交媒体等渠道收集清理后，还可以通过统计分析、数据挖掘、机器学习和人工智能等技术对原始数据进行二次分析挖掘，充分探索数据蕴含的价值，之后再通过数据库、云存储等数据管理技术进行保存管理。当有需求时，该数据资源的拥有者则将有价值的数据与他人合作共享。

2. 数据资产化

数据资产化则指将数据资源进一步加工，转换成在特定商业场景可交易、可应用的数据资产的过程。此时的数据资产具有持有权、使用权、经营权等

明确的权益归属,并且具备客观评估其内在价值或价格的资质,能够在一定规则下有序高效地流通交易。数据资产化是数据要素在市场上流通的核心环节。要顺利完成资产化,不但要明确数据权益的法律界定,还要建立合法合规的审核标准、评定机制。此外,还需要建设完善的数据交易平台、数据中介服务机构、登记结算中心等一系列基础设施。实践中,在数据确权、数据定价、数据交易三个环节仍然存在许多问题。

3. 数据资本化

当数据资产化后,数据资产便能通过进一步资本化使其金融属性得到最大限度发挥,从而满足掌握有价值数据的企业完成信贷抵押、证券化融资等金融需求。不仅如此,对于依赖数据要素进行生产的企业而言,还可以通过衍生品对数据进行套期保值。对于金融机构而言,可以通过投资配置的方式使数据要素充分定价,发挥市场交易对资产价格的指导作用。当前已经存在以数据作为底层资产的金融尝试,例如 2016 年 11 月,中航信托发行了中国首单基于数据资产的信托产品,总规模为 3 000 万元。数据资本化后,金融属性使得数据要素在经济和金融领域变得越来越重要。

二、数据要素市场的原理与难点

(一) 数据确权与数据定价

在数据要素交易的过程中会碰见许多现实的问题。商业公司掌握的个人数据的所有权究竟属于谁?怎样的交易价格才算合理?数据应该怎么交易才能够保证其安全和隐私?事实上,以上数据确权、数据定价、数据交易一直是数据要素交易过程中的关键问题。

1. 数据确权

数据确权是指对数据的所有权和控制权进行合法确认和确立的过程。数据的合法权利包括持有权、加工使用权、产品经营权等,不同国家对数据权益的划分并不一致。例如，欧盟对数据确立了二元架构，个人数据拥有如知情同意权、修改权、删除权、拒绝和限制处理权、遗忘权和可携权等权益，其权利属于自然人。对于非个人数据，企业享有数据生产者权，如所有权权益、利润权益、市场进入权益等。美国形成了"部门立法＋行业自律"的体制，个人数据享有信息自主权、信息隐私权、信息访问权、信息更正权等。我国发布的《关于构建数据基础制度更好发挥数据要素作用的意见》，表明了中国数据持有权至少包括自主管理权、控制权、加工使用权、经营管理权、收益权等方面。在实践层面，政府和交易所也在探索着数据不同权益的处理办法，例如深圳市政府发布的《深圳经济特区数据条例》中明确指出探索完善数据产权、明确数据权的财产权属性与数据权的内容，明晰个人数据权属、公共数据权属；北京国际大数据交易所提供数据产品所有权交易、使用权交易、收益权交易在内的数据产品交易服务。

2. 数据定价

数据定价是指确定和制定数据产品或服务的价格的过程。目前，国内外数据交易机构都在探索有效的数据要素定价方法、模型和策略。无形资产常使用成本法、收益法、市场法进行估值定价。

成本法是对无形资产进行估值的常用方法之一。成本法以生产费用价值论为理论基础，将数据资产开发的成本作为其价值计量基础。在可变与固定成本的基础上，资产价格等于成本加上交易利润，通常成本法会设定较为固定的收益率。

收益法以效用价值论为理论基础，将待估数据资产的预期收益作为基础。在资产能够实现价值预期的基础上，根据收益利润水平、资产风险等因素按照预期收益的一定百分比作为价格。

市场法则由市场的供给方和需求方撮合交易，由形成的有效成交价格来衡量资产价格。该方法的优点是能够根据供需关系自行调节资产价值。但是当数据要素市场流动性较弱、市场交易不透明时，容易造成资产价格不稳定、波动大、容易被操控等诸多问题。

此外，由于数据本身的价值常受到数据时效性、数据完整性、传输方式等多个变动因素影响，因此在理论上还存在许多不同的定价策略。例如：固定定价法旨在设定一个固定价格出售，其优点是价格固定，能够节省时间与沟通成本；通过差别定价可以针对不同数据需求群体制定不同的价格策略和定价模式；拉姆齐价格用于确定公共数据市场中的优化定价，公司以高于成本价格的拉姆齐价格购买大数据，同时政府从公司购买所需的大数据处理结果，这使得数据价格得到有效调控，并且社会总体福利增加。

在市场化定价的方法中，同样存在许多价格形成的策略，例如：自动计价由交易所根据数据资产最终成交方式自动记录形成成交价格，通常自动计价方法适合资产流动性强、成交量大、公开、透明的市场环境；协商定价则由买卖双方通过协商取得对商品价格的一致认可，以促进交易双方的长期合作；拍卖定价属于需求导向定价，适用于多买方交易的情形，可以通过拍卖使买卖双方就价格达成一致，实现数据商品价值最大化，促进数据要素价格的形成。

（二）数据交易与数据要素市场框架设计

除了数据确权、数据定价，数据要素如何交易流通也一直是业界讨论和探索的重要问题。数据交易是指数据要素或数据资产在供给方和需求方之间发生交易流通的行为。在数据要素市场，数据交易过程不仅发生在供给和需求两方，而且是由要素供给方、需求方、交易场所、中介机构、监管部门、自律组织等多方共同参与的庞大系统。（见图14-4）

数据要素供给方是指拥有数据要素资源并愿意将其提供给其他参与者使用的组织或个人，他们可以通过数据共享、数据交易或数据授权等方式向需求方提供数据资源。数据要素的供给者通常包括政府、互联网企业、金融企业、媒体平台、个人或者某些特定行业。

数据要素的需求方则是需要获取、访问和使用数据资源，用于市场研究、业务决策、产品开发、科学研究的组织或个人。数据要素需求者可以是数字产业中的企业，也可以是银行、券商、保险、信托、资管等金融机构，或者是使用数据的科研机构、政府机构等。

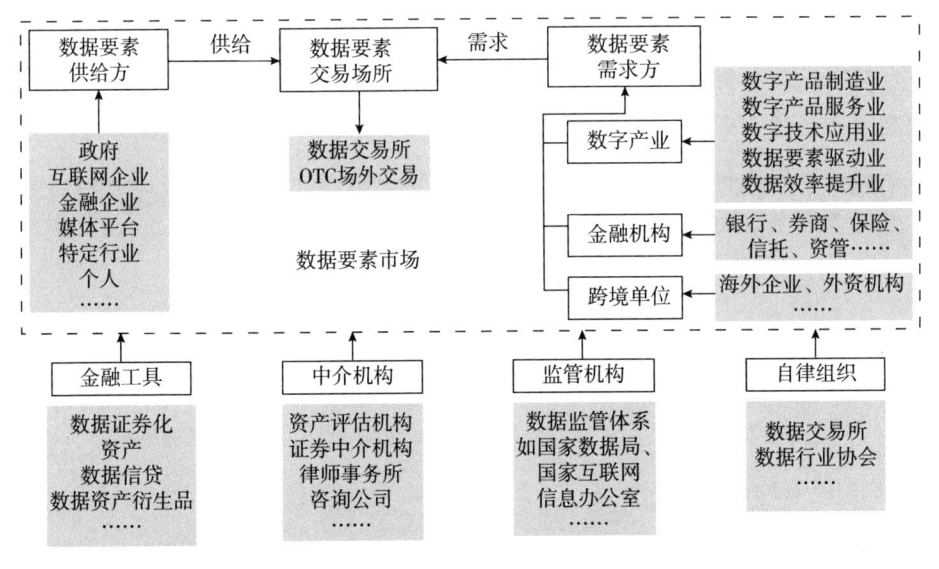

图 14-4 数据要素市场参与者

资料来源：作者整理。

交易场所为供给方和需求方提供了数据要素交易流通的平台。交易可以发生在有标准交付形式规范的数据交易所，如贵阳大数据交易所、上海数据交易所、深圳数据交易所、北京国际大数据交易所等。交易也可以在场外交易市场（OTC 市场）发生。场外交易将不通过交易所的中央交易平台，直接在参与者之间进行。

除了数据要素供需双方和交易所，中介机构、监管机构、自律组织等其他参与者也共同维护着数据要素市场的健康运行。在数据要素市场中，资产评估机构、证券中介机构、律师事务所、咨询公司等充当连接供给方和需求方的桥梁，提供数据的价值评估服务、数据金融证券化服务、法律顾问和商业资讯服务。如国家数据局、网信办等监管部门是负责制定和监督数据要素市场相关规则和政策的机构，以确保数据交易的合规性、数据隐私受到保护、打造公平竞争的环境等。此外，交易所、行业协会等自律组织也是促进市场发展的重要角色，通过制定和执行行业标准、规范和道德准则以推动数据要素市场的健康发展。

数据要素的真正交易流通还依赖于明确规范的市场框架及标准。从市场框架设计的角度，根据 2022 年全国信息安全标准化技术委员会（以下简称"全国信标委"）大数据标准工作组发布的《数据要素流通标准化白皮书》，数据要素市场建设可划分为流通制度、流通模式、流通技术三个模块，这三个模块在数据要素流通政策和法律法规、数据要素流通标准的共同作用下，确保数据要素在市场间有序高效地流通（见图 14-5）。

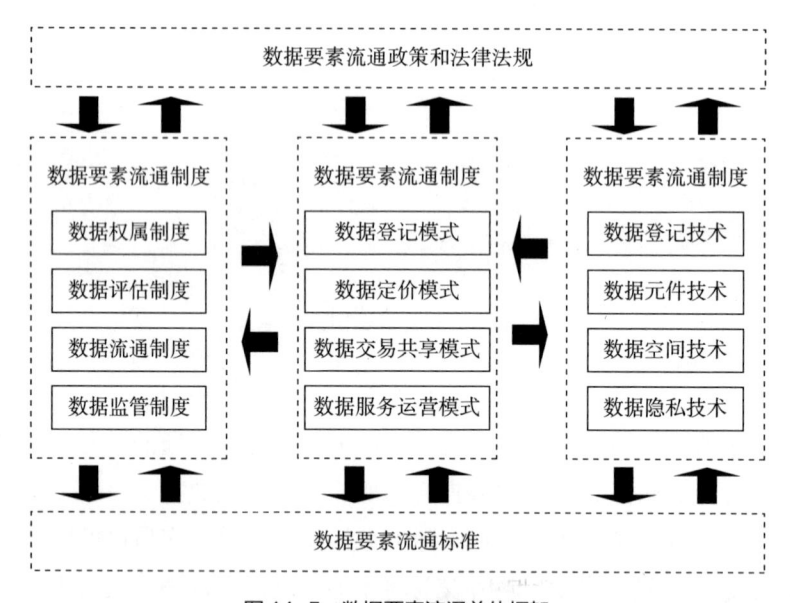

图 14-5　数据要素流通总体框架

资料来源：全国信标委大数据标准工作组。

数据要素流通政策和法律法规是保障数据要素市场健康高效运行的基石。相关政策法规将明确数据隐私保护、安全与合规性、产权归属、境内外传输合规性、数据伦理和道德等多方面问题，为数据要素市场提供基本的框架和引导方向。

数据要素流通标准则由"总体指南和架构""数据技术""流通模式""系统平台""安全"五部分的标准分体系构成。完整的标准体系保证了数据要素在流通中的可操作性、一致性和安全性，为数据要素流通提供了明确指引。

此外，权属、评估等制度设计，定价、共享等模式形成，以及新型数据技术的加持，共同构成了数据要素流通的总体框架。在这个过程中，学术界对数据要素市场的建设也有诸多讨论，涉及各种关键问题，例如隐私保护、数据市场设计、数据价格查询优化等。例如，Fu 等人[1]提出了关于隐私保护的一种新的公开审计方案，该方案支持数据的动态更新，而且可以在不获取原始数据的情况下，验证云存储数据的完整性。Shen 等人[2]也提出了一种高效的公开审计协议，该协议支持数据的动态更新，并设计了一种新的数据结构，以提高审计效率。合理设计数据市场也是当下面临的难题。Driessen 等人[3]撰写了数据市场设计的系统性文献综述，分析了现有研究的主要趋势和问题。他们认为，数据市场设计的目标是促进数据的交换，提升数据的价值，并保护数据的隐私和安全。鉴于风险管理在数据市场中的作用，Wang 和 Liu[4]提出了一种基于物联网的大数据技术的创新风险预警模型，该模型可以帮助企业及时发现和应对潜在的风险。数据交换生态系统的结构特性，对数据市场的设计和管理也至关重要。Hayashi 等人[5]研究了数据交换生态系统中的利益相关者关系和价值链网络的结构特性，他们发现这些特性与数据交换的价值和效率密切相关。

由此可见，无论是在实践还是理论方面，数据要素市场建设的规范仍存在诸多问题。在未来，还需要在实践中进一步继续探索解决更多的问题，如数据所有权、数据治理、数据市场的法规和政策等。

---

[1] Fu A, Yu S, Zhang Y, et al. NPP: A New Privacy-Aware Public Auditing Scheme for Cloud Data Sharing with Group Users[J]. *IEEE Transactions on Big Data*, 2017, 8(1): 14–24.

[2] Shen J, Shen J, Chen X, et al. An Efficient Public Auditing Protocol with Novel Dynamic Structure for Cloud Data[J]. *IEEE Transactions on Information Forensics and Security*, 2017, 12(10): 2402–2415.

[3] Driessen S W, Monsieur G, Van Den Heuvel W J. Data Market Design: a Systematic Literature Review[J]. *IEEE Access*, 2022, 10: 33123–33153.

[4] Wang C, Liu S. Innovative Risk Early Warning Model Based on Internet of Things under Big Data Technology[J]. *IEEE Access*, 2021, 9: 100606–100614.

[5] Hayashi T, Ishimura G, Ohsawa Y. Structural Characteristics of Stakeholder Relationships and Value Chain Network in Data Exchange Ecosystem[J]. *IEEE Access*, 2021, 9: 52266–52276.

(三)数据要素市场中的"黑科技"

金融科技旨在通过科技创新和数字化手段来提升金融相关服务的效率。通过研究新兴技术对数据要素市场的影响,可以更好地为未来数据要素市场创新提供指导和启示。在数据要素市场中,新兴技术扮演着至关重要的角色,为数据的交换、处理和利用提供了全新的解决方案和工具。其中,区块链、云计算、人工智能、隐私计算技术正在塑造现代数据要素市场的新范式。

1. 区块链技术的应用

原理上,区块链是由一系列数据块组成的链式结构,每个数据块中包含了多个交易记录,通过分布式账本将数据副本存储在多个节点上,从而实现去中心化的数据管理和共享。区块链技术的"去中心化"和"不可篡改"特点,使之成为推动数据要素市场建设的核心技术之一。

以传统的确权手段为例,通常使用的提交权属证明和专家评审的方式,可能存在技术可信度不高、易受篡改等不可控的问题。相比之下,区块链技术可以提供更可靠的确权手段。通过全周期记录和监控数据的产生、收集、传输、使用和收益,区块链为数据的共享和流通提供了坚实的技术基础。在数据要素市场中,区块链技术通过智能合约和权限管理机制,为数据共享和协作提供了可靠的框架。通过智能合约,参与者可以定义和执行数据共享的规则和条件,确保数据的安全性和隐私保护。同时,权限管理机制可以控制参与者对数据的访问权限和共享范围,确保数据被合法和受控地共享。

2. 云计算的应用

云计算是一种基于网络的新型计算模式。用户将庞大的计算需求发送给网络云服务器,云服务器把巨大的数据计算处理程序分解成多批次小程序进行并行处理,以此大幅提高计算效率。云计算技术提供灵活、可扩展和经济高效的计算资源,为数据要素参与者提供了强大的数据处理和存储能力,推动了市场的发展和创新。

云计算的特性使得其在数据要素市场中成为一个不可或缺的工具,帮助参与者实现数据共享、交易和管理的目标。数据要素市场的参与者可以将重要的交易数据、客户信息和内部数据进行加密，并通过权限管理机制，控制不同用户的数据访问权限。这种综合的安全机制保护了数据的机密性、完整性和可用性。数据要素市场的参与者可以通过云计算平台将其服务提供给全球范围的客户。云计算平台还可以通过自动化的备份机制，定期将数据复制到不同的地理位置和存储介质中，以提供数据的冗余存储和容灾能力。

3. 人工智能技术的应用

将人工智能技术应用到数据要素市场中，可以提升数据分析和决策支持能力、实现自动化处理和智能推荐、强化高效风险管理和识别能力。这些优势使得市场参与者能够更好地理解和利用数据，提高业务效率和竞争力，推动数据要素市场的发展和创新。

首先，人工智能技术能够通过机器学习算法发现数据之间的关联和模式，提供准确的数据分析和决策支持。其次，人工智能还可以发挥自动化处理和智能推荐的优势，通过自动处理和识别大量的数据，从中提取有价值的信息，并根据数据的特征和模式提供智能化的推荐和建议。最后，人工智能能够实现高效的风险管理、增强识别能力，并通过分析和挖掘大量数据，识别出潜在的风险和异常情况。

4. 隐私计算的应用

隐私计算是一种通过加密、脱敏和安全计算等技术手段，在不暴露原始数据的前提下进行数据处理和分析的方法。它旨在保护个人隐私和敏感信息，同时实现对数据的有效利用。隐私计算的核心目标是在不泄露个体数据的前提下，对数据进行计算、分析和共享。

隐私计算技术方案主要包括安全多方计算、联邦学习、可信执行环境等。隐私计算技术能够在数据隐私保护和共享之间找到平衡，通过采用安全的计算模型和算法，对敏感信息进行脱敏、加密或扰动处理，在保护隐私的同时实现数据的安全共享和使用，实现隐私安全和数据利用的权衡。它利用分布式计算和安全多方计算等技术，使得多方参与者能够在不暴露各自数据的情况下，实现共同计算和分析。这种去中心化的计算模式提供了更高的数据安全性和可信度，为数据要素市场的参与者提供了安全的数据交换和共享平台。

综上所述，新兴技术在数据要素市场中同样发挥着重要作用，为数据要素市场参与者提供了丰富的技术工具和解决方案，推动了数据的交换、共享和分析。

三、国际数据要素市场实践

（一）美国数据要素市场的发展历程和案例

美国采用多种数据交易模式，并且实行开放的数据市场政策。美国凭借领先的技术实力、成熟的数据治理规范、巨大的数据经济体量和开放的交易市场，迅速推动了数据交易市场的发展。目前，美国已经形成了三种主要的数据交易模式，其中以数据经纪商模式为主导。然而，美国的数据交易市场在数据使用、数据所有权、收益分配等方面也面临着一些问题。宽松的数据流通政策引发了数据滥用、数据泄露和消费者歧视等风险问题，这些问题日益凸显。

首先，美国通过建立政务开放机制来推动数据的开放。自从 2009 年发布《开放政府指令》以来，美国联邦政府采取了一系列措施，其中包括建立了名为 Data.gov 的政府数据服务平台，以加速数据的开放进程。在该平台上，联邦政府、州政府、部门机构和民间组织将各种数据集集中上传，并以各种可访问的方式发布经济、医疗、教育、环境和地理等方面的数据[①]。此外，平台还提供了数据整合功能，允许开发者对数据进行加工和二次开发。

其次，美国在数据交易方面采用了多种模式，促进了行业的多元化发展。其中，C2B 分销模式、B2B 集中销售模式和 B2B2C 分销集销混合模式成为主要的数据交易模式，而 B2B2C 分销集销混合模式在美国的数据交易产业中占据主导地位。在 C2B 分销模式中，个人用户将自己的数据提供给数据平台，

[①] 资料来源：Nuccio M, & Guerzoni M. Big data: Hell or heaven? Digital platforms and market power in the data-driven economy. *Competition & Change*, 2019, 23(3), 312-328.

并获得一定数量的商品、货币、服务或积分等作为回报，类似于 personal.com 和 Car and Driver（名车志）等平台。B2B 集中销售模式则是以美国微软云等数据平台为中间代理人，为数据提供方和购买方提供数据交易的撮合服务。B2B2C 分销集销混合模式以数据经纪商安客诚等为代表，他们收集个人用户的数据并将其转让和共享给其他利益相关方。

最后，美国在平衡数据安全和产业利益方面面临着挑战。当前，美国尚未通过联邦层面的数据保护统一立法，而是将数据保护立法按照行业领域分类。尽管脸书、雅虎、优步等公司近年来发生了个人信息泄露事件，但由于硅谷巨头的游说，美国联邦政府在个人数据保护方面的立法进展相对缓慢。

（二）欧洲数据要素市场的发展历程和案例

欧盟采用"个人数据"和"非个人数据"二元结构的方法，以平衡自然人人权的保护与数据流动、开发的关系。对于可识别的个人数据，严格归属于自然人，自然人拥有绝对的控制权。而对于充分匿名、不可识别的非个人数据，数据控制者和数据处理者享有一定的"数据生产者权"。

作为数据要素化流通制度研究的主体，欧盟强调建立统一的数据空间模式。在严格的规则约束和数据交易生态下，不同数据主体，包括个人和中小企业，可以拥有、获取数据，并拓展数据交易和共享路径，以确保数据交易环境的安全性、公平性和反垄断性。统一的数据治理规则也有助于欧盟加快实现《2030 数字罗盘》计划。然而，对于有跨境数据流通需求的企业来说，过度监管和合规成本的快速增长都可能抑制科技公司的业务增长[1]。因此，欧盟需要在数据安全和发展之间寻求平衡。

欧盟委员会希望通过政策和法律手段促进数据流通，解决数据市场的分裂问题，将 27 个成员国打造成一个统一的数字交易流通市场。同时，通过利用数据的规模优势，建立单一的数字市场，摆脱对美国的数据霸权依赖，恢

---

[1] 资料来源：Di Porto F, & Zuppetta M. Co-regulating algorithmic disclosure for digital platforms. *Policy and society*, 2021, 40(2): 272-293.

复欧盟自身的数据主权，从而促进数字经济的繁荣发展。

欧盟通过制定顶层设计的数据法规，加强了数据主权建设。首先，它们建立了数据流通的法律基础。2018年5月，欧盟正式实施了《通用数据保护条例》，该法规注重平衡"数据权利保护"和"数据自由流通"之间的关系。这一法规的引入对全球范围内包括中国和美国在内的其他国家的后续数据立法产生了重要的影响。然而，由于《通用数据保护条例》的要求较为严格，在其实施后，欧盟科技企业筹集到的风险投资大幅减少，每笔交易的平均融资规模比实施前的12个月减少了33%。2018年，它们提出了专有领域数字空间战略，涵盖了制造业、环保、交通、医疗、财政、能源、农业、公共服务和教育等多个行业和领域。该战略旨在促进公共部门数据的开放共享、科研数据的共享以及私营企业数据的分享。

欧盟还致力于完善顶层设计。欧盟国家基于《通用数据保护条例》发布了《欧洲数据战略》，以保障个人和非个人数据（包括敏感业务数据）的安全，并鼓励个人在保护数据的前提下，将数据用于公共平台建设，以创建欧洲公共数据空间。为了弥补监管漏洞并解决垄断和数据主权问题，欧盟委员会在2020年12月15日颁布了两项新法案：《数字服务法》和《数字市场法》。《数字服务法》为大型在线平台提供了监管框架，涉及监督、问责和透明度等方面。《数字市场法》旨在促进数字市场的创新和竞争，解决数字市场上的不公平竞争问题。这些法案共同构建了完善的法律体系，以促进欧盟数字领域的发展。

（三）其他地区的发展历程和案例

德国在数据空间建设方面处于领先地位，建立了可信的数据流通体系。德国采用了实践先行的方法，通过构建数据空间，为各行业提供安全可信的数据交换途径，消除了企业对数据交换安全性的顾虑，引领了行业的数字化转型。数据空间的核心是建立基于标准化通信接口的虚拟架构，旨在确保数据共享的安全性，其中关键的特征是数据的权属。这个架构允许用户决定谁拥有访问他们专有数据的权利，并明确访问目的，从而实现对数据的监控和持续控制。目前，德国的数据空间得到了中国、日本、美国等20多个国家和地区以及118家企业和机构的支持。

英国在数据市场交易方面采取了金融行业的先行先试策略。英国通过开放银行战略对金融数据进行开发和利用，促进数据的交易和流通。该战略通过在金融市场开放安全的API（应用程序接口），将数据提供给授权的第三方使用，使得中小企业与金融服务商可以更安全、便捷地共享数据。这种做法激发了市场活力，推动了金融创新的发展。开放银行战略为具备适当能力和地位的市场参与者提供了6种可能的商业模式，包括前端提供商、生态系统、应用程序商店、特许经销商、流量巨头、产品专家和行业专家。在这些模式中，金融科技公司和数字银行等前端提供商通过为中小企业提供降低成本、提高效率的服务来获取数据。而流量巨头作为开放银行链条的最终支柱，掌握着银行业参与者的所有资产和负债表，对行业内的资本流动性具有控制权。目前，已经有100家金融服务商参与了开放银行计划，并提供了创新的服务，使得数据交易和流通市场初具规模。

日本通过设立数据银行和成立"数字厅"来推动数据交易市场的发展。日本从自身国情出发，创新了"数据银行"交易模式，旨在最大限度地释放个人数据的价值，提升数据交易流通市场的活力。在与个人签订契约后，数据银行通过个人数据商店对个人数据进行管理，并在获得个人明确授权的前提下，将数据作为资产提供给数据交易市场进行开发和利用。数据银行交易的数据主要涵盖金融数据、医疗健康数据和行为偏好数据等。数据银行的业务范围包括数据保管、贩卖、流通等基本业务，以及个人信用评分业务。数据银行遵循日本《个人信息保护法》，将数据权属的界定原则设定为自由流通，但高度敏感的医疗健康数据等除外。通过数据银行，日本建立了个人数据交易和流通的桥梁，推动了数据交易流通市场的发展。

韩国采用了Mydata（我的数据）模式。该模式基于个人的授权，使商家能够将个人数据传输到Mydata平台。消费者可以通过Mydata平台查看他们的个人数据。同时，其他获得授权的企业也可以通过中介机构在Mydata平台查询个人数据（脱敏）。这些获得授权的企业包括韩国的一些政府部门、国有中央机构以及一些证券交易所。个人信息保护委员会和金融委员会共同监管这一过程，由 Mydata 支援中心提供相应的支持。

（四）各国数据要素市场经营模式比较

各个数据流通生态系统的市场主体以供需关系的差异为基础，形成了不同的数据要素市场主体经营模式。其中包括美国的数据经纪人模式、欧盟的数据中介模式以及英国的数据中介模式。表 14-1 对比了各国和地区数据要素市场的发展模式。

表 14-1 对比各国数据要素市场的经营模式

国家（地区）		美国	欧盟	英国	中国
模式		数据经纪人模式	独立、第三方中介模式	数据中介模式	所商分离模式
案例		Acxiom、Corelogic、Datalogix 等九大数据经纪商	欧洲数据空间、数据合作社等，德国 IDS 联邦数据交易中心、DataCoup 个人数据交易中心等	数据信托、数据交换平台、开放银行等	华中大数据交易中心、上海数据交易所、贵阳大数据交易所等
特征	影响	促进数据自由流动	将数据交易中的数据提供、中介和消费环节分离，形成三方关系	解决不同主体数据权利不对等问题、解决不同参与主体之间数据权益不平衡的问题	提倡在数据市场内进行交易
	职责	收集、整合、分析和交易数据及其衍生产品	建立供需双方之间的链接，确保数据主体权利的保护	可以扮演数据控制者和/或数据处理者的角色	进行交易撮合、合规评估和交易风险控制等活动
	任务	提供综合性和行业性数据经纪服务的机构	独立的第三方机构	设立在公共部门、私营部门下，或作为独立新机构的组织	官方或私营的数据交易平台

资料来源：作者整理。

美国的数据经纪人以促进数据自由流动和供需匹配为核心目标，旨在释放数据的经济价值。他们从政府、商业和公开渠道获取数据，并对所获取数据进行汇总、分析和加工，形成衍生的数据产品进行交易。数据经纪人可以自由参与数据要素市场的各种活动。他们的组织形式复杂多样，与大型科技公司之间的关系错综复杂且不透明。科技公司可以既是数据经纪人的数据来源，也是数据经纪人本身。这使得数据经纪人在面对消费市场时具有高度的敏感性和前瞻性，但也提升了上下游兼并和垄断的风险。

欧盟的数据中介模式注重平衡交易撮合以外的流通主体的权益，并承担监管职责。欧盟在2020年11月提出了《数据治理法案（草案）》，首次引入了"数据中介服务提供者"的概念。该草案强调了第三方和独立的数据中介机构的重要性，以构建供应方、服务方和需求方之间的多边关系。这种模式旨在确保数据流通中的公平性和可信度，并为各方提供可信任的中介服务。

英国的数据中介模式则不同，它不再强调数据中介的身份和特定的组织形式。在这种模式下，数据中介可以是数据控制者、处理者、保管人、加工商、交易撮合商、隐私保护者等不同角色。该模式的核心在于通过激励手段、技术手段、监管机制和创新能力，消除数据要素流通的障碍。这意味着数据中介可以采取多种形式和角色，提供各种支持和服务，以促进数据要素的流通。

四、中国数据要素市场的实践经验及全球对比

（一）中国数据要素市场的发展历程和现状

2014年，我国首次在政府工作报告中提及"大数据"，标志着我国对大数据产业进行顶层设计的开端。"十三五"期间，政府和各部委、地方政府陆续发布了多项与大数据相关的政策文件，为数据作为生产要素、在市场中进行合理配置提供了良好的政策环境。2019年11月，《中共中央关于坚持和完善中国特色社会主义制度、推进国家治理体系和治理能力现代化若干重大问题的决定》首次将"数据"列为生产要素。随后，2020年4月，《关于构建更加完善的要素市场化配置体制机制的意见》明确将数据作为第五大生产要素，

与土地、劳动力、资本和技术并列。此后，《"十四五"大数据产业发展规划》和《"十四五"数字经济发展规划》相继发布，强调明确数据要素的地位，并加快推进数据要素市场化建设。

我国数据要素市场发展现状有以下特点。首先，技术和管理的双重推动使数据交易流通更加安全有序。在技术层面，数据要素市场与新技术的融合不断深入，各方致力于研发和应用数据安全和隐私保护技术，以提供技术支持并解决实际问题。在管理层面，政策和管理手段不断完善，推动建立具有中国特色的数据领域法律体系。

其次，多源、多领域数据融合推动数据要素应用范围的拓展。通过多源数据的融合，我们能够挖掘和分析海量、多维数据，对高质量的多源融合数据需求不断增长。数据要素的创造价值也在不断提升，数据要素的开发和利用正逐渐渗透到经济和社会各个领域，涌现出基于数据要素的新产业、新业态和新模式[1]。

再次，交易模式的创新和规范化推动数据要素市场化配置的进程加速。政策的引领推动了数据要素市场的规范化发展，中央和地方政府相继出台相关政策，促进了数据要素市场的发展并完善了基础制度体系。实践的引领推动了创新，数据交易所模式的探索加速，建立了全流程数据流通的信任机制和提供综合服务的机构，推动了交易流通服务模式的创新。

最后，各类型主体的协同发展促进了数据要素市场生态的完善。在产业链层面，各类数据要素拥有方和技术提供商交流互动、协同创新，围绕数据要素的价值链形成了数据生态系统，推动了数据要素产业上下游生态的形成。在区域布局层面，不同地区充分发挥自身优势，优化数据产业布局，形成多地协同、差异化发展的区域特色发展之路。

这些特点展示了我国数据要素市场的发展现状，包括技术与管理的双重推动、多源数据融合和应用范围的拓展、交易模式创新和规范化、各类型主体的协同发展，共同构建了完善的数据要素市场生态。

---

[1] 资料来源：Goldfarb A, Tucker C. Digital Economics [J]. *Journal of Economic Literature*, 2019, 57 (1), 3–43.

（二）中国数据要素市场的交易所和参与者情况

图 14-6 展示了 2017—2025 年中国数据要素市场规模。根据国家工业信息安全发展研究中心的测算数据，我国数据要素市场规模在 2020 年达到了 545 亿元，而在"十三五"期间，市场规模的复合增速超过了 30%。预计在"十四五"期间，这一数值将突破 1 749 亿元。

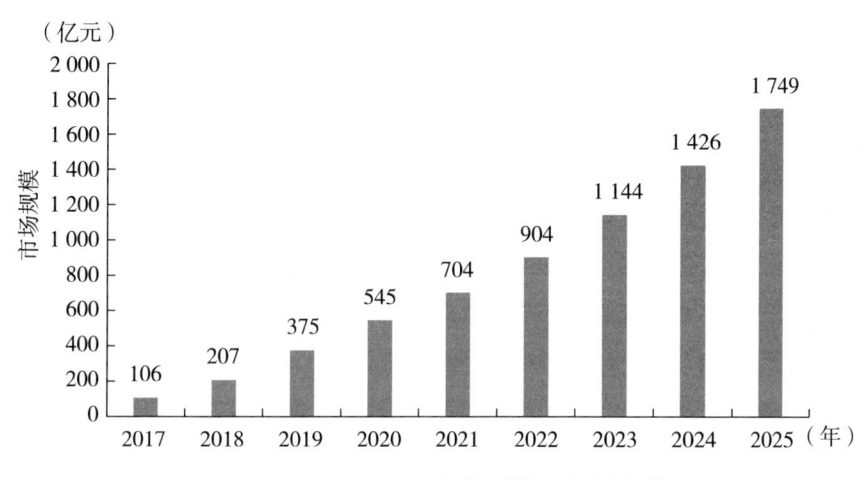

图 14-6 2017—2025 年中国数据要素市场规模

资料来源：国家工业信息安全发展研究中心。

在数据开放共享方面，国家电子政务网站已经接入了 162 家中央部门和相关单位，并接入了约 25.2 万家全国政务部门，形成了一个国家级的共享平台。国务院组成部门在该平台上注册并发布了 1 153 个实时数据共享接口，涵盖约 1.1 万个数据项。国家共享平台累计为国务院组成部门、31 个省（自治区、直辖市）以及新疆兵团提供了约 9.12 亿次查询核验服务，为网上身份核验、不动产登记、人才引进、企业开办等业务提供了有力支持。此外，数据开放平台数量已达到 142 个，有效数据集达到 98 558 个。

在数据流通交易方面，我国的大数据产业链已初步形成，交易需求大幅增长，各类大数据交易中心在全国各地如雨后春笋般涌现。表 14-2 是我国主要的数据交易平台相关信息介绍。自 2015 年开始，国内的大数据交易机构逐渐兴起，截至 2020 年底，已有近 80 家大数据交易平台投入运营。其中，贵阳大数据交易所、上海数据交易中心、华东江苏大数据交易中心、中原大数据交易中心、优易数据网等都是较为知名的平台。除了这些专业数据交易平台，国内的 IT 头部企业也在建设自己的数据交易平台，例如阿里云、腾讯云、百度云旗下的 API 市场，以及京东万象、浪潮天元等。API 技术服务公司聚合数据已经提供了超过 500 个分类的 API 接口，每天的调用次数已经达到了 3 亿次，合作客户数量超过 120 万家，涵盖了智能制造、人工智能、5G 应用等领域[1]。

表 14-2 中国主要数据交易平台的相关信息

名称	简述	产品定位	数据来源	数据形式	运营模式	盈利模式
贵阳大数据交易所	我国乃至全球第一家大数据交易所	数据全品类综合交易平台	225 家数据源	数据结果	数据交易平台	佣金
上海数据交易所	国有控股混合所有制企业，注册资金 2 亿元	数据流通、数据开放、数据服务	23 家会员企业自采	运营数据	数据交易平台	佣金
武汉东湖大数据交易中心	业务涵盖数据交易与流通、数据分析、数据应用和数据产品开发等，聚焦"大数据+"产业链	全方位数据服务、气象数据、解决方案、数据分析	自有数据	特定标签数据、行政数据、解决方案	数据持有型交易平台	数据收益
华东江苏大数据交易平台	为"互联网金融+大数据"在行业垂直市场领域提供数据交易，预处理交易，算法交易及大数据分析、平台开发，技术服务，数据定价，数据金融，交易监督等综合服务	数据交易和服务	自有数据	特定标签数据、预处理数据、算法	数据持有型交易平台	数据收益

---

[1] 资料来源：Brynjolfsson E, Rock D, Syverson C. Artificial Intelligence and the Modern Productivity Paradox: A Clash of Expectations and Statistics [R]. NBER Working Paper, No.24001. 2017.

续表

名称	简述	产品定位	数据来源	数据形式	运营模式	盈利模式
北京国际大数据交易所	基于"数据可用不可见，用途可控可计量"新型交易范式的数据交易所	数据信息登记平台，数据交易平台，数据运营管理服务平台，金融创新服务平台，数据金融科技平台	自有+第三方	区块链数据产品、商业数据、数据分析工具、数据解决方案	数据交易平台	服务费、佣金、金融收益
深圳数据交易所	与多行业大型央企和本地国企合作，对接其数据供需匹配，建立深港数据交易合作机制，跨境数据交易是重点工作之一	数据交易和服务	企业内部数据、数据供应方提供的数据	API、数据包、加密数据、分析报告、应用程序等	数据交易平台	数据收益、服务费
阿里云数据市场	为需求方提供全面、可靠的一站式数据及API采购服务，为服务商提供安全、便捷的数据及API变现通道	API服务	自有+第三方	弹性计算、存储、数据库、大数据、解决方案、分析结果	技术服务型数据平台、卖方模式	数据收益、佣金
百度APIStore	连接服务商与开发者的第三方API分发平台	API服务	第三方	API	数据交易平台	佣金、广告收益

资料来源：作者整理。

（三）中国数据要素市场的法规框架和监管措施

在数据开放与共享方面，2015年9月5日，国务院发布《关于印发促进大数据发展行动纲要的通知》；2016年9月19日，国务院印发《政务信息资源共享管理暂行办法》；2016年9月25日，国务院发布《关于加快推进"互联网+政务服务"工作的指导意见》；2018年1月，网信办、国家发展改革委、工业和信息化部联合印发《公共信息资源开放试点工作方案》；2018年3月，国务院办公厅印发《科学数据管理办法》。这些政策文件的发布旨在促进数据的开放与共享,这些举措对于推动数据开放与共享起到了重要的推动作用。

在数据权利与保护立法方面,中国采取了一系列法律法规来规范个人信息和数据的处理和保护。《中华人民共和国网络安全法》和《中华人民共和国数据安全法》分别规范了网络安全和数据安全方面的要求,保障了个人和组织的合法权益,并维护了国家的主权和安全。《中华人民共和国民法总则》和《中华人民共和国侵权责任法》确立了个人信息权的法律地位,而《中华人民共和国刑法修正案》则新增了信息罪条款,扩大了侵犯个人信息的罪责范围。此外,《中华人民共和国消费者权益保护法》《征信业管理条例》《电信和互联网用户个人信息保护规定》《地图管理条例》等法律法规也从不同领域对个人信息的收集、使用和安全保障进行了明确的规定。这些法律法规为行业监管和个人信息保护提供了具体指导,并确保了个人信息的合法、安全和适当使用。

在数据跨境流动方面,中国采取了一系列措施来规范和管理数据的出境。2016年12月,中国人民银行发布了《中国人民银行金融消费者权益保护实施办法》,从金融消费者保护的角度对金融数据存储要求、出境类型及出境要求等做出规定。2017年5月2日,《网络产品和服务安全审查办法(试行)》发布,对网络产品和服务提出了具体的安全审查意见。2017年5月,《信息安全技术 数据出境安全评估指南(草案)》发布,规定了数据出境安全评估流程、评估要点、评估方法等内容。2018年7月12日,国家卫生健康委发布了《国家健康医疗大数据标准、安全和服务管理办法(试行)》,从标准管理、安全管理、服务管理三个方面对健康医疗大数据进行了规范。2019年7月1日,《中华人民共和国人类遗传资源管理条例》正式实施,对采集、保藏、利用、对外提供我国人类遗传资源等行为进行了严格规范。这些法规和指南的发布旨在保护数据的安全和隐私,确保数据跨境流动符合规范和标准。我国通过这些政策措施的落地,在数据跨境流动方面建立了一套管理体系,以保护数据的安全性和合法性。

在数据要素市场化方面,中央领导多次强调以数据为关键要素的数字经济建设,推动数字产业化和产业数字化的发展。党的十九届四中全会通过的《中共中央关于坚持和完善中国特色社会主义制度 推进国家治理体系和治理能力现代化若干重大问题的决定》，首次将数据增列为生产要素，要求建立健全由市场评价贡献、按贡献决定报酬的机制。2020年4月9日，中共中央、国务院公布《关于构建更加完善的要素市场化配置体制机制的意见》，把数据与土地、劳动力、资本、技术并列为生产要素，明确了数据要素市场制度建设的方向和重点任务。2021年3月，《中华人民共和国国民经济和社会发展第十四个五年规划和2035远景目标纲要》发布，提出迎接数字时代，激活数据要素潜能，推进网络强国建设，加快建设数字经济、数字社会、数字政府，以数字化转型整体驱动生产方式、生活方式和治理方式变革。

（四）与全球其他国家（地区）数据要素市场的对比情况

国家发展战略的制定、部署、引导对推动建设数据要素市场、提供基础设施支持起到关键作用。美国、欧盟、中国也根据自身情况，制订了数据要素市场的发展计划，不同的战略也暗含着不同的战略目标、理念和价值取向。（见表14-3）

表14-3 美国、欧盟、中国数据要素市场发展战略目标与价值取向比较

国家（地区）	代表性战略政策	数据要素市场战略目标	数据要素市场主体的价值取向
美国	2014年数据经纪商问责制和透明度法案 2018年佛蒙特州《数据经纪法》 《联邦数据战略与2020年行动计划》	实现数据价值	实现数据价值和企业自身利益优先、主体自由竞争
欧盟	《2030年数字十年政策方案》 《塑造欧洲数字化未来》 《通用数据保护条例》 《数据治理法案》 《数字市场法案》	建立单一数据市场，提升欧洲数据驱动型经济综合竞争力	公平发展与竞争、以人为本
中国	《关于加快建设全国统一大市场的意见》 《关于构建数据基础制度 更好发挥数据要素作用的意见》	建设全国统一数据要素大市场，充分实现数据要素价值	共享共用、效率与公平兼顾

与全球多个国家（地区）的数据要素市场对比，我国数据要素市场的比

较优势显著，发展潜力巨大，呈现以下显著特点。

1. 我国非结构化数据优势：占比突出、增速迅猛、价值显著

相比于全球其他国家，我国的非结构化数据占比较高，并且增速快，价值也相对较高。根据国际数据公司的预测，到 2025 年，全球数据量的复合增长率将达到 27%，其中超过 80% 的数据将由各种非结构化数据组成，如音视频、日志、文档等。这些非结构化数据分散在不同的数据载体和系统中，包含了部门管理数据、行业应用数据和新兴业务数据等，蕴含着巨大的价值。国际知名调查机构 Igneous 发布的 2022 年数字经济报告显示，有 2/3 的非结构化数据被认为具有中等到较高的价值。因此，非结构化数据逐渐成为数据要素流通中的重要对象。中国信息通信研究院安全研究所的调研数据显示，高达 52.2% 的被调研企业已经在进行非结构化数据的流通，这说明我国在非结构化数据市场上具有一定的竞争力。

2. 我国数据要素市场全球领先：集中整合、竞争力突出、流通便捷

数据集中、整合、流通引发数据融合汇聚，数据融合已经成为弥补数据割裂性、充分释放数据新价值的必然选择。在数据要素流通的背景下，我国在数据集中、整合、流通方面具备一定的竞争力。多领域、多部门、不同子系统之间的制造数据、用户数据、技术数据、流程数据等可以通过集中、整合和共享进行关联互补，有效支持企业推进生产智能化、服务多元化和产品定制化。例如，用户的上网数据、通信数据、身份特征、行为偏好、社交关系等生活类数据组合可以形成征信报告，通过对金融数据和通信行业数据的汇总分析可以判定黑名单用户等。在数据融合汇聚的场景下，原本由各种应用系统管理和控制的低敏感度数据经过组合、关联和分析后，可能产生敏感个人数据、重要数据和核心数据等高敏感度数据，进而增加了数据的价值。

3. 我国数据要素市场具备创新引领力与全球竞争力：层级丰富、智能化驱动

我国在数据要素流通方面还表现出模型化数据和人工智能化数据的竞争

力。除了原始数据和脱敏数据的流通，中国的数据要素市场还涉及模型化数据和人工智能化数据的参与。模型化数据和人工智能化数据丰富了数据开发层级，提供了更多的数据要素形态参与流通。模型化数据是在原始数据基础上结合用户需求进行模型化开发的数据形态。例如，互联网企业使用用户画像标签进行精准营销。通过对原始数据进行加工和分析，形成的模型化数据能够更好地满足特定需求，并为企业提供更准确的数据支持。人工智能化数据则是在原始数据、脱敏数据和模型化数据的基础上，结合机器学习等技术形成的智能化能力。例如，人脸识别和语言识别等应用依托海量数据进行训练和实现。人工智能化数据的流通主要依赖于算法和计算能力，通过结合数据、算法和算力，实现了更紧密的数据要素流通。在模型化数据和人工智能化数据的数据要素流通场景中，实际上是数据与服务、算法、算力的综合体流通。这种综合流通模式进一步加强了数据与其他要素的关联，提供了更丰富、更高级的数据产品和服务。

总体而言，我国在数据要素市场上具备一定的竞争力。高比例且快速增长的非结构化数据，数据集中、整合和流通引发的数据融合汇聚以及模型化数据和人工智能化数据的参与，都为我国在全球数据要素市场中提供了一定的优势和竞争力。随着数据要素流通的不断发展，我国在数据市场的竞争地位有望进一步提升。

五、我国数据要素市场发展的展望与建议

（一）我国数据要素市场将迎来光明未来

随着数字经济的崛起和大数据应用的不断扩大，我国的数据要素市场将迎来更广阔的发展空间。我国数据要素市场的规模将持续扩大。根据预测，随着数据需求的不断增长，我国的数据要素市场规模将呈现爆发式增长。企业和机构将越来越多地参与数据交易，促使市场规模进一步扩大。预计未来几年，我国数据要素市场的价值将突破千亿元甚至万亿元级别。

我国数据要素市场的交易模式将更加多样化。除了传统的数据交易平台，

还将涌现出更多创新的交易方式和模式。例如，基于区块链技术的去中心化数据市场、数据众包平台以及智能合约等，将为数据交易提供更高效、安全、透明的解决方案。

数据安全和隐私保护问题将随着技术手段的推进得到更好的解决。政府和相关机构将加强监管和制定更严格的数据保护法律法规，以保障个人和企业的数据安全和隐私权益。同时，技术手段如数据加密、隐私计算等将得到广泛应用，数据交易的安全性和隐私保护水平得以提升。

数据要素市场将与各行各业的产业融合更加深入。数据要素的交易和应用将为各行业带来新的商业模式和机遇。例如：在智能交通领域，交通数据的交易和应用将推动智能交通系统的发展；在医疗健康领域，健康数据的交易将促进精准医疗和个性化治疗的实现。随着数据要素市场与各行业的深度融合，将激发出更多创新和协同效应，推动产业的转型升级。

我国数据要素市场将逐渐实现国际化。随着我国在数据技术、人工智能等领域的快速崛起，我国的数据要素市场将吸引更多国际企业和机构参与。同时，我国的企业也将积极拓展海外市场，推动我国数据要素的国际交流和合作。

我国数据要素市场具有巨大的发展潜力，未来将持续扩大市场规模，推动多样化交易模式不断涌现，加强数据安全和隐私保护，与各行业深度融合，使国际化程度提升，并进一步优化政策环境。

（二）关于数据要素市场建设的相关建议

1. 加强统筹布局，推动各数据交易场所错位发展

为了促进数据要素市场的发展，急需补齐数据交易监管方面的短板，制定并推行数据交易场所相关管理办法。同时，须完善数据准入体系以及建立数据交易人员从业资格认证体系。针对数据确权、定价、交易规则和场景创新等方面，可选取一些地区进行先行先试，以尽快总结经验并进行推广。此外，引导支持数据交易机构加大公共数据授权运营，以进一步探索更丰富的应用场景。

2. 结合数据资源禀赋，建立数据交易良好发展生态

鼓励各数据交易场所根据所在地产业差异优势找准商业模式，深入挖掘数据的价值，为市场提供所需的数据产品或服务。同时，推动建立数据交易发展监测体系，加强交易场所数据交易额、交易数据量、数据产品挂牌数（数据产品登记证书）等公开信息披露工作。

3. 加大技术研发，建立统一规范的标准体系

积极支持相关技术的研发创新、标准完善和应用推广，例如隐私计算、区块链和数据水印等与数据交易相关的技术。鼓励数据交易机构构建功能完善、标准兼容的数据交易系统。

4. 建立完善的数据基础制度，推动数据高质量供给

支持有条件的企业试点开放通信、金融、工业等市场急需的数据至数据交易机构。同时，探索建立一种基于市场评价贡献的数据要素收益分配模式，以激发各市场主体的积极性。支持有条件的企业进行符合国家标准的数据管理能力评估，强化企业的数据管理能力，提升数据供给的质量。

第十五章
绿色金融的国际合作机制

王遥　赵鑫*

---

* **王遥**，教授，中央财经大学绿色金融国际研究院院长，中央财经大学—北京银行双碳与金融研究中心主任，中央财经大学财经研究院研究员，博士生导师。
赵鑫，中央财经大学绿色金融国际研究院助理研究员。

摘要： 随着全球绿色金融国际合作不断推进，形成了绿色金融国际合作平台、绿色金融多边和双边的合作机制。其中，绿色金融国际合作平台通过扩展既有合作框架或创建新合作模式、发挥区域之间的协同效应、促进绿色金融学术研究的模式展开合作。绿色金融多边合作以国际多边组织、多边开发银行和多边气候基金等机构为基础，从资金、能力等方面开展国际合作。绿色金融双边合作机制主要基于部分国家的官方发展援助机构或开发性银行的模式，为发展中国家绿色金融发展提供帮助。显然，全球性的绿色金融国际合作机制的持续发展和深化，凝聚了全球可持续发展共识，助推了全球绿色金融的发展。

一、绿色金融国际合作平台和网络

（一）全球性绿色金融合作平台的引入拓宽了政府间合作

全球性绿色金融合作平台主要由各国政府部门参与或创建，包括G20框架下发起的可持续金融工作组、央行与监管机构绿色金融网络、财政部长气候行动联盟、可持续银行和金融网络、可持续金融国际平台。全球性绿色金融合作平台在绿色金融标准协同、可持续投资规模化和绿色金融共识深入上发挥了重要作用，借助政府间的合作渠道形成的全球化趋势，推动着各国绿色金融的发展（表15-1）。

表15-1 国际主流多边绿色金融平台

机构	时间	发起者	定位
G20绿色金融研究小组、可持续金融研究小组、可持续金融工作组	2016年	中国和英国	推动绿色金融主流化
央行与监管机构绿色金融网络	2017年	德国、墨西哥、英国、法国、荷兰、瑞典、新加坡和中国的中央银行和金融监管机构	促进金融体系在环境可持续发展的更广泛背景下管理风险，实现绿色和低碳投资

续表

机构	时间	发起者	定位
财政部长气候行动联盟	2019年	26个国家的政府部门	帮助世界各国调动、调整和实施气候行动计划所需的资金，采取一定的财政方面的战略和措施，将气候风险和脆弱性纳入成员的经济规划中
可持续银行和金融网络	2012年	新兴市场的金融部门监管机构、中央银行、财政部门、环境部门和行业协会	改善金融机构对ESG三因素的风险管理以及促使资本流向包括减缓和适应气候变化等具有积极环境和社会影响的领域
可持续金融国际平台	2019年	欧盟、阿根廷、加拿大、智利、中国、印度、肯尼亚和摩洛哥有关当局	为负责制定可持续金融监管措施的决策者提供了一个多边对话论坛，以帮助投资者识别和抓住真正有助于实现气候和环境目标的可持续投资机会

资料来源：笔者根据公开数据收集、处理编制。

1. 绿色金融持续成为G20框架下的关键议题

在2016年，由中国担任主席国的G20峰会首次将"绿色金融"纳入议题。在中国人民银行和英格兰银行的共同主持下，在峰会期间倡导和成立了G20绿色金融研究小组，并于2016年7月发布了《G20绿色金融综合报告》，识别出绿色金融挑战并推动绿色金融主流化进程。[①]

在2017年的德国汉堡峰会和2018年的阿根廷峰会上，G20绿色金融研究小组连续发布了《G20绿色金融综合报告》。在阿根廷担任主席国期间，G20绿色金融研究小组更名为可持续金融研究小组。经过三年的努力，该研究小组完成了《G20绿色金融综合报告》，并将有关政策建议纳入G20峰会成果，推动和形成了绿色金融的国际共识。此外，该绿色金融研究小组的工作推动了多个国家开始制定本国的绿色金融政策，开展绿色金融市场建设。然而由于部分G20成员在应对气候变化等相关议题上存在分歧，绿色金融的议

---

① 资料来源：G20 Green Finance Study Group. G20 Green Finance Synthesis Report[R].2016.

题并未出现在 2019 年和 2020 年两届 G20 峰会上。

2021 年，G20 主席国意大利主持召开了首次 G20 财长与央行行长会议，并同意恢复设立 G20 可持续金融研究小组，同时将其升级为"G20 可持续金融工作组"，邀请了中国人民银行和美国财政部担任共同主席。G20 框架下，可持续金融工作组在投资活动、风险管理、信息披露、能力建设等方面引领了全球绿色金融的发展，对推动绿色金融主流化发挥了重要作用。

2. 央行与监管机构形成的绿色金融网络推动各国金融体系纳入气候因素

2017 年 12 月，由德国、墨西哥、英国、法国、荷兰、瑞典、新加坡和中国的中央银行和金融监管机构发起成立了央行与监管机构绿色金融网络。央行与监管机构绿色金融网络帮助加强实现《巴黎协定》目标所需的全球响应，并促进金融体系在环境可持续发展的更广泛背景下管理风险，实现绿色和低碳投资。

2021 年，央行与监管机构绿色金融网络编制了可持续金融市场、加速绿色金融发展、绿色金融数据建设、央行和监管机构的气候风险分析、央行气候风险披露等报告，以提高金融体系对气候相关环境风险的抵御能力，促进可持续经济转型。[1] 截至 2023 年 10 月，央行与监管机构绿色金融网络有 127 家成员机构和 20 家观察员机构。[2]

3. 财政部长气候行动联盟发挥各国财政部长应对气候变化挑战的独特能力

2019 年 4 月，来自智利、芬兰等 26 个国家和地区的政府部门发起成立了财政部长气候行动联盟。帮助各国调动和调整实施国家气候行动计划所需的资金，采取一定的财政战略和措施，将气候风险和脆弱性纳入各成员的经济规划中。该联盟目前由芬兰和印度尼西亚的财政部长担任主席，世界银行和国际货币基金组织担任其秘书处。[3]

---

① 资料来源：NGFS. NGFS Glasgow Declaration [EB/OL].
② 资料来源：NGFS. Governance [EB/OL].
③ 资料来源：CFCA. About Us [EB/OL].

在财政部长气候行动联盟成立会议上发布的"赫尔辛基原则",强调利用财政政策和公共政策来应对气候变化。2019年12月,财政部长气候行动联盟正式启动了"圣地亚哥行动计划",该计划详细列出了联盟2020年的工作计划,并明确了"赫尔辛基原则"下需要采取的关键行动。这一计划旨在鼓励成员单位积极形成应对气候变化的共识,推动全球范围内应对气候变化的行动成为主流。[①] 自推出以来,已有来自70多个国家的财政部长签署了"赫尔辛基原则",显示出了该原则的全球影响力和吸引力。

4. 可持续银行和金融网络面向新兴市场,推动国家可持续金融能力建设

2012年,由新兴市场的金融部门监管机构、中央银行、财政部门、环境部门和行业协会组成的可持续银行网络致力于引领可持续金融发展。可持续银行网络主要面向新兴市场的银行业监管者与行业协会,目标是改善金融机构对ESG的风险管理,并推动资本流向包括减缓和适应气候变化在内的一系列具有积极环境和社会影响的领域。2020年,可持续银行网络更名为"可持续银行和金融网络"。截至2023年2月,可持续银行和金融网络由来自63个国家和地区的80家成员机构组成,成员总规模达43万亿美元,占新兴市场银行总资产的86%。[②]

5. 可持续金融国际平台为政策制定者建立起对话沟通平台

2019年10月18日,欧盟联合阿根廷、加拿大、智利、中国、印度、肯尼亚和摩洛哥等政府共同发起成立了可持续金融国际平台。此后澳大利亚、日本、新西兰、挪威、瑞士和英国等也加入了可持续金融国际平台。可持续金融国际平台为制定可持续金融监管措施的决策者提供了一个多边对话论坛,帮助引导投资者发现并把握那些有助于实现气候和环境目标的可持续投资机会。可持续金融国际平台成员之间可以交流信息,比较不同的可持续金融政策和举

---

① 资料来源:The Coalition of Finance Ministers for Climate Action. Overview of the Santiago Action Plan for 2020 [R]. 2019.

② 资料来源:SBFN. About SBFN [EB/OL].

措效果，识别可持续金融发展的阻碍和机会。目前，这个由20个成员组成的平台代表着全球55%的温室气体排放量、50%的世界人口和55%的GDP。[①]

（二）区域性绿色金融合作网络助力地区协同

区域性绿色金融合作网络结合地缘和经济上高度关联的国家和地区，更好地形成了区域协同，以推动绿色金融，共同应对发展挑战，例如，绿色"一带一路"合作倡议和平台、东盟催化绿色融资机制、拉丁美洲和加勒比地区绿色金融平台、非洲绿色金融联盟等。这些区域性绿色金融合作网络主要来自发展中国家和地区，通过结合地理相似性的特点以应对绿色金融发展挑战。

1. 绿色逐渐成为共建"一带一路"倡议的鲜明底色

（1）政府部门出台大量相关指引文件

2013年，我国商务部和环境保护部联合发布《对外投资合作环境保护指南》，指导中方企业在对外投资合作中规范环保行为、了解并遵守东道国环保政策法规、提高中资企业的环保意识。2015年，国家发展改革委、外交部和商务部联合发布的《推动共建丝绸之路经济带和21世纪海上丝绸之路的愿景与行动》首次提出"强化基础设施绿色低碳化建设和运营管理"，"加强生态环境、生物多样性和应对气候变化合作，共建绿色丝绸之路"，奠定了"一带一路"绿色发展的基调。2017年，环境保护部、外交部、国家发展改革委、商务部联合发布的《关于推进绿色"一带一路"建设的指导意见》和环境保护部发布的《"一带一路"生态环境保护合作规划》明确了推进绿色"一带一路"建设的重要意义、总体思路、基本原则、主要目标、主要任务，提出将生态环保融入"一带一路"建设的各方面和全过程，强调绿色"一带一路"是实现可持续发展的内在要求，是打造经济发展与环境保护双赢格局的重要

[①] 资料来源：International Platform on Sustainable Finance [EB/OL].

举措。2020年10月，生态环境部等五部门印发《关于促进应对气候变化投融资的指导意见》，鼓励金融机构支持"一带一路"和"南南合作"的低碳化建设，推动气候减缓和适应项目在境外落地，同时"规范金融机构和企业在境外的投融资活动，推动其积极履行社会责任，有效防范和化解气候风险"。商务部、生态环境部发布《对外投资合作绿色发展工作指引》，开创性地提出鼓励企业"遵循绿色国际规则""参照国际通行做法"，标志着我国共建绿色"一带一路"的顶层设计迎来了超越东道国原则、与国际通行标准接轨的新阶段。2021年9月，习近平主席在第七十六届联合国大会一般性辩论上宣布中国将不再新建海外煤电项目。中国海外"退煤"对于全球能源转型的加速演进起到了决定性的作用。

自2020年起，中国政府在各个层面发布了针对不同行业的更为具体的工作指引和指导意见。2020年1月，中国银保监会发布《关于推动银行业和保险业高质量发展的指导意见》，围绕共建"一带一路"倡议提出"借鉴采纳国际准则，支持企业绿色、低碳走出去"。

2021年3月，政府工作报告和《"十四五"规划》草案中屡次提及推动共建"一带一路"高质量发展、碳中和、碳达峰、生态补偿、生物多样性保护、能源结构转型等相关议题。2021年4月，习近平主席在博鳌亚洲论坛2021年年会开幕式上强调"加强绿色基建、绿色能源、绿色金融等领域合作，完善'一带一路'绿色发展国际联盟、'一带一路'绿色投资原则等多边合作平台，让绿色切实成为共建'一带一路'的底色"，再一次显示了中国对绿色发展的重视，以及对促进"一带一路"绿色合作的决心。2021年12月，第二届"一带一路"能源部长会议召开，会议主题为"携手迈向更加绿色、包容的能源未来"，与会各方围绕"一带一路"绿色能源合作达成了广泛共识，为推动"一带一路"绿色能源合作奠定了坚实基础。

（2）联合共建"一带一路"绿色发展国际联盟

2017年5月，习近平主席在"一带一路"国际合作高峰论坛开幕式演讲中倡议，建立"一带一路"绿色发展国际联盟。2019年4月，中华人民共和国生态环境部与来自40多个国家的150余位中外方合作伙伴共同发起成立"一带一路"绿色发展国际联盟，该联盟定位于开放、包容、自愿的国际合作网络，旨在推动将绿色发展理念融入"一带一路"建设，进一步凝聚国际共识，促进"一带一路"参与国家落实《联合国2030年可持续发展议程》。2020年12月，该合作联盟成立了"一带一路"绿色发展国际研究院，旨在建立国际化团队，打造"一带一路"绿色发展领域的高端国际智库，为"一带一路"绿色发展国际联盟提供全方位支撑，推动"一带一路"绿色发展开放、包容的国际合作。

（3）倡导成立"一带一路"银行间常态化合作机制

2017年，中国工商银行倡导成立了"一带一路"银行间常态化合作机制，并于2019年与欧洲复兴开发银行、法国东方汇理银行和日本瑞穗银行等机制成员共同发布了"一带一路"绿色金融（投资）指数。该指数以"一带一路"沿线79个国家和地区作为研究对象，从全球100多个指标中选出17个关键指标，形成了具有高灵敏度和高区分度的指数。该指数通过衡量各国绿色经济表现（环境效率、环境治理等）和绿色发展能力（融资能力、政策及技术支持能力），来帮助各国政策制定者和各类投资人量化分析"一带一路"投资过程中的绿色投资机会与环境挑战，引导资金流向绿色领域。

（4）中英共同发起"一带一路"绿色投资原则

为了使中国企业能够通过"一带一路"倡议实现"走出去"的目标，同时履行"绿色"的宗旨，中国各政府部门也牵头联合多家中外研究机构开展不同角度的绿色金融研究项目，为"一带一路"倡议如何支持发展中国家的可持续发展建言献策。2018年，中国金融学会绿色金融专业委员会（绿金委）和伦敦金融城绿色金融倡议共同发起GIP（"一带一路"绿色投资原则），从实践层面为"一带一路"沿线项目投资的环境和社会风险管理提供指导，保障基础设施投资与环境改善及保护并行发展。2018年11月，在伦敦举行的中英绿色金融工作组第三次工作组会议上，中国金融学会绿色金融专业委员会和伦敦金融城绿色金融倡议共同发起了"一带一路"绿色投资原则。截至2022年12月，GIP成员扩大到来自全球17个国家和地区的44家签署机构和14家支持机构。GIP提出了7项原则，要求签署方将GIP纳入其企业战略和决策过程，并定期向GIP秘书处报告。该7项原则聚焦战略、运营和创新三个层面，内容包括公司治理、战略制定、风险管理、对外沟通、绿色金融工具、绿色供应链等。自发布以来，GIP得到了金融业界的积极响应，各项原则逐步得到落实。

随着政策的不断推进，"一带一路"绿色发展国际联盟和"一带一路"银行间常态化合作机制提供的合作平台体现出中国构建绿色"一带一路"的雄心和国际社会对于绿色发展的共识，"一带一路"绿色投资原则的影响持续扩大，中国作为"一带一路"国家的主要金融和贸易伙伴，正在发挥其领导作用，在推进共建"一带一路"国家海外地区的绿色转型中发挥关键作用。

2. 东盟国家推动绿色融资区域合作

东盟催化绿色融资机制是由东盟基础设施基金在2019—2021年试点实施基础上，于2019年4月正式启动的。东盟催化绿色融资机制是一个致力于加速东盟代表的东南亚地区促进绿色基础设施投资的区域合作机制，支持东盟成员政府建设环境可持续和气候目标的基础设施项目，引导公共和私人资金流向东南亚地区的绿色产业。

东盟催化绿色融资机制为东盟成员政府提供技术援助，协助它们识别和实施具有商业可行性的可再生能源、能源效率、可持续城市交通、供水和卫生、废物管理和气候适应型农业等绿色基础设施项目。此外，它还联合融资伙伴获得规模超过10亿美元的贷款，用于前期资本投入。除了项目准备和融资支持，东盟催化绿色融资机制还提供知识服务和培训计划，以加强监管环境建设，帮助东盟各国政府扩大绿色基础设施投资的能力。①

东盟催化绿色融资机制由十个东盟成员的财政部和亚洲开发银行参与，并由亚洲开发银行负责管理。截至2020年2月，亚洲开发银行、法国开发署、东盟基础设施基金、欧洲投资银行、欧盟、德国复兴信贷银行和韩国政府作为联合融资合作伙伴已承诺提供14.2亿美元的主权贷款和1 310万美元的技

---

① 资料来源：ADB. ASEAN Catalytic Green Finance Facility (ACGF) [EB/OL].

术援助。①

为延续新冠肺炎疫情暴发前的绿色基础设施项目成果，充分利用经济复苏和可持续发展的协同效应，2021年，在东盟绿色融资机制下创立了东盟绿色恢复平台。这个平台旨在补充现有东盟绿色融资机制融资和知识伙伴关系，扩大对东南亚气候适应、环境可持续基础设施项目的支持。绿色气候基金、英国外交和联邦发展办公室、欧盟、意大利国家银行已承诺将提供总额为6.65亿美元的资金支持。该平台将提供技术援助以推动绿色和可持续债券的发展，为绿色项目提供高度优惠的融资以及亚洲银行的贷款，并为项目开发、扩大绿色债券规模和能力建设提供技术援助。②

3. 拉丁美洲和加勒比地区绿色金融平台广泛开展绿色金融实践

拉丁美洲和加勒比地区绿色金融平台于2016年由美洲开发银行与拉丁美洲发展融资机构协会合作开发成立，是一个为国家开发银行、私营部门金融机构和金融市场参与者提供绿色金融信息和知识的平台。截至2022年7月，拉丁美洲和加勒比地区绿色金融平台共开展了269个项目，这些项目主要集中在绿色金融、绿色债券和可持续能源金融机制等领域。在地理分布上，多数项目位于墨西哥、哥伦比亚和巴西。③

4. 非洲积极把握绿色金融发展机遇

2021年，成立"非洲绿色金融联盟"的倡议在格拉斯哥举行的联合国气候变化大会上被提出，旨在汇集非洲国家的资源，通过分享学习的方式，增加绿色资本流向非洲大陆。④非洲绿色金融联盟的核心功能是一个学习交流网络，使各成员能够从他人的经验中学习并不断完善，以帮助建立气候法案、绿色债券指南、财政激励措施等。作为一个由非洲人主导、非洲人管理的机

---

① 资料来源：ADB. ACGF: Cofinancing [EB/OL].
② 资料来源：ACGD & ADB. ASEAN Green Recovery Platform [R].2021.
③ 资料来源：GFL. Projects MAP [EB/OL].
④ 资料来源：Creation of Africa Green Finance Coalition Hailed as "Groundbreaking" Moment for Funding of Continent's Green Transition [EB/OL].

构，非洲绿色金融联盟发出了一个强有力的信号，表明非洲大陆正在积极应对气候变化问题，并努力抓住绿色发展机遇。

（三）学术研究网络为绿色金融发展提供智力支持

来自全球高校和科研院所的研究学者积极推动了绿色金融领域的前沿研究，为绿色金融发展的挑战提供了丰富的应对策略，发挥了从理论拓展到指导实践的作用。此外，绿色金融学术研究网络还致力于培养绿色金融人才，为全球绿色金融发展搭建起交流渠道。

1.全球可持续金融与投资研究联盟

2017年，全球可持续金融与投资研究联盟由牛津大学、剑桥大学、耶鲁大学、哥伦比亚大学、加州大学伯克利分校、中央财经大学等研究型大学发起成立，目前共有24个成员高校。该学术联盟通过组织关于可持续金融和投资的年度国际学术会议等方式为从事可持续金融和投资的研究人员开展学术交流提供了平台，并着力培养未来可持续金融学者，最终助力实现可持续发展。①

该学术联盟的年会轮流在欧、美、亚（澳）洲的成员高校之间举办，2018—2023年的年会分别由马斯特里赫特大学（荷兰）、牛津大学（英国）、哥伦比亚大学（美国）、中央财经大学（中国）、苏黎世大学（瑞士）、耶鲁大学（美国）举办，目前已成为国际上极为重要的"绿色金融"主题学术会议。

2.可持续金融政策洞察、研究和交流国际网络

可持续金融政策洞察、研究和交流国际网络于2019年成立，是一个聚焦气候环境相关风险的金融监管和推进绿色金融发展的全球研究网络。该学术研究网络由气候工作基金会和伦敦政治经济学院格兰瑟姆气候变化与环境研

---

① 资料来源：Global Research Alliance for Sustainable Finance and Investment. About GRASFI [EB/OL].

究所共同设立，并作为央行与监管机构绿色金融网络的指定利益相关方，已经成功开展了多项学术研究项目，分享了研究成果。自 2019 年以来，可持续金融政策洞察、研究和交流国际网络已经发布了四次研究项目的公开征集，并委托了 30 多个研究项目。这些项目全面覆盖了中央银行和金融监管的主要领域。目前，可持续金融政策洞察、研究和交流国际网络分别与中央银行、监管机构绿色金融网络、绿色金融平台合作，开展了"生物多样性和金融稳定""可持续金融政策有效性"联合研究项目。

二、多边合作机制

国际多边组织、多边开发银行和多边气候基金通过加大气候投融资和开展技术援助等形式支持绿色金融领域的国际合作，在一定程度上凝聚了国际社会应对气候变化的共识，加强了发达国家对发展中国家的气候资金支持。

（一）国际多边组织推动实现应对气候变化目标

1. 联合国在促进气候金融发展方面扮演着关键角色

联合国是全球应对气候变化和推动可持续发展的重要支持机构，通过推动一系列议程和倡议，联合国促使国际社会更加紧迫地认识到应对气候危机的必要性，并实现可持续发展目标。其中，具有代表性的成果是 2015 年联合国《2030 年可持续发展议程》提出的 17 项可持续发展目标，为全球绿色金融活动提供了明确的目标和方向，包括应对气候变化、保护海洋和森林等目标。联合国组织中多个主体参与了可持续目标的实现，在绿色金融合作方面，《联合国气候变化框架公约》秘书处、联合国环境规划署、联合国开发计划署、联合国经济和社会事务部为其代表性机构。

（1）《联合国气候变化框架公约》秘书处

1992 年，《联合国气候变化框架公约》秘书处（以下简称"秘书处"）宣告成立，这是一个致力于支持全球应对气候变化的联合国实体组织，任务包括支持《联合国气候变化框架公约》的遵守和实施，以及推动《京都议定书》和《巴黎协定》的执行。秘书处的具体行动包括：协助分析和审查缔约方报告的气候变化信息以及京都机制的执行情况，管理依据《巴黎协定》建立的国家自主贡献登记册，每年组织和支持2~4次谈判会议。其中最重要的谈判会议是每年举行的缔约方大会。

绿色金融国际合作方面，根据《联合国气候变化框架公约》和《京都议定书》，发达国家缔约方有责任提供资金支持，帮助发展中国家缔约方实现对气候变化的贡献，为资金不足且易受气候影响的国家提供财政援助。为促进这一点，《联合国气候变化框架公约》设立了一个机制，向发展中国家缔约方提供资金。秘书处作为协调机构，协助缔约方大会建立了金融常务委员会和长期融资来支持缔约方大会相关气候金融议题，并推动创设和运作气候基金来运行气候金融机制，搭建气候金融数据门户网站以提供气候金融相关信息。这一系列举措有力地推动了气候金融目标的实现和绿色金融国际合作。

2019年，"长期融资"项目规划了2014—2020年的长期气候融资活动，包括发达国家缔约方每两年提交一次关于2014—2020年扩大气候融资的战略，以及从2014年开始进行的两年期气候融资高级别部长级对话。[①]

全球环境基金一直作为《联合国气候变化框架公约》下金融机制的运营实体，收取气候融资资金，并决定气候资金具体投向和管理气候项目。此外，缔约方还设立了四个特别基金：气候变化特别基金、最不发达国家基金、绿色气候基金和适应基金。其中，在2010年缔约方大会上成立的绿色气候基金也被指定为金融机制的运营实体。[②]

---

① 长期融资项目建立的背景是2010年的《坎昆协议》要求发达国家缔约方承诺，在有意义的缓解行动和实施透明度的背景下，实现到2020年每年共同筹集1 000亿美元来满足发展中国家需求的目标。

② 资料来源：UNFCCC. Introduction to Climate Finance [EB/OL].

秘书处创设和运行的气候融资数据门户协助缔约方跟踪《联合国气候变化框架公约》的金融机制，可反映气候投融资的进展和气候项目的开展情况。[1]

（2）联合国环境规划署

联合国环境规划署于1972年成立，主要目的是监测环境状况，辅助制定相关政策以应对环境挑战。在1992年和1995年，联合国环境规划署分别提出了"联合国环境规划署金融倡议"和《保险业关于环境和可持续发展的声明书》。2003年，这两项倡议合并为联合国环境规划署金融倡议。此后，该倡议在2012年和2019年分别与保险公司、银行推出了可持续保险原则和负责任银行原则。[2] 这些原则的制定和实施，帮助金融机构在自愿的基础上应用可持续框架，制定出实用指南和行业规范，辅助金融业务向可持续转型，从细分金融行业角度开展绿色金融的国际合作。此外，联合国环境规划署先后推出了"净零资产所有者联盟""净零银行联盟""净零保险联盟"，帮助金融机构成员将其投资组合影响与科学的温室气体排放路径保持一致，致力于实现净零目标。[3]

（3）联合国开发计划署

联合国开发计划署是联合国专注于国际发展的机构，聚焦于可持续发展、民主和平建设以及气候和抗灾能力等方面，帮助170个国家和地区制定政策，培养领导技能、合作能力和机构能力，以实现可持续发展目标。[4] 2019年4月，联合国开发计划署建立了可持续金融枢纽，汇集了联合国开发计划署在可持续发展融资上的经验和专业知识，提供了一整套方法和工具，使政府、私营

---

[1] 资料来源：UNFCCC. UNFCCC Climate Finance Data Portal [EB/OL].
[2] 资料来源：UNEP FI. History [EB/OL].
[3] 资料来源：UNEP FI. About US [EB/OL].
[4] 资料来源：UNDP. About US [EB/OL].

部门和国际金融机构能够加速可持续开发目标的融资活动[①]。

联合国开发计划署还建立了综合国家融资框架,以期在国家层面实现可持续发展目标的融资活动调动和协调。[②]综合国家融资框架协助印度尼西亚制定融资战略,支持印度尼西亚的中期发展计划和可持续发展目标路线图,并探索发行了创新绿色融资工具,如全球首个主权绿色伊斯兰债券。[③]

在中国,联合国开发计划署开发了一套包括评估和披露标准在内的分类系统——《可持续发展投融资支持项目目录(中国)》,以识别对可持续发展目标有益且不会造成明显损害的投融资项目。[④]2021年6月,联合国开发计划署启动了生物多样性金融倡议中国项目,旨在将金融资源从有损生物多样性的领域重新分配到对其有益的领域,缩小生物多样性融资缺口。

(4)联合国经济和社会事务部

1948年,联合国经济和社会事务部成立。该部以可持续发展目标为基础,提供广泛的分析产品、政策建议和技术援助,将经济、社会和环境领域的全球承诺转化为国家政策和行动,监测实现国际承诺目标的实现。[⑤]在绿色金融合作方面,联合国经济和社会事务部为解决可持续发展资金不足的问题建立了可持续发展筹资办公室,推进可持续发展筹资活动开展,帮助会员国填补可持续发展的资金缺口。

2. 经济合作与发展组织关注于绿色金融领域研究和对话

经济合作与发展组织通过创立绿色金融和投资中心、中小企业可持续发展融资平台和开展ESG投资研究来促进全球绿色金融国际合作。

经济合作与发展组织利用长期以来协调各国政府合作应对全球议题的角色,主要通过建立绿色金融平台来为相关利益方提供对话平台,搭建数据平

---

① 资料来源:UNDP. UNDP Sustainable Finance Hub [EB/OL].
② 资料来源:About INFFs [EB/OL].
③ 资料来源:INFF. Indonesia [EB/OL].
④ 资料来源:UNDP. 可持续发展投融资支持项目目录(中国)技术报告(2020版)[R]. 2020.
⑤ 资料来源:UN DESA. About us [EB/OL].

台以辅助知识学习和政策制定、开展绿色金融相关研究的模式来促进全球绿色金融国际合作。

在建立绿色金融平台方面，经济合作与发展组织发起成立的绿色金融和投资中心除了提供有关绿色金融和投资的政策指导和分析，还通过组织具有影响力的论坛活动来促进私营部门、政府、监管机构、学术界和民间的知识交流与经验分享。2021年，第八届经济合作与发展组织绿色金融与投资论坛围绕"绿色金融在十年的交付：推动环境影响"这一主题，探讨了将绿色金融纳入主流需要采用的经济政策，将资金引导流向"净零"或"接近零"排放的投资机会和高排放行业的渐进式脱碳活动。该届论坛活动一共吸引了来自141个国家（地区）的1 800多名参与者。[1]

（二）多边开发银行是全球绿色金融实践的引领者

以世界银行为代表的全球性多边开发银行和以欧洲投资银行、亚洲开发银行、欧洲复兴开发银行、美洲开发银行、加勒比开发银行、伊斯兰开发银行和非洲开发银行为代表的区域性多边开发银行，通过中长期愿景、绿色项目直接投资、创新投融资机制、标准和原则制定等，推动全球和区域绿色金融合作，为绿色金融的发展夯实基础，是相关创新实践的引领者。多边开发银行的类型及相关机构请见表15-2。

表15-2 多边开发银行的类型及机构

类型	机构
全球性	世界银行集团—国际金融公司
	世界银行集团—国际复兴开发银行

---

[1] 资料来源：OECD. Forum on Green Finance and Investments [EB/OL].

续表

类型	机构
区域性	欧洲投资银行
	亚洲开发银行
	欧洲复兴开发银行
	美洲开发银行
	加勒比开发银行
	伊斯兰开发银行
	非洲开发银行

多边开发银行在推动绿色金融的多边合作方面扮演着不可或缺的角色。大部分多边开发银行在责任中都强调了两个共同领域：一是促进可持续的经济发展，二是支持区域内或成员之间的经济合作。① 这两项责任是推动绿色金融领域国际多边合作的根本动机。多边开发银行横跨全球金融市场的业务范畴、覆盖全球大部分地区的地域范畴，以及多边机构本身拥有的高信用的特性，使其在引导私人资本投入绿色或可持续发展领域具有天然优势。

以多边开发银行为代表的开发性金融机构推动绿色金融发展的方式有很多，除了直接投资绿色项目，还可以通过创新投融资机制，利用公共部门的资金项目来吸引私人资本投资。此外，多边开发银行也通过制定标准、原则、框架等方式推动绿色金融市场基础建设，为绿色金融的发展夯实基础。② 具体而言，多边开发银行可以通过发行绿色债券、发放绿色贷款、提供技术援助、建立环境社会保障机制等方式为绿色金融的发展提供资金和技术支持。

1. 世界银行

2016年，《世界银行气候变化行动计划（2016—2020年）》发布，首次集

---

① 资料来源：ODI. A Guide to Multilateral Development Banks [EB/OL].
② 资料来源：Asian Development Bank. Asian Development Outlook 2021: Financing a Green and Inclusive Recovery [EB/OL].

中展示了世界银行集团应对气候变化挑战的系统规划。计划中罗列了世界银行帮助各国应对当下和未来气候风险的具体行动，阐述了世界银行将如何利用其优势扩大气候行动、将气候变化纳入业务范围、如何更好地开展气候合作等内容。

2021年6月，《世界银行气候变化行动计划（2021—2025年）》发布，进一步整合了应对气候变化方面的战略，设定了将世界银行集团35%的资金用于支持气候行动的目标，实现从投资绿色项目向整个经济绿色化、从衡量投入向衡量影响的转变，从可持续发展的角度助力消除贫困和共享繁荣。世界银行集团在2022财年提供了创纪录的317亿美元的气候资金，比上一财年新增19%，占当年世界银行集团融资总额的36%。

2. 欧洲投资银行

2019年12月，欧盟委员会公布了应对气候变化、推动可持续发展的"欧洲绿色协议"，希望能够在2050年以前实现欧洲地区的碳中和，通过利用清洁能源、发展循环经济、抑制气候变化、恢复生物多样性、减少污染等措施提高资源利用效率，实现经济可持续发展。为了与欧洲绿色协议保持一致，欧洲投资银行董事会决定提高本集团的气候和环境承诺标准，遂于2020年12月发布了《气候银行路线图（2021—2025年）》。该路线图概述了欧洲投资银行为支持欧洲绿色协议和实现欧洲碳中和所制定的一套新的气候行动、气候融资和环境可持续性目标。2022年，欧洲投资银行在气候行动和环境可持续性项目中的总融资额为365亿欧元，占欧洲投资银行全部投资活动的58%。[①]

3. 欧洲复兴开发银行

2020年7月，欧洲复兴开发银行颁布"绿色经济转型"方法，这是欧洲复兴开发银行帮助相关国家打造绿色、低碳和韧性经济的新方法。在新的"绿色经济转型"方法框架下，欧洲复兴开发银行将在2025年之前将绿色融

---

① 资料来源：EIB. Climate and Environmental Sustainability [R/OL].

资增加到年度业务量的 50% 以上。这一目标提前 4 年实现，2021 年"绿色经济转型"倡议的融资承诺额就达到了本年融资总额的 51%。2022 年，欧洲复兴开发银行提供了有史以来规模最大的绿色金融资金，开发了 305 个总额达 64 亿欧元的绿色项目。①

4. 亚洲开发银行

2017 年 7 月，亚洲开发银行颁布了《气候变化业务框架（2017—2030 年）》，旨在为亚洲开发银行所有部门和专题组提供指导，以加强气候行动，实现其到 2020 年每年从自身资源中拿出至少 60 亿美元作为气候变化融资的承诺。② 2021 年，亚洲开发银行宣布到 2030 年将其累计气候融资目标提高到 1 000 亿美元。2022 年，亚洲开发银行承诺提供 71.1 亿美元的气候融资。此外，亚洲开发银行承诺将加强其在气候适应和气候韧性方面的投资，2024 年投资总额将达到 90 亿美元，2030 年将达到 340 亿美元。到 2023 年 7 月，所有新的主权业务和至少 85% 的非主权业务需要与《巴黎协定》的目标完全一致。

5. 非洲开发银行

非洲开发银行分别制定了"2011—2015 年气候变化行动计划"和"2016—2020 年气候变化行动计划"。其中第二个行动计划为响应 2015 年的《巴黎协定》，旨在支持非洲各国为气候变化问题做出自主贡献。该计划提出，到 2020 年之前，非洲开发银行每年至少把 40% 的项目资金分配给气候融资，并把适应融资在气候融资中的占比从 2015 年的 29% 扩大到与减缓融资的占比持平。③ 2022 年非洲开发银行气候融资总额达到 36.5 亿美元，占其全部批准项目金额的 45.2%。其中，气候减缓资金和气候适应资金占比分别为 67% 和 33%。

---

① 资料来源：EBRD. Sustainability Report 2022 [EB/OL].
② 资料来源：ADB. Climate Change Operational Framework 2017-2030 [R/OL].
③ 资料来源：AfDB. Climate Change Action Plan（2016-2020）- Completion Report [R/OL].

6. 美洲开发银行

美洲开发银行提出"巴哈马决议",即在 2020 年底之前,根据借款国和客户以及外部优惠融资来源的要求,将拉丁美洲和加勒比地区气候变化相关项目的融资比例提高到美洲开发银行和美洲投资公司批准总额的 30%。"2021—2025 年气候变化行动计划"提出,将 30%的气候融资目标分别应用于各部门的年度底线,而不再以银行为整体。新计划提出要整合美洲开发银行公共部门行动、私营部门行动和创新行动,充分发挥部门之间的协同效应。2022 年美洲开发银行提供了 59 亿美元的气候融资。

7. 伊斯兰开发银行

2019 年,伊斯兰开发银行"气候变化政策"建立在伊斯兰开发银行采纳《金融机构内部气候行动主流化自愿原则》和《多边开发银行减缓气候融资跟踪共同原则》的基础之上[①],提出将气候行动纳入银行业务主流,增强气候变化抵御能力,支持绿色经济转型。2020 年,伊斯兰开发银行公布了"气候变化行动计划(2020—2025 年)",进一步响应"气候变化政策",强调其战略支柱间的协同效应是取得成功的关键。伊斯兰开发银行还承诺,到 2025 年,气候融资至少占其总资金的 35%。2022 年 6 月,伊斯兰开发银行推出了"巴黎协调实施行动计划(2022—2023 年)",宣布到 2023 年底其主权业务与《巴黎协定》目标完全一致。

8. 亚洲基础设施投资银行

亚洲基础设施投资银行成立于 2015 年,其宗旨是促进亚洲区域的建设互联互通和经济一体化进程,并且加强中国及其他亚洲国家和地区之间的合作,是首个由中国倡议设立的多边金融机构。为体现支持《巴黎协定》的承诺,亚洲基础设施投资银行的目标是到 2025 年气候融资达到或超过实际融资批准金额的 50%。2022 年,亚洲基础设施投资银行气候融资的比例达 56%,已经提前实现目标。到 2030 年,亚洲基础设施投资银行预计累计提供 500 亿美元

---

① 资料来源:IsDB. Climate Change [EB/OL].

的气候融资。此外，亚洲基础设施投资银行宣布将在 2023 年 7 月 1 日之前使其业务目标与《巴黎协定》的目标保持一致。

9. 新开发银行

新开发银行又称"金砖国家新开发银行"，是由巴西、俄罗斯、印度、中国和南非等金砖国家共同倡议建立的国际性金融机构。2021 年新开发银行两次扩员，批准吸收阿联酋、乌拉圭、孟加拉国和埃及为新成员。在 2022—2026 年新开发银行总战略中，扩大气候融资规模、支持成员向低排放和气候适应型发展过渡，已经成为新开发银行的战略重点之一。新开发银行计划在此期间将总融资的 40% 用于气候减缓和适应项目。

（三）多边气候基金助力全球应对气候变化能力提升

多边气候基金主要为应对气候变化提供资金支持，能够试验和培育与气候应对相关的技术方法，提供支持以实现这些技术方法的落地，并引导绿色资金流向发展中国家和新兴市场。因此，多边气候基金的运行部分体现了发达国家在《联合国气候变化框架公约》下，履行的支持发展中国家减缓和适应气候变化承诺的部分工作。根据气候资金进展数据，目前共有 27 个多边气候基金，并分为气候减缓、气候适应、多目标，以及减少毁林和森林退化所致排放等类型（见表 15-3），总承诺金额达 431.84 亿美元，总批准金额达 283.80 亿美元。[①]

表 15-3 多边气候基金

类型	多边气候基金名称
气候减缓	清洁技术基金
	市场准备伙伴关系
	扩大可再生能源计划
	全球能源效率和可再生能源基金

---

① 资料来源：Climate Funds Update. Data Dashboard [EB/OL].

续表

类型	多边气候基金名称
气候适应	适应小农农业计划
	适应基金
	最不发达国家基金
	千年发展目标成就基金
	气候韧性试点计划
	特别气候变化基金
多目标	适应小农农业计划
	全球环境基金第四次增资
	全球环境基金第五次增资
	全球环境基金第六次增资
	全球环境基金第七次增资
	全球气候变化联盟
	绿色气候基金 IRM
	绿色气候基金
	印度尼西亚气候变化信托基金
减少毁林和森林退化所致排放	亚马孙基金
	可持续森林景观的生物碳基金倡议
	中非森林金融倡议
	刚果盆地森林基金
	森林碳伙伴基金（准备基金）
	森林碳伙伴基金（碳基金）
	森林投资项目
	联合国减少毁林和森林退化所致排放项目

资料来源：Climate Funds Update，Data Dashboard。

在多边气候基金中，按照承诺金额和批准金额，位列前三的多边气候基金分别为绿色气候基金、清洁技术基金和全球环境基金。

绿色气候基金于 2010 年根据《坎昆协议》成立，作为全球气候架构内发展中国家的专用融资工具，服务于《联合国气候变化框架公约》和《巴黎协定》的多边资金机制。绿色气候基金是世界上最大的气候基金，专注于帮助发展中国家实现低碳排放和气候适应型发展。绿色气候基金主要应对气候减缓和气候适应，以发展中国家为目标对象，促进了气候资金的合理使用。它在技术落地、资金使用和能力建设方面开展绿色金融国际合作。绿色气候基金成立了一个由200多个实体和交付合作伙伴组成的网络，包括商业银行、国际发展性金融机构、股权基金机构、联合国机构和民间社会组织。通过该合作网络，绿色气候基金能直接与发展中国家合作进行项目开发和实施。在金融资本运作方面，绿色气候基金通过赠款、优惠债务、担保或股权工具的形式获得资金，并利用混合融资和私人投资来促进发展中国家的气候行动。灵活的资金结构和运作能够起到降低投资风险和扩大资金规模的作用，支持了绿色项目的落地，并培育了相关绿色金融市场。在管理气候风险上，通过一套自建的投资、风险和结果管理框架，并利用合作网络伙伴的风险管理能力，绿色气候基金可以接受更高的风险来支持早期的项目开发、技术和金融创新。此外，绿色气候基金建立了内部的尽职调查体系，规范了绿色气候基金运作。[①] 2015年，绿色气候基金正式开始运作。2019年，捐助方为第一个增资期认捐超过98亿美元。截至2022年，绿色气候基金已开发200个合作项目，承诺资助达108亿美元，预计项目开展后将减少21亿吨二氧化碳当量排放。[②]

清洁技术基金是气候投资基金框架下的多方捐助信托基金之一，旨在促进扩大具有长期温室效应潜力的低碳技术的示范、部署和转让的融资，以实现新兴市场和发展中经济体在可再生能源、能源效率和清洁交通方面的减排。[③]清洁技术基金资金来源于世界银行集团、美洲开发银行、非洲开发银行、欧洲复兴开发银行和亚洲开发银行的多边开发银行。截至目前，清洁技术基金已向智利、南非和摩洛哥等国家提供了9亿美元开展聚光太阳能项目。而在土耳其，欧洲复兴开发银行和气候投资基金通过清洁技术基金为挖掘土耳其的地热潜力投资了1.25亿美元，以扩大可再生能源生产。现阶段清洁技术基金规模达53亿美元，其中约85%的资金被批准用于可再生能源开发、能源

---

① 资料来源：About GCF [EB/OL].
② 资料来源：GCF [EB/OL].
③ 资料来源：Climate Funds Update. Global Environment Facility [EB/OL].

效率提升和清洁交通领域，预计将额外获得490亿美元的联合融资，每年将减少近6 100万吨温室气体排放。[1]

全球环境基金成立于1992年联合国环境与发展大会前夕，旨在协助保护全球环境并促进环境可持续发展。该基金支持多项多边环境协定的实施，同时服务于《联合国气候变化框架公约》和《巴黎协定》的多边资金机制，是历史最悠久的公共气候变化基金。全球环境基金还管理了《联合国气候变化框架公约》下设立的多个基金，包括最不发达国家基金和特别气候变化基金。[2] 自全球环境基金成立起，提供了超过220亿美元的赠款和混合融资，为5 200多个项目和计划额外筹集了1 200亿美元的联合融资。

全球环境基金于1992年进行试点准备，自1994年起开启了每四年一期的计划增资期。第七个计划增资期（2018—2022年）累计认捐额为41亿美元，其中以气候变化活动为重点的捐助资金规模约为8.02亿美元。自成立以来，全球环境基金已收到来自40个捐助国的捐款，包括英国、美国、瑞士等发达国家以及中国、巴西和土耳其等发展中国家。

三、双边合作机制

绿色金融双边合作主要通过各国开发性金融机构和国际合作机构来开展。目前，以英国、法国、德国、日本、美国等为代表的发达国家与以巴西、巴基斯坦、印度、中国、墨西哥、菲律宾、印度尼西亚等为代表的发展中国家合作成为双边合作的主要形式（见表15-4）。

表15-4 气候领域双边发展合作机构

国家	双边发展合作机构
澳大利亚	澳大利亚气候变化和环境倡议
奥地利	奥地利发展合作组织
比利时	比利时发展合作（外交、外贸和发展合作）机构

---

[1] 资料来源：GIF. Clean Technologies [EB/OL].

[2] 资料来源：Climate Funds Update. Glean Technology Fund [EB/OL].

续表

国家	双边发展合作机构
加拿大	加拿大国际开发署
丹麦	丹麦开发署
丹麦	丹麦发展中国家工业化基金
芬兰	芬兰外交部
法国	法国开发署
法国	法国国际合作部
法国	法国全球环境基金
德国	德国联邦经济合作与发展部
德国	德国国际合作组织
德国	德国复兴信贷银行
德国	德国联邦环境、自然保护和核安全部
希腊	希腊外交部
爱尔兰	爱尔兰外交和贸易部
意大利	意大利外交部
日本	日本外务省
日本	日本国际合作银行
日本	日本国际协力事业集团
卢森堡	卢森堡发展合作署
荷兰	荷兰发展合作组织
新西兰	新西兰援助方案
挪威	挪威外交部
挪威	挪威发展合作署
葡萄牙	葡萄牙外交部
葡萄牙	葡萄牙合作研究所
西班牙	西班牙外交与合作部
瑞典	瑞典国际发展合作署
瑞士	瑞士发展与合作署
瑞士	瑞士国家经济事务秘书处
英国	英国国际开发部
美国	美国国际开发署

资料来源：Multilateral and Bilateral funding sources。

当前绿色金融领域的双边合作机制尚未形成清晰的合作模式，部分国家的代表机构积极推动着多层次、多领域的双边合作。下面以英国、法国、德国的双边机构合作为例，阐述双边绿色金融国际合作模式。

（一）英国积极与发展中国家开展绿色金融领域合作

英国积极与发展中国家如中国、印度、巴西、哥伦比亚和墨西哥等在绿色金融领域开展双边合作，并通过绿色金融倡议和英国加速气候转型合作项目，与发展中国家开展不同领域的绿色金融合作。绿色金融倡议由2016年伦敦金融城公司发起，旨在支持可持续基础设施项目的建设。[①]英国加速气候转型合作由外交部、联邦和发展办公室，以及商业、能源和工业战略部共同管理资助，致力于加速伙伴国家向低碳发展转型。

在中英合作方面，双方在第九次、第十次中英经济财金对话上相互承认对方为绿色金融融资、产品创新和思想领导力方面的主要合作伙伴。在第十次中英经济财金对话上，由伦敦金融城绿色金融倡议和中国绿色金融委员会发起的中英绿色金融中心得到两国政府的正式认可。2016年成立了中英绿色金融工作组，旨在增加绿色"一带一路"倡议、气候相关财务信息披露工作组、ESG投资、绿色资产证券化和绿色标准方面的合作。该工作组制定了一系列绿色投资原则并确保其稳妥实施，以促进可持续的基础设施投资，提高对绿色、低碳和气候适应型投资的雄心。此外，中英绿色金融工作组还协商建立伦敦—北京绿色技术投资门户，在绿色和清洁技术方面展开合作。英国加速气候转型合作项目也加强了中国和英国在气候风险披露、绿色"一带一路"投资等方面的合作。

在英国与印度合作方面，英国通过与印度政府和监管机构合作，帮助印度发展绿色金融市场，具体措施包括改善金融市场监管、促进绿色金融工具和分类的创新，以及动员绿色金融投融资活动。此外，英国还支持印度绿色债券的发行，例如，在伦敦证券交易所发行了第一批价值3亿美元的绿色"马

---

① 资料来源：City of London. City launches initiative to make London the world leader in Green Finance [EB/OL].

萨拉"债券。①

在英国与巴西合作方面，通过伦敦金融城的绿色金融倡议，英国已与巴西可持续市场发展委员会建立了伙伴关系，英国和巴西通过经济和金融对话就绿色金融开展合作。

（二）法国开发署积极发挥绿色金融双边合作角色

法国开发署承担了法国开展绿色金融国际合作的资金援助和能力建设任务。2017年11月，法国开发署公布了气候与发展战略，承诺其投资项目完全符合《巴黎协定》目标。目前，法国开发署将超过50%的资金投入与气候有关的官方发展援助项目。自2017年以来，法国开发署已经为发展中国家和法国海外地区批准了333亿欧元的气候融资，并于2022年批准了69亿欧元的气候融资。在受助区域上，非洲国家是主要的受助方。法国开发署公布了"2020年非洲可再生能源倡议"，计划通过法国环境与能源署，利用技术与资金投资在非洲开发利用可再生能源的项目。

（三）德国与伙伴国家开展从资金到能力的广泛合作

德国复兴信贷银行正积极转型成为一家具有变革性的开发银行，以推动可持续发展，并实现碳中和目标。② 2020年，德国复兴信贷银行下的德国投资公司在非洲和亚洲地区投入了5.08亿欧元，用于支持气候和环境保护项目，例如，为肯尼亚、约旦和柬埔寨的太阳能园区提供资金。③此外，德国复兴信贷银行为拉丁美洲绿色债券基金提供了启动资金，以推动当地绿色金融产品和投资发展。④ 2022年，德国复兴信贷银行承诺在环境和气候领域投资76亿

---

① 资料来源：IFC News. IFC Issues First Green Masala Bond [EB/OL].
② 资料来源：The Federal Government. German Sustainable Finance Strategy [R].2021.
③ 资料来源：KFW. Commitments for developing countries and emerging economies hit record high once again in 2020[EB/OL].
④ 资料来源：KFW. Launch of green bonds in Latin America[EB/OL].

欧元，这些投资所支持的新项目预计在伙伴国家每年可减少近1 100万吨二氧化碳排放。

德国国际合作组织主要接受德国经济合作与发展部等政府部门的委托，是一个推动国际合作的服务型企业。2014—2021年，德国国际合作组织启动"新兴市场可持续对话"全球项目，致力于与G20新兴经济体开展可持续领域的国际合作。在德国与巴西合作方面，自2018年起，德国国际合作组织作为德方的执行机构，与巴西经济部开展了绿色和可持续金融项目，在绿色金融市场规则和债券领域展开了密切的技术合作，为绿色金融市场的发展提供了良好的框架基础。[①] 在德国与中国合作方面，自2015年起，德国国际合作组织就在绿色金融和可持续金融领域进行能力建设和知识传播合作。

四、绿色金融国际合作机制建议

由于全球气候变化、环境污染和生物多样性损失等问题严重影响了人类的可持续发展，绿色金融议题在国际社会中的关注程度不断提高。通过绿色金融国际合作，世界各国可以共同实现可持续发展，促成经济增长和应对气候变化目标的实现。此外，通过发展绿色金融，将引导全球资金流向低碳、环保和气候变化领域，促进经济社会的可持续转型。当前绿色金融国际合作机制运行良好，为进一步发挥机制运行的作用，提出以下几点有关绿色金融国际合作的建议。

（一）建立健全绿色金融国际合作机制

全球绿色金融合作机制形式多样，既有的合作机制形成了全球合作平台和网络、多边机制和双边机制的体系，推动了各国在气候变化、新能源、低碳城市等领域开展合作，切实实现了绿色金融推动实体经济低碳转型。然而由于各国国情和利益诉求不同，绿色金融国际合作过程仍存在一定分歧。

---

① 资料来源：GIZ. Green and Sustainable Finance Project [R].2020.

建议继续发挥既有的绿色金融国际合作平台和框架的作用，加强政策沟通，促进相互理解与信任。在当前的合作机制中需要明确合作目标和行动计划，促进各国在绿色金融领域的交流与合作，推动资源共享和互利共赢。此外，建议继续加强双边、多边合作机制建设，包括开展定期会议、信息通报、联合研究等活动，在推动绿色金融规模化发展的同时，确保绿色金融活动符合相关标准，同时防范潜在风险，确保绿色金融国际合作的持续性和有效性。

（二）鼓励交流绿色金融市场发展经验

绿色金融国际合作的一大成效可以通过全球绿色金融市场建设来体现。由此建议各国在国际合作机制下积极交流绿色金融领域内的政策、工具和经验，通过加强政策沟通的方式，推动绿色金融发展协调一致。通过各国分享交流绿色金融发展的成功案例和经验，可以起到加强国际合作和市场监管的作用，凝聚应对气候变化挑战的努力。

此外，不同国家和地区的金融机构可以共同投资绿色项目，分散风险并提高投资效率，促进不同国家和地区之间的经济合作和交流。在市场合作方面，还可以鼓励各国金融市场或服务机构共同开发绿色金融创新产品和服务，满足不断增长的可持续发展需求，提高全球层面的绿色金融业务效率和可持续性。

（三）推动绿色资金跨境流动

资金流动是绿色金融国际合作机制的核心。实现气候变化目标需要推动经济体的绿色低碳转型，鼓励和引导国际资金流向绿色产业和项目，为广泛的投资者提供稳定的投资环境和合理回报，确保资金的持续流动。

具体而言，建议各国建立资金流动方面的合作框架，明确绿色投融资的范围、标准和规则。同时，加强各国金融监管机构的合作，共同制定跨境绿色资金流动的监测、评估和监管体系。由此加强各国绿色金融市场的开放和互联互通，提高市场透明度和公正性，吸引更多的国内外投资者进入绿色金融市场，为绿色项目提供更多的资金支持。此外，在打破绿色资金流动壁垒的同时，各国可采取激励措施促进开展绿色投融资活动，例如，可以在外汇、税收等方面提供便利和优惠。

（四）加强能力建设并特别关注发展中国家的需求

能力建设是推动绿色金融持续发展的保障。不断提高的能力建设需求也为相关专业培养和教育培训提出了更高要求。首先，建议继续进行绿色金融学术研究方面的合作，积极推动高校和研究机构在绿色金融领域的学科建设和研究，提升全球绿色金融领域的整体科研水平。其次，开展绿色金融领域的联合研究，为政策制定和市场实践提供支持；加强绿色金融领域的培训和知识分享，提高各国在绿色金融领域的专业能力。再次，加大对绿色金融领域人才的培养力度，提高专业素质和管理能力，为绿色金融国际合作提供人才保障。最后，在能力建设方面，还应重视对发展中国家绿色金融领域的支持，通过提供资金、技术和经验等方面的帮助，加快实现可持续发展。

总的来说，通过加强政策沟通、推动市场合作、促进知识交流，可以进一步推动绿色金融国际合作的发展。在全球共同应对气候变化和环境挑战的关键时期需要凝聚全球力量携手合作，应对从政策协调、资金流动到能力建设上的挑战，共同推进全球绿色金融的发展。

第十六章
弥合多重危机下的全球发展赤字

赵昌文 张友谊 李苍舒[*]

[*] **赵昌文**,经济学博士,中山大学岭南学院讲席教授,中国国际发展知识中心原主任,全球经济治理50人论坛成员。
张友谊,国际政治经济学博士,中国国际发展知识中心副研究员。
李苍舒,经济学博士,中国国际发展知识中心副研究员。

摘要：当前，世界进入新的动荡变革期。地缘政治冲突不断加剧，经济脆弱性更加突出，粮食能源、经济金融、公共卫生、气候变化等多重风险挑战相互影响、交织叠加。多重危机下，世界经济动能不足，全球发展不充分、不均衡，全球治理合作缺失，导致全球发展偏离正常轨道，发展成果低于预期，发展鸿沟持续扩大，发展赤字有增无减，发展中国家面临政治、经济、社会和民生等多个领域的困难。面对变乱交织的世界，各方应共同应对和平赤字、安全赤字和治理赤字，为弥合发展赤字提供前提和基础。中方提出全球发展倡议，旨在与各方携手重振全球发展事业，推动全球发展迈向平衡、协调、包容的新阶段，弥合全球发展赤字，加快落实2030年可持续发展议程，促进构建全球发展共同体。

当前，世界进入新的动荡变革期。地缘政治冲突不断加剧，经济脆弱性更加突出，粮食能源、经济金融、公共卫生、气候变化等多重风险挑战相互影响、交织叠加。多重危机下，世界经济动能不足，全球治理合作缺失，导致全球发展偏离正常轨道，发展成果低于预期，发展鸿沟持续扩大，发展赤字有增无减，特别是新冠肺炎疫情磨灭了过去10年全球减贫成果，发展中国家面临政治、经济、社会和民生等多个领域的困难。在此背景下，中国提出全球发展倡议，旨在与各国一道重振全球发展事业，推动全球发展迈向平衡、协调、包容的新阶段，以弥合全球发展赤字，加快落实2030年可持续发展议程，促进构建全球发展共同体。

一、地缘政治冲突背景下，全球发展面临多重风险挑战

近期，国内外学术界、舆论界甚至决策层广泛关注的一个词是"多重危机"，"多重危机"主要是指新冠肺炎疫情、地缘政治冲突等冲击引发或加剧了包括能源、粮食、金融债务、公共卫生、气候变化等多个方面、多个领域的全球性风险挑战，以及这些风险挑战之间的相互诱发、相互交织和相互影响。多重危机背景下，人类社会的发展前景严重恶化，全球落实可持续发展目标面临严峻挑战。2020年和2021年人类发展指数30年来首次连续下

降，全球可持续发展目标平均指数首次出现下降，169个具体目标中有2/3受到影响，最贫困国家和地区在实现可持续发展目标方面的进展很可能被推迟10年。

一是粮食领域的风险挑战。粮食不安全人数增加。联合国世界粮食计划署（WFP）数据表明，79个国家的3.49亿人处于严重粮食不安全状态。根据联合国《2022年可持续发展目标报告》，全世界约有1/10的人在遭受饥饿，近1/3的人无法正常获得充足的食物。根据《2023年全球粮食危机报告》，2022年全球58个国家和地区约2.58亿人面临严重粮食不安全问题，远高于2021年53个国家和地区约1.93亿人的水平，其中新增严重粮食不安全人口占25%。从全球粮食安全受影响的区域和人数看，根据联合国世界粮食计划署和联合国粮食及农业组织（FAO）数据，2014—2021年，世界中度或重度粮食不安全人数从15.4亿人增加到23.1亿人，中度或重度粮食不安全发生率从21.2%上升到29.2%。从FAO食品价格指数看，2022年全球食品价格指数平均高达143.7%，与2021年相比提高了14.3%，与疫情全球蔓延前的2019年相比提高了51.1%，创下阶段性历史新高。虽然近期FAO食品价格指数有下降趋势，但仍明显高于2020年和2021年的水平。就绝对数量而言，中度或重度粮食不安全人口主要集中在非洲和亚洲地区，2021年全球粮食不安全人口超过23亿，其中非洲人口近8亿，亚洲人口超过11.5亿。

发展中国家的粮食安全与发达国家相比具有更明显的脆弱性。根据英国《经济学人》智库对全球113个国家粮食安全状况的评估，28个发达国家的粮食安全状况全部评分为"非常好"和"好"，而85个发展中国家中，仅有12个国家评分为"好"。根据OECD和FAO数据，全球谷物产销缺口大的区域主要集中在人口众多的亚洲和非洲地区，且近年来缺口持续呈现扩大态势。2022年初以来，由于粮食不安全和贫困状况恶化，低收入国家中位数的通货膨胀率翻了一倍，消费价格上涨速度比大流行前快了5倍多，生活成本上涨和进口费用飙升严重拖累了这些国家的经济增长。

地缘政治冲突加剧全球粮食安全风险。当前全球面临的粮食危机根源不是生产和需求问题，而是供应链问题及国际合作受到干扰。由于俄罗斯和乌克兰是全球小麦、大麦、玉米、油籽油料的重要生产国和出口国，且俄罗斯是重要化肥生产国和出口国，两国粮油等产品的生产、出口对确保全球粮食供应十分重要。2022年，疫情全球蔓延叠加俄乌冲突等局部地区的影响，全球粮食生产、加工、贸易、港口、码头等物流与贸易供应链普遍受到不同程度影响，尤其是黑海周边国家和地区粮食外运被波及。地缘政治紧张形势下，相关国家就粮食出口实施单边制裁，将粮食政治化、工具化、武器化，对全球供应链造成了严重破坏。根据国际食物政策研究所统计，俄乌冲突发生后，有29个国家采取出口贸易限制措施，扰动国际粮食市场，放大了市场风险。

二是能源领域的风险挑战。能源供应较为紧张，价格总体居于高位。2020年以来，受新冠肺炎疫情、极端天气、俄乌冲突等因素相继影响，全球能源供应紧张，大宗商品市场急剧震荡，各国对能源安全形势的担忧日渐加深。世界银行预计，2023年全球能源价格有所回落，但仍将远高于过去5年的平均水平和从前的预测水平。虽然当前全球能源价格已低于上一年，但随着全球经济逐渐复苏，2023年全球石油需求将达到每天1.019亿桶，创下历史新高，下半年欧盟天然气缺口或达270亿立方米，能源供需紧张的局面短期内不会改变。此外，清洁能源转型对关键矿产品需求上升将加剧供应链风险。

绿色低碳能源发展融资缺口巨大。全球清洁能源所需的投资总额约为150万亿美元，缺口约47万亿美元。疫情以来，全球95%的清洁能源投资都流向了发达经济体。能源转型委员会（ETC）近期报告指出，从现在到2050年，平均每年需要约3.5万亿美元的投资才能建立"碳中和"或"净零"全球经济，远高于目前的每年1万亿美元。2022年，全球可再生能源投资总额约5 000亿美元，仅为实现1.5℃温控目标所需投资额的1/3，且95%的投资流向了太阳能光伏和风能，惠及人口数量不及全球半数，非洲新增可再生能源产能仅占全球增量的1%。据估算，到21世纪20年代末，也就是未来几年，新兴市场和发展中经济体每年获得的清洁能源投资预计需要超过1万亿美元，相当于当前水平的7倍以上，才能够确保全球在2050年以前实现"碳中和"或"净零"排放。

地缘政治冲突加剧了地区和全球能源供求关系紧张。俄罗斯是全球最主要的化石能源出口国，曾是欧盟最重要的能源贸易伙伴。2021年，欧盟40%的天然气、27%的石油和46%的煤炭来自俄罗斯，能源进口占贸易比重达77%。俄乌冲突爆发后，俄罗斯能源生产和出口受到制裁，包括欧盟在内的全球能源供应稳定性已严重受损，甚至在未来较长一个时期会频繁出现供应短缺。

三是经济领域的风险挑战。世界经济恐面临中长期衰退风险。2023年10月国际货币基金组织发布的《世界经济展望报告》预计全球经济增长率将从2022年的3.4%放缓至2023年的3.0%。根据高盛公司近期报告，预计全球潜在经济增速的高峰期已经过去，2024—2029年全球经济年均增速为2.8%。世界银行《下降的长期增长前景》报告称，全球或将迎来"失落的10年"。推动过去30年经济繁荣的因素正在消退，若各国不采取大刀阔斧的政策改革，2022—2030年，全球年均潜在GDP增速将下降至2.2%，为30年来最低水平，发展中经济体的年均潜在GDP增速将从2000—2010年的6%降至4%。

支撑经济增长因素的预测表明全球潜在增速有进一步放缓趋势。世界银行《下降的长期增长前景》报告称，从劳动力因素来看，过去50年，全球人口增长率减半，从之前年均增长2%左右下降至目前年均增长不足1%。经济增长放缓的部分原因是人口老龄化，包括劳动力人口年龄结构逐步高龄化、人口增长率放缓和劳动力参与率下降。从资本形成来看，因新冠肺炎疫情和地缘政治冲突加剧，金融条件越发紧张，2011—2021年的投资放缓可能会延续至2030年。从生产率角度来看，在2011—2021年，全球的特点是全要素生产率增长放缓。从全球贸易角度来看，全球经济增长放缓和贸易保护主义加剧等因素，导致贸易增长不确定性和波动性增大。

全球经济增长还面临着长期通胀的挑战。2022年以来，全球主要经济体通货膨胀持续保持高位。国际货币基金组织于2022年10月发布的《世界经济展望报告》显示，2022年，发达经济体的通货膨胀率达到1982年以来的最高水平。2023年10月的《世界经济展望报告》显示，全球通胀率预计将从2022年的8.8%降至2023年的6.9%和2024年的5.8%，但仍高于疫情之前（2017—2019年）约3.5%的水平。虽然世界银行和国际货币基金组织都预测

2023年全球通胀率将有所下降，但总体通胀率和核心通胀率仍将为2021年前平均通胀水平的2倍左右。

新兴市场和发展中经济体增长乏力造成其与发达经济体的收入趋同出现停滞。相比于发达经济体，新兴市场和发展中经济体受到低增长经济环境的冲击更大。房地产疲软、供应链中断、商品需求下降、不平等加剧等因素都阻碍了这些经济体的持续增长。根据联合国《2022年可持续发展目标报告》，国家间的不平等比率从2017年至2021年上升了1.2%，为一代人中第一次提高，而新冠肺炎疫情前对不平等比率的预计是同期将下降2.6%。从世界银行2023年1月发布的《世界经济展望报告》看，2023年新兴市场国家经济产出比大流行前的预计趋势低5.6%，下降趋势远超发达经济体（比大流行前的预计趋势低2.2%）。未来两年，新兴市场国家的人均收入增长率预计平均仅为2.8%，比2010—2019年的平均水平低1%。2020—2024年，除中国以外的新兴市场国家的人均收入增长率预计将与发达经济体的人均收入增长率大致相同，这意味着收入趋同实际上已经停滞。在脆弱和受冲突影响的地区，人均收入预计将在2024年下降。

全球化遭遇逆流，导致分工逻辑从效率导向逐渐演变为安全导向。全球供应链脆弱性和风险性加大，成本优先、效率导向的全球化遭遇挑战，各方对供应链韧性、安全和经济循环可靠性的重视程度进一步上升，全球价值链重构呈现本土化、碎片化、多元化趋势，全球化动力减弱。俄乌冲突引发西方国家对俄罗斯采取全面经济金融制裁，全球经济和贸易体系分割趋势进一步加强。未来一段时期，由于少数发达国家在所谓经济安全名义下推行的"小院高墙""脱钩断链""去风险"措施，全球化将进入区域化、集团化博弈调整阶段，一段时期以来实施的"制造业回流""再工业化"等战略会给现有的全球产业分工带来较大冲击。

四是金融领域的风险挑战。高利率环境下发展中国家的债务高企。2021年，发展中国家的外债存量（11.1万亿美元）是2000年的近5倍，外债与GDP的比率从2008年的22.8%升至30.6%。融资条件收紧、增长疲软和债务水平上升给新兴市场国家带来了严峻的财政挑战。国际货币基金组织研究表明，当前约15%的低收入国家处于债务困境，另有45%的低收入国家和约 25% 的新兴市场国家面临债务困境的高风险。部分新兴市场国家本币已贬值 20%～30%，这导致其用于偿付外债的本币大幅增加，大大提高了主权债务违约风险。高昂的债务融资成本严重阻碍了发展中国家的疫后复苏进程，不仅会挤出政府在其他方面的支出，而且会限制政府应对其他外部冲击的能力。

全球金融资源正在从发展中国家回流至发达国家。2022—2024 年，新兴市场国家的总投资预计仅增长 3.5%，不足过去 20 年平均水平的半数，也低于维持资本存量所需的水平。约有 1/5 的新兴市场国家难以进入全球金融市场并获取融资支持，大约是 2019 年的 3 倍。根据摩根大通统计，2022 年，投资者已从新兴市场债券基金中撤资近 500 亿美元，为 2005 年以来最大幅度。预计 2022—2023 年，新兴市场和发展中经济体的年均投资增长率为 3.5%，低于长期（2000—2021 年）平均水平。到 2024 年，预计新兴市场和发展中经济体的投资水平将比新冠肺炎疫情暴发前水平高出约 15%；相比之下，2008—2009 年全球金融危机 4 年后，新兴市场和发展中经济体的投资水平比危机前高出近 50%。从联合国贸易和发展会议数据看，2022 年流向最不发达国家的对外直接投资减少了约 30%，而发展中国家作为一个整体的对外直接投资增加了约 30%。

发达国家货币政策收紧引发国际资本波动，这会进一步加剧新兴市场和发展中经济体金融不稳定性。随着美联储收紧货币政策，美元利率走高、美元指数走强，这会增加美元资产回报、削减非美元资产的吸引力，对新兴市场和发展中经济体产生资本外流、货币贬值和资产价格调整的压力。近期美欧等发达经济体银行体系波动对全球（特别是对新兴市场和发展中经济体）经济金融稳定产生巨大负面影响。国际货币基金组织在 2023 年 4 月《世界经济展望报告》中警告称，金融系统动荡及严重恶化可能使产出削减至接近衰退的水平。

发达国家银行业危机仍存在较大不确定性。2023 年 3 月以来，美国、瑞士等部分银行倒闭，扰乱了金融市场，对全球经济金融稳定造成负面影响。发达国家银行业危机恐尚未完全暴露。截至 2022 年底，美国银行的未实现证券损失已达 6 200 亿美元，相当于总资本（2.2 万亿美元）的 28%。根据鲁比尼宏观研究公司（2023）的估计，美国银行业的未实现损失实际上达到了1.75万亿美元，占其总资本的80%，有数百家美国银行在技术上已接近资不抵债。

五是公共卫生领域的风险挑战。新冠肺炎疫情导致严重生命和健康损失。根据世界卫生组织统计，截至2023年5月，新冠肺炎疫情导致全球近700万人死亡，累计感染病例达7.6亿。新冠肺炎疫情不仅夺走数百万生命，还给感染者带来长期后遗症。据估计，全世界至少有6500万人患有"长期新冠"。

全球新生儿预期寿命大幅下降。根据联合国经济和社会事务部的估测数据，2015—2019年，全球新生儿预期寿命从71.8岁增至72.8岁。但受新冠肺炎疫情冲击，2020年和2021年全球新生儿预期寿命下降约1.8岁，降至2012年水平，磨灭了2030年可持续发展议程通过以来取得的成绩。

新冠肺炎疫情损害了多年来在防治其他致命疾病方面取得的积极成果。全球医疗保健服务在大流行期间总体下降了37%，访问量下降42%，入院率下降28%，诊断率下降31%，治疗率下降30%。世界卫生组织2021年第四季度对129个国家的调查显示，多国基本卫生服务不同程度地受到疫情影响，包括常规免疫服务、非传染性疾病医疗服务、精神疾病医疗服务等。

新冠肺炎疫情对各国卫生支出能力造成严重干扰。预计到2027年，全球41个国家（地区）的政府支出将持续低于疫情前水平，全球69个国家（地区）的政府支出将可能超过2019年的水平，但增幅较小。经济低迷严重限制了这些国家在卫生领域的投资能力。此外，部分国家需要支付较高的公共债务利息，进一步削弱了卫生投资能力。

新冠肺炎疫情凸显出全球医疗与社会资源不平衡。国家间疫苗接种率仍存在较大差距，非洲国家和低收入国家接种率仍然较低。弱势群体面临更高感染风险和更大死亡概率。据统计，新冠病毒感染对老年人、穷人、难民和移民以及更大范围的弱势群体影响尤为严重。

六是气候变化领域的风险挑战。温室气体年排放量屡创新高。2021年，全球能源相关碳排放量达到了363亿吨的历史最高，全球平均地表二氧化碳浓度为工业化前水平的149%，浓度和年度增幅均创有系统记录以来新高。联合国政府间气候变化专门委员会（IPCC）第六次评估报告第一工作组报告《2021年气候变化：自然科学基础》指出，目前全球地表平均温度较工业化前高出约1.1℃，从未来20年的预估来看，全球升温预计将达到或超过1.5℃。《2022年全球碳预算报告》显示，当前全球人类活动产生的二氧化碳排放量仍处于历史最高水平，化石燃料排放量已超过疫情前水平。新冠肺炎疫情和俄乌冲突对全球产业链和能源供需格局产生了深刻影响，紧迫的经济复苏需求使得化石燃料消费开始反弹，动荡的国际局势迫使各国将能源安全视作政策优先事项，气候政策有所回摆，化石能源投资或将回温。

全球减排雄心不足、减排差距显著。当前，各个国家自主贡献目标（NDC）完全不足以实现《巴黎协定》目标，在当前政策情境下，到21世纪末，全球升温幅度将达2.8℃，即便各国兑现了所有有条件和无条件的减排承诺，升温幅度也将高达2.4℃至2.6℃。根据测算，如需将全球变暖限制在工业化前水平以上1.5℃的范围内，2030年全球排放量需要比2010年水平减少4%。但根据《联合国气候变化框架公约》190个缔约方通报的国家自主贡献、目标和承诺，从现在起至2030年，全球排放量将增加近14%。

全球极端天气、气候灾害加剧与影响分化并存。2015—2022年是人类有记录以来最暖的8年，冰川融化和海平面上升在2022年再次创下新的纪录。2022年以来，巴基斯坦和印度西部地区洪灾、土耳其和叙利亚大地震、欧洲出现极端高温天气等气候问题，造成重大人员伤亡和财产损失。世界气象组织警告称，如再不采取紧急行动，类似干旱、高温、洪水等极端气候事件未来或将成为常态。广大发展中国家由于生态环境、产业结构和社会经济发展水平等方面的原因，比发达国家更易受到气候变化的不利影响，同时由于适应气候变化的能力普遍较弱，更易跌入贫困陷阱。

上述六大领域的风险挑战，不但制约全球发展，特别是发展中国家的短期经济社会发展，而且会产生具有中长期影响的"疤痕效应"。世界银行《下降的长期增长前景》报告称，因疫情和地缘政治冲突加剧、金融条件越发紧张等因素，2011—2021年的投资放缓可能会延续至2030年。国际货币基金组织《世界经济展望报告》表示，在新兴市场和发展中经济体，由于人口年轻化，新冠肺炎疫情对教育的影响更大，所以政策空间更小，现有投资需求也更大，预计未来几年产出和就业率仍将低于以往的趋势（2024年产出和就业率将分别平均下降4.3%和2.6%）。新冠肺炎疫情导致全球供应和需求等方面严重混乱，社交距离和封锁措施限制了经济活动的恢复，特别是在交通、旅游等服务业，高失业率、投资疲软和生产率低下将导致"长期疤痕"，并抑制长期潜在经济增长。国际货币基金组织为G20准备的关于疤痕效应的背景报告称，受疫情影响最严重的行业杠杆率和资产负债表脆弱性急剧上升，如不加以解决，有可能会抑制中长期投资和创新；G20新兴经济体部分正式工作岗位长期无法恢复，或将导致生产力下降、收入减少、社会保障水平下降等中长期问题。

二、多重危机下，全球发展赤字有增无减

大国博弈、新冠肺炎疫情、俄乌冲突等因素，使得人类社会面临的全球性问题日益增多。2017年5月，习近平主席在"一带一路"国际合作高峰论坛开幕式上指出，"和平赤字、发展赤字、治理赤字，是摆在全人类面前的严峻挑战"。2019年3月，习近平主席在中法全球治理论坛闭幕式上又提出"信任赤字"，从而形成全球治理领域"四大赤字"的提法。党的二十大报告进一步指出，"和平赤字、发展赤字、安全赤字、治理赤字加重，人类社会面临前所未有的挑战"，这是我们关于"四大赤字"的最新提法，也是中国对于全球治理形势与任务的深刻判断。全球治理的"四大赤字"是密切相连、互相影响、逻辑严密的有机整体。按照我们的理解，和平、安全、治理都是发展的前提和基础，没有和平稳定的国际环境，没有普遍安全的外部条件，没有公正合理的全球治理，就不可能有更快、更好的发展。所以，弥补发展赤字，首先要弥补和平赤字、安全赤字、治理赤字。与此同时，发展既是落脚点，也是出发点，是解决一切问题的关键和金钥匙，发展中出现的问题只有通过发展解决，也只能在发展中解决。这是被中国自身的实践经验所证明了的"硬道理"。全球发展赤字是全球化负面效应未能得到有效管控，全球发展获益低于成本或实际收益不及预期的情况，其实质是全球发展现状既无法顺

利实现国际社会对可持续发展目标的追求，也难以应对世界各国，特别是发展中国家客观存在的现实问题。全球发展赤字主要表现为如下五个方面。

一是全球发展不充分。2008年金融危机给全球发展带来阴影，经过10余年调整，发达国家经济缓慢回暖，但全球发展不确定性依然突出。新冠肺炎疫情、俄乌冲突相继冲击全球经济，负面效应不断外溢，供应链、通胀、粮食、能源等问题接连爆发，进一步拖慢了全球经济复苏的步伐。当前，全球经济正在进行周期性转换，从一个宽松周期走向一个高通胀、高利率、高债务和低增长的紧缩周期。

发达国家面临经济衰退压力。金融危机后，一些主要发达国家民粹主义、保护主义甚嚣尘上，多数发达国家发展缓慢甚至陷入停滞，导致全球发展总量增长不足。2020—2022年，发达经济体GDP平均增速1.3%，比2010—2019年年均增速低0.7%。美国、欧盟、德国、法国、英国、日本等主要发达国家和经济体GDP增速均显著下降，其中英国下降1.8%（见表16-1）。除了经济低增长，2020年以来，新冠肺炎疫情导致西方主要经济体实行过度宽松的货币政策，诱发通货膨胀，开工不足、供应链紊乱以及俄乌冲突带来的能源价格上升更加推高了通胀水平。2010—2022年，世界通货膨胀率从3.79%上升到8.73%，发达经济体通货膨胀率从1.54%上升到7.27%。由于温和的货币政策应对通胀失灵，美联储进而采取激进加息措施。自2022年3月到2023年5月，美联储共加息10次、累计500个基点，将美国联邦基准利率从0附近推升至5%~5.25%之间。在美联储强势收缩政策影响下，众多发达经济体出于遏制通胀、防止资本外流、稳定本币汇率等考虑，被迫跟进加息，加剧了经济衰退压力（图16-1）。

表16-1 2010—2019、2020—2022年主要经济体GDP增速

（单位：%）

	2010—2019年年均	2020年	2021年	2022年	2020—2022年年均
全球	3.7	-2.8	6.3	3.4	2.3
发达经济体	2.0	-4.2	5.4	2.7	1.3
美国	2.3	-2.8	5.9	2.1	1.7

续表

	2010—2019年年均	2020年	2021年	2022年	2020—2022年年均
欧盟	1.7	−5.6	5.6	3.7	1.2
德国	2.0	−3.7	2.6	1.8	0.2
法国	1.4	−7.9	6.8	2.6	0.5
英国	2.0	−11.0	7.6	4.0	0.2
日本	1.2	−4.3	2.1	1.1	−0.4
新兴市场和发展中经济体	5.1	−1.8	6.9	4.0	3.0
巴西	1.4	−3.3	5.0	2.9	1.5
印度	7.0	−5.8	9.1	6.8	3.4
俄罗斯	2.1	−2.7	5.6	−2.1	0.3
南非	1.7	−6.3	4.9	2.0	0.2
中国	7.7	2.2	8.5	3.0	4.6

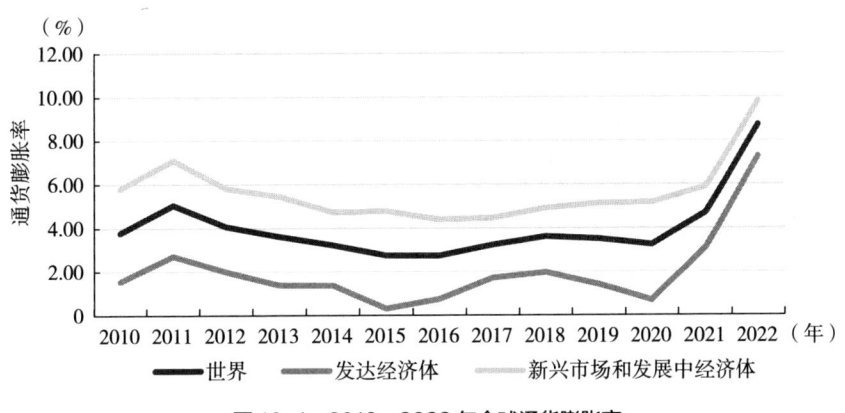

图16-1 2010—2022年全球通货膨胀率

资料来源：IMF。

发展中国家经济增长出现"大逆转"。发展中国家的持续发展是全球发展增量的关键，然而，除中国等少数国家外，不少发展中国家经济增长持续低迷，发展水平甚至倒退。2020—2022年，发展中经济体GDP平均增速3.0%，低于2010—2019年年均增速2.1个百分点。印度、俄罗斯、南非GDP增速分别下降3.6%、1.8%和1.5%。2010—2022年，发展中经济体通货膨胀率从5.8%

上升到 9.8%（见图 16-2）。

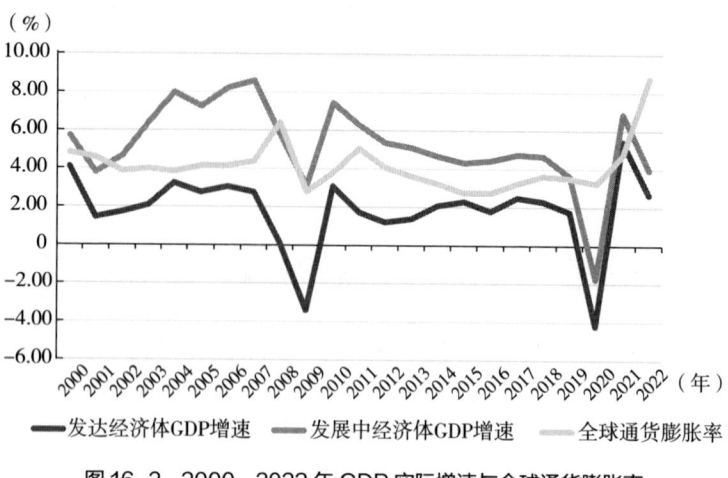

图 16-2　2000—2022 年 GDP 实际增速与全球通货膨胀率

资料来源：IMF。

新冠肺炎疫情暴发以来，为了应对疫情及其溢出效应的冲击，各国动用了大量的公共财政支出，经济社会资源在不同程度上都出现了消耗殆尽乃至透支的状况，并进一步传导至国际国内各领域。尤其是在欠发达国家和地区，由于国内外发展资源同步减少而面临巨大的返贫压力，使得发展赤字愈加难以弥合。此外，由于美国等发达国家持续激进加息的负面外溢效应，大量发展中国家面临本币对美元贬值、资本流出、融资和偿债成本攀升、输入型通胀、大宗商品市场波动等巨大压力。

二是全球发展不均衡。发展不平衡是当今世界最大的不平衡。随着全球化进程不断深化，国家间、群体间发展鸿沟拉大，发展失衡问题更为突出。这导致一些国家民粹主义、保护主义盛行，并由此造成逆全球化，甚至分裂的状态。新冠肺炎疫情和俄乌冲突交织，使得全球发展赤字更为严重。疫情导致一些国家更加贫困，加大了全球范围内的贫富差距。俄乌冲突爆发后，全球通胀压力增大，粮食和能源危机加剧，进一步影响了全球经济复苏。

南北发展鸿沟扩大。由于各国经济基础、抗疫策略等方面的差异，形成了"分化式"的不均衡复苏，发达国家的恢复速度明显快于发展中国家，各国间的发展差距进一步扩大。许多发展中国家的经济在疫情反复冲击下变得更加脆弱，加剧了各国经济复苏的"断层"效应。这种效应不仅扩大了发达经济体与发展中经济体之间的不平等，造成巨大的区域间分化，还严重威胁到全球经济复苏的韧性和可持续性。

世界银行数据显示（见图16-3），2011—2021年，从不同发展程度看，高收入国家与中等收入国家的国民净人均收入差距由30 942美元上升到34 752美元，与中低收入国家的国民净人均收入差距由31 213美元上升到35 192美元，与最不发达国家的国民净人均收入差距由33 707美元上升到38 356美元；从不同区域看，北美洲国家与撒哈拉以南非洲地区国家国民净人均收入差距由41 320美元上升到55 975美元，与东亚和太平洋地区国家国民净人均收入差距由35 860美元上升到47 597美元，与欧洲和中亚地区国家国民净人均收入差距由21 162美元上升到35 31美元（见图16-4）。

图16-3 2011—2021年不同发展程度国家国民净人均收入

资料来源：世界银行。

社会不平等加剧。其一，全球不同阶层间收入差距扩大。根据世界银行预测，2020年和2021年全球极端贫困人口数量分别为7.32亿人和7.11亿人，较没有疫情的情况下高出近1亿人。2020年，全球新增贫困人口1.19亿至1.24

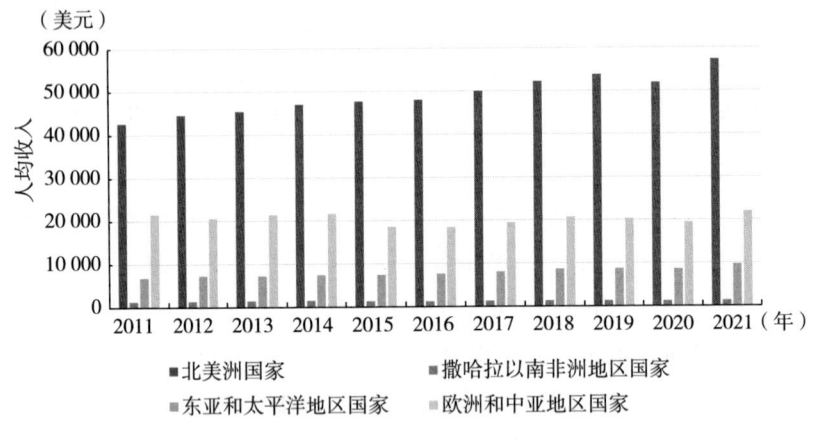

图 16-4 2011—2021年不同区域国家国民净人均收入

资料来源：世界银行。

亿，极端贫困率上升至9.5%，这是全球极端贫困人口20多年来首次上升，多年反贫困成果遭遇逆转。世界卫生组织认为，新冠肺炎疫情造成的健康成本和经济后果，将使全球约5亿人陷入极端贫困的境地。世界银行《2022年贫穷和共享繁荣》报告估计，近年最贫穷人口的收入损失百分比是最富有人口的两倍。新冠肺炎疫情防控期间，全球基尼系数增加了0.5以上，从2019年的62增加到2020年的62.6。到2022年底，仍有多达6.85亿人生活在极端贫困中。按照目前趋势，到2030年，将有5.74亿人（接近世界人口的7%）的生活水平处于极端贫困线之下。《2022年世界不平等报告》显示，2021年，全球最富有的1%人口占有全球财富的38%，最富有的10%人口占有全球财富的76%，而最贫穷的一半人口仅占有全球财富的2%。《2022年达沃斯全球不平等报告》显示，全球不平等变得更加严重。自2020年以来新创造的42万亿美元财富中，最富有的1%的人占据了近2/3。由于疫情对就业的影响与劳动者的技能水平高度相关，疫情给弱势群体带来更为严重的影响，进一步加剧了社会内部不平等问题。世界银行报告显示，2021年，全球收入分布图底部40%人群的平均收入比疫情前的预测结果降低了6.7%，而顶部40%人群仅降低了2.8%（见图16-5）。小微企业遭受的严重影响有可能导致难以逆转的创业资本和工作岗位流失。其二，各国内部，特别是新兴市场和发展中经济体差距扩大。全球化和技术进步给各国带来了广泛的发展红利，但效率和公平之间的矛盾也更加难以调和，无论是富国还是穷国，均进入一个财富高度集中的时期。新兴市场和发展中经济体国内的收入不平等将加剧，虽然幅度预计相对较小，但上述国家自21世纪以来收入不平等稳步下降趋势中断。信息技术的特性、全球化的生产与市场网络、与政治利益的结合为大企业创造了寡头垄断的机会，导致超级企业"赢家通吃"的局面，挤压更多企业的生存空间和劳动收入，加剧了经济不平等，扩大了贫富差距。

三是全球发展动能不足。当前，世界经济正处在动能转换的换挡期，传统增长引擎对经济的拉动作用减弱，人工智能等新技术虽然不断涌现，但新的经济增长点和动力源尚未形成。前三次工业革命特别是20世纪70年代以来的第三次工业革命带来的增长红利逐渐递减，甚至消耗殆尽，这使得全球经济社会发展缺乏技术进步的支撑，意味着推动发展的原动力缺失。

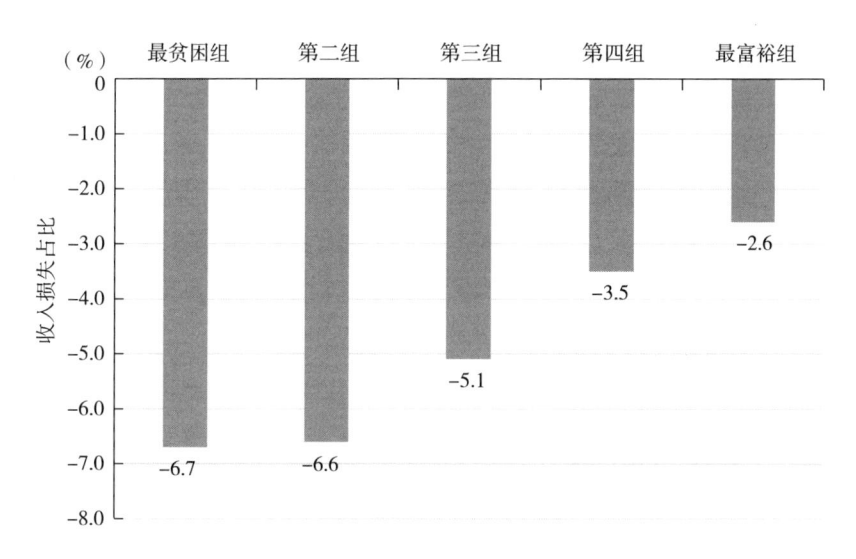

图16-5　2021年新冠肺炎疫情造成的收入损失占比（按收入五等分组划分）

资料来源：2022年《全球发展报告》。

全球创新发展不及预期。创新是引领发展的第一动力，全球经济增长根植于创新能力的持续提高。知识流动和技术外溢是推动全球创新发展的基础，然而随着经济增长放缓，保护主义抬头，全球创新知识传播和技术扩散出现巨大障碍。一些发达国家试图构建自主的产业链条，维持本国的技术优势；保护主义情绪的升温影响跨国企业研发投资领域和创新方式，习惯全球化研发模式的企业面临越发严峻的创新环境。同时，以人工智能为代表的新一代信息通信技术作为主要驱动力的数字化浪潮蓬勃兴起，推动形成了基于数字技术的新赛道、新引擎，但数字鸿沟依然存在，成为制约创新发展的关键因素。特别是受数字技术发展水平制约，大多数发展中国家的创新能力依然不足，全球创新鸿沟或将继续加深。

实现绿色转型面临严峻挑战。全球人均二氧化碳排放量自1960年以来呈上升趋势，其中高收入国家人均二氧化碳排放量持续远超其他国家。近年来，全球经济增长受到持续冲击，经济社会复苏重任削弱了有关方面应对气候变化的投入。发达国家未能兑现为发展中国家提供充足资金支持的承诺。发展中国家由于恢复社会秩序、刺激经济增长的压力，绿色转型资金规模受到严重挤压，同时还受研发能力低、高技能劳动力缺乏等因素制约。此外，发达国家推动关键领域变革的力度出现回摆。2021年，G7所有国家承诺在2025年以前逐步取消低效化石燃料补贴，但进展相当有限。俄乌冲突后，部分欧盟国家调整煤炭退出政策，一些国家已宣布重启退役火电厂，或推迟火电厂退役计划。

数字变革过程中也伴随着多重挑战。一是发展中国家数字经济发展水平与发达国家相比仍存在较大差距。从占比看，发达国家数字经济占GDP比重为55.7%，远超发展中国家29.8%的水平。互联网接入作为实现数字化的基础条件，在全球仍然呈现出明显的不平等（见图16-6）。全球仍有约27亿人处于完全离线状态。发展中国家使用互联网的人口比例在大流行期间显著增加，但仍远低于发达国家。直到2021年，发展中国家使用互联网的人口才首次超过半数（57%），远低于发达国家（90%）。二是数字技术改变发达国家和发展中国家的比较优势和竞争优势。低劳动力成本、低附加值生产是发展中国家参与全球贸易体系和产业分工的传统比较优势，但这种格局会逐渐因人工智能、3D打印和工业机器人技术而改变，劳动力的重要性相对下降，发达国家可以重新获得"再工业化"的竞争力。三是数字变革带来新的社会问题。自动化的生产线、智能化的机器人将代替大量从事重复性、机械性工作的劳动者，可能引发大规模的传统劳动密集型岗位消失。据估计，2020—2025年，全球约8500万工作岗位将被机器替代。此外，现实社会中存在的道德伦理、虚假信息、诈骗犯罪等方面的问题在网络空间被放大，造成更多负面影响。四是国家和全球层面数字治理有待提升。数据确权和在此基础上建立的公平合理的数据保护、使用、收益、流动等相关治理机制亟待健全。各国都在制定数据相关制度和规则，但还没有较好的治理架构能够同时满足个人信息保护、数据开发利用、放大公共利益、跨境数据流动等几个方面的要求，并且呈现出治理赤字加剧、发达国家推动的规则标准对发展中国家构成新的"发展壁垒"等趋势。

四是全球发展合作缺失。全球经济是强劲复苏并迈向可持续长期增长，还是陷入长期停滞经历"失去的10年"？新兴市场和发展中经济体是延续追赶步伐推动全球发展走向收敛，还是经历"发展逆转"遭遇全球发展赤字加剧？全球化是走向资本与劳动、效率与安全更平衡的升级版，还是受冷战思维荼毒，深陷地缘经济分裂？是本国至上还是促进全球共同利益？2030年全球是一个消除绝对贫困、走向更加平等的世界，还是一个仍然有大量饥饿人群、贫富差距进一步拉大的世界？历史的智慧告诉我们，分裂只会带来灾难，合作才能续写繁荣。

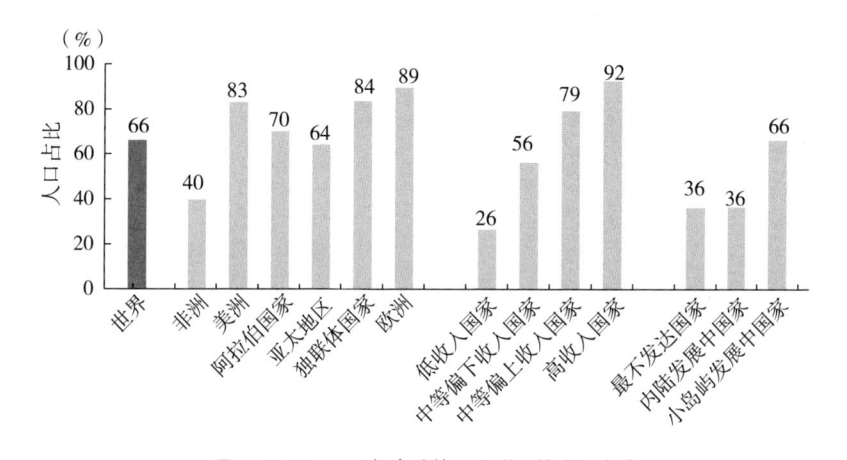

图16-6　2022年全球使用互联网的人口占比

资料来源：国际电信联盟，中国国际发展知识中心。

宏观政策协调不力。新冠肺炎疫情、地缘政治博弈及冲突背景下，G20等宏观经济协调平台受到严重干扰，宏观经济协调职能大大弱化。发达国家货币政策激进调整对全球经济金融稳定和发展中国家增长产生严重负面外溢效应。各方关于协调货币和财政政策框架、抑制通胀、维护金融部门稳定、降低债务风险和恢复财政审慎纪律等协调力度不够，对全球发展造成不利影响。

国际发展援助不足。受新冠肺炎疫情和全球经济衰退影响，发达国家普遍未能履行官方发展援助占国民总收入 0.7% 的约定以及为发展中国家提供 1 000 亿美元气候资金的承诺。根据经济合作与发展组织发展援助委员会（OECD DAC）初步统计，2022 年官方发展援助约为 2 113 亿美元，远不能满足发展中国家的巨大需求（见图 16-7）。官方发展援助（ODA）是国际发展合作的重要基础，也是许多发展中国家发展筹资的重要来源。然而，在 OECD DAC 31 个成员中，2022 年只有卢森堡（0.99%）、瑞典（0.90%）、挪威（0.86%）、德国（0.83%）和丹麦（0.70%）5 个国家履行了官方发展援助占国民总收入 0.7% 的承诺（见图 16-8）。2021 年 OECD DAC 国家私人机构和非政府组织的捐赠仅为 119 亿美元，比 2020 年下降 365 亿美元。此外，发达国家向发展中国家提供的技术、能力建设和知识援助也严重不足，国际债务合作陷入困境。发展中国家调动国内资源的能力有限，因此十分依赖外部借贷，普遍面临大规模发展融资缺口，导致债务负担不断加重。部分国家使用资金不当，未将资金投入生产性项目，导致国内经济无法实现可持续增长。新冠肺炎疫情、俄乌冲突、美国加息三重全球宏观因素更是将许多国家的主权债务水平推升至历史高位。中低收入国家政府需要把高达 14% 的财政收入用于偿还外债，这一比例是发达经济体的 4 倍。高昂的债务融资成本严重阻碍了发展中国家的疫后复苏进程，限制了它们应对未来冲击的能力，导致集中违约风险的增大。

针对发展中国家严峻的主权债务风险形势，2020—2021 年以 G20 为主要合作平台推出一系列应对举措并取得积极成效。然而，随着全球主权债务风险重点逐步从流动性困难转向偿付能力危机，应对治理方法从暂缓偿债、SDR 分配等舒缓举措转向存量债务重组的结构性治理转变，原有主权债务危机治理框架无法适应新时代环境要求。一是债权人结构发生巨大变化，商业债权人占比显著提高。1996 年参与"重债穷国倡议"的 37 个国家的公共债务中，90% 债权归属于包括多边开发银行和双边债权人在内的官方债权人。2022 年，上述国家公共债务中多边债权人（主要为多边开发银行）、双边官方债权人以及商业债权

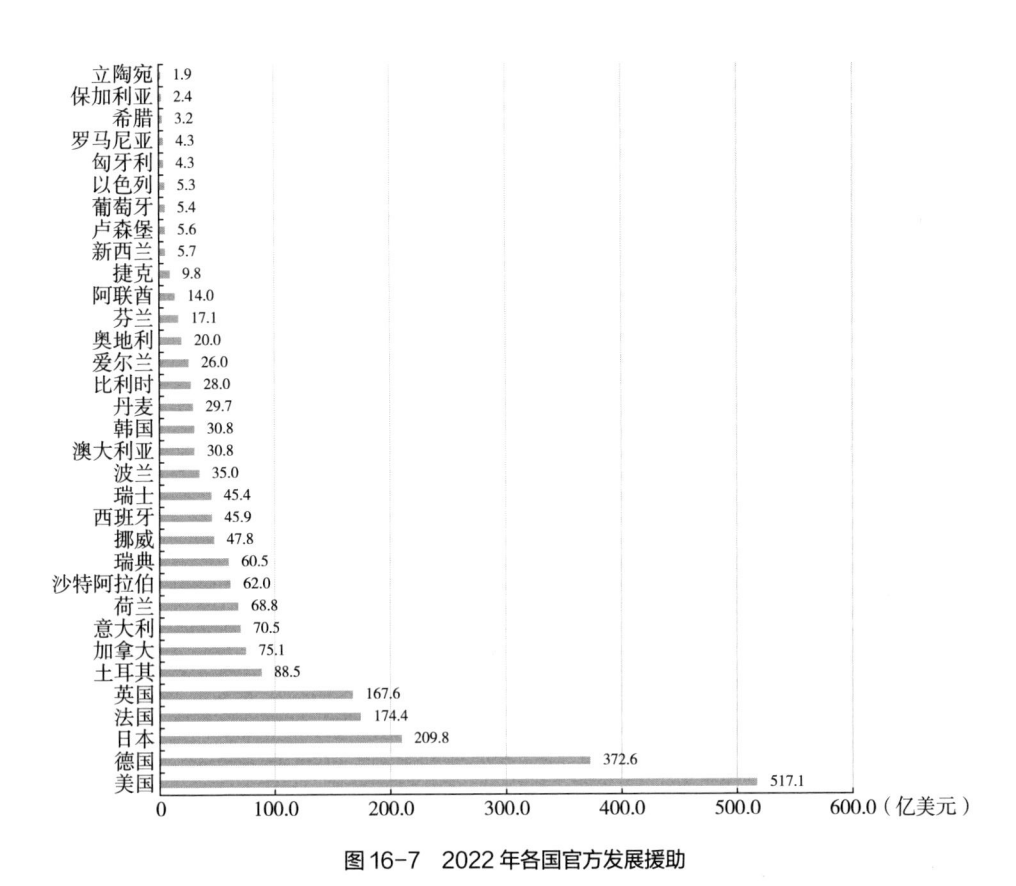

国家	数值
立陶宛	1.9
保加利亚	2.4
希腊	3.2
罗马尼亚	4.3
匈牙利	4.3
以色列	5.3
葡萄牙	5.4
卢森堡	5.6
新西兰	5.7
捷克	9.8
阿联酋	14.0
芬兰	17.1
奥地利	20.0
爱尔兰	26.0
比利时	28.0
丹麦	29.7
韩国	30.8
澳大利亚	30.8
波兰	35.0
瑞士	45.4
西班牙	45.9
挪威	47.8
瑞典	60.5
沙特阿拉伯	62.0
荷兰	68.8
意大利	70.5
加拿大	75.1
土耳其	88.5
英国	167.6
法国	174.4
日本	209.8
德国	372.6
美国	517.1

图 16-7 2022 年各国官方发展援助

资料来源：OECD Official Development Assistance (ODA)。

人的比例分别为 30%、24% 和 46%。商业债权人债权比例明显提高，多边债权人比重次之，必须加入债务处置谈判之中，才能改变当前债务处理机制仅聚焦双边官方债权人的局面，从根本上解决当前债务国面临的债务困境。二是当前债务处置机制不充分，尚未形成覆盖所有债权人的债务处置谈判平台。G20 "暂缓最贫困国家债务偿付倡议" 和《缓债倡议后续债务处理共同框架》是当前重要多边债务处置机制，但面临诸多挑战。缓债倡议的作用是缓解流动性风险，但目前该倡议已到期。而共同框架旨在实现快速有序的债务重组，但由于担心主权评级降级，影响后续在金融市场融资，目前申请者尚不多，仅 4 个国家申请债务处理。此外，共同框架尚未与多边债权人和商业债权人形成联动机制，无法在可比性原则和公平负担原则下共同处理债务国债务问题。

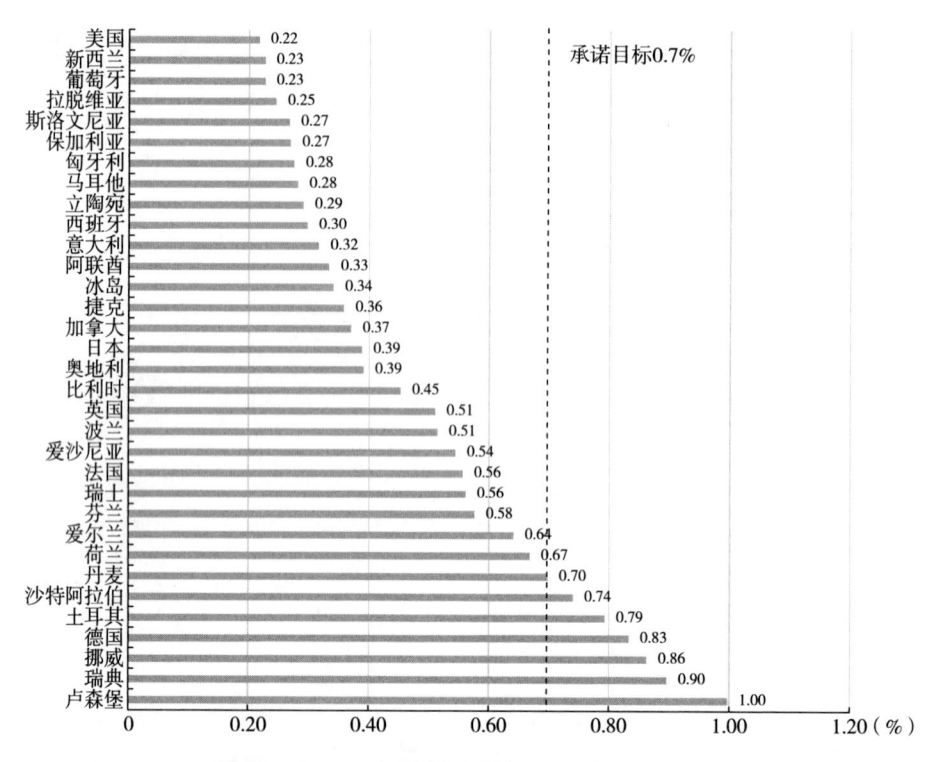

图16-8 2022年各国官方发展援助占国民总收入比重

资料来源：经济合作与发展组织发展援助委员会。

五是全球发展环境恶化。国际地缘冲突带来新的巨大风险。2022年春季爆发的俄乌冲突是当前全球最为突出的风险事件之一。冲突未来走向存在变数，但这一事件及其引发的连锁反应将从农业、能源、贸易、财政、金融等多个方面对全球经济形成系统性深远影响。农业方面，俄罗斯和乌克兰两国资源、农产品供给受阻将加剧全球通胀，侵蚀居民收入，抑制需求增长，甚至可能引发粮食危机。能源方面，冲突导致国际油气供需格局改变和供应市场切换，引发了世界各国对于能源安全问题的担忧，能源价格不断创造新高。贸易方面，大范围的制裁将直接影响制裁经济体与被制裁经济体之间的贸易关系，并通过全球贸易网络波及其他经济体，全球产业链退化、分割速度加快，供应链恢复更加困难，国际贸易长期收缩的危险加大。财政方面，激烈的地缘冲突将引发相关国家被迫提高军费开支，这会极大增加其财政负担，冲突之后难民大规模涌入也将增加难民安置国的财政支出。金融方面，被制裁经济体面临外币债偿还渠道受阻、本币波动、资本外流等问题，其他经济体也会出现投资者信心不足、风险偏好下降、金融市场动荡加剧等问题，金融制裁还将导致跨境支付网络趋向碎片化，并促使各国重新考虑和调整持有的外汇储备，增加相关国家的交易成本、重置成本。

全球化逆转，全球发展前景恶化。自2008年全球金融危机，特别是新冠肺炎疫情暴发以来，全球贸易增长缓慢，全球价值链的扩张陷入停滞，贸易主导型增长模式受到了严峻挑战，全球价值链呈现缩减或分割态势。在保护主义、单边主义抬头的背景下，商品、服务、技术、人员跨境流动出现更多限制。为保持自身科技优势地位，部分发达国家在高科技领域内泛化国家安全概念，构建排外独占式的"小院高墙"，减少国际高科技交流，围追打压具有国际竞争力的其他国家高科技企业，以此迟滞或阻断发展中国家科技进步进程，这种将科技"政治化"的做法将导致世界范围科技交流和人类进步普遍受阻。

全球发展的脆弱性和不可预测性增强。根据世界经济论坛《2023年全球风险报告》，未来10年是人类历史上特别具有破坏性的时期，新旧各类挑战交织，具有不确定性和动荡等特征。许多深层次的危机尚在发酵中，如深层次金融稳定风险尚未引起足够重视。发达国家银行体系波动暴露了金融体系的深层次问题，如监管缺失、风险管理不足、资产负债失衡、市场信誉受损等。不确定性层层叠加、相互作用，形成新的不确定性复合体和深度互联的全球风险，以前所未有的方式干扰全球发展，并破坏国际社会为了解决长期风险而开展的各项行动。

全球治理规则缺失和失灵。当前，全球热点问题此起彼伏，全球治理体系和多边机制受到冲击。一是联合国、国际货币基金组织、世界贸易组织等既有全球治理体系运行机制存在缺陷，效率低下，而且由于成员方之间的分歧，出现治理体系政治化趋势。一些国家将治理组织和平台政治化、工具化、武器化，肆意违反治理规则，扰乱全球秩序。这使得既有治理体系已经不能有效应对当前面临的全球性问题。二是国际社会对于恐怖主义、气候变化、网络空间、国际移民、生物基金等非传统安全问题缺乏合法有效的治理机制，这使得国际社会在危机发生时束手无策、应对乏力。三是新冠肺炎疫情和俄乌冲突对全球治理造成严重冲击。疫情凸显了全球卫生治理机制的僵化、全球产业链供应链的脆弱以及全球各治理机制之间协调的低效。俄乌冲突不但使全球治理机制遭到了破坏，而且使能源、粮食、难民等问题的治理遭遇了困境，导致出现全球性危机。

三、推动全球发展重回正轨，加快落实 2030 年可持续发展议程

面对变乱交织的局面，世界各国的选择只有一个，就是齐心协力、同舟共济，共同应对多重危机冲击，加快全球发展倡议落地，构建全球发展共同体。只有这样，才能避免全球发展陷入停滞甚至发生灾难，重拾发展动能，弥合发展赤字，续写全球繁荣，促进实现联合国 2030 年可持续发展目标。

一是破解和平赤字，为全球发展营造持续稳定的环境。当前，世界之变、时代之变、历史之变正以前所未有的方式展开。一方面，和平、发展、合作、共赢的历史潮流不可阻挡。另一方面，霸权主义、强权政治威胁上升，地区热点问题此起彼伏。

中国坚定维护以联合国为核心的国际体系、以国际法为基础的国际秩序、以《联合国宪章》宗旨和原则为基础的国际关系基本准则，弘扬和平、发展、公平、正义、民主、自由的全人类共同价值，反对一切形式的单边主义、霸权主义、强权政治，为维护世界和平稳定做出积极贡献。在俄乌冲突上，中国发布《关于政治解决乌克兰危机的中国立场》文件，为解决俄乌冲突提供中国智慧和中国方案；在中东问题上，中国与沙特阿拉伯、伊朗三方达成协议并发表联合声明，推动沙伊双方改善关系，为国家和地区通过对话协商化解矛盾分歧、实现睦邻友好树立了典范；在朝鲜半岛问题上，坚持按照"双轨并进"的思路均衡解决各方合理关切。中国还积极开展反恐、禁毒、警务执法等合作，共同营造安全的发展环境；大力支持联合国维和行动，是联合国安理会常任理事国中派遣维和人员最多的国家。

推动构建新型国际关系。近年来中国沿着这个方向，坚持奉行并倡导独立自主的和平外交政策，尊重各国人民自主选择发展道路的权利，维护国际

公平正义，反对干涉别国内政，反对恃强凌弱。面对国际格局的深刻演变，中国始终将互尊互信放在前头，大力推动世界多极化和国际关系民主化。同时，中国积极发展全球伙伴关系，扩大同各国的利益交汇点。促进大国协调和良性互动，推动构建和平共处、总体稳定、均衡发展的大国关系格局；按照亲诚惠容理念和与邻为善、以邻为伴的周边外交方针，深化同周边国家友好互信和利益融合；秉持真实亲诚理念和正确义利观，加强同发展中国家团结合作，维护发展中国家共同利益。此外，中国倡导相互尊重、平等协商，坚决摒弃冷战思维和强权政治，走对话而不对抗、结伴而不结盟的国与国交往新路；倡导以对话解决争端、以协商化解分歧，统筹应对传统和非传统安全威胁，反对一切形式的恐怖主义，为消除战争危险、维护世界和平提出了中国方案，做出了中国贡献。

构建命运与共的全球伙伴关系。2008年国际金融危机后，世界经济疲软乏力，一些西方发达国家竞相宣扬"以利为先"的价值理念，各国互信面临巨大赤字。一些发达国家在冷战思维的牵引下，或坚持本国优先、本国例外，或以货币量化宽松政策、转嫁污染等行为，损害发展中国家和新兴市场的正当利益。基于共同利益构建人类命运共同体，就是要通过互利合作实现各国共赢。一方面，深化经济方面的互利合作，在寻求各国利益契合点和合作最大公约数的基础上，构建政治互信、经济融合、文化包容的利益共同体；另一方面，加强人文交流，增进各国人民心灵相通，充分尊重跨文化交流融合，夯实民意基础，扩大利益共同体。

加强不同文明的交流与对话。应对共同挑战、迈向美好未来，既需要经济科技力量，也需要文化文明力量。文明的交流互鉴应成为常态，成为彼此沟通、理解的媒介。习近平主席提出全球文明倡议，表达了中国共产党和中国人民推进具有中国特色的现代化事业、促进全球文明交流互鉴、推动构建人类命运共同体的真诚愿望。中国始终坚持以交流对话增进理解互信，通过"走出去"强化同各地区、各国之间的文明交往，积极参与各种国际会议和国际组织。中国不搞单边主义，主张多边共赢，努力加强同世界各个国家的交往交流，以交流促进理解，以理解增进信任，以信任实现合作共赢。中国不仅自己通过与他国对话交流破解误会分歧、增进理解信任，同时积极为促进世界各国的交流、沟通搭建平台，实现官方和民间的经济、政治、文化、社会、生态等各方面的交流，为各个国家间的交流交往提供平台。在当前"逆全球化"思潮抬头、单边主义盛行的情况下，更要通过各种方式，建立相应的对话交往机制，加强各个国家之间的协商、沟通、交流，以减少分歧、消除误会、增进互信。

二是破解安全赤字，为全球发展搭建共建共享平台。当今世界，霸权主义、冷战思维、集团对抗威胁持续上升，大国博弈升级、权力逻辑回归，地缘政治博弈和风险愈演愈烈。一些国家将自身安全建立在别国不安全的基础上，无视他国对安全的合理关切，热衷于搞"小圈子""小集团""小联盟"，鼓吹集团对抗、价值观冲突。除传统安全外，卫生安全、网络安全、气候变化、难民危机等非传统安全也越来越严重地影响到全球民众的生活，给全球安全增加了更多变数，使得全球安全形势更加复杂。人类命运共同体理念深刻体察各国人民对和平与安全的期盼，始终秉持同舟共济精神，以建设一个长久和平、普遍安全的世界为己任。习近平主席在博鳌亚洲论坛2022年年会上提出全球安全倡议，明确回答了"世界需要什么样的安全理念、各国怎样实现共同安全"的时代课题。全球安全倡议是人类命运共同体理念在安全领域的具体应用，为应对国际安全挑战、破解人类安全赤字提供了中国方案。2023年2月，中国发表《全球安全倡议概念文件》，对国际社会应对全球安全挑战、加强全球安全合作具有重大意义。

积极倡导全人类共同价值。推动安全赤字治理朝着稳定良好的方向发展，首先需要有人类共同认知的价值观作为引导。虽然国际社会中每个国家政治模式、文化形态、历史传统等各有差异，但我们不能否认人类具有跨越时空、跨越国家的共同情感、道德规范、价值共识等。2015年，习近平主席首次提出要弘扬和平、发展、公平、正义、民主、自由的"全人类共同价值"，这实际上是对思维定式、意识形态与文化范式的超越，通过呼吁共同价值唤起人类最基本的、共通的情感。在全人类共同价值引导下，各国、各民族人民能够在社会交往中确立集体身份认同，即"共同体"身份认同，并以此紧跟全球化发展趋势，推动全球意识的培育，在全球交往实践中超越利己主义的藩篱。

秉持共同、综合、合作、可持续安全观。各国都有平等参与国际和地区安全事务的权利，也都有维护国际和地区安全的责任。大国具备更多资源和方法，应该发挥好自己的作用，同时要支持和鼓励其他国家，特别是广大发展中国家广泛平等参与全球安全治理，共同发挥作用。完善全球安全治理体系，需要各国政府和国际组织及专门力量发挥积极作用，也需要社会各方面共同参与，不断提高全球安全治理的整体性和协同性。

完善全球安全治理机制。面对当今世界出现的这些新情况、新问题，现行全球安全治理体系有很多不适用的地方，应该加以改革完善，推动全球安全治理体系朝着更加公平、更加合理、更加有效的方向发展。完善全球安全治理机制，有助于推动国际秩序朝着更加公正合理的方向发展，为世界和平稳定提供制度保障。国际社会应当拿出实际行动，秉持共商共建共享的全球治理观，推动国际关系民主化，坚持国家不分大小、强弱、贫富一律平等，支持联合国发挥积极作用，支持扩大发展中国家在国际事务中的代表性和发言权，促进全球治理体系变革，推动国际秩序朝着更加公正合理的方向发展，为平等协商和公平正义提供空间。各国应当认清影响本地区安全的主要威胁，增强国家和地区间战略互信以及地区安全议题上的共识，逐步探索并完善适应本地区需要的和平与安全维护机制。

三是破解治理赤字，为全球发展提供公正合理秩序。要坚持共商共建共享的全球治理观，不断改革完善全球治理体系。多重危机背景下，随着人类面临的重大跨国性和全球性挑战日益增多，有必要对全球治理体制机制进行相应的调整改革，推动全球治理体系朝着更加公正合理有效的方向发展。这种改革并不是推倒重来，也不是另起炉灶，而是创新完善。以规则为基础加强全球治理是实现稳定发展的必要前提。

以共商共建共享的全球治理观为基础改革完善全球治理体系。坚持以公平正义为理念引领全球治理体系改革。全球治理格局取决于国际力量对比，全球治理体系变革源于国际力量对比变化。中国支持补强全球治理体系中的南方短板，支持汇聚南南合作的力量，推动全球治理体系更加平衡地反映大多数国家特别是发展中国家的意愿和利益。世界命运应由各国共同掌握，国际规则应由各国共同书写，全球事务应由各国共同治理，发展成果应由各国共同分享。不管是技术创新、贸易投资、知识产权保护等问题，还是网络、外空、极地等新疆域，在制定新规则时都要充分听取新兴市场国家和发展中国家的意见，反映它们的利益和诉求，确保它们的发展空间。

要推进全球治理体系改革和建设，关键是维护以联合国为核心的国际体系。联合国是合作处理国际事务的核心机制。各方应该坚定维护联合国权威和地位，恪守《联合国宪章》宗旨和原则，维护以国际法为基础的国际秩序。各方应支持联合国更有效地凝聚全球共识，动员全球资源，协调全球行动，为世界和平与发展发挥更大作用。

完善全球经济治理以适应当今世界经济出现的新变化。过去数十年，国际经济力量对比深刻演变，而全球治理体系未能反映新格局，代表性和包容性不够。全球产业布局在不断调整，新的产业链、价值链、供应链日益形成，而贸易和投资规则未能跟上新形势，机制封闭化、规则碎片化十分突出。全球金融市场需要增强抗风险能力，而全球金融治理机制未能适应新需求，难以有效化解国际金融市场频繁动荡、资产泡沫积聚等问题。多重危机下，坚持真正的多边主义，谋求共商共建共享，建立紧密伙伴关系，构建人类命运共同体，是新形势下全球经济治理的必然趋势。要坚定维护以规则为基础、透明、非歧视、开放、包容的多边贸易体制，支持世界贸易组织改革，增强其有效性和权威性，促进自由贸易，反对单边主义和保护主义，维护公平竞争，保障发展中国家发展权益和空间。推动 G20 等发挥国际经济合作功能，建设性参与亚太经济合作组织、金砖国家等机制经济治理合作。推动主要多边金融机构深化治理改革，支持亚洲基础设施投资银行和金砖国家新开发银行更好发挥作用，提高参与国际金融治理能力。推动国际宏观经济政策沟通协调，搭建国际合作平台，共同维护全球产业链、供应链稳定畅通，维护全球金融市场稳定，合力促进世界经济增长。要直面经济全球化遇到的挑战，使经济全球化朝着更加开放、包容、普惠、平衡、共赢的方向发展。

推动变革全球治理体制中不公正、不合理的安排。推动国际货币基金组织、世界银行等国际经济金融组织切实反映国际格局的变化，特别是要增加新兴市场国家和发展中国家的参与度和发言权，推动各国在国际经济合作中权利平等、机会平等、规则平等，推进全球治理规则民主化、法治化，努力使全球治理体制更加平衡地反映大多数国家的意愿和利益。

完善全球气候治理以加快落实《巴黎协定》。在气候变化挑战面前，人类命运与共，单边主义没有出路。只有坚持真正的多边主义，讲团结、促合作，才能互利共赢。各国应支持《巴黎协定》，为应对气候变化做出更大贡献。坚持遵循共同但有区别的责任原则。发达国家要切实加大向发展中国家提供资金、技术、能力建设的支持。获取资金技术支持、提高应对能力是发展中国家应对气候变化的行动前提。应对气候变化不应该妨碍发展中国家消除贫困，提高人民生活水平的合理需求。要照顾发展中国家的特殊困难，根据国情和能力最大限度强化行动。

要大力倡导绿色低碳的生产生活方式，从绿色发展中寻找发展的机遇和动力。全球未来每年的新能源投资规模将达到万亿美元级别。全球清洁能源署数据显示，过去5年，全球新增发电装机中清洁能源设备约占70%，全球新增发电量中清洁能源约占60%。各主要国家和地区不断提高应对气候变化的自主贡献力度，进一步催生清洁能源大规模阶跃式发展新动能，预计到2050年，全球80%左右的电力消费将来自清洁能源。

完善全球公共卫生治理。重大公共卫生突发事件对人类来说不会是最后一次。要针对这次疫情暴露出来的不足之处，完善公共卫生安全治理体系，提高突发公共卫生事件应急响应速度，建立全球和地区防疫物资储备中心。应全面评估全球应对疫情工作的经验教训，弥补不足。这项工作需要科学专业的态度，需要世界卫生组织主导，坚持客观公正原则。

完善全球数字治理。互联网、大数据、人工智能等现代信息技术不断取得突破，数字经济蓬勃发展，各国利益联系更加紧密。互联网发展也给世界各国主权、安全、发展利益带来许多新的挑战。网络攻击、网络窃密已经成为危害各国安全的突出问题。世界各国虽然国情不同、互联网发展阶段不同、面临的现实挑战不同，但推动数字经济发展的愿望相同、应对网络安全挑战的利益相同、加强网络空间治理的需求相同。迫切需要加快数字经济发展，推动全球互联网治理体系向着更加公正合理的方向迈进，构建网络空间命运共同体日益成为国际社会的广泛共识。

国际社会要本着相互尊重和相互信任的原则，共同构建和平、安全、开放、合作的网络空间，建立多边、民主、透明的全球互联网治理体系。推进全球数字和互联网治理体系变革，应该坚持以下原则：第一，尊重网络主权。《联合国宪章》确立的主权平等原则是当代国际关系的基本准则，覆盖国与国交往各个领域，其原则和精神也应该适用于网络空间。第二，维护和平安全。一个安全、稳定、繁荣的网络空间，对各国乃至世界都具有重大意义。网络空间不应成为各国角力的战场，更不能成为违法犯罪的温床。不论是对政府网络发起黑客攻击，还是商业窃密，都应该根据相关法律和国际公约予以坚决打击。维护网络安全不应有双重标准，不能一个国家安全而其他国家不安全，一部分国家安全而另一部分国家不安全，更不能以牺牲别国安全来谋求自身所谓的绝对安全。第三，促进开放合作。坚持同舟共济、互信互利的理念，摒弃零和博弈、赢者通吃的旧观念。网络空间是人类共同的活动空间，网络空间前途命运应由世界各国共同掌握。第四，构建良好秩序。网络空间与现实社会一样，既要提倡自由，也要遵守秩序。自由是秩序的目的，秩序是自由的保障。既要充分尊重网民交流思想、表达意愿的权利，也要构建良好的网络秩序。

　　四是破解发展赤字，推动全球发展重回正轨。全球多重危机下，各方应共同行动，更大力度动员发展资源，更好弥合全球发展赤字，推进落实全球发展倡议和可持续发展目标，不让任何一个国家、任何一个地区掉队。

　　积极落实全球发展倡议，加快构建全球发展共同体，推动实现更加强劲、绿色、健康的全球发展。其一，坚持发展优先，将发展置于全球宏观政策框架的突出位置，构建更加平等均衡的全球发展伙伴关系，加快落实联合国2030年可持续发展议程。其二，坚持以人民为中心，做到发展为了人民、发展依靠人民、发展成果由人民共享，实现人的全面发展。其三，坚持普惠包容。关注发展中国家特殊需求，通过缓债、发展援助等方式支持发展中国家，尤其是困难特别大的脆弱国家，着力解决国家间和各国内部发展不平衡、不充分问题。其四，坚持创新驱动。抓住新一轮科技革命和产业变革的历史性机遇，加速科技成果向现实生产力转化，打造开放、公平、公正、非歧视的科技发展环境，挖掘新冠肺炎疫情后的经济增长新动能，携手实现跨越式发展。其五，坚持人与自然和谐共生。完善全球环境治理，积极应对气候变化，构建人与自然生命共同体。加快绿色低碳转型，实现绿色复苏发展。其六，坚持行动导向，加大发展资源投入。

发达国家应加强南北合作，在加大发展援助力度、降低宏观政策负面外溢效应等方面兑现承诺、负起责任。发达国家应承担发展筹资的首要责任，扩大援助规模，尽快履行向发展中国家提供占国民总收入0.7%的官方发展援助、每年1000亿美元气候资金和1000亿美元国际货币基金组织特别提款权的承诺，以及加大对韧性与可持续性信托、减贫与增长信托、损失与损害基金等新资金机制的支持力度。同时，发达国家应采取负责任的宏观经济政策，加强与发展中国家宏观政策的协调，减少货币政策激进调整对发展中国家金融秩序带来的严重负面外溢效应。近期美欧银行体系波动对全球经济金融稳定产生严重影响，应采取及时、有效、透明的应对救助措施，积极化解系统性经济金融风险，维护全球和区域金融安全网。

世界银行等多边开发金融机构应不断扩充资金实力，坚守减贫和发展职责定位，适度加大全球公共产品的供给。世界银行等多边开发银行应坚持促进减贫与发展的核心职能，将改革重点放在通过增资等多种形式增强自身资金实力、扩充发展资源、加大对发展中国家资金支持上，并不断提升广大发展中国家的代表性和话语权。同时，在不影响对发展中国家的发展融资支持力度的前提下，在联合国可持续发展目标框架下，根据量力而行的原则提供气候、卫生等领域的全球公共产品。加强多边开发银行与全球发展倡议在气候、粮食、卫生等重点领域的深度联结，推动参与全球发展倡议项目融资。针对当前各方期待多边开发银行发挥更大作用，积极考虑通过扩员、增资、新设区域代表处等多种潜在方式做大做强亚洲基础设施投资银行、金砖国家新开发银行等新机构，不断扩充发展资源。

加大撬动私人部门资金进入发展中国家。私人部门可通过非债务、商业化投融资方式，支持低收入国家生产性领域发展。应加大公共部门对发展中国家基础设施等公共产品领域资金投入，为私人部门资金投入发挥引领作用、消除后顾之忧。加强多边开发银行与私营机构合作、政府与社会资本合作（PPP）、混合融资等创新融资模式的研究和推广，更好撬动私人部门资金流入发展中国家。

按照"共同行动、公平负担"的原则妥善处理发展中国家债务问题。习近平主席在 G20 领导人巴厘岛峰会上的讲话中指出，国际金融机构和商业债权人作为发展中国家的主要债权方，应该参与对发展中国家减缓债行动。各方应在 G20、主权债务圆桌会等机制下公平、客观、深入分析当前发展中国家债务问题成因，探讨发达国家货币政策外溢效应及其自身债务问题对发展中国家债务问题带来的风险挑战、国际金融机构借鉴历史经验参与减债、多边开发银行如何加大提供优惠资金和捐赠力度、如何更好规范商业债权人、如何制定更合理的债务可持续性分析框架等议题，推动国际金融机构和商业债权人实质性参与债务处理，全面、系统、有效解决债务问题。鉴于当前部分发展中国家陷入债务困难，各方应加大对发展中国家在生产性领域的直接投资，适当控制新增主权贷款项目，提升相关国家债务可持续性。

中国将继续在南南合作和全球发展倡议框架下，坚持和优化发展导向、形式灵活的中国特色发展合作范式。中国是发展中国家的一员，历来是广大发展中国家的好朋友、好伙伴，在实现自身发展的同时，尽己所能帮助其他发展中国家实现共同发展。中国开展国际发展合作，以推动构建人类命运共同体为崇高使命，以正确义利观为价值导向，以南南合作为基本定位，以共建"一带一路"、全球发展倡议等为重要平台，以帮助其他发展中国家落实联合国 2030 年可持续发展议程为重要方向。中国作为全球发展融资的重要供给方，将继续综合运用无偿援助、无息贷款、优惠贷款、出口信贷、开发性金融、发展导向股权投资、商业银行贷款等混合性融资方式，在"一带一路"倡议和全球发展倡议及南南合作框架下多渠道、多形式为发展中国家提供发展资金。中方将继续坚持将资金更多地投向基础设施和生产性领域，为发展中国家经济社会自主、可持续发展创造条件。

第十七章
俄乌冲突与欧盟的独立性

佟家栋　张千*

* **佟家栋**，南开大学经济学院讲席教授，全球经济治理 50 人论坛成员。
张千，南开大学经济学院博士研究生。

摘要：欧盟是欧洲经济和政治一体化的重要实现方式。欧洲趋向一体化具有悠久的历史，欧盟期望加速这一进程，强化其自主性。欧盟虽然有 27 个成员国，多数成员使用统一货币欧元，在一定程度上实现了经济一体化，但其经济乃至政治自主性仍显不足。这些不足或局限不仅来自欧盟财政协调、货币先行等内部因素，还受到地区以及世界经济政治波动等外部冲击的影响，尤其是来自美元及美国的影响。俄乌冲突充分暴露了上述一系列不足给欧盟独立性带来的问题。同时，欧盟还面临经济独立与政治"普世价值"追求之间的矛盾。因此，欧盟在追求独立性和一体化的过程中，需要从自身利益出发，谨慎看待与美国的关系，建立独立的军事部队，维护地区和平与稳定，逐步恢复欧元地位，积极参与多边经贸合作和经济全球化。另外，关于欧盟自主性的探讨也给中国带来了一些启示。

欧盟是欧洲经济和政治一体化的重要实现方式。第二次世界大战后，欧洲希望尽快从战争的破坏中恢复，以加速西欧的发展进程。除了接受"马歇尔计划"的支持，依靠自主力量寻求联合，成为欧洲各国的基本共识。如果说比利时、卢森堡、荷兰的经济货币联盟仍是小国之间的联合自保，那么由法国、联邦德国、意大利、比利时、荷兰、卢森堡六国于1951年签署的《欧洲煤钢共同体条约》和1957年签署的《罗马条约》就是西欧六国决心逐步走向欧洲经济乃至政治联盟的历史起点。如今，欧洲有了统一的货币（欧元），建立了欧洲经济货币联盟，标志着欧洲的独立性逐步形成。欧盟所具有的独立货币在国际金融领域发挥了独特作用，也近乎实现了与美元相竞争的格局。然而，俄乌冲突在打击欧洲经济的同时，更是重创欧盟追求了70年的自主性。其中的关键问题是什么，值得我们认真思考和探讨。

本章认为，俄乌冲突充分暴露了欧盟经济政治自主性关键支撑力量的不足。欧盟自主性的推进面临着诸多挑战。作为世界第一大经济体的美国，很难允许欧洲独立性的加强，更难容忍欧元成为国际货币，进而对美元霸权构成威胁。这意味着，美国霸权优先成为当今欧盟实现独立性目标的主要障碍。因此，更高层次的区域经济、政治、军事、外交一体化将成为实现欧洲独立性的唯一选择，否则欧盟乃至欧洲将在美国大国博弈战略之下，面临丧失独立性的危险。中国应该从中获得一些启示。

一、欧洲经济一体化的不断推进与独立性的加强

欧洲经济乃至政治一体化的历史由来已久。早在15世纪，为了鼓励各国放弃武装争斗，法国人马日尼就提出建立"基督教永久联盟"，希望借助联盟避免在1 016万平方千米土地上的46个国家之间发生相互吞并的战争。到了18世纪，启蒙运动淡化了欧洲联合的宗教色彩。随着欧洲联合进程的不断推进，其联合形式也逐步具象化。法国科学院院士圣·皮埃尔提出"欧洲邦联"（欧洲政治联合）的构想。在这种邦联形式中，即使各邦（国家）的权利仍然大于超国家的邦联组织，但是超国家一体化协调机构已经有了基本轮廓。哲学家康德在《永久和平论》一书中更加明确地指出需要确立"欧洲联邦"。这个方案将超国家一体化组织或实体的权力设计为一个联邦制国家的模式。1930年，法国外交部长白里安起草了"欧洲联合计划"，得以让欧洲联合变成一张宏伟的蓝图。

在实现欧洲一体化的行动上，1862年普鲁士王国首相俾斯麦认为，当代社会不是靠演讲和投票就能解决问题的，而是要用"铁和血"。在这些国王看来，欧洲联合不是纸上谈兵，而是要靠实力讲话，"战争才是解决问题的唯一手段"。彼得大帝靠战争吞并了波罗的海沿岸的爱沙尼亚、立陶宛和芬兰附近的重要领土，获得了一个出海口，并以此作为日后扩张的基础；拿破仑曾控制从波兰到西班牙以及从荷兰到意大利的大片土地；希特勒试图占领整个欧洲。然而，这些以军事手段统一欧洲的尝试都失败了。

经过两次世界大战，欧洲人终于认识到，要想在不断变化的世界中保持自身地位，欧洲的联合是必须经历的过程。欧洲的联合同时受外部因素和内部因素推动。从外部因素来看，一方面，美国最初是支持欧洲联合的，因为一个支离破碎的欧洲不利于美国建立抗衡苏联的统一战线；另一方面，欧洲在面对苏联及社会主义阵营时，必须联合起来恢复经济，从而增强自己的经济实力，提高国际政治地位。从内部因素来看，欧洲人在新的世界形势下具有重建欧洲一体化的内在要求，这种内在要求几乎成为欧洲政治家的共识。与此同时，欧洲为实现重建一体化而采取的形式具有两个基本特征：一是和平方式，二是渐进方式。这是欧洲历史多年战乱和两次世界大战带来的教训和认知。欧洲要实现一体化，只能借助渐进性区域经济一体化，最终实现欧洲政治一

体化。

以市场经济制度为资源配置机制的欧洲，其经济联合的主要渠道和平台是市场的一体化。法国政治家让·莫内提出设立一个超国家主权机构，并提出让法国和联邦德国在关键战略物资（煤炭和钢铁）生产上统一管理的建议。1950年，法国外交部长罗贝尔·舒曼在这一建议的基础上提出了"舒曼计划"，该计划不仅设置了一种高级联合机构来管理煤钢的生产，而且向欧洲其他国家开放，同时实现成员国之间煤钢贸易的零关税。以此为契机，法国、联邦德国、意大利、比利时、卢森堡、荷兰等六个国家于1951年签署了《欧洲煤钢共同体条约》，成立了欧洲煤钢共同体。此后，各成员国迅速恢复了煤炭和钢铁行业的生产，给欧洲其他国家在战后恢复经济带来了希望，这些合作经验也使欧洲更加坚信，联合是其经济恢复与发展的重要途径。在这六个国家的推动下，《欧洲经济共同体条约》和《欧洲原子能共同体条约》于1957年正式签订，这两项条约被统称为《罗马条约》。同样，这两项条约也分别形成两个共同体，即欧洲经济共同体和欧洲原子能共同体。1967年，上述三个共同体合并成为欧洲共同体。欧洲共同体的建立旨在实现更大范围的商品自由贸易，进而向更高水平的经济一体化方向迈进。

为了统一市场内部的交易免受汇率影响，以及第三国货币币值变动对欧盟形成的冲击，欧盟成员国之间统一货币是非常必要的。自20世纪60年代以来，伴随着西方国家对美元信任危机的加深，欧洲逐渐开始讨论其货币的相对独立性问题。1969年，欧洲主要国家领导人在海牙峰会上提出希望创建属于欧洲的经济和货币联盟。然而，当时欧洲各国经济的趋同程度较差，并且1973—1975年发生的经济衰退等事件对欧洲经济一体化进程造成了较大的冲击，导致该希望未能实现。在危机后的经济恢复期，欧洲共同体提出了经济一体化的下一个目标，即在1992年12月31日前消除商品、资本、服务和人员自由流动的障碍，实现欧洲统一大市场。这种由关税同盟向统一大市场的迈进，标志着欧洲经济一体化，特别是市场一体化达到了新的高度。这种一体化层级的提升进一步增强了对第三国经济贸易的排他性，相应地，也增加了对美国企业的排他性。欧洲统一大市场顺利达成共识（在1993年1月1日正式运行），促进了欧洲一体化的进一步发展。1991年12月11日，欧洲共同体马斯特里赫特首脑会议签署了《欧洲联盟条约》，该条约于1993年11月1日正式生效，欧洲共同体更名为"欧洲联盟"，这标志着欧共体从经济实体向经济政治实体过渡。同时，欧洲一体化的目标进一步升级。其中，实现货币的统一成为最引人关注的主要目标。虽然在统一货币的落实过程中没有要求所有的成员国都同步加入，但19个成员国同时认同欧洲货币联盟，并使用统一货币"欧元"已经实属不易。这意味着欧盟不仅建立了统一的大市场，也建立了统一的货币，从而进一步减少了欧盟内部经济运行的风险。

伴随欧盟经济的稳定发展，欧盟在区域乃至国际上的经济影响力不断扩大。欧盟成立后经济快速发展，根据欧盟统计局统计数据可知，欧盟GDP从1993年的6.76万亿美元增长到2021年的15.73万亿美元。[①]在此期间，欧盟成员国数量从最初的6个增加到27个（2021年英国退出欧盟）。在贸易方面，欧盟成员国在欧盟大市场条件下有了长足的发展，相互之间的贸易额占各成员国贸易额的平均比重达到70%以上。与此同时，欧盟各成员国在资本流动、服务的相互提供以及人员的自由就业和流动方面也实现了自由，特别是《申根协定》的签署为成员国内部的人员流动创造了良好条件。由此，经过70多年的渐进性经济一体化发展，欧盟的经济实力逐步变强，并且树立起"用一个声音说话"的外交形象。在货币联盟方面，尽管这一时期经历了希腊等南欧五国的主权债务问题，欧盟在德国、法国等核心成员的坚强支撑下度过了动荡时期，并帮助这些债务国家度过危机。

由图17-1可以看出，欧盟对国际贸易的依赖度还是比较高的。同时，成员国之间的贸易额占据较高的比重。换言之，在欧盟成员国经济增长过程中，对外贸易扮演着重要角色。

图17-2展示了2000—2021年欧盟的GDP及其增速。由图17-2可以看出，欧盟经济在过去的22年中遭受到了两次较为严重的冲击：一是受到2008年美国次贷危机的影响，二是由于2020年新冠肺炎疫情影响，经济产生巨大波动。显然，外部因素给欧盟经济带来的冲击成为该地区经济不稳定的主要来源。由于缺乏公共卫生系统的协调机制，欧盟在面对新冠肺炎疫情蔓延冲击的初期，显

---

① 资料来源：欧盟统计局（Eurostat）。

得束手无策、各自为战。然而，当欧盟认识到自身缺陷后，果断采取了一系列临时补救措施，在疫情冲击后逐步恢复经济。总之，欧盟选择以渐进方式推动欧洲联合，不仅扩大了成员国的数量，还深化了成员国之间经济一体化的程度。

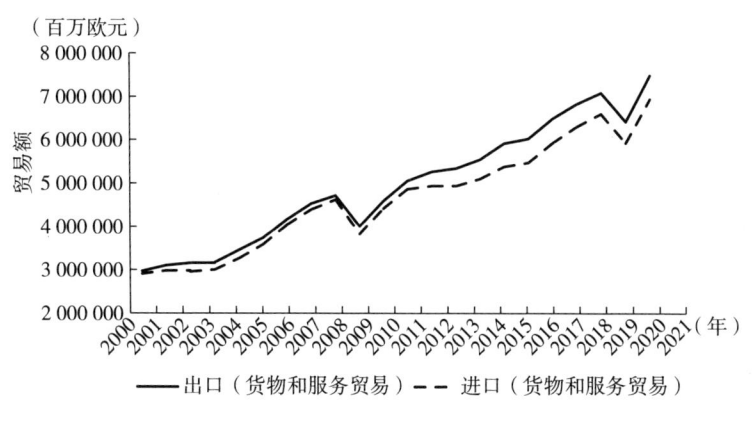

图 17-1 2000—2021 年欧盟进出口贸易

注：统计欧盟 27 国（2020 年）进出口贸易数据，包括货物贸易和服务贸易，以现价计算。
资料来源：根据欧盟统计局统计数据整理。

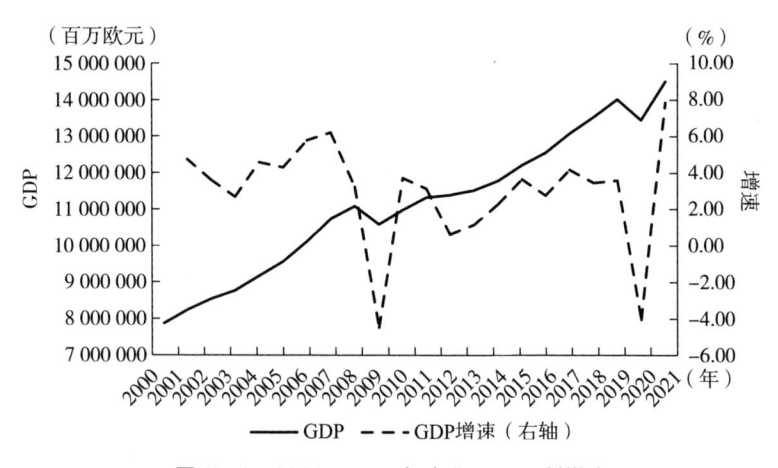

图 17-2 2000—2021 年欧盟 GDP 及其增速

注：统计欧盟 27 国（2020）GDP 数据，以现价计算，增速为笔者计算所得。
资料来源：根据欧盟统计局统计数据整理。

二、欧盟强化一体化的缺陷与不足

回顾欧盟追求一体化的历程，应该注意到，欧盟在追求自主经济实体，进而试图走向政治一体化的过程中，仍然存在着一系列局限性。第一个局限是，欧盟成员国财政政策的统一性和协调性面临挑战。欧盟在走向经济一体化的过程中，尽管率先推进货币统一，实现了成员国之间货币政策协调机制的统一，但是财政政策的主导权仍然掌握在各成员国手中。财政政策是一国政府干预或调节本国宏观经济运行较为直接有效的工具，但对欧盟而言，财政政策的主导权作为主权国家政府手中的一个关键权力没有上交：一方面，各成员国政府主要的财政收入来源仍然掌握在各自手中；另一方面，基于财政收入，通过财政支出调节本国居民收入分配，进而干预宏观经济运行的手段也仍然掌握在各成员国政府手中。从总体上看，欧盟在经济政策协调方面还属于"跛脚"状态，换言之，欧盟作为超国家组织，仅有货币政策工具，而没有财政协调工具。因此，欧盟在货币政策与财政政策协调配合调节其宏观经济运行方面显得力不从心。欧盟只能依靠规定财政纪律来约束各成员国的财政干预，即成员国政府一年的财政赤字不能超过当年财政收入的3%，政府累积的公债额不能超过当年国民生产总值的60%，否则会导致各国经济过度自由，表现为各行其是，甚至出现不同成员国同时施加的政策方向和力度不同的问题。然而，在欧盟成员国普遍面对经济衰退时，欧盟也被迫放松财政纪律。但是这种放松也导致一些成员国过度运用刺激政策，从而造成南欧五国的主权债务问题，特别是希腊的主权债务危机向欧盟提出了挑战。

第二个局限是，在欧盟经济一体化的追求过程中，始终存在着先经济一体化，还是先货币一体化的选择问题。欧盟内部存在不太一致的声音：一些人认为应该先推行经济一体化，再实现货币统一；而另一些人认为，货币一体化是经济一体化的关键内容，如果没有货币一体化，就难以实现经济一体化。从欧盟的现实情况看，目前先货币一体化的实践占据主导地位。但是，单纯依靠商品和要素市场的统一，而成员国之间尚未达到完全的经济一体化，一旦各成员国面临不同程度的经济问题，欧盟货币一体化就会受到严峻的考验。实际上，在欧元区建立之后的20多年里，这一尚未解决的问题不断挑战着货币一体化先行的选择。

第三个局限是欧元与美元的关系。欧洲货币迈向一体化的初衷是为欧盟成员国内部贸易提供便利，同时也为欧盟带来了统一货币。从贸易和经济的角度看，在欧盟内部平均相互贸易占比达到70%的背景下，没有汇率风险的经济一体化是非常必要的。汇率风险的大幅度降低，为欧盟成员国贸易和经济发展带来巨大的推动力。从国际货币体系稳定的角度看，欧盟通过建立统一货币抵御来自美元汇率波动带来的不确定性冲击，这实属势在必行。自1973年布雷顿森林体系崩溃以来，欧洲共同体为稳定内部贸易所采取的"蛇洞体制"，即汇率的联合浮动制度，就是试图抵御美元币值不稳定带来的巨大冲击的防御性选择。因此，欧盟建立独立于美元之外的欧洲统一的货币体系，不仅是为了推进欧洲一体化进程，更多是构筑一道维护欧洲经济与贸易正常运行、免受外部冲击的防火墙。欧元流通20多年的经验表明，在欧盟经济受外部世界经济运行波动影响的时期，欧盟内部的贸易和经济运行情况都比较好，欧盟经济形成了缓慢但稳定的增长态势。这种持续且良好的经济上升趋势，使得欧元在全球贸易和金融体系中的国际地位逐步提升。根据环球银行金融电信协会统计数据，2022年8月，欧元在全球支付中的份额达到34.49%，其中包括贸易、投融资结算等。应该看到，欧元国际地位在美元霸权逐步弱化的情况下不断提升，这是十分难得的。一方面，欧元国际地位的提升对美元霸权构成了巨大压力，并且欧洲经济的崛起、欧盟成员国数量的不断增加，也让美国的霸权地位面临着严峻挑战，因此美国可能会采取多种手段制约欧元实力的增强。另一方面，如果欧盟经济一直保持内部稳定，美国将难以阻止欧洲的崛起，同时也难以避免欧元对美元霸权以及欧盟经济对美国总体经济实力霸权的挑战。值得注意的是，21世纪初期，美国霸权地位主要面临三方面的威胁与挑战：在经济总体实力和科技引领方面，面临着中国经济总量和信息技术快速发展的追赶；在军事绝对优势方面，面临着俄罗斯在经济恢复或重振中对其军事霸权的挑战；在经济总体量霸权和美元霸权方面，面临着欧盟经济实力的不断增强、欧元国际地位的不断提升、成员国数量的不断增加等方面的威胁。显然，美国一定会采取行动阻止或削弱这些威胁。

第四个局限是欧盟承受经济冲击的能力还比较弱。一方面，欧盟可能承受外部市场对经济的冲击。欧盟各成员国的经济一体化是建立在开放市场经济基础之上的,因此,外部市场波动对欧盟的冲击自始至终存在于欧盟整体经济运行过程中。另一方面,欧盟还可能承受经济以外的外部冲击。如果欧盟经济本身未出现根本性问题,也没有受到单纯的外部市场冲击,那么对欧盟经济产生重大影响的冲击可能来源于更加宽泛的外部事件,例如,以欧洲内部战争或军事冲突为表现形式的外部冲击。过去的经验证明,欧盟经过70多年的经济一体化发展,在相当程度上可以抵御来自第三国的经济贸易冲击,但是难以抵御来自欧洲内部的政治乃至军事冲突的冲击。

第五个局限是欧洲内部的军事冲突严重影响了欧洲的独立与崛起。仅20世纪以来,发生在欧洲地区的军事冲突屡见不鲜。历史上以危险著称的"巴尔干半岛火药桶",以及1999年爆发的南斯拉夫科索沃内部民族矛盾,都严重影响着欧洲经济的稳定性。尽管以美国为首的北约表面上维护南斯拉夫各共和国的独立性,但欧洲地区潜在和频发的武装冲突对欧洲经济一体化和欧盟经济稳定发展造成了巨大冲击。通过整理国际货币基金组织的统计数据,我们发现在北约轰炸南联盟的38天里,欧元汇率持续走弱,欧洲资本不断外流,这显然是由投资者对欧洲动荡局势担忧造成的,具体汇率数据变化趋势如图17-3所示。

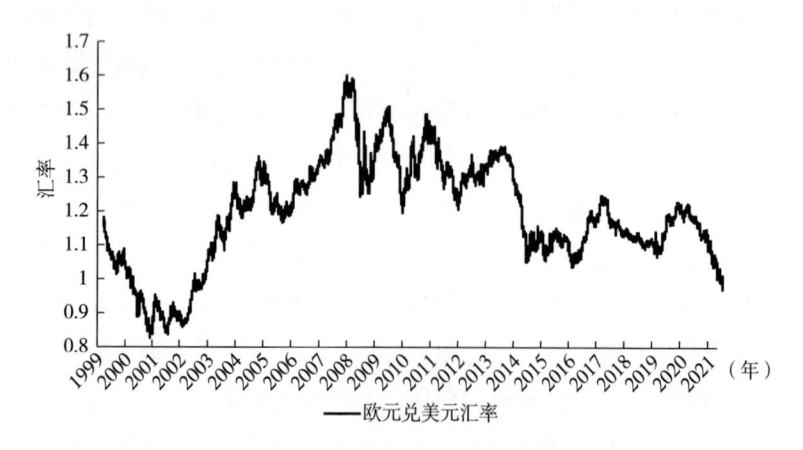

图17-3 1999—2021年欧元兑美元汇率

资料来源:根据IMF统计数据整理。

由图 17-3 可以看出，欧元出台后面临的第一轮打击就是科索沃战争引发的欧洲金融不稳定。对于刚刚诞生的欧元来说，这无疑是一记重拳。随之而来的是，欧洲的资金外流至美国。我们试图从美国商务部经济分析局提供的金融账户流动数据中，找到这种流向和流量的巨大波动。

图 17-4 展示了 2000—2021 年欧洲向美国的资本流动的情况。具体来说，我们获取了国际收支平衡表中美国对欧洲的金融账户数据，使用其中的负债净值来代表欧洲向美国的资本流动。图 17-4 中的数值为正，意味着欧洲资本流向美国；反之，则是欧洲资本从美国流回。可以看出，自欧元正式发行起，欧洲资金便开始流向美国，并且流出金额逐年增加，这一状态持续到 2007 年。2008 年美国出现次贷危机，打断了这一态势，欧洲资本从美国流回，这种流动持续了一年。2010 年以后，美国经济相对稳定，并且实行了一系列刺激计划，大量资金才从欧洲再次流向美国，而这一过程大体上持续到 2017 年。自 2018 年开始，美国消极对待国际贸易多边体系，欧洲向美国的资本流动大幅减少。直到 2020 年，面对新冠肺炎疫情冲击和美国大规模刺激计划，欧洲资金又重新大幅流向美国。从 2022 年 3 月开始，俄乌冲突造成欧元汇率急剧下滑，还使欧洲向美国的资本流动持续增多。根据美国商务部经济分析局统计数据，2022 年一季度美国对欧洲金融账户中的负债净值为 179.56 亿美元，二季度变为 294.71 亿美元。换言之，2022 年前两个季度，欧洲向美国的资本流动增加了 474.27 亿美元。这表明，科索沃战争、俄乌冲突等欧洲地区发生的政治或军事冲突不仅消耗了卷入地区冲突的双方，还对欧元区和欧洲经济构成了直接打击。这种打击一方面削弱了欧元的国际地位，另一方面导致大量资本从欧洲流入美国，也引发了欧洲经济的衰退。俄乌冲突对欧盟的打击是多重的，不仅造成了欧盟主要成员国的能源危机，使其产品生产过程中能源消耗成本上升，提升了消费物价，削弱了欧盟制成品在国际市场上的竞争力，进而引发了居民生活成本的上涨，而且会导致各成员国社会动荡，政府干预成本上升，使成员国各自为政、面临分裂的风险加大，甚至一些右翼党派的上台激发了民族主义的兴起。

总之，欧盟在强化欧洲一体化的过程中存在诸多缺陷或不足，这使欧盟的经济独立性、政治自主性、货币独立性受到了严峻挑战。欧盟不仅面临来自欧盟财政协调、货币先行等内部因素的挑战，还受到地区武装冲突、世界经济运行波动等外部冲击的影响。其中，美元以及美国对欧盟的影响或冲击占据主要地位。如果欧盟没有意识到这些挑战，或是无法有效摆脱美国的束缚，其独立性和一体化进程仍会面临一系列"致命"的阻碍。例如，面对俄乌冲突，欧盟如果仍旧在美国及北约的操纵下对俄罗斯采取多轮制裁，那么欧盟各国将面临更加严峻的能源供应短缺问题，并且为弥补这种短缺，欧盟将从美国进口更多的天然气，这意味着欧盟各国所付出的代价可能是走向恶性循环。

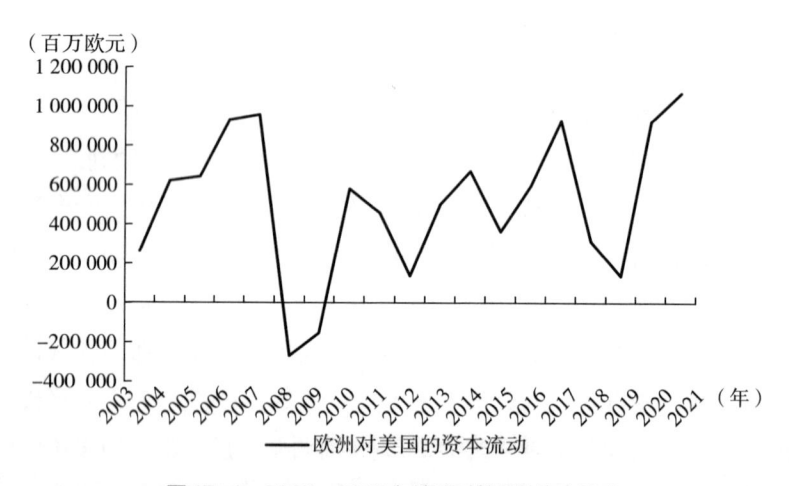

图 17-4 2003—2021 年欧洲对美国的资本流动

资料来源：根据美国商务部经济分析局统计数据整理。

三、欧盟经济独立与政治"普世价值"追求的矛盾

70多年以来，欧盟选择了渐进经济一体化，并且旨在走向政治一体化。在没有外部冲击的条件下，欧盟的选择有效避免了个别强国通过武力统一欧洲的企图。渐进一体化的选择得到了欧盟所有成员国的拥护，其原因在于，在寻求经济一体化的过程中，欧盟的建设照顾到了所有成员国的经济利益。这也是欧盟对欧洲处于不同发展水平的国家都具有强大吸引力的原因。从经济角度看，欧盟的经济一体化会吸引越来越多的欧洲国家，甚至非欧洲国家

加入欧盟。然而，欧盟的经济一体化只是实现欧洲一体化的一种手段，其根本目标是政治一体化。尽管欧盟具有明确的政治一体化目标，但对应的内容并不清晰。欧盟政治一体化的基本思想是"建立一个基督教永久联盟"，这意味着欧盟成员国在信仰或价值观上逐步趋同，但在行政目标上存在差异。欧盟各成员国在经济发展水平上的差异，特别是财政协调尚未实现，使各国政府的职能不可能完全取消，甚至在欧盟存在的情况下，各成员国仍然竭尽所能保障本国的经济利益和政治利益。因此，欧盟选择经济一体化的每个阶段，都面临着各成员国利益平衡的问题。各成员国居民在确信欧盟能够如同本国政府一样保障其利益最大化之前，是不可能同意将仅剩的部分主权彻底上交给超国家的经济一体化组织的。欧盟在政治上不得不承认一个事实，即欧盟不可能建立一个真正的欧洲合众国，建立一个合而不同的欧洲很可能成为欧盟政治一体化的上限。

欧盟实现政治一体化的关键在于建设统一、独立的军队。第二次世界大战结束后，欧洲各国军事系统遭受严重损害。美国为了抗衡苏联、控制欧洲，于1959年建立了北约。欧盟多数国家都在北约之内，在军事组织方面形成统一。一方面，在欧洲经济恢复时期，第二次世界大战中欧洲的战胜国希望将更多的资金用于经济恢复与发展。另一方面，德国、意大利等战败国不可能恢复自身军事力量。因此，多数欧洲国家需要接受美国的军事保护，既可以节省军费开支，又释放出原本需要从事军队服务工作的劳动力。需要注意的是，尽管北约秘书长在此期间由各成员国轮流担任，但美国在其中的主导地位是无法撼动的。随着欧洲经济的崛起，欧盟也希望在军队建设方面体现出自身的独立性。早在1999年，欧盟就开始计划筹备属于自己的武装力量，并称其为"快速反应部队"，该部队以英国和法国为主导，其他欧盟成员国共同参与，规模可能在6万人以上，并且可以在短时间内派遣执行准战争任务。然而，这样的举动引起了美国的不满。2000年，时任美国国防部长科恩在北约国防部长会议中表示，如果欧盟不扩充对美国的军费支出或在军事方面与北约关系做出新的安排，将会影响美国、欧盟与北约之间的关系，北约有可能变成"历史遗物"。换言之，美国在暗示欧盟，如果欧盟执意建立独立的欧洲国防军，那么美国将放弃欧洲防务，并将各成员国或欧洲防御的任务推给欧盟。这种威胁的效果是明显的，过去的 70 多年，欧洲没有大规模进行国防建设，一旦美国放弃欧洲防务，欧盟在短期内难以建立起强大的防御系统。因此，欧盟只能选择让步。

然而，北约成员国的权利义务体现在对统一价值观的认同和维护人权等方面，特别是在成员国受到侵犯时，将其视同本国。这些义务或纪律显然将北约中欧洲地区的 28 个国家及欧盟捆绑在美国价值观的"战车"上，欧洲自主的政治利益显然是不可能存在的。这种政治利益的统一从根本上阻断了欧洲的政治独立，进而限制甚至彻底损害了欧盟经济的自主性。1999 年科索沃战争期间，法国和德国曾多次提出改变战术的请求，意图尽快结束战争，以减少欧洲资本继续流失，但是美国使这场局部战争持续了 78 天，欧元兑美元汇率由 1.092∶1 一直下跌到 1.048∶1，并且导致大量欧洲资产涌向美国。[①] 进入 2022 年以来，受美联储货币政策紧缩和俄乌冲突等突发事件影响，美元指数一路走高。截至 2022 年 10 月 5 日，美元指数突破 114 关口，位于 114.79 历史高位，较年初上涨 18.31% 以上。自 2022 年 11 月以来，美元指数围绕 110 上下波动。同时，欧元所受到的负面冲击明显加大。

显然，欧洲的军事冲突强化了北约对欧洲，甚至是对欧盟的领导地位。同时，美国借助这种主导地位，协同北约的价值观，削弱俄罗斯。但这实际上也打击了欧盟的经济，导致欧盟经济的停滞或震荡，更造成欧洲本土资本的外流。这一现象不仅体现在科索沃战争时期，更体现在俄乌冲突之中。

四、欧洲独立性复苏的思考及其对中国的启示

经过科索沃战争和近期的俄乌冲突，欧盟各国逐渐意识到，尽管美国和欧盟有着近乎相同的"价值观"，但美国始终以自身利益优先为基本准则，维护其霸权地位。这意味着欧洲只有在不威胁、不挑战美国霸权地位时才可能得到美国的认可与维护。当欧盟尚处于较小体量且经济实力难以与美国抗衡时，美国愿意与欧洲联合。但是，当欧盟成员国扩大到 27 个时，无论是欧盟

---

① 资料来源：IMF。

的 GDP 总量，还是欧元的国际地位都逐步接近美国。当欧盟实力的不断增长威胁到美国的霸权地位时，欧盟就成了美国打压的目标之一。欧盟在摆脱美国打压之前，如果没有政治一体化和独立军队的保障与支撑，依靠单纯的、不完善的甚至存在缺陷的经济一体化，来实现欧洲政治一体化，甚至军事一体化几乎是不可能的。这种"躲在小楼成一统"的理念显然经不起经济全球化中大国竞争的冲击和考验。

因此，欧盟要重新恢复自身的经济乃至政治独立，需要调整总体战略。具体而言，需要重新思考下列问题：第一，欧盟必须丢掉依赖美国实现自身发展和完成一体化的幻想，从欧洲自身利益出发，主动切断与欧洲战争或冲突的联系，寻求以更加妥善的方式参与、解决地区冲突，这是欧盟维护其经济和政治利益的本质性诉求。同时，欧盟应以此为契机，尝试推动经济和政治的一体化。在与俄罗斯关系不断缓和的前提下，重建欧洲地区的和平与合作。第二，欧盟要实现政治一体化，必须下定决心，从建立快速反应部队起步，尽快建立欧盟国防军，向军事一体化迈进，并以维护欧洲和平为最终目标。第三，欧盟需要加强与亚太地区的合作，用多元化合作方式增强自身的经济贸易实力，尤其需要加强与 RCEP 以及印度等经济合作组织或地区的合作。第四，欧盟需要在经济复苏的基础上，逐步恢复欧元地区货币，乃至国际货币的地位。这既有利于保证欧盟经济贸易稳定，又可以为地区和全球经济贸易、投资合作贡献力量。第五，欧盟需要积极参与经济全球化，构建自身独立的价值观，在合作中进一步巩固自身独立性。第六，欧盟还要加强与中国之间的经济贸易与投资合作，在推动经济全球化的同时，积极推动数字经济时代的治理体系建设，以现代数字信息技术在产业中的应用为经济增长赋能，参与重建经济全球化、贸易自由化、人类命运共同体的建设。

对欧盟一体化进程的回顾及其局限性的思考，也为中国在复杂多变的国际形势中提供了一些启示。在国际金融货币稳定方面，中国需要认识到美国目前的经济形势将难以支撑美元原有的国际货币地位，要充分防范美国金融不稳定造成的风险。加强中欧经贸合作，积极促进欧元稳定，发挥欧元作为国际货币所具有的基础优势，从而抵御美元波动带来的风险。在这一过程中，有序推进人民币国际化。在多边合作方面，中国需要积极参与或主导符合现代经济发展观念的多边合作组织，加强区域、多边、全球的经济贸易和投资合作。具体来讲，中国应积极推动 RCEP、中欧投资协定的进程，为欧盟创造与 RCEP 开展合作的机会，同时以经济合作为契机，促进区域经济稳定发展，特别是促进俄罗斯与欧洲的和平稳定。在对外开放方面，我们应当更加积极主动地建设面向全球的高水平、高标准的对外开放平台，借鉴国际先进自由贸易和投资规则，实现规则、规制、管理和标准的深入合规性体制机制调整，加快自由贸易试验区和自由贸易港以及"一带一路"的建设。在现代化产业体系建设方面，依托我国制造业发展的基础和优势，推进制造强国建设，认识到实体经济在中国经济增长中的重要地位，加快国内产业链强链、补链，打造具有国际竞争力的产业集群。与此同时，中国还要把握新时代的发展浪潮，发挥我国数字经济基础优势，发展先进数字技术和信息通信技术，积极建设新兴数字产业，推进制造业与服务业数字化转型，升级和优化产业结构，使数字产业化和产业数字化形成合力，完善数字治理体系与数字经贸规则的建设，在全球数字贸易中提升自身的竞争力和国际地位，在数字经济时代中构建数字经济全球化、数字贸易自由化的全新格局，为中国乃至全球经济发展赋予新的能量。

参考文献

第一章 走向"滞胀": 变化中的世界经济

[1] 蔡昉. 刘易斯转折点与公共政策方向的转变——关于中国社会保护的若干特征性事实 [J]. 中国社会科学, 2010（06）: 125-137+223.

[2] 蔡昉. 刘易斯转折点——中国经济发展阶段的标识性变化 [J]. 经济研究, 2022, 57（01）: 16-22.

[3] 朱民. 世界经济: 结构性持续低迷 [J]. 国际经济评论, 2017（1）.

[4] 朱民. 全球债务持续攀升, "灰犀牛"风险居高不下 [EB/OL]. 新浪, 2019.

[5] 朱民. 走向滞胀: 2022之后的世界经济金融 [C]//2022: 全球经济复苏分化？, 2022. 2022-03-18.

[6] Albanesi, S., & Kim, J. (2021). Effects of the COVID-19 recession on the US labor market: Occupation, family, and gender. Journal of Economic Perspectives, 35(3), 3-24.

[7] Antolin-Diaz, J., Drechsel, T., & Petrella, I. (2017). Tracking the slowdown in long-run GDP growth. Review of Economics and Statistics, 99(2), 343-356.

[8] Aslam, A., Novta, N., & Rodrigues-Bastos, F. (2018). The Slowdown in Global Trade: A Symptom of a Weak Recovery? IMF Economic Review, 66(3), 440-479.

[9] Bernanke, B. (2005). The global saving glut and the US current account deficit (No. 77). Board of Governors of the Federal Reserve System (US).

[10] Bloom, N., Fletcher, R. S., & Yeh, E. (2020). The impact of Covid-19 on productivity (No. w28233). National Bureau of Economic Research.

[11] Constantinescu, C., Mattoo, A., & Ruta, M. (2016). Does the global trade slowdown matter? Journal of Policy Modeling, 38(4), 711-722.

[12] Constantinescu, C., Mattoo, A., & Ruta, M. (2020). The global trade slowdown: Cyclical or structural? The World Bank Economic Review, 34(1), 121-142.

[13] Gächter, M., & Gkrintzalis, I. (2017). The finance–trade nexus revisited: Is the

global trade slowdown also a financial story? Economics Letters, 158, 21–25.

[14] Goodhart, C., & Pradhan, M. (2021, October 25). What may happen when central banks wake up to more persistent inflation? VoxEU.org.

[15] Gordon, R. J. (2018). Why has economic growth slowed when innovation appears to be accelerating? (No. w24554). National Bureau of Economic Research.

[16] Jaumotte, F., Liu, W., & McKibbin, W. J. (2021). Mitigating climate change: Growth-friendly policies to achieve net zero emissions by 2050 (No. 16553). International Monetary Fund.

[17] Maestas, N., Mullen, K. J., & Powell, D. (2016). The effect of population aging on economic growth, the labor force and productivity (No. w22452). National Bureau of Economic Research.

[18] Rogoff, K. (2016). Debt supercycle, not secular stagnation. In Progress and confusion: The state of macroeconomic policy (pp. 19–28).

[19] Summers, L. H. (2014). US economic prospects: Secular stagnation, hysteresis, and the zero lower bound. Business Economics, 49(2), 65–73.

[20] Sheth, J. (2020). Impact of Covid-19 on consumer behavior: Will the old habits return or die? Journal of Business Research, 117, 280–283.

[21] Verschuur, J., Koks, E. E., & Hall, J. W. (2021). Observed impacts of the COVID-19 pandemic on global trade. Nature Human Behaviour, 5(3), 305–307.

第六章 乌克兰危机加速全球能源格局深刻调整

[1] 冯玉军，张锐．乌克兰危机下国际能源供应链断裂重组及其战略影响[J]．亚太安全与海洋研究，2023（3）：17-35.

[2] 许嫣然．俄乌冲突中的"能源武器化"与能源韧性——以欧盟政策分析为主线[J]．外交评论（外交学院学报），2023（3）：78-105，167-168.

[3] 黄维和，周淑慧，王军．全球天然气供需格局变化及对中国天然气安全供应的思考[J]．油气与新能源，2023（2）：1-12.

[4] 余国，陆如泉，刘佳，等．新形势下的能源转型与能源合作——"2022年国际能源发展高峰论坛"综述[J]．国际石油经济，2023（2）：23-29.

[5] 单卫国，李昀霏，白桦等．2022年世界油气市场重大变化及2023年展望[J]．国际石油经济，2023（2）：30-39.

[6] 朝克图．后俄乌冲突时代，国际能源市场变化浅析[J]．能源，2023（2）：43-48.

[7] 王建良，刘睿，兰志轩等．世界油气市场 2022 年回顾与 2023 年展望 [J]．煤炭经济研究，2023（1）：55-63．

[8] 潘家华，董秀成，崔洪建，等．欧洲能源危机及其影响分析 [J]．国际经济评论，2023（1）：9-37．

[9] 王永中．全球能源市场形势的回顾与展望 [J]．煤炭经济研究，2022（12）：1．

[10] 陆如泉．全球能源权力将重新分配 [J]．中国石油和化工产业观察，2022（10）：67-68．

[11] 刘虹，赵美琳，张清源．能源冲突下利益攸关方形势分析与对国际能源安全问题的思考 [J]．煤炭经济研究，2022（9）：4-11．

[12] 刘如．全球能源供需新格局对南南合作的影响与启示 [J]．科技中国，2022（9）：46-48．

[13] 刘满平．全球能源市场大变局对我国的影响及政策建议 [J]．价格理论与实践，2022（10）：42-46．

[14] 王永中．全球能源格局发展趋势与中国能源安全 [J]．人民论坛·学术前沿，2022（13）：14-23．

[15] 王能全，清泉，高胜．制裁能否重塑能源格局 [J]．中国石油石化，2022（6）：24-28．

[16] 易庆玲．碳中和背景下能源转型与人民币国际化研究 [J]．福建金融，2021（10）：3-9．

[17] 陈卫东，边卫红，郝毅，等．石油美元环流演变、新能源金融发展与人民币国际化研究 [J]．国际金融研究，2020（12）：3-12．

[18] 肖兰兰，严舒旸．俄乌冲突背景下欧盟能源政策的变化及其影响——一项基于政策范式分析框架的考察 [J]．德国研究，2023（2）：32-51，145．

[19] 马丽，王力．俄乌冲突对国际贸易格局的影响及中国应对之策 [J]．价格月刊，2023（5）：50-55．

[20] 丁志杰，刘旭，兰盈．"石油美元"体系的发展及其对货币国际化的启示 [J]．清华金融评论，2023（3）：55-60．

[21] 卢奇秀．俄乌冲突对全球能源系统影响深远 [N]．中国能源报，2023-02-06．

[22] 左志刚．俄乌冲突背景下亚太地区能源关系走向分析 [J]．亚太经济，2022（6）：19-29．

[23] 王一鸣．俄乌冲突背景下"OPEC+"与 IEA 体系性对抗格局初显 [J]．当代石油石化，2022（10）：8-12．

[24] 王树春，陈梓源，林尚沅．俄乌冲突视角下的俄欧天然气博弈 [J]．俄罗斯东

欧中亚研究，2022（5）：81-101，168.

[25] 樊建武，晁博红.俄乌冲突对全球原油贸易的影响及中国对策研究[J]. 价格月刊，2022（11）：81-86.

[26] 刘泽洪，阎志鹏，侯宇.俄乌冲突对世界能源发展的影响与启示[J]. 全球能源互联网，2022（4）：309-317.

[27] 吴德堃.俄乌冲突对国际能源格局的影响和启示[J]. 中国能源，2022（3）：14-18.

[28] 王震，孔盈皓，王文怡.美国LNG出口潜力、竞争力与溢出效应研究[J]. 天然气与石油，2022（1）：1-7.

[29] 王震，孔盈皓，和旭.碳中和愿景对全球油气贸易格局的影响与政策建议[J]. 中国能源，2022（4）：29-35.

[30] 孔盈皓，何曦，陈琛.OPEC+产量政策选择与油价的中长期走势[J]. 中外能源，2020（8）：16-22.

[31] 王震，孔盈皓，李梦祎.乌克兰危机背景下全球天然气贸易格局演变研究[J]. 天然气与石油，2023（3）：1-11.

第七章 俄乌冲突下的中国对外开放：机遇、挑战和战略选择

[1] [美]格雷厄姆·艾利森.注定一战：中美能避免修昔底德陷阱吗？[M]. 陈定定，傅强译.上海：上海人民出版社，2019.

[2] [美]金德尔伯格.1929—1939年世界经济萧条[M]. 宋承先，洪文达译.上海：上海译文出版社，1986.

第八章 面对新机遇，人民币国际化如何行稳致远？

[1] 张礼卿.理解人民币流动性安排的重要意义[J]. 中国外汇，2022，13.

[2] 张礼卿，陈卫东，高海红，等.如何进一步有序推进人民币国际化？[J]. 国际经济评论，2023（3）.

[3] Arslanalp S, Eichengreen B, Simpson-Bell C. The Stealth Erosion of Dollar Dominance and the Rise of Nontraditional Reserve Currencies [J]. Journal of International Economics, 2022, 138(C).

[4] Benjamin J Cohen. Will History Repeat Itself? Lessons for the Yuan [J]. ADBI Working Papers, 2014, No 453. Asian Development Bank Institute.

[5] Eichengreen B, M Flandreau. The Rise and Fall of the Dollar (or When Did the Dollar Replace Sterling as the Leading International Currency? [J]. European

Review of Economic History, 2009, Vol. 13, 377–413.

[6] The Economist. Deflation is curbing China's economic rise [J]. The Economist (UK), 2023, July 27.

第十章　国际秩序之变与中国应对之策

[1] [美] J. D. 万斯，刘晓同. 乡下人的悲歌 [M]. 庄逸抒，译. 南京：江苏凤凰文艺出版社，2017.

[2] 单一. 规则与博弈——补贴与反补贴法律制度与实务 [M]. 北京：北京大学出版社，2021：429–435.

[3] 周宇. 探寻通往人类命运共同体的全球化之路——全球治理的政治经济学思考 [J]. 国际经济评论，2018（06）.

[4] [美] 兹比格纽·布热津斯基. 大棋局：美国的首要地位及其地缘政治 [M]. 中国国际问题研究所，译. 上海：上海人民出版社，1997.

[5] 单一. 规则与博弈——补贴与反补贴法律制度与实务 [M]. 北京：北京大学出版社，2021.

[6] 《美提出"现代供给侧经济学"》[N]. 经济参考报，2022-1-26.

[7] [美] 道格拉斯·欧文. 贸易的冲突：美国贸易政策200年 [M]. 北京：中信出版社，2019.

[8] 张夏准. 过河拆桥：历史是如何被篡改以为新自由主义的资本主义辩护 [J]. 学术研究，2010.

[9] [英] 卡尔·波兰尼. 大转型：我们时代的政治与经济起源 [M]. 刘阳，冯钢，译. 杭州：浙江人民出版社，2007.

第十一章　从对俄制裁看国家外汇储备资产安全问题

[1] 管涛. 汇率的本质 [M]. 北京：中信出版社，2016.

[2] 管涛，马昀，夏座蓉. 汇率的博弈：人民币与大国崛起 [M]. 北京：中信出版社，2017.

[3] 管涛. 汇率的突围 [M]. 上海：东方出版中心，2021.

[4] 穆睿彤. 俄乌冲突下的西方对俄经济制裁 [J]. 现代国际关系，2022(04)：1–9.

[5] 潘宏胜，王焯，姜禹杉，等. 外汇储备币种结构调整的国际经验与启示 [J]. 清华金融评论，2022（8）：57–60.

[6] 余永定. 中国外汇储备的前世今生和当前面临的安全挑战 [J]. 中国改革，2022（4）：8–14.

[7]　余永定. 金融"武器化"的启示 [J]. 中国经济周刊, 2022（9）.

[8]　Arslanalp S, Eichengreen B, & Simpson-Bell C. Gold as International Reserves: A Barbarous Relic No More? [J]. *Available at SSRN 4326301*, 2023.

[9]　Bank of Russia. Foreign Exchange and Gold Asset management Report 2018 No.4.

[10]　Bank of Russia.Annual Report 2021.

[11]　Bank of Russia. Russia's Balance of Payments No. 4 (13) 2022 Q4.

[12]　Eichengreen B., Mehl A, & Chiṭu L. Mars or Mercury? The geopolitics of international currency choice. *Economic Policy*, 2019, 34(98), 315–363.

[13]　International Monetary Fund. World Economic Outlook [R]. April 2022.

[14]　International Monetary Fund. World Economic Outlook [R]. April 2023.

[15]　International Monetary Fund. Guidance Note to Staff on Assessing Reserve Adequacy and Related Issues, June 2016.

[16]　Ilzetzki E, Reinhart C M, & Rogoff K S. Rethinking exchange rate regimes. In *Handbook of international economics* (2022). (Vol. 6, pp. 91–145). Elsevier.

[17]　Nell J B Hilgenstock, N Shapoval, Y Pavytska, et al. Turning Point: Russia Under Pressure as Sanctions Bite [J]. Kyiv School of Economics, December 2022.

[18]　Schott J J. Economic sanctions against Russia: How effective? How durable? [J]. Peterson Institute for International Economics Policy Brief, 2023 (23-3).

第十二章　应对美国新型不对称金融霸权

[1]　陶士贵, 聂蕾. 美国对伊朗经济金融制裁的动因、影响及启示 [J]. 南京邮电大学学报（社会科学版）, 2017-12.

第十三章　数字经济发展和全球治理合作

[1]　Attewell P. Comment: The first and second digital divides [J]. Sociology of education, 2001, 74(3): 252–259.

[2]　Bukht R, Heeks R. Defining, conceptualising and measuring the digital economy [J]. Development Informatics working paper, 2017 (68).

[3]　Cory N, Dascoli L. How barriers to cross-border data flows are spreading globally, what they cost, and how to address them [R]. Information Technology and Innovation Foundation, 2021.

[4]　Evenett S, J Fritz. Emergent digital fragmenttation, Report of the Digital Policy

Alert and Global Trade Alert, 2022.

[5] Guellec D, Paunov C. Digital innovation and the distribution of income [R]. National Bureau of Economic Research, 2017.

[6] Harari, Y. N., Who will win the race for AI? Foreign Policy, No. 231, Winter 2019, pp. 52–54.

[7] Nie N H, Erbring L. Internet and society: A preliminary report [J]. IT & society, 2002, 1(1): 275–283.

[8] Price D. World leaders should act now to avoid digital crisis. The Washington Post. December 2019.

[9] Tapscott, D. The digital economy: Promise and peril in the age of networked intelligence[M]. New York: McGraw–Hill, 1996.

[10] 陈伟光，钟列炀．全球数字经济治理：要素构成、机制分析与难点突破 [J]．国际经济评论，2022，（2）：60–87．

[11] 黄家星．国际数字贸易规则碎片化：现状、成因及应对 [J]．太平洋学报，2022，（4）：70–82．

[12] 李猛．我国对接 DEPA 国际高标准数字经济规则之进路研究——以参与和引领全球数字经济治理为视角 [J]．国际关系研究，2023，（3）：20–42+155–156．

[13] 李晓华．数字经济新特征与数字经济新动能的形成机制 [J]．改革，2019,（11）．

[14] 刘兴华．数字全球化与全球数字共同体 [J]．国外社会科学，2021，（5）：39–51．

[15] 马骦．中美竞争背景下华为 5G 国际拓展的政治风险分析 [J]．当代亚太，2020，（1）：4–29．

[16] 裴丹，陈伟光．数字经济时代下平台经济的全球治理——基于大国博弈视角 [J]．暨南学报（哲学社会科学版），2023，（3）：111–122．

[17] 阙天舒，王子玥．数字经济时代的全球数据安全治理与中国策略 [J]．国际安全研究，2022，（1）：130–154+158．

[18] 孙海泳．美国对华科技施压与中外数字基础设施合作 [J]．现代国际关系，2020，（1）：41–49．

[19] 田丰．统筹发展与安全视角下中国参与数字经济国际合作路径研究 [J]．财经智库，2022，（6）：99–116．

[20] 田刚元，陈富良．经济全球化中的数字鸿沟治理：形成逻辑、现实困境与中国路径 [J]．理论月刊，2022，（2）：88–94．

[21] 王璐瑶，叶世雄．东盟国家对华数字合作政策的差异性 [J]．战略决策研究，

2022，（4）：86-101.

[22] 王永洁. 数字化领域国际发展合作与中国路径研究 [J]. 国际经济评论，2022，（3）：102-124.

[23] 徐秀军，林凯文. 数字时代全球经济治理变革与中国策略 [J]. 国际问题研究，2022，（2）：85-101.

[24] 杨楠. 大国"数据战"与全球数据治理的前景 [J]. 社会科学，2021，（7）：44-58.

[25] 杨云霞. 当代霸权国家经济安全泛化及中国的应对 [J]. 马克思主义研究，2021，（3）：138-147.

[26] 张明，王喆，陈胤默. 全球数字经济发展指数报告（TIMG 2023）[M]. 北京：中国社会科学出版社，2023.

第十五章 绿色金融的国际合作机制

[1] 王遥，毛倩. 全球绿色金融发展报告（2022）[M]. 北京：社会科学文献出版社，2023.

第十七章 俄乌冲突与欧盟的独立性

[1] 褚晓，熊灵. 欧盟外资安全审查制度：比较、影响及中国对策 [J]. 国际贸易，2022（6）：53-61.

[2] 邵宇，陈达飞. 欧元流通20年的实践及对亚洲一体化的启示 [J]. 中国外汇，2022（17）：12-15.

[3] 宋全成. 论欧洲近代早期一体化理论中的邦联与联邦主义思想 [J]. 文史哲，1999（3）：105-111.

[4] 宋新宁. 探寻和平之路：欧洲一体化的历史渊源 [J]. 世界政治研究，2020（4）：1-26+138-139.

[5] [德] 维尔纳·魏登费尔德，沃尔夫冈·韦塞尔斯. 欧洲联盟与欧洲一体化手册 [M]. 赖志金，等，译. 北京：中国轻工业出版社，2001：327-328.

[6] 吴文成. 从科索沃战争到俄乌冲突：北约东扩与俄罗斯的"战略觉醒"[J]. 俄罗斯东欧中亚研究，2022（3）：1-25+170.

[7] 中新网. 美国防部长称北约可能成为历史遗物 [EB/OL]. [2000-12-06].